Völkerrecht und Außenpolitik

Herausgegeben von
Prof. Dr. Oliver Dörr
Prof. Dr. Jörn Axel Kämmerer
Prof. Dr. Markus Krajewski

Band 94

Nina Hadorn

Regimekonflikt im Völkerrecht anhand des Beispiels UNHCR – IOM

Nomos

Die Druckvorstufe dieser Publikation wurde vom Schweizerischen Nationalfonds zur Förderung der wissenschaftlichen Forschung unterstützt.

SCHWEIZERISCHER NATIONALFONDS
ZUR FÖRDERUNG DER WISSENSCHAFTLICHEN FORSCHUNG

Die Deutsche Nationalbibliothek verzeichnet diese Publikation in der Deutschen Nationalbibliografie; detaillierte bibliographische Daten sind im Internet über http://dnb.d-nb.de und über die Zentralbibliothek Zürich (www.zb.uzh.ch) abrufbar.

Zugl.: Zürich, Univ., Diss., 2021

1. Auflage 2023

© Nina Hadorn

Publiziert von
Nomos Verlagsgesellschaft mbH & Co. KG
Waldseestraße 3 – 5 | 76530 Baden-Baden
www.nomos.de

Gesamtherstellung:
Nomos Verlagsgesellschaft mbH & Co. KG
Waldseestraße 3 – 5 | 76530 Baden-Baden

ISBN   978-3-7560-0533-8 (Print)
ISBN   978-3-7489-3889-7 (ePDF)

DOI   https://doi.org/doi.org/10.5771/9783748938897

Onlineversion
Nomos eLibrary

Für Beni, Camillo und Julian

Vorwort

Die vorliegende Dissertation ist vorwiegend im Rahmen meiner Assistenz-
tätigkeit am Lehrstuhl für Völkerrecht, Europarecht, Öffentliches Recht
und Staatsphilosophie der Universität Zürich sowie während zweier Aus-
landaufenthalte an der Universitat de Barcelona (unterstützt durch die
Universität Zürich) und am Lauterpacht Centre der University of Cambridge (unterstützt durch den Schweizerischen Nationalfonds) entstanden.

Mein Dank gebührt meinem Doktorvater Prof. Oliver Diggelmann, der
mir auf meinem Weg stets unterstützend zur Seite stand. Ich bedanke
mich herzlich für die lehrreiche Zeit am Lehrstuhl und die inspirierenden
Gespräche, in denen unter anderem die Idee zu dieser Dissertation entstanden ist. Ebenfalls möchte ich Herrn Prof. Daniel Moeckli danken. Er hat
sich bereit erklärt, das Co-Referat für die vorliegende Dissertation zu übernehmen. Ihm wie auch Prof. Tilmann Altwicker möchte ich zudem für ihr
Engagement für die Veranstaltungen am Institut für Völkerrecht danken,
die stets einen bereichernden Austausch mit anderen Forschenden ermöglichten. Nicht zuletzt gebührt mein Dank meinen Lehrstuhlkolleginnen
und -kollegen, die mir zu guten Freunden und Freundinnen geworden
sind.

Weiter bin ich dankbar, durch einen Beitrag des Schweizerischen Natio-
nalfonds die Möglichkeit erhalten zu haben, ein Jahr am Lauterpacht
Centre der University of Cambridge zu forschen. Ich danke dem ganzen
Lauterpacht Centre Team für die bereichernde Zeit. Hannah Maley und
Dr. iur. Tobias Naef gebührt spezieller Dank, dass sie mich auf diesem
Weg begleitet haben.

Ein herzliches Dankeschön gebührt Dr. iur. Barbara Kammermann,
Kathrin Alder und Dr. iur. Damian Cueni, die sich die Zeit und Mühe
für eine kritische und sorgfältige Auseinandersetzung mit dem Manuskript
(oder früheren Versionen davon) genommen haben. Danken möchte ich
auch meiner Familie für das Vertrauen und die bedingungslose Unterstützung auf diesem Weg.

Ebenfalls gebührt dem Schweizerischen Nationalfonds herzlicher Dank für die grosszügige Unterstützung bei der Publikation dieser Arbeit.

Meinem Mann Benjamin danke ich von Herzen für die entgegengebrachte Geduld und Liebe während dieser turbulenten Zeit. Mein Dank geht zuletzt an meine kleinen Söhne Camillo und Julian, die mir unendlich viel Freude bereiten. Ihnen widme ich diese Dissertation.

Zürich im September 2022   *Nina Hadorn*

Inhaltsübersicht

Abkürzungsverzeichnis 19

I. Ausgangslage 25

    A. Einleitung 25

    B. Entwicklung der institutionellen (Un)Ordnung 37

    C. Konzeptuelle Hürden 50

II. Regimekonflikt 71

    A. Das in Regime fragmentierte Völkerrecht 71

    B. Internationale Organisationen und Regimekonflikt 104

    C. Erkenntnisse Regimekonflikt 120

III. Fallstudie: UNHCR und IOM 122

    A. Institutionalisierung nach dem Ersten Weltkrieg 123

    B. Differenzierte Lösung mit Ausbruch des Kalten Krieges 144

    C. Das Verhältnis seit 1950: zwischen Rivalität und
       Kooperation 172

IV. Auswertung Fallstudie und Bedeutung für das Völkerrecht 244

    A. Auswertung Fallstudie UNHCR – IOM 244

    B. Bedeutung für das Völkerrecht 266

    C. Erkenntnisse Fallstudie 274

V. Schlussbetrachtung 277

Inhaltsübersicht

Literaturverzeichnis 281

Dokumentenverzeichnis 295

Materialienverzeichnis 301

Gerichtsentscheide und Streitbeilegungsverfahren 310

Inhaltsverzeichnis

Abkürzungsverzeichnis   19

I. Ausgangslage   25

    A. Einleitung   25
       1. Problemskizze   25
       2. Forschungslücke(n) und Ziele der Arbeit   26
          a) Forschungslücke: Konflikte zwischen internationalen
             Organisationen   26
          b) Einordnung in den Kontext: Fragmentierung des
             Völkerrechts   28
          c) Zur Eignung der Fallstudie zu UNHCR – IOM   30
       3. Fragestellung, Gliederung und Methode   33
          a) Fragestellung   33
          b) Gliederung   34
          c) Methode   36

    B. Entwicklung der institutionellen (Un)Ordnung   37
       1. Die Ursprünge einer wahrlich internationalen
          Verwaltung   38
          a) Die ersten zwischenstaatlichen Organisationen   38
          b) Eine wahrlich internationale Verwaltung?   39
          c) Gründung des Völkerbunds und move to institutions   40
       2. Proliferation nach dem Zweiten Weltkrieg   42
          a) Das UN-System: dezentral organisierte Zentralisierung   42
          b) Gründung zahlreicher neuer Organisationen und
             Expansion   43
          c) Die liberale Haltung und ihre Grenzen   45
       3. Konflikte infolge Proliferation und Expansion   47
          a) Mandatsüberlappungen als Regelfall   47
          b) Weshalb internationale Organisationen expandieren   48
          c) Und was sagt das Völkerrecht dazu?   49

    C. Konzeptuelle Hürden   50
       1. Innenperspektive im Recht der internationalen
          Organisationen   50
          a) Fokus auf die Delegation von Aufgaben   50

b) Binnenzentriertheit 52
c) Die horizontalen Grenzen der Zuständigkeit 53
2. Enges Verständnis der Rechtspersönlichkeit 54
a) Rechtspersönlichkeit im Recht der internationalen
Organisationen 54
b) Die IOM als klassische internationale Organisation 57
c) Das UNHCR: Organ der UN oder eigenständiger
Akteur? 59
3. Reduktion der Fragmentierungsdebatte auf
Normkonflikte 65
a) Koordination als reine Politik? 65
b) Völkerrecht als *body of rules* 65
c) (Keine) Normkonflikte zwischen internationalen
Organisationen 68
4. Zwischenfazit 69

II. Regimekonflikt 71

A. Das in Regime fragmentierte Völkerrecht 71
1. Völkerrecht als (fragmentierte) Rechtsordnung 71
a) Völkerrecht als gewachsenes Recht 71
b) Die Fragmentierungsdebatte 73
c) Zwischen Einheit und Fragmentierung 75
2. Der Regimebegriff (der Internationalen Beziehungen) 78
a) Unterschiedliche Disziplinen – unterschiedliche
Konzeptionen 78
b) «Sets von Prinzipien, Normen, Regeln und Verfahren» 79
c) Regimetheorie als Frage nach der Rolle des Rechts 84
3. Regimekonzeptionen im Völkerrecht 86
a) Self-Contained Regimes: Sets von Normen 87
b) Special Regimes: Gebiete funktioneller Spezialisierung 90
c) Teilrechtsordnungen in der polyzentralen
Rechtsordnung 94
4. Zwischenfazit 97
a) Unterschiede zwischen den Begriffen 97
b) Regimekonflikt als Normkonflikt 98
c) Regimekonflikt als Verhältnis zwischen
Teilrechtsordnungen 101
d) Erkenntnisse für den weiteren Gang der
Untersuchung 103

B. Internationale Organisationen und Regimekonflikt — 104
   1. Internationale Organisationen in der
      Völkerrechtsordnung — 104
      a) Die institutionelle Dimension der Fragmentierung — 104
      b) Territoriale, funktionale und teleologische
         Fragmentierung — 105
      c) Internationale Organisationen als funktional-
         teleologische Regime — 105
   2. Zur rechtlichen Relevanz von Konflikten — 107
      a) Völkerrecht als Struktur v. Völkerrecht als Prozess — 107
      b) Zur authority von internationalen Organisationen — 109
      c) Das law-making internationaler Organisationen — 112
   3. Regimekonflikt als Antwort auf die «konzeptuellen
      Hürden» — 115
      a) Die Aussenperspektive: horizontales Verhältnis
         zwischen Regimen — 115
      b) Das UNHCR und die IOM als Regime statt als
         Völkerrechtssubjekte — 117
      c) Regimekonflikt als Institutionenkonflikt und
         Normkonflikt — 118
C. Erkenntnisse Regimekonflikt — 120

III. Fallstudie: UNHCR und IOM — 122

A. Institutionalisierung nach dem Ersten Weltkrieg — 123
   1. Ad-hoc-Strategie im Völkerbund — 123
      a) Fridtjof Nansen wird erster
         Flüchtlingshochkommissar (1921) — 123
      b) Nansen Office (1930) und Hochkommissariat für
         deutsche Flüchtlinge (1936) — 126
   2. Institutionelle Dichotomie am Vorabend des Zweiten
      Weltkrieges — 128
      a) Vereinheitlichung im Völkerbund: nur noch ein
         Hochkommissariat — 128
      b) Evian-Konferenz (1938): Gründung
         Intergovernmental Committee — 129
   3. Die Organisationen während des Zweiten Weltkrieges — 131
      a) Das Flüchtlingshochkommissariat in Schwierigkeiten — 131
      b) Erweiterung des Intergovernmental Committee (1943) — 132

c) Gründung der UNRRA für Nothilfe in den befreiten
Gebieten (1944) 137

4. Zwischenfazit 138
   a) Im Völkerbund: Flüchtlingsschutz 138
   b) Intergovernmental Committee: geordnete Emigration 140
   c) Koordination durch Personalunion der Vorstehenden 141

B. Differenzierte Lösung mit Ausbruch des Kalten Krieges 144
   1. Institutionelle Reorganisation mit der Gründung der UN 144
      a) Auflösung des Völkerbundes und Gründung der UN 144
      b) Aus Flüchtlingshochkommissariat, IGCR und
         UNRRA wird IRO 144
      c) Die IRO und die «Lösung» des Flüchtlingsproblems
         bis 1951 145
   2. Gründung des UNHCR 1950 149
      a) Rechtlicher Schutz der Flüchtlinge in der UN 149
      b) Organisation, Entscheidungsfindung und
         Finanzierung 150
      c) Mandat: Flüchtlingsschutz 152
   3. Gründung des PICMME 1951 bzw. ICEM 1953 155
      a) Neue Semantik mit der Gründung des PICMME: aus
         refugees wird surplus population 155
      b) Organe, Entscheidungsfindung und Finanzierung 158
      c) Mandat: Förderung der erwünschten Migration 159
      d) PICMME/ICEM als Gegenspieler des UNHCR? 161
   4. Zwischenfazit 165
      a) Kollidierende Prinzipien 165
      b) Überlappende Kompetenzen 168
      c) Konfliktklauseln in Gründungsinstrumenten als
         Handlungsanleitung? 170
      d) Überlappung als Strategie 171

C. Das Verhältnis seit 1950: zwischen Rivalität und
   Kooperation 172
   1. Positionierung und erste Interaktionen in den 1950er-
      Jahren 172
      a) Wie das UNHCR an Bedeutung gewinnt: weite
         Interpretation der «dauerhaften Lösungen» 172
      b) ICEM verlagert Fokus auf Dienstleistungen 174
      c) Zwischen Kooperation und Rivalität 175

2. Die 1960er-Jahre: Rezession führt zu Konkurrenz 179
    a) UNHCR expandiert unter dem Titel der «Guten
       Dienste» 179
    b) Obsoleszenz des Problems der surplus population
       stürzt das ICEM in die Krise 180
    c) Der Kampf um Gelder 182
3. Die 1970er-Jahre: Expansion 183
    a) UNHCR: flüchtlingsähnliche Situationen 183
    b) ICEM wird globale Organisation und propagiert sich
       als Forum 185
    c) Das ICEM und die UN: Eigenständigkeit gleichsam als
       Fluch und Segen 187
4. Die 1980er-Jahre: die Dekade der institutionellen
   Reformen 188
    a) Externalisierte Migrationssteuerung und Regime-
       shifting 188
    b) IC(E)M positioniert sich: geografische Expansion und
       Abgrenzung vom UNHCR 190
    c) UNHCR orientiert sich vermehrt an den Bedürfnissen
       der Staaten 192
    d) ICEM reformiert sich zur International Organization
       for Migration 195
5. Die 1990cr-Jahre: institutionelle Annäherung 198
    a) IOM: Diversifizierung und Partikularisierung 198
    b) UNHCR: vom Flüchtlingsschutz zur humanitären
       Hilfsorganisation 199
    c) Institutionelle Annäherung der IOM an die UN 202
6. Die 2000er-Jahre: Asyl-Migrations-Nexus 205
    a) Die Rahmenbedingungen: Asyl-Migrations-Nexus und
       normative Erwartungen 205
    b) IOM: «Managing Migration for the Benefit of All» 208
    c) Das UNHCR und Migrationsmanagement:
       Annäherung und Abgrenzung 211
    d) Stärkung der Kooperation, Zementierung der
       Trennung 214
7. Die Organisationen heute 220
    a) IOM: Assoziierung an die UN und «*Lead Agency on
       Migration*» 220
    b) Die neuen Schwerpunkte der beiden Organisationen 224
    c) IOM und UNHCR als *law-maker* 228

d) UNHCR und IOM als Anker des UN-Flüchtlings- und
Migrationssystems 233
8. Zwischenfazit 237
a) Transformationsfaktoren 237
b) Überlappungen infolge Regimeexpansion 240
c) Werte und Ziele: zwischen Kongruenz und Konflikt 242

IV. Auswertung Fallstudie und Bedeutung für das Völkerrecht 244

A. Auswertung Fallstudie UNHCR – IOM 244
1. Institutionelle Ursachen für Konflikte 244
a) Institutionalisierung führt zu Trennung 244
b) Überlappung und Expansion als Strategie 246
c) Fortifizierung des eigenen Regimes: das Beispiel des
UNHCR im Bereich IDP 247
2. Identifikation von Konflikten 250
a) Absenz von klassischen Normkonflikten als
Charakteristikum 250
b) Institutionenkonflikte: überlappende Funktionen und
kollidierende Prinzipien 251
c) Koordination als Ausdruck von
Institutionenkonflikten 252
3. Rechtliche Relevanz von institutionellen Konflikten 255
a) Übertragung auf die substanzielle Ebene:
Normkonflikte als mögliches Symptom 255
b) Auf der Makroebene: Identifikation und
Interpretation des Völkerrechts 257
c) Auf der Mikroebene: Wahl des Regimes wirkt sich auf
Individuen aus 260
4. Zwischenfazit 263

B. Bedeutung für das Völkerrecht 266
1. Internationale Organisationen in der
Völkerrechtsordnung 266
a) Entwicklung einer internationalen Verwaltung «von
unten» 266
b) Eine polyzentrische Rechtsordnung 267
c) Teilweise Kohärenz durch Interaktion 268
2. Konfliktmanagement «von aussen» 268
a) Designation einer *lead agency* in humanitären
Krisensituationen 268

b) Koordination durch die UN 269

c) Gutachten des IGH? 270

3. Hindernisse bei der Harmonisierung im horizontalen
   Verhältnis 272

   a) Überlappungen sind keine «Fehler» 272

   b) Internationale Organisationen als Selbstzweck 273

   c) Fortifizierung des eigenen Regimes 274

C. Erkenntnisse Fallstudie 274

V. Schlussbetrachtung 277

Literaturverzeichnis 281

Dokumentenverzeichnis 295

Materialienverzeichnis 301

Gerichtsentscheide und Streitbeilegungsverfahren 310

Abkürzungsverzeichnis

A/	Dokumente der UN-Generalversammlung
A/RES	Resolution der UN-Generalversammlung
Abs.	Absatz
AEUV	Vertrag über die Arbeitsweise der Europäischen Union
AMRK	Amerikanische Menschenrechtskonvention
Anm.	Anmerkung
Art.	Artikel
Aufl.	Auflage
BBl	Bundesblatt (Schweiz)
Bst.	Buchstabe
BVGer	Bundesverwaltungsgericht (Schweiz)
bzw.	beziehungsweise
CAP	Consolidated Inter-Agency Appeals Process
DARS	Draft Articles on Responsibility of States for Internationally Wrongful Acts (Staatenverantwortlichkeitsartikel)
ders.	derselbe
d.h.	das heisst
DHA	United Nations Department of Humanitarian Affairs (Abteilung für Humanitäre Angelegenheiten der Vereinten Nationen)
dies.	dieselbe(n)
Doc.	Dokument
DOI	Digital Object Identifier
E/	Dokumente des UN-ECOSOC
ebd.	ebenda
EC/	Dokumente des UN-ExCom
ECOSOC	United Nations Economic and Social Council (Wirtschafts- und Sozialrat der Vereinten Nationen)

EDA	Eidgenössisches Departement für auswärtige Angelegenheiten (Schweiz)
EGMR	Europäischer Gerichtshof für Menschenrechte
EJIL	European Journal of International Law
EMRK	Europäische Menschenrechtskonvention
ERC	United Nations Emergency Relief Coordinator (Untersekretär für Humanitäre Angelegenheiten)
E/RES	Resolutionen des UN-ECOSOC
EU	Europäische Union
EuGH	Gerichtshof der Europäischen Union
Eurostat	Statistisches Amt der Europäischen Union
EWG	Europäische Wirtschaftsgemeinschaft
ExCom	Executive Committee of the High Commissioner's Programme (UNHCR-Exekutivkomitee)
f.	folgende
FAO	Food and Agriculture Organization of the United Nations (Ernährungs- und Landwirtschaftsorganisation der Vereinten Nationen)
ff.	fortfolgende
FK	Flüchtlingskonvention
GCIM	Global Commission for International Migration
GCM	Global Compact for Safe, Regular and Orderly Migration (UN-Migrationspakt)
GCR	Global Compact on Refugees (UN-Flüchtlingspakt)
GMG	Global Migration Group
GUS/CIS	Gemeinschaft Unabhängiger Staaten/Commonwealth of Independent States
GV	Generalversammlung der Vereinten Nationen
Hervorh.	Hervorhebung
Hrsg.	Herausgeber/-in(nen)
HRW	Human Rights Watch
IAEA	International Atomic Energy Agency (Internationale Atomenergie-Organisation)

IASC	United Nations Inter-Agency Standing Committee (Ständiger interinstitutioneller Ausschuss der Vereinten Nationen)
ICAN	International Campaign to Abolish Nuclear Weapons
ICANN	Internet Corporation for Assigned Names and Numbers
ICEM/CIME	Intergovernmental Committee on European Migration
ICM	Intergovernmental Committee on Migration
IDP	Internally Displaced Persons (Binnenvertriebene)
i.d.R.	in der Regel
i.e.	id est
IFAD	International Fund for Agricultural Development (Internationaler Fonds für landwirtschaftliche Entwicklung)
IFRC	International Federation of Red Cross and Red Crescent Societies (Internationale Rotkreuz- und Rothalbmondgesellschaften)
IGCR	Intergovernmental Committee on Refugees
IGC	Intergovernmental Consultations on Asylum, Refugees and Migration
IGH/ICJ	Internationaler Gerichtshof/International Court of Justice
IKRK	Internationales Komitee vom Roten Kreuz
ILC	International Law Commission
ILO	International Labour Organization (Internationale Arbeitsorganisation)
IMO	International Maritime Organization (Internationale Seeschifffahrts-Organisation)
insb.	insbesondere
IOM	International Organization for Migration
IRO	International Refugee Organization (Internationale Flüchtlingsorganisation)
i.S.v.	im Sinne von

ISCAP	United States Interagency Security Classification Appeals Panel
ITC	International Tin Council (Internationaler Zinnrat)
i.V.m.	in Verbindung mit
IWF	Internationaler Währungsfonds
LICROSS	League of Red Cross Societies (Liga der Rotkreuzgesellschaften) (seit 1991: IFRC)
LNOJ	League of Nations Offical Journal
LNTS	League of Nations Treaty Series
Mia.	Milliarde
Mio.	Million
MoU	Memorandum of Understanding
NARA	United States National Archives and Records Administration
NATO	North Atlantic Treaty Organization
NGO	Non-Governmental Organization (Nichtregierungsorganisation)
No.	Nummer
NPT	Treaty on the Non-Proliferation of Nuclear Weapons (Vertrag über die Nichtverbreitung von Kernwaffen)
NSDAP	Nationalsozialistische Deutsche Arbeiterpartei
NSG	Nuclear Suppliers Group
OAU	Organization of African Unity (seit 2002: African Union)
OCHA	United Nations Office for the Coordination of Humanitarian Affairs (Amt für die Koordinierung humanitärer Angelegenheiten)
ODP	Orderly Departure Program
OECD	Organization for Economic Cooperation and Development (Organisation für wirtschaftliche Zusammenarbeit und Entwicklung)
OHCHR	United Nations High Commissioner for Human Rights (UN-Hochkommissariat für Menschenrechte)
OSPAR	Übereinkommen zum Schutz der Meeresumwelt des Nordost-Atlantiks (Oslo-Paris Konvention)

OSZE	Organisation für Sicherheit und Zusammenarbeit in Europa
PCIRO	Preparatory Commission of the IRO (Vorbereitungskommission der IRO)
PICMME	Provisional Intergovernmental Committee for the Movement of Migrants from Europe
Rn.	Randnote
S.	Seite
s.	siehe
SDGs	Sustainable Development Goals (Ziele für nachhaltige Entwicklung; Agenda 2030)
sog.	sogenannt/e/r
SR	Systematische Sammlung des Bundesrechts (Schweiz)
S/RES	Resolutionen des UN-Sicherheitsrates
StIGH/PCIJ	Ständiger Internationaler Gerichtshof/Permanent Court of International Justice
TCM	Technical Cooperation on Migration
TPNW	Treaty on the Prohibition of Nuclear Weapons (Atomwaffenverbotsvertrag)
u.a.	unter anderem
UdSSR	Union der Sozialistischen Sowjetrepubliken (Sowjetunion)
UK	United Kingdom (Vereinigtes Königreich)
UN/UNO	Vereinte Nationen
UNCh	Charta der Vereinten Nationen
UNCLOS	United Nations Convention on the Law of the Sea
UNCTAD	United Nations Conference on Trade and Development
UNDESA	United Nations Department of Economic and Social Affairs
UNDP	United Nations Development Programme (Entwicklungsprogramm der Vereinten Nationen)
UNDRO	United Nations Disaster Relief Organization (Organisation der Vereinten Nationen für Katastrophenhilfe)

UNESCO	United Nations Educational, Scientific and Cultural Organization (Organisation der Vereinten Nationen für Erziehung, Wissenschaft und Kultur)
UNFCCC	United Nations Framework Convention on Climate Change
UNFPA	United Nations Population Fund
UNHCR	United Nations High Commissioner for Refugees (Hochkommissariat für Flüchtlinge der Vereinten Nationen)
UNICEF	United Nations International Children's Emergency Fund (Kinderhilfswerk der Vereinten Nationen)
UNIDO	United Nations Industrial Develompment Organization (Organisation der Vereinten Nationen für industrielle Entwicklung)
UNODC	United Nations Office on Drugs and Crime
UNTS	United Nations Treaty Series
UNREF	United Nations Refugee Emergency Fund
UNRRA	United Nations Relief and Rehabilitation Administration
USA/US	Vereinigte Staaten (von Amerika)
USD	US-Dollar
USEP	United States Escapee Program
v.	versus
vgl.	vergleiche
Vol.	Volume
WFP	United Nations World Food Programme (Welternährungsprogramm der Vereinten Nationen)
WHO	World Health Organization (Weltgesundheitsorganisation)
WTO	World Trade Organization (Welthandelsorganisation)
WVK	Wiener Vertragsrechtskonvention
z.B.	zum Beispiel
zit.	zitiert

I. Ausgangslage

A. Einleitung

1. Problemskizze

Internationale Organisationen handeln in allen erdenklichen Lebensbereichen. Manchmal sind sie gut sichtbar, etwa wenn der Sicherheitsrat der Vereinten Nationen (UN) Sanktionen gegen terrorverdächtige Individuen beschliesst, manchmal weniger sichtbar, etwa wenn die Ernährungs- und Landwirtschaftsorganisation der Vereinten Nationen (FAO) Regeln zur verantwortungsvollen Fischerei erlässt. Viele der heute existierenden internationalen Organisationen sind nach dem Zweiten Weltkrieg entstanden, so auch das UN-Hochkommissariat für Flüchtlinge (UNHCR) und die Internationale Organisation für Migration (IOM). Während ihnen anfangs primär die Rolle als Forum für die Koordination staatlicher Bemühungen zukam, wurden sie bald auch zur Projektionsfläche für ambitiösere Hoffnungen – gar als «Rettung der Menschheit»[1] wurden sie bezeichnet. Die Staaten haben ihnen immer mehr Aufgaben übertragen und viele Organisationen handeln heute mit weitreichender Autonomie.[2] Entsprechend haben viele internationale Organisationen ihre Mandate ausgedehnt. Das hat dazu geführt, dass sich die Mandate vieler Organisationen heute überlappen. Neben den Synergien, die zwischen Organisationen entstehen, die in einem ähnlichen Bereich tätig sind, führt das immer dichter werdende Netz an Institutionen mit immer breiteren Kompetenzen aber auch zu Konflikten und Konkurrenzsituationen.

Auch das UNHCR und die IOM weiteten ihre Aufgaben über die Jahre massgeblich aus, sodass sich die Mandate oder deren Auslegung durch die Organisationen heute in vielen Bereichen überlappen.[3] Beide Organisationen wurden nach dem Zweiten Weltkrieg gegründet, um Lösungen für

---

1 Die Formulierung stammt von SINGH NAGENDRA, Termination of Membership of International Organisations, London 1958, vii (zit. nach KLABBERS, Two Concepts of International Organisation, S. 281).
2 Zur Idee von internationalen Organisationen als autonome Akteurinnen: vgl. den Sammelband COLLINS RICHARD/WHITE NIGEL D. (Hrsg.), International Organizations and the Idea of Autonomy, London 2011.
3 Vgl. zum Ganzen hinten III.: Fallstudie: UNHCR und IOM.

Flüchtlinge, Vertriebene und die «überschüssige» Bevölkerung in Europa zu finden, die der Krieg zurückgelassen hatte. Die Wurzeln beider Organisationen reichen indes weiter zurück. So wurde das erste Amt des Hochkommissars für Flüchtlinge bereits nach dem Ersten Weltkrieg im Völkerbund geschaffen. Das Intergovernmental Committee (on Refugees), das als Vorläuferorganisation der IOM bezeichnet werden kann, wurde im Jahr 1938 gegründet, nachdem die politische Lähmung im Völkerbund es weitgehend verunmöglicht hatte, für die Flüchtlinge und Vertriebenen nach der Machtübernahme Hitlers und dem folgenden «Anschluss» Österreichs Lösungen zu finden. Nach dem Zweiten Weltkrieg wurden beide Organisationen aufgelöst und teilweise durch die Internationale Flüchtlingsorganisation (IRO) inkorporiert. Mit Beginn des Kalten Krieges entstand allerdings wieder das Bedürfnis nach einer differenzierten institutionellen Lösung: die IRO wurde aufgelöst, und das UNHCR und das Provisional Committee on European Migration (PICMME), später die IOM, wurden gegründet. Als Reaktion auf verschiedene Gegebenheiten weiteten beide Organisationen ihre Mandate aus. Trotz oft enger Zusammenarbeit im Feld ergaben sich zwischen den Organisationen über die Jahre immer wieder Konflikte um Geld und Einfluss bzw. um die Zuständigkeit für einen bestimmten Sachverhalt oder eine bestimmte Personengruppe. In der vorliegenden Arbeit werden solche Konflikte genauer betrachtet und es wird untersucht, was diese über die Funktionsweise des Völkerrechts aussagen.

2. Forschungslücke(n) und Ziele der Arbeit

a) Forschungslücke: Konflikte zwischen internationalen Organisationen

Weil sich die Mandate vieler Organisationen heute überlappen, sind Konflikte zwischen internationalen Organisationen relativ häufig. Entsprechend hat sich in der Praxis der Organisationen ein breites Instrumentarium zum Umgang mit bzw. zur Vorbeugung von Unproduktivitäten und Doppelspurigkeiten entwickelt, etwa die gegenseitige Gewährung des Beobachterstatus oder die Gründung gemeinsamer Organe. Im Kontrast dazu steht die eher spärliche völkerrechtliche Forschung zum Verhältnis bzw. zu Konflikten zwischen internationalen Organisationen. Es sollen daher solche Konflikte konzeptualisiert und anhand der Fallstudie zu UNHCR – IOM analysiert werden.

Ein erstes Ziel ist es, vorab einen theoretischen Rahmen zu entwickeln, der das Verhältnis zwischen internationalen Organisationen aus völkerrechtlicher Sicht beschreibt. Denkbar und naheliegend wäre eine Betrachtung unter dem Recht der internationalen Organisationen. Dieses wird aber von einem funktionalistischen Verständnis dominiert und beschäftigt sich daher ausschliesslich mit der Beziehung zwischen Mitgliedstaaten und Organisation.[4] Das Recht der internationalen Organisationen kann zwar darüber Aufschluss geben, welche Kompetenzen einer Organisation zukommen, also welche Aufgaben ihr von ihren Mitgliedstaaten übertragen wurden, oder über welche inhärenten Befugnisse *(implied powers)* sie verfügt.[5] Um das Verhältnis der Organisation zu Dritten, seien es Individuen, Drittstaaten oder wie vorliegend andere internationale Organisationen, zu erfassen, scheint es aufgrund seiner funktionalistischen Prägung hingegen (bislang) wenig geeignet. So gerät es an seine Grenzen, wenn eine andere Organisation Zuständigkeit über das gleiche geografische Gebiet, den gleichen Sachverhalt oder die gleiche Personengruppe beansprucht. Das Problem wird in diesem Fall als blosse Frage der Koordination zwischen den beiden Organisationen wahrgenommen[6] und damit im Prinzip verharmlost, weil dadurch dessen rechtliche Dimension vernachlässigt wird.[7] Hier wird eine alternative Konzeption vorgeschlagen: Das Verhältnis zwischen internationalen Organisationen wird unter dem Blickwinkel des Regimekonflikts betrachtet, indem die Organisationen als zwei Teilrechtsordnungen innerhalb des Völkerrechts verstanden werden.

---

4 Vgl. zum Ganzen: KLABBERS JAN, The EJIL Foreword: The Transformation of International Organizations Law, European Journal of International Law Vol. 26 No. 1 (2015), S. 9–82.

5 Als Standardwerk zum Recht der internationalen Organisationen vgl. SCHERMERS HENRY G./BLOKKER NIELS M., International Institutional Law: Unity within Diversity, 5. Aufl., Leiden/Boston 2011.

6 Vgl. ebd. §§ 1691 ff. René-Jean Dupuy widmet sich bereits in einem Beitrag von 1960 der Frage nach der Beziehung zwischen internationalen Organisationen, allerdings geprägt vom damaligen Nachkriegsoptimismus internationalen Organisationen gegenüber und ebenfalls aus funktionalistischem Blickwinkel (DUPUY RENÉ-JEAN, Le Droit des Relations Entre les Organisations Internationales, in: Collected Courses of the Hague Academy of International Law Vol. 100, Leiden/Boston 1960, S. 457–589).

7 In diesem Sinne auch Ruffert/Walter, welche die aktuelle Kompetenzlehre des Rechts der internationalen Organisationen im Verhältnis der Organisationen untereinander als unzulänglich erachten (RUFFERT/WALTER, S. 80 ff. und insb. S. 82).

b) Einordnung in den Kontext: Fragmentierung des Völkerrechts

Es wird als Analyserahmen ein völkerrechtstheoretisches Konzept gewählt, das geeignet ist, die Beziehung zwischen dem UNHCR und der IOM adäquat zu beschreiben: das Konzept des Regimekonflikts. Das Konzept des in Regime fragmentierten Völkerrechts dient als Modell, ein Rechtssystem zu erklären, in dem – im Gegensatz zum Nationalstaat – kaum Hierarchien und kein eigentliches zentrales Rechtsetzungs- oder Rechtsprechungsorgan existieren. Es besagt im Grundsatz, dass sich im Völkerrecht verschiedene Teilrechtsordnungen, sog. Regime, entwickelt haben, die sich überlappen und dadurch zumindest teilweise in einem Konflikt zueinander stehen. Gemeint ist damit in der Regel, dass Normen eines Regimes mit Normen eines anderen Regimes konfligieren. Konflikte zwischen internationalen Organisationen treten allerdings nur selten in Form von Normkonflikten zutage. Häufiger äussern sie sich in Form von Streitigkeiten über die Zuständigkeiten. Werden diese Konflikte bilateral zwischen den Organisationen gelöst, sind, zumindest potenziell, Rechte und Pflichten von Staaten und allenfalls auch von Individuen tangiert. Solche «Institutionenkonflikte»[8] sind daher, so lautet die vorliegende These, rechtlich ebenso relevant wie Normkonflikte. Aus diesem Grund soll hier die institutionelle Dimension des Regimekonflikts untersucht werden. Anschliessend werden anhand der Fallstudie zu UNHCR – IOM Konfliktsituationen dargestellt und analysiert. Dabei soll aufgezeigt werden, welche Ursachen Konflikten zwischen dem UNHCR und der IOM zugrunde liegen, wie sich Konflikte geäussert haben, wie die Organisationen mit Konflikten umgegangen sind und welche Bedeutung Konflikte zwischen internationalen Organisationen für das Völkerrecht haben. Es ist nicht Ziel dieser Arbeit, mögliche Lösungen für solche Konflikte zu präsentieren. Vielmehr sollen institutionelle Konflikte konzeptualisiert, im Rahmen einer konkreten Fallstudie herausgearbeitet und deren völkerrechtliche Relevanz untersucht werden.

In der Völkerrechtswissenschaft gibt es reichlich Forschung zur Fragmentierung und zum Regimekonflikt. Diese fokussierte allerdings bislang primär auf die Frage nach dem Umgang mit Konflikten zwischen verschiedenen Normen. Der Regimebegriff wurde durch die Forschung der Disziplin der Internationalen Beziehungen der 1970er- und 1980er-Jahren

---

8 Der Begriff wird vorliegend als Sammelbegriff verwendet, um Konfliktformen zwischen internationalen Organisationen zu erfassen, die keine Normkonflikte sind.

geprägt.[9] Regime werden dort als «sets of implicit or explicit principles, norms, rules, and decision-making procedures around which actors' expectations converge in a given area of international relations»[10] beschrieben, also eine Art institutionalisierte Politik. Ziel der neoliberalen Regimetheorie der Internationalen Beziehungen war es, zu beweisen, dass Regime entgegen neorealistischen Annahmen kurzfristige Macht- und Interessenstrukturen überwinden können. Erst um die Jahrhundertwende wurde der Begriff in der Völkerrechtswissenschaft wieder aufgenommen, allerdings hier unter dem Titel der «Fragmentierung des Völkerrechts».[11] Die Fragmentierung des Völkerrechts meint in der Regel die Aufsplitterung des Rechts in einzelne (funktionale) Bereiche, etwa ein Menschenrechtsregime oder ein Umweltregime. Spätestens seit sich die International Law Commission (ILC) 2006 unter Martti Koskenniemi der Fragmentierung in einem Bericht angenommen hat,[12] hat die Völkerrechtswissenschaft dazu reichlich Forschung generiert.

In zweierlei Hinsicht wird in der vorliegenden Untersuchung darüber hinausgegangen: (1) Erstens wird ein breites Verständnis von Regimen angewendet, das es erlaubt, internationale Organisationen als Regime zu bezeichnen. Internationale Organisationen sind demnach nicht bloss Akteurinnen innerhalb eines funktionalen Bereichs, sondern eigenständige Regime, d.h. organisatorische Gebilde, die innerhalb ihrer Mandate je eigenen Prinzipien, Normen und Verfahren folgen und die selber wiederum weitere Prinzipien, Normen und Verfahren generieren; (2) zweitens liegt der Fokus der bisherigen Forschung zur Fragmentierung des Völkerrechts auf dem Umgang mit Normkonflikten, d.h. mit widersprüchlichen Normen, die unterschiedlichen Teilrechtsordnungen entstammen.[13] Bei Konflikten zwischen internationalen Organisationen handelt es sich aber eher selten um Normkonflikte, häufiger liegt ein institutioneller Konflikt vor, etwa wenn es um die Aufteilung der Kompetenzen geht. Dieser Aspekt der Fragmentierung wurde in der Völkerrechtswissenschaft bislang weniger

---

9 Vgl. dazu hinten II. A. 2.

10 Krasner, Regimes as Intervening Variables, S. 185.

11 Vgl. dazu hinten II. A. 1. und 3.

12 ILC, Fragmentation of International Law: Difficulties Arising from the Diversification and Expansion of International Law – Report of the Study Group of the International Law Commission (Finalized by Martti Koskenniemi), in: A/CN.4/ L.682 vom 13. April 2006 (zit. Fragmentierungsbericht 2006).

13 Der Umgang mit Normkonflikten, also die Erarbeitung möglicher Lösungsansätze, ist das Hauptanliegen des ILC-Berichts zur Fragmentierung.

thematisiert.[14] Die institutionelle Ebene ist nach hier vertretener Auffassung für das Verständnis der Fragmentierung des Völkerrechts zentral: Internationale Organisationen sind sowohl Ausdruck als auch Verursacherinnen der Fragmentierung. So lassen sich aus institutionellen Konflikten einerseits viel unmittelbarer als aus Normkonflikten Zielkonflikte der globalen Gesellschaft ablesen; andererseits liegen Normkonflikten teilweise institutionelle Konflikte zugrunde, deren Verständnis ohne die institutionellen Ursachen verkürzt ist. Der vorliegende Fokus auf die institutionelle Ebene soll daher ein ganzheitlicheres Bild der Fragmentierung und damit der Funktionsweise des Völkerrechts ermöglichen.[15]

c) Zur Eignung der Fallstudie zu UNHCR – IOM

Eine Fallstudie zu UNHCR – IOM ist in mehrerlei Hinsicht für eine nähere Betrachtung besonders geeignet. Ein Faktor ist die Tatsache, dass weder das UNHCR noch die IOM über einen Streitbeilegungsmechanismus verfügen. Solche haben sich demgegenüber bei anderen internationalen Organisationen etabliert: Im Falle der Welthandelsorganisation (WTO) existiert ein Streitbeilegungsverfahren (*dispute settlement body* und Berufungsgericht), im Europarat entscheidet der Europäische Gerichtshof für Menschenrechte (EGMR) über Streitigkeiten bezüglich der Europäischen Menschenrechtskonvention (EMRK)[16], der Europäische Gerichtshof (EuGH) ist das Rechtsprechungsorgan der Europäischen Union (EU). Alle genannten Streitbeilegungsorgane entscheiden über die Anwendung und Auslegung der Normen *ihres* Regimes – aber nicht nur. Immer wieder stellen sich auch Verhältnisfragen zwischen Normen unterschiedlicher Regime.[17]

---

14 So etwa ausdrücklich im ILC-Bericht, der die institutionelle Ebene ausklammert, weil die Frage der Verteilung institutioneller Kompetenzen als ein Problem der Institutionen selbst betrachtet wird (ILC, Fragmentierungsbericht 2006, § 13).

15 In eine ähnliche Richtung geht die von Margaret A. Young 2012 angestossene Forschung betreffend *regime interaction* (YOUNG MARGARET A. [Hrsg.], Regime Interaction in International Law: Facing Fragmentation, Cambridge 2012). Der Fokus liegt hier auf der Frage, inwiefern Interaktionen zwischen funktionalen Regimen Wissen und Normen formen und kontrollieren.

16 Konvention zum Schutze der Menschenrechte und Grundfreiheiten vom 4. November 1950, in: 231 UNTS 221 und SR 0.101.

17 Vgl. z.B. WTO, *European Communities – Measures Affecting the Approval and Marketing of Biotech Products*, Report of the Panel vom 29. September 2006, WTO Doc. WT/DS291/R, WT/DS292/R, WT/DS293/R. Im Fall ging es um das Verhältnis zwischen Normen aus dem UN-Pakt I und WTO-Regeln. Vgl. zum Verhältnis

Die Absenz eines solchen Streitbeilegungsmechanismus im vorliegenden Fall ist für eine Untersuchung gerade von Vorteil. Sie verlagert den Fokus weg von Konflikten, die sich im Rahmen von Gerichtsverfahren äussern, und damit weg von Normkonflikten. Dadurch wird der Blick für die institutionellen Ursachen von Konflikten geschärft, die Normkonflikten möglicherweise zugrunde liegen. Zwar gibt es für die Organe der UN die Möglichkeit, den Internationalen Gerichtshof (IGH) um ein Gutachten anzurufen. Allerdings sind bislang weder das UNHCR (als Nebenorgan der Generalversammlung der Vereinten Nationen [GV]) noch die IOM (seit 2016 eine *related agency* der UN) befugt, den IGH um ein solches anzufragen.[18] Ein weiterer Faktor, der letztlich zum selben Resultat führt, ist die Tatsache, dass seitens der IOM keine die Staaten verpflichtende Konvention wie etwa das Abkommen vom 28. Juli 1951 über die Rechtsstellung der Flüchtlinge (Flüchtlingskonvention; FK)[19] existiert, deren Einhaltung durch das UNHCR überwacht wird. Dadurch kommt es in den Staaten nie zu klassischen Normkonflikten, die sich aus unterschiedlichen Verpflichtungen verschiedener Konventionen (verschiedener Organisation) ergeben können. Und folglich treten auf der Ebene Staat keine Situationen auf, in denen Gerichte über Konflikte zwischen verschiedenen internationalen Normen entscheiden müssten. Dies ermöglicht es bzw. erfordert es gerade, anstelle eines regelzentrierten Blickwinkels eine Perspektive einzunehmen, die auf die institutionellen Strukturen des Völkerrechts fokussiert. In diesem Sinne ist das Verhältnis zwischen dem UNHCR und der IOM ein Beispiel für Konflikte zwischen verschiedenen Teilrechtsordnungen im Völkerrecht, die nicht (nur) aus verpflichtenden Normen bestehen.

Gleichwohl gilt es zu berücksichtigen, dass jede Organisation über eigene Spezifitäten verfügt und jedes bilaterale Verhältnis zwischen Organisationen einzigartig ist. Erkenntnisse zum Verhältnis zwischen zwei spezifischen Organisationen sollten daher nicht leichtfertig verallgemeinert werden. Vielmehr bräuchte es nach hier vertretener Ansicht eine Reihe von Fallstudien zu bilateralen Beziehungen und Konflikten, um diese anschliessend auf einer Metaebene zu vergleichen und auf Gemeinsamkeiten hin zu untersuchen. Studien zu einzelnen Organisationen sind aufwendig, weil sie eine vertiefte Auseinandersetzung mit den organisatorischen

---

WTO-Regeln – Menschenrechte: Joseph Sarah, Blame it on the WTO?: A Human Rights Critique, Oxford 2011, S. 32 ff.

18 Vgl. dazu unten IV. B. 2. c).

19 Abkommen vom 28. Juli 1951 über die Rechtsstellung der Flüchtlinge, in: 189 UNTS 137 und SR 0.142.30.

Strukturen und den ihnen zugrunde liegenden Rationalitäten verlangen. Die vorliegende Arbeit soll hier einen Beitrag leisten, indem sie das Verhältnis zwischen dem UNHCR und der IOM untersucht.

Zum Verhältnis zwischen dem UNHCR und der IOM findet sich in der Wissenschaft relativ wenig Literatur. Während zum UNHCR reichlich Forschung existiert,[20] weckte die IOM erst in der jüngeren Vergangenheit das Interesse der Forschenden.[21] Dass die IOM in der Öffentlichkeit und der Wissenschaft lange Zeit kaum wahrgenommen wurde, erstaunt. Das UNHCR und die IOM haben – gemessen an der Anzahl Mitgliedstaaten und am Budget – eine vergleichbare Bedeutung. Entsprechend findet sich auch kaum Forschung zur Beziehung zwischen den beiden Organisationen. Einer der wenigen Beiträge dazu, verfasst von Jérôme Elie, beschreibt

---

20 Vgl. etwa BETTS ALEXANDER, The United Nations High Commissioner for Refugees: Autonomy and Mandate Change, in: Oestreich Joel E. (Hrsg.), International Organizations as Self-Directed Actors: A Framework for Analysis, London 2012, S. 118–140; BETTS ALEXANDER/LOESCHER GIL/MILNER JAMES, The United Nations High Commissioner for Refugees (UNHCR): The Politics and Practice of Refugee Protection, 2. Aufl., London 2012; CRISP JEFF, Beyond the Nexus: UNHCR's Evolving Perspective on Refugee Protection and International Migration, in: UNHCR, New Issues in Refugee Research, Research Paper No. 155, April 2008, <http://www.refworld.org/pdfid/4c2325646.pdf>; HOLBORN LOUISE/CHARTRAND PHILIPP/CHARTRAND RITA, Refugees: A Problem of Our Time: The Work of The United Nations High Commissioner for Refugees, 1951–1972, Metuchen (NJ) 1975; LOESCHER GIL, The UNHCR and World Politics: A Perilous Path, Oxford 2001.

21 Vgl. etwa ANDRIJASEVIC RUTVICA/WALTERS WILLIAM, The International Organization for Migration and the International Government of Borders, Environment and Planning D: Society and Space Vol. 28 (2010), S. 977–999; ASHUTOSH ISHAN/MOUNTZ ALISON, Migration Management for the Benefit of whom? Interrogating the Work of the International Organization for Migration, Citizenship Studies Vol. 15 No. 1 (2011) S. 21–38; GEIGER MARTIN/PÉCOUD ANTOINE, International Organisations and the Politics of Migration, Journal of Ethnic and Migration Studies Vol. 40 No. 6 (2014), S. 865–887; GEORGI FABIAN, For the Benefit of Some: The International Organization for Migration and its Global Migration Management, in: Geiger Martin/Pécoud Antoine (Hrsg.), The Politics of International Migration Management, New York 2010, S. 54–72; GEORGI FABIAN/SCHATRAL SUSANNE, Towards a Critical Theory of Migration Control: The Case of the International Organization for Migration (IOM), in: Geiger Martin/Pécoud Antoine (Hrsg.), The New Politics of International Mobility: Migration and its Discontents, IMIS-Sonderausgabe Heft 40 (2012), S. 193–211; PÉCOUD ANTOINE, What do we know about the International Organization for Migration?, Journal of Ethnic and Migration Studies Vol. 44 No. 10 (2017), S. 1621–1638.

das Verhältnis aus historischer Perspektive.[22] Elie führt die mangelnde Aufmerksamkeit gegenüber der IOM u.a. darauf zurück, dass diese oft als blosse *travel agency* wahrgenommen wird.[23] Hinsichtlich des Verhältnisses UNHCR – IOM besteht folglich Forschungsbedarf, der hier u.a. durch die Analyse von Primärquellen gedeckt werden soll.

3. Fragestellung, Gliederung und Methode

a) Fragestellung

Ausgehend von der Feststellung, dass zur Frage nach Konflikten zwischen internationalen Organisationen bislang wenig Forschung besteht, sollen im Rahmen der vorliegenden Arbeit folgende Fragen beantwortet werden:

(I.) Es wird davon ausgegangen, dass unter anderem deshalb so wenig Forschung zu Konflikten zwischen internationalen Organisationen existiert, weil verschiedene konzeptuelle Hürden bestehen. Die erste Frage, die im Rahmen dieser Arbeit beantwortet werden soll, ist daher die Frage nach den konzeptuellen Schwierigkeiten bei der Erfassung von Konflikten zwischen internationalen Organisationen.

(II.) Daraus ergibt sich die zweite Hauptfrage dieser Arbeit: Wie können Konflikte zwischen internationalen Organisationen konzeptualisiert werden? Weil die vorliegende Thematik als Fragmentierungsproblem verortet wird, werden Konflikte zwischen internationalen Organisationen als Regimekonflikte konzeptualisiert. (a) Unterfragen dieses Teils in Bezug auf das Völkerrecht generell sind: Wie sieht das Modell eines in Regime fragmentierten Völkerrechts aus? Was sind Regime? Was ist ein Regimekonflikt? (b) Unterfragen in Bezug auf internationale Organisationen sind: Wie ordnen sich internationale Organisationen in die Völkerrechtsordnung ein? Sind Konflikte zwischen internationalen Organisationen rechtlich relevant? Wie lassen sich Konflikte zwischen internationalen Organisationen als Regimekonflikte konzeptualisieren?

---

22 ELIE JÉRÔME, The Historical Roots of Cooperation Between the High Commissioner for Refugees and the International Organization for Migration, Global Governance Vol. 16 (2010), S. 345–360. Ebenfalls relevant in diesem Zusammenhang – in Bezug auf die Geschichte der Organisationen vor dem Zweiten Weltkrieg: KARATANI RIEKO, How History Separated Refugee and Migrant Regimes: In Search of Their Institutional Origins, International Journal of Refugee Law Vol. 17 No. 3 (2005), S. 517–541.

23 ELIE, S. 346.

(III.) Die anschliessende Fallstudie zum UNHCR und zur IOM hat zum Ziel, praktische Erkenntnisse zur institutionellen Dimension des Regimekonflikts zu generieren. Die Unterfragen, die diesem Teil zugrunde liegen, sind: (a) Unter welchen Voraussetzungen kommt es zu Konflikten zwischen internationalen Organisationen bzw. welches sind die institutionellen Ursachen von Konflikten zwischen UNHCR und IOM? (b) Wie äussern sich Konflikte zwischen internationalen Organisationen in der Praxis bzw. wie können solche Konflikte identifiziert werden? (c) Wie äussert sich die rechtliche Relevanz von Konflikten in der Praxis?

(IV.) Abschliessend sollen die Erkenntnisse aus der Fallstudie in den allgemeinen Kontext der Fragmentierung des Völkerrechts eingeordnet werden. Die hier zugrunde liegende Fragestellung ist, welche Bedeutung die Erkenntnisse aus der Fallstudie für die Entwicklung der (fragmentierten) Völkerrechtsordnung haben.

b) Gliederung

Die Arbeit ist grob zweigeteilt: Im ersten Teil werden die Grundlagen erarbeitet (I.–II.), im zweiten Teil folgt eine Fallstudie zum UNHCR und zur IOM (III.–IV.).

(I.) Nach dem hiesigen einleitenden Titel (I.A.) wird vorab auf die Entstehung und Entwicklung von internationalen Organisationen im Allgemeinen eingegangen (I.B.). Es wird aufgezeigt, wie ein ausgesprochen liberales Verständnis von internationalen Organisationen dazu führte, dass viele Organisationen beachtlich expandiert haben und sich infolgedessen heute die Mandate vieler Organisationen überlappen. Im folgenden Kapitel wird untersucht, welche Schwierigkeiten bei der Konzeptualisierung bestehen bzw. weshalb es im Völkerrecht an einer Konzeptualisierung von Beziehungen zwischen internationalen Organisationen bislang weitgehend fehlt (I.C.). Das Kapitel schliesst im Sinne eines Fazits mit den Erwartungen an den Analyserahmen, die das folgende Kapitel adressieren wird.

(II.) Anschliessend wird ein Analyserahmen erarbeitet, der in der Lage ist, das Verhältnis zwischen dem UNHCR und der IOM zu fassen. Als Ausgangspunkt dient ein Konzept der Völkerrechtswissenschaft: das Konzept der in verschiedene Regime fragmentierten Völkerrechtsordnung (II.A.). Daher wird vorab das völkerrechtliche Modell der Fragmentierung beschrieben. Das Kapitel setzt sich im Zuge dessen mit der Verwendung des Regimebegriffs in der Disziplin der Internationalen Beziehungen und in der Völkerrechtswissenschaft auseinander. Weil vorliegend davon ausgegangen wird, dass viele Annahmen in Bezug auf die Fragmentierung auch auf internationale Organisationen zutreffen, wird das Modell, aufbauend auf die Erkenntnisse aus dem Fragmentierungsteil, im darauffolgenden Kapitel auf internationale Organisationen angewendet (II.B.). Das Kapitel schliesst mit den Erkenntnissen aus dem Grundlagenteil (II.C.).

(III.) Der dritte Titel der Arbeit beschäftigt sich im Sinne einer Fallstudie mit dem Verhältnis zwischen dem UNHCR und der IOM. Dabei wird deren Verhältnis als eine gemeinsame Geschichte beschrieben. Der Teil beginnt mit der Vorgeschichte des UNHCR und der IOM (III.A.). Hier wird aufgezeigt, wie der Grundstein für die Dichotomie zwischen Flüchtlingen und Migrierenden schon nach dem Ende des Ersten Weltkriegs gelegt wurde und die beiden Regime unterschiedlichen Rationalitäten folgen. Es folgt ein Kapitel über die Gründung des UNHCR und der IOM (damals noch das PICMME, später das ICEM) nach dem Zweiten Weltkrieg (III.B.). In diesem Kapitel werden Strukturen und Mandate der Organisationen beschrieben, und es wird untersucht, inwiefern sich die Mandate schon bei der Gründung überlappten. Anschliessend folgt ein Überblick über die Entwicklung der Organisationen seit 1951 und deren Verhältnis zueinander (III.C.). Das Kapitel beschreibt, nach Dekaden aufgeteilt und anhand konkreter Fallbeispiele und Instrumente, wie die Organisationen ihre Mandate seit der Gründung ausgedehnt haben, in welchen Bereichen sich die Mandate überlappen und wie die Organisationen mit diesen Überlappungen umgegangen sind. Das Kapitel schliesst mit der aktuellen Ausgestaltung und der Einbettung beider Organisationen in der globalen institutionellen Struktur.

(IV.) Im letzten Haupttitel folgt die Auswertung der Fallstudie und die Einbettung in den breiteren völkerrechtlichen Kontext. Dieser Titel beginnt mit der Auswertung der Fallstudie (IV.A.). Die institutionellen Ursachen von Konflikten zwischen den Organisationen werden untersucht und es wird aufgezeigt, wie sich die Mandatsüberlappungen in der Praxis äussern. Weiter wird analysiert, inwiefern institutionelle Konflikte völkerrechtlich relevant sind. Schliesslich werden die Erkenntnisse aus der Fallstudie in den breiteren völkerrechtlichen Kontext und die Fragmentierungsdebatte eingeordnet (IV.B.).

(V.) Die Arbeit schliesst mit der Schlussbetrachtung der gewonnenen Erkenntnisse.

c) Methode

Der Grundlagenteil dieser Arbeit basiert wesentlich auf einer Auseinandersetzung mit der Literatur in den Bereichen Völkerrechtstheorie, Recht der internationalen Organisationen, Fragmentierung des Völkerrechts und Regimekonflikt. Dabei wird Literatur aus der (Völker-)Rechtswissenschaft, den Politikwissenschaften und der (Rechts-)Soziologie beigezogen. Prägende Beiträge sind hier unter anderem verschiedene Aufsätze von Jan Klabbers zur Konzeptualisierung von internationalen Organisationen, von Stephen Krasner zum Regimebegriff der Internationalen Beziehungen, der ILC-Bericht unter der Leitung Martti Koskenniemis zur Fragmentierung des Völkerrechts sowie verschiedene Beiträge von Andreas Fischer-Lescano und Gunther Teubner zum Regimebegriff im Völkerrecht.[24]

Weil es sich bei Konflikten zwischen internationalen Organisationen um einen Bereich handelt, der aus verschiedenen Gründen weder besonders reguliert ist noch oft in Gerichtsverfahren münden würde, sind klassische juristische Erkenntnisquellen wie Gerichtsurteile und Rechtsinstrumente für die vorliegende Arbeit sekundär. Die Fallstudie basiert wesentlich auf einer Auseinandersetzung mit Primärquellen sowie, wo möglich, Literatur aus der betreffenden Zeit. Prägende Beiträge aus der Literatur sind hier unter anderem von Gil Loescher sowie von Alexander Betts, Gil Loescher und James Milner in Bezug auf die Entwicklung des UNHCR, von Marianne Ducasse-Rogier in Bezug auf die IOM, von Rieko Karatani

---

24 KLABBERS JAN, The Emergence of Functionalism in International Institutional Law: Colonial Inspirations, European Journal of International Law Vol. 25 No. 3 (2014), S. 645–675; DERS., The EJIL Foreword: The Transformation of International Organizations Law, European Journal of International Law Vol. 26 No. 1 (2015), S. 9–82; DERS., Transforming Institutions: Autonomous International Organisations in Institutional Theory, Cambridge International Law Journal Vol. 6 No 2 (2017), S. 105–121; KRASNER STEPHEN D., Structural Causes and Regime Consequences: Regimes as Intervening Variables, International Organization Vol. 36 No. 2 (1982), S. 185–205; ILC, Fragmentation of International Law: Difficulties Arising from the Diversification and Expansion of International Law – Report of the Study Group of the International Law Commission (Finalized by Martti Koskenniemi), in: A/CN.4/L.682 vom 13. April 2006; FISCHER-LESCANO ANDREAS/TEUBNER GUNTHER, Regime-Collisions: The Vain Search for Legal Unity in the Fragmentation of Global Law, Michigan Journal of International Law Vol. 25 No. 4 (2004), S. 999–1046; DIES., Regime-Kollisionen: Zur Fragmentierung des globalen Rechts, Frankfurt am Main 2006; TEUBNER GUNTHER, Constitutional Fragments: Societal Constitutionalism and Globalization, Oxford 2012.

und Jérôme Elie in Bezug auf das (historische) Verhältnis zwischen den Organisationen sowie verschiedene Werke von Louise Holborn in Bezug auf die Entwicklung des Flüchtlingsschutzes.[25] Als Primärquellen wurden vor allem Reden und Publikationen von Schlüsselfiguren beim UNHCR und bei der IOM, Resolutionen verschiedener UN-Organe, Strategiepapiere, Briefe und Publikationen des UNHCR und der IOM beigezogen. Diese sollen Aufschluss darüber geben, wie die Organisationen ihre eigenen Mandate und diejenigen der anderen Organisationen auslegen und in welchen Bereichen aus Sicht der Organisationen Konflikte bestehen.

B. Entwicklung der institutionellen (Un)Ordnung

Das folgende Kapitel ist ein Abriss der Geschichte von internationalen Organisationen im Allgemeinen, in die sich auch die Entwicklung des UNHCR und der IOM einbetten. Es beginnt mit der Gründung der ersten internationalen Organisationen Mitte des 19. Jahrhunderts und zeigt die Entwicklung hin zu einem immer dichter werdenden Netz an Organisationen mit immer breiteren Kompetenzen. Beleuchtet werden die ideengeschichtlichen Hintergründe, die den Bedeutungsgewinn von Organisationen im aktuellen Ausmass ermöglichten, und zudem die Faktoren, welche die Expansion von Organisationen begünstigten. Zudem wird beschrieben, wie das Völkerrecht mit sich überlappenden Mandaten umgeht.

---

25 LOESCHER GIL, The UNHCR and World Politics: A Perilous Path, Oxford 2001; BETTS ALEXANDER/LOESCHER GIL/MILNER JAMES, The United Nations High Commissioner for Refugees (UNHCR): The Politics and Practice of Refugee Protection, 2. Aufl., London 2012; DUCASSE-ROGIER MARIANNE, L'Organisation Internationale pour les Migrations 1951–2001, IOM Publikation, Genf 2002; KARATANI RIEKO, How History Separated Refugee and Migrant Regimes: In Search of Their Institutional Origins, International Journal of Refugee Law Vol. 17 No. 3 (2005), S. 517–541; ELIE JÉRÔME, The Historical Roots of Cooperation Between the High Commissioner for Refugees and the International Organization for Migration, Global Governance Vol. 16 (2010), S. 345–360; HOLBORN LOUISE, The League of Nations and the Refugee Problem, The Annals of the American Academy of Political and Social Science Vol. 203 (1939), S. 124–135; DIES., The International Refugee Organization: A Specialized Agency of the United Nations: Its History and Work 1946–1952, London/NewYork/Toronto 1956; DIES., International Organizations for Migration of European Nationals and Refugees, International Journal Vol. 20 No. 3 (1965), S. 331–349.

1. Die Ursprünge einer wahrlich internationalen Verwaltung

a) Die ersten zwischenstaatlichen Organisationen

Die Zusammenarbeit von Staaten hat eine lange Tradition. Dass sie sich in gewisser Form institutionalisiert, also über bloss spontane Koordinationsmassnahmen hinausgeht, ist ebenfalls nichts Neues.[26] Relativ jung ist allerdings das Phänomen, dass sich Staaten für ihre Zusammenarbeit in Form der Gründung einer neuen Entität organisieren. Ähnlich der Gründung eines Unternehmens wird durch die Gründung einer zwischenstaatlichen Organisation eine neue Einheit mit eigener Rechtspersönlichkeit und eigenem Zweck geschaffen.

Als erste solche zwischenstaatliche Organisationen werden die verschiedenen Kommissionen und Unionen des 19. Jahrhunderts gehandelt, etwa betreffend die Post oder den Eisenbahnverkehr.[27] Ein Beispiel ist die Europäische Donaukommission. Nach dem Krimkrieg wurden mit den Friedensverträgen von Paris 1856 zwei zwischenstaatliche Kommissionen gegründet, die das Donaudelta verwalteten.[28] Das Mandat der Europäischen Donaukommission, der Kommission der Handelsstaaten, war vertraglich zwar auf zwei Jahre befristet. Da sie aber nur einstimmig aufgelöst werden konnte, blieb die Kommission trotz Widerstand einzelner Mitgliedstaaten 82 Jahre lang bestehen. Schon im ersten Jahr war die Kommission beträchtlichen Schwierigkeiten ausgesetzt und obwohl vier von sieben Mitgliedstaaten die Beendigung der Arbeit der Kommission forderten, führte sie die angefangenen Arbeiten fort.[29] Während heute praktisch unbestritten ist, dass internationale Organisationen eigene Rechtssubjekte mit einer Rechtspersönlichkeit sind, die sich von derjenigen ihrer Mitgliedstaaten abhebt, herrschte zu jener Zeit die Ansicht, dass Staaten die einzigen Subjekte des Völkerrechts sind. Zusammenschlüsse von Regierungsvertretern galten in institutionalisierter Form allenfalls als Objekte oder Organe des Völkerrechts, nicht aber als Subjekte, weil solche Organisationen aus Personen bestanden, die von einem Staat dazu ernannt worden waren,

---

26 Vgl. dazu Klabbers, Introduction to International Organizations Law, S. 16 ff.

27 Vgl. für eine Übersicht über die Geschichte von internationalen Organisationen: Amerasinghe, S. 1–6.

28 Vgl. zu den Donau-Flussschifffahrtskommissionen: Krehbiel Edward, The European Commission of the Danube: An Experiment in International Administration, Political Science Quarterly Vol. 33 No. 1 (1918), S. 38–55.

29 Ebd., S. 45.

diesen repräsentierten und dessen Instruktionen zu befolgen hatten.[30] Die Tatsache, dass die einfachen Organisationen bereits Entscheide gegen ihre Mitgliedstaaten und auch gegen eine Mehrheit ihrer Mitgliedstaaten zu treffen in der Lage waren, liess aber die Konzeptualisierung als blosse Objekte bröckeln. Weil die Kommissionen über eine gewisse Unabhängigkeit und einen separaten Willen gegenüber ihren Gründern verfügten, gingen sie über ein blosses Kollektiv der vertretenen Staaten hinaus und wiesen Merkmale einer eigenen Entität auf.

b) Eine wahrlich internationale Verwaltung?

Dem Modell nach hätte sich aus diesen frühen Kommissionen und Unionen[31] eine wahrlich internationale Verwaltung entwickeln können: Jede dieser Organisationen, so die Prophezeiung im Jahr 1918, würde in ihrem eigenen spezifischen Problembereich eigene Regeln entwickeln, die, regelmässig praktiziert, zur Gewohnheit und schliesslich zu «hartem Recht» würden.[32] Das durch die vielen problemspezifischen Organisationen entwickelte Recht würde wiederum über die Zeit als ein Ganzes zusammenwachsen und zur rechtlichen Basis eines neuen «Superstaates» werden.[33] Die Entwicklung dieser Ordnung durch *agents* von unten wurde als einzig gangbarer Weg zu einer internationalen Verwaltung gesehen. Ein Weltgericht und auch ein Weltgesetzgeber schienen utopisch, weil die Ziele und Werte der verschiedenen Staaten zu unterschiedlich waren.[34] Demgegenüber hatten diese Organisationen offensichtlich Vorteile: Weil sie für einen spezifischen Problembereich geschaffen wurden, konnten sie ihre eigenen, den spezifischen Bedürfnissen angepassten Prinzipien entwickeln

---

30 Kunz, S. 49 f.
31 Bis zum Ersten Weltkrieg entstanden zusätzlich zu den Kommissionen eine Reihe von Unionen, etwa zur Verwaltung der Post, des internationalen Eisenbahnverkehrs, zur Vereinheitlichung von Masseinheiten oder dem Schutz industriellen Eigentums, einige davon mit fast universeller Mitgliedschaft. Die Unionen befassten sich jeweils mit einem spezifischen Aspekt des immer internationaler werdenden Personenverkehrs und Handels. Wie die Kommissionen beruhten auch sie auf bi- oder multilateralen Verträgen und waren mehr als die blosse Summe ihrer Mitgliedstaaten. Bis 1915 sind so rund fünfzig als zwischenstaatliche Organisationen bezeichenbare Gebilde entstanden (Zahl bei Wallace/Singer, S. 272).
32 Krehbiel, S. 55.
33 Ebd.
34 Ebd.

und auch wieder abändern, frei von der mühseligen Suche nach gemeinsamen Grundsätzen, die weltweit gelten und auf unterschiedliche Sachverhalte anwendbar sein müssten.[35] Die dezentrale, nicht hierarchische und unkoordinierte Organisation der internationalen Verwaltung wurde demnach als Vorteil, ja als einzig möglicher Weg zum «Superstaat» gewertet. Der blinde Fleck dieses Fortschrittsnarrativs waren allerdings die Probleme, die sich infolge der unkoordinierten Proliferation und Expansion solcher Entitäten ergeben haben. Weil die Unionen und Kommissionen einen derart engen Sachbereich bearbeiteten, wurden Überlappungen und die Entwicklung widersprüchlicher Regeln wohl schlicht nicht antizipiert.

c) Gründung des Völkerbunds und move to institutions

Bis 1920 wurden zwei neue internationale Organisationen gegründet, die von einem neuen Typus waren. Die 1890 gegründete Panamerikanische Union war eine der ersten regionalen Organisationen, die sich nicht auf ein bestimmtes Problem beschränkte. Die zweite Organisation, der Völkerbund, orientierte sich zwar ebenfalls an den Unionen. Er ging aber weit über diese hinaus, indem er mit dem Ziel der Friedenserhaltung einen politischen Zweck verfolgte und sein Mandat, wie das der Panamerikanischen Union, nicht auf ein spezifisches Problem beschränkt war. Im Gegensatz zur bislang durch die unterschiedlichen Unionen und Kommissionen (wenn überhaupt) sehr dezentral organisierten internationalen Verwaltung wurde mit dem Völkerbund eine auf Zentralisierung ausgerichtete Organisation geschaffen – institutionell sollte dies einerseits durch Integration der bestehenden und zukünftigen Unionen, andererseits durch Schaffung neuer Gebilde innerhalb des Völkerbundes geschehen.[36] Das

---

35 Ebd.
36 Art. 24 der Völkerbundssatzung (Covenant of the League of Nations vom 28. April 1919) sah vor, dass alle bestehenden und zukünftigen *bureaux* und Kommissionen dem Völkerbund unterstellt werden. Der Artikel blieb aber weitgehend toter Buchstabe, denn die meisten bestehenden und nach dem Ende des Krieges gegründeten *bureaux* und Kommissionen blieben unabhängig (vgl. KUNZ, S. 48). Auch die im Jahr 1919 gegründete ILO war rechtlich vom Völkerbund unabhängig: Sie verfügt über ein eigenes Mandat, eigene Mitglieder und eigene Organe. Allerdings wurde die Organisation vertraglich mit dem Völkerbund verknüpft, so unterlag sie etwa dessen Budgetkontrolle. Die ILO gilt als eine der ersten Organisationen vom Typus Sonderorganisation und war später die erste Organisation, die als solche mit der UN verbunden wurde.

Jahr 1919 wird mit der Gründung des Völkerbundes und dem Anstoss zur Gründung vieler neuer internationaler Organisationen als «*move to institutions*» bezeichnet.[37] Bis 1930 wurden so rund vierzig neue, vom Völkerbund unabhängige Organisationen ins Leben gerufen. Dazu gehörten etwa die Internationale Arbeitsorganisation (ILO), eine Union zur Bekämpfung von Tierseuchen, die Internationale Organisation für Rebe und Wein oder die Internationale Fernmeldeunion.[38] Gleichzeitig errichtete der Völkerbund selber eine Reihe von Neben- bzw. Hilfsorganisationen, etwa eine Organisation für Gesundheitsangelegenheiten, ein Komitee zur Bekämpfung des Opiumhandels, ein Komitee zur Bekämpfung des Frauen- und Kinderhandels, das Amt des Hochkommissars für Danzig oder die Vorläuferorganisation des UNHCR: das Amt des Hochkommissars für (russische) Flüchtlinge. Diese Organisationen wurden jeweils *ad hoc* für ein spezifisches Problem bzw. für einen bestimmten Sachbereich geschaffen und waren in unterschiedlichem Grad in den Völkerbund integriert. Aufgrund der zentralistischen Struktur und der Überschaubarkeit der Aktivitäten der Organisationen war die Koordination der verschiedenen Nebenorganisationen zu Zeiten des Völkerbundes weitgehend unproblematisch – die Kehrseite der Medaille war, dass die Organisationen gerade wegen der zentralistischen Struktur den politischen Querelen der Staaten ausgesetzt und dadurch oft blockiert waren.[39]

---

37 KENNEDY DAVID, The Move to Institutions, Cardozo Law Review Vol. 8 No. 2 (1987), S. 841–988.

38 Im Jahr 1930 gab es ungefähr 90 internationale Organisationen. Im Jahr 1944 wurden schliesslich, nach einem Rückgang seit 1930, gesamthaft etwa 80 internationale Organisationen gezählt (WALLACE/SINGER, S. 272). Gebilde, die im Rahmen des Völkerbunds gegründet wurden, werden nur dann als eigenständige internationale Organisationen gewertet, wenn die Mitgliedschaft nicht ganz oder teilweise durch die andere Organisation (den Völkerbund) bestimmt wird und die Organisation über ein von der Hauptorganisation unabhängiges Sekretariat verfügt, das dem eigenen Plenumsorgan untersteht (ebd., S. 248). Die Neben- und Hilfsorgane des Völkerbundes erfüllen diese Kriterien in der Regel nicht, weshalb sie in dieser Zahl nicht als eigenständige Organisationen gelten, sondern zum Völkerbund gezählt werden. Für eine Auflistung der Organisationen: ebd., S. 251 ff.

39 Vgl. GOODRICH, S. 20.

2. Proliferation nach dem Zweiten Weltkrieg

a) Das UN-System: dezentral organisierte Zentralisierung

Die UN folgte daher einer anderen Grundidee. Aufgrund der Erfahrungen mit dem Völkerbund sollte die technische Kooperation der Staaten nicht vom Erfolg der Organisation abhängig gemacht werden. Die Staaten haben sich daher bei der Gründung der UN für ein System der «funktionalen Dezentralisierung» entschieden.[40] Demnach sollte die UN nur bestimmte Funktionen, v.a. politische, übernehmen[41] – weitere spezifische, v.a. technische, Funktionen sollten separate, unabhängige Organisationen übernehmen. Diese wiederum würden als Sonderorganisationen vertraglich mit der UN verbunden.[42] Durch die Unabhängigkeit von der UN wären die technischen Organisationen nicht den allfälligen politischen Lähmungen in der UN unterworfen und sie würden weiterbestehen, sollte die UN wie der Völkerbund keinen Bestand haben. Die übergeordnete Strategie war, alle bedeutenden internationalen Organisationen, längerfristig z.B. auch regionale Organisationen, mit der UN zu verbinden.[43] Die bestehenden *bureaux* und *agencies* sollten daher aufgelöst und deren Aufgaben an Sonderorganisationen oder Kommissionen/Komitees der UN übertragen werden oder allenfalls mit bestehenden Organisationen fusionieren.[44] In Bereichen, die nicht zwischenstaatlich organisiert waren, sollte die UN darauf hinwirken, Sonderorganisationen, Kommissionen, Komitees oder

---

40 Begriff und mehr dazu bei SCHERMERS/BLOKKER, S. 1085 ff.

41 Die Kompetenzen der UN wurden schliesslich recht weit interpretiert. In Bezug auf Flüchtlinge und Staatenlose wird etwa eine implizite Kompetenz der UN aus Art. 1, 13, 55 und 60 der UN-Charta abgelesen (vgl. UNHCR, Note on the Mandate 2013, S. 1).

42 Die vertragliche Anbindung an die UN konnte unterschiedlich ausgestaltet werden: etwa durch beidseitige Repräsentation, Informations- und Dokumentenaustausch, regelmässige Berichterstattungen an den ECOSOC oder eine budgetäre und finanzielle Verlinkung (Art. 70, 64 und 17 UNCh).

43 Vgl. den Bericht der Vorbereitungskommission der UN: «[...] Art. 57 of the Charter makes it mandatory upon the United Nations and its Members to undertake to bring into relationship with it the various specialized agencies established by intergovernmental agreement and having wide international responsibilities, as defined in their basic instruments, in economic, social, cultural, educational, health, and related fields.» (Vereinte Nationen, Vorbereitungskommission, Report of the Preparatory Commission of the United Nations, UN Doc. PC/20 vom 23. Dezember 1945, S. 40).

44 Ebd.

Nebenorgane zu schaffen.[45] Im Zuge dessen wurde das UNHCR als Nebenorgan der GV gegründet, um einen Teil der Aufgaben der IRO weiterzuführen.[46] Anstelle der «funktionalen Dezentralisierung» lässt sich daher mit der Gründung der UN eher von einer dezentral organisierten Zentralisierung sprechen. Weil die Sonderorganisationen nicht Teil der UN waren, konnten sie eine grössere Bandbreite an Aufgaben wahrnehmen, was aber wiederum mehr Koordination verlangte. In der UN wurde der Wirtschafts- und Sozialrat der Vereinten Nationen (ECOSOC) mit der Koordination der Sonderorganisationen betraut.

b) Gründung zahlreicher neuer Organisationen und Expansion

Nach dem Zweiten Weltkrieg wurden zahlreiche neue internationale Organisationen gegründet. Bereits zwischen 1945 und 1950 entstanden rund fünfzig neue, von der UN unabhängige Organisationen – teils als Sonderorganisationen mit dieser assoziiert, teils ohne Verbindung.[47] Zwischen 1950 und 1960 entstanden abermals rund fünfzig neue Organisationen, darunter viele regionale wie die Europäische Gemeinschaft für Kohle und Stahl, der Nordische Rat, aber auch sicherheitspolitische Organisationen im Kontext des Kalten Krieges wie die Warschauer Vertragsorganisation (Warschauer Pakt) oder die Südostasiatische Vertragsorganisation.[48] Auch die Vorläuferorganisation der IOM, das Intergovernmental Committee on European Migration (ICEM), wurde in diesem Zeitraum gegründet. Während der Antagonismus zwischen Ost und West ein Faktor bei der Schaffung neuer Organisationen ausserhalb der UN war, z.B. bei der IOM, verlief die Zusammenarbeit in technischeren Organisationen oft

---

45 Ebd., S. 41.
46 Die IRO war eine der ersten Sonderorganisationen der damals neu gegründeten UN und hatte den Auftrag, dauerhafte Lösungen für die Vertriebenen und Flüchtlinge nach dem Zweiten Weltkrieg zu suchen. Die IRO hatte ihrerseits einen Teil der Aufgaben des Hockommissariats für Flüchtlinge im Völkerbund und des Intergovernment Committe on Refugees übernommen (mehr dazu später unter III. B. 1.).
47 UN-Sonderorganisationen wurden etwa die IRO, der IWF, die FAO, die UNESCO oder die WHO – ausserhalb der *UN family* wurden etwa die Internationale Reiskommission, die Inter-American Tropical Tuna Commission oder die International Whaling Commission, aber auch Organisationen wie die NATO, die Vorläuferorganisation der OECD oder der Europarat gegründet.
48 Die Gesamtzahl der internationalen Organisationen wird im Jahr 1960 mit 192 beziffert (WALLACE/SINGER, S. 272).

ohne grössere Probleme. Und obwohl Organisationen aufgelöst wurden, etwa im Zuge der Dekolonisierung,[49] stieg deren Gesamtzahl stetig an. Im Jahr 1975 werden bereits 286 und im Jahr 1985 ganze 378 internationale Organisationen identifiziert.[50] Die Zeit nach dem Krieg war zudem für viele Organisationen eine Phase der Expansion und des Wachstums.[51] Sie dehnten ihre Mandate aus, in zeitlicher, geografischer, vor allem aber auch in funktioneller Hinsicht. Damit einher ging ein Wachstum vieler Organisationen, etwa durch den Ausbau der Strukturen (z.B. durch Gründung neuer Organe, Eröffnung von Niederlassungen oder Aufstockung des Personals), die Erweiterung der Mitgliedschaft und die Erhöhung des Budgets. Erst in den 1970er-Jahren wendete sich das Blatt. Die bislang ungebremste Proliferation und Expansion führte nun vermehrt zu Problemen, weil sich die Mandate vieler Organisationen überlappten. Dazu kam in vielen Staaten eine Phase wirtschaftlicher Stagnation bzw. Rezession, was Zweifel aufkommen liess, dass internationale Organisationen solche Krisen verhindern und bewältigen können. Auch das UNHCR und die IOM gerieten in dieser Phase in finanzielle Schwierigkeiten. Die Euphorie gegenüber dieser Form der zwischenstaatlichen Zusammenarbeit ebbte ab und viele Staaten kürzten ihr Budget für die Organisationen. Dies führte zu Konkurrenzkämpfen zwischen Organisationen. In der Folge wurden in vielen Organisationen in den 1970er- und 1980er-Jahren Reorganisationen angestossen, auch beim UNHCR und bei der IOM. Trotzdem stieg die Gesamtzahl internationaler Organisationen bis 1985 weiter an. Danach folgte, mit zeitlicher Verzögerung zur Krise vieler Organisationen in den 1970er-Jahren, ein rapider Rückgang[52] – im Jahr 1995 existierten noch 266 Organisationen, mit einem Tiefpunkt im Jahr 2002 mit 232 Organisatio-

---

49 Die Dekolonialisierung führte aber auch zur Gründung neuer regionaler Organisationen, etwa der Organization of African Unity oder der Association of Southeast Asian Nations.

50 Vgl. eine Zusammenstellung der Union of International Associations, abgebildet in: Davies/Woodward, S. 2.

51 Vgl. in Bezug auf die ILO: Helfer Laurence R., Understanding Change in International Organizations: Globalization and Innovation in the ILO, Vanderbilt Law Review Vol. 59 No. 3 (2006), S. 649–726.

52 Vgl. für eine theoretische Einordnung des Niedergangs vieler Organisationen: Dijkstra Hylke, Who gets to live forever? An Institutional Theory on the Life and Death of International Organizations (8. April 2019), Paper prepared for the ECPR Joint Sessions, Mons, 8–12 April 2019, <https://ssrn.com/abstract=3358 352>. Erstaunlicherweise gibt es bislang wenig empirische Forschung zur Frage, weshalb Organisationen aufgelöst werden oder inaktiv werden.

nen.[53] Anschliessend stieg die Zahl wieder und im Jahr 2013 wurden 265 Organisationen gezählt.[54]

c) Die liberale Haltung und ihre Grenzen

Lange Zeit dominierte ein ausgesprochen positives Bild von internationalen Organisationen, das derweil in äusserst ambitiösen Hoffnungen gipfelte. Bezeichnend ist eine Passage in einem Artikel des späteren IGH-Präsidenten Nagendra Singh aus dem Jahr 1968:

> «[...] if world peace descends on earth it will be through the instrumentality of an international organisation rather than on the basis of hegemony of one-world power or of one-world religion or allegiance to one political or economic belief whether capitalism or communism. History has demonstrated that the world is far too diversified to admit of one-man or one-minded rule. The salvation, therefore, lies in strengthening international organisations and through their agency to evolve world order.»[55]

Entsprechend ging die Völkerrechtswissenschaft und -praxis lange davon aus, dass internationale Organisationen alles tun dürfen und sollen, um ihre Funktionen zu erfüllen. Man spricht hierbei von einem funktionalistischen Verständnis.[56] Die liberale Haltung gegenüber internationalen Organisationen begann aber spätestens in den 1990er-Jahren zu bröckeln. Neben den Konkurrenzkämpfen infolge überlappender Mandate generierten die Aktivitäten der Organisationen weitere Probleme. So wurden sie zur Arena für politische Machtkämpfe (z.B. indem Staaten mit dem Austritt aus der Organisation drohten, um Druck auf diese auszuüben), Mitarbeitende konnten wegen der Immunität der Organisationen arbeitsrechtliche Forderungen nicht durchsetzen, Drittstaaten waren von Hand-

---

53 Zahlen in: Union of International Associations, Historical Overview of Number of International Organizations by Type: 1909–2013, <https://uia.org/sites/uia.org/files/misc_pdfs/stats/Historical_overview_of_number_of_international_organizat ions_by_type_1909-2013.pdf>.

54 Ebd.

55 Singh Nagendra, S. 614.

56 Vgl. dazu ausführlicher hinten I. C. 1. Zum «Funktionalismus» im Recht der internationalen Organisationen und dessen Ursprüngen: vgl. Klabbers Jan, The Emergence of Functionalism in International Institutional Law: Colonial Inspirations, European Journal of International Law Vol. 25 No. 3 (2014), S. 645–675.

lungen internationaler Organisationen betroffen *(WHO and Egypt)*[57], private Gläubiger verloren nach Zusammenbrüchen von Organisationen ihr dargeliehenes Geld *(International Tin Council)*[58], und Individuen kamen durch Handlungen internationaler Organisationen zu Schaden *(Haiti Cholera, Mothers of Srebrenica)*[59]. Das funktionalistische Verständnis von internationalen Organisationen, wonach eine Organisation alles tun darf und soll, um ihren Zweck zu erfüllen, unterscheidet nicht zwischen «guten» und «schlechten» Handlungen – eine Organisation ist dann erfolgreich, wenn sie ihren Zweck erfüllt.[60] Aufgrund der negativen Konsequenzen von Handlungen internationaler Organisationen haben sich in den

---

57 Im Fall ging es um ein Sitzstaatabkommen der WHO mit Ägypten, wo die WHO über eine regionale Niederlassung verfügte. Die Kündigung des Vertrags und gleichzeitige Verlegung der Niederlassung nach Jordanien löste einen Rechtsstreit aus (IGH, *Interpretation of the Agreement of 25 March 1951 between the WHO and Egypt*, Advisory Opinion vom 20. Dezember 1980, in: ICJ Reports 1980, S. 73 ff.). Probleme generierte in diesem Fall, dass Ägypten in dieser Konstellation gleichzeitig Mitgliedstaat der WHO wie, als Sitzstaat und Vertragspartner, auch Dritter war.

58 Der Internationale Zinnrat (ITC), eine internationale Organisation, war nach seinem Zusammenbruch 1985 nicht mehr in der Lage, Darlehen an seine Gläubiger zurückzuzahlen. Versuche der Gläubiger, die Mitgliedstaaten haftbar zu machen, scheiterten vor englischen Gerichten. Begründet wurden die Entscheide u.a. damit, dass der ITC eine eigene Rechtspersönlichkeit hatte und die Darlehensverträge in eigenem Namen abgeschlossen hatte, und die Mitgliedstaaten daher nicht für die Schulden des ITC haften würden (vgl. zu den ITC-Fällen: SEIDL-HOHENVELDERN IGNAZ, Piercing the Corporate Veil of International Organizations: The International Tin Council Case in the English Court of Appeals, German Yearbook of International Law Vol. 32 [1989], S. 43–54).

59 Im *Haiti Cholera*-Fall ging es um Blauhelmtruppen der UN, die mit grosser Wahrscheinlichkeit das Choleravirus nach Haiti eingeschleppt und Teile der lokalen Bevölkerung damit angesteckt hatten (vgl. zum Fall, der vor amerikanischen Gerichten verhandelt wurde: PILLINGER MARA/HURD IAN/BARNETT MICHAEL N., How to Get Away with Cholera: The UN, Haiti, and International Law, Perspectives on Politics Vol. 14 No. 1 [2016], S. 70–86). Im *Mothers of Srebrenica*-Fall, der vor den EGMR gelangte, ging es um das Massaker in einer von der UN etablierten Schutzzone durch bosnische Serben (EGMR, *Stichting Mothers of Srebrenica and Others/the Netherlands*, Application No. 65542/12, Entscheid vom 11. Juni 2013). In beiden Fällen gewährten Gerichte der UN Immunität vor zivilrechtlichen Klagen.

60 Vgl. in diesem Sinne auch KLABBERS, Transformation of International Organizations Law, S. 11. Als Beispiel vgl. Virally: Organisationen werden demnach einzig dafür gegründet, um die von den Mitgliedstaaten definierte Funktion zu erfüllen. Funktionalismus wird als neutrale Theorie beschrieben, internationale Organisationen als reine Instrumente zur Erfüllung dieser Funktion (VIRALLY, Rn. 13).

letzten Dekaden allerdings die Erwartungen der Öffentlichkeit wie auch der Wissenschaft verändert.[61] So wird heute auch von ihnen erwartet, dass ihr Handeln einen «guten» Zweck verfolgt und in einem «guten» Verfahren stattfindet.[62]

3. Konflikte infolge Proliferation und Expansion

a) Mandatsüberlappungen als Regelfall

Heute gibt es kaum einen Bereich, in dem internationale Organisationen nicht tätig sind. Weitaus häufiger kommt es vor, dass sich gleich mehrere Organisationen für einen bestimmten Sachverhalt, ein bestimmtes geografisches Gebiet oder eine bestimmte Situation als zuständig erachten. So stritten sich die FAO und die Organisation der Vereinten Nationen für Erziehung, Wissenschaft und Kultur (UNESCO) um die Zuständigkeit für landwirtschaftliche Ausbildungen, die gesundheitsspezifischen Ziele des Kinderhilfswerks der Vereinten Nationen (UNICEF) kollidierten mit Gesundheitsprogrammen der Weltgesundheitsorganisation (WHO), die FAO und das UN-Welternährungsprogramm (WFP) stritten sich über die Zuständigkeit zur Autorisierung von Nahrungsmittel-Hilfslieferungen, und die FAO und das UN-Office for Emergency Operation in Africa fühlten sich beide zur Hilfeleistung in Tschad verantwortlich.[63] Ein weiteres Bei-

---

61 So wurde auch im Falle des UNHCR und der IOM seit den 1990er-Jahren vermehrt Kritik von zivilgesellschaftlichen Organisationen laut, v.a. bezüglich Einhaltung der Menschenrechte (vgl. hinten III. C. 6. a).

62 Vgl. dazu hinten I. C. 1. b). In den letzten Dekaden wurde daher in der Wissenschaft vermehrt versucht, das funktionalistische Paradigma mit normativen Erwägungen anzureichern und ihm eine rechtsstaatlichere Stossrichtung zu geben. So sind etwa Ansätze unter dem Titel *«constitutionalism»* hervorzuheben. Diese basieren auf der Vorstellung, dass die Ausübung politischer Macht in eine Form von Rechtsstaatlichkeit eingebettet sein muss. Dazu gehören auch auf internationaler Ebene zumindest eine ansatzweise Form von Gewaltenteilung sowie gewisse materielle und formelle Grundnormen. Allgemeine Beiträge z.B.: Tomuschat Christian, Die internationale Gemeinschaft, Archiv des Völkerrechts Vol. 33 (1995), S. 1–20; Fassbender Bardo, The United Nations Charter as Constitution of the International Community, Columbia Journal of Transnational Law Vol. 36 (1998), S. 529–619; Lang Jr. Anthony F./Wiener Antje (Hrsg.), Handbook on Global Constitutionalism, Cheltenham und Northampton (MA) 2017. In Bezug auf internationale Organisationen vgl. z.B. Nettesheim, S. 578.

63 Klabbers, Transformation of International Organizations Law, S. 53 f.

spiel ist der Bereich Fischerei: Dort haben eine ganze Reihe internationaler Organisationen Regeln erlassen, darunter die UN, die FAO und die WTO.[64] UNHCR und IOM streiten sich über die Zuständigkeit für Binnenvertriebene, für Klimavertriebene und generell um die Führungsrolle in einem allfälligen Flüchtlings- und/oder Migrationsregime. Diese Friktionen sind die Folge jahrzehntelanger Proliferation und Expansion von internationalen Organisationen. Die meisten wurden unabhängig voneinander gegründet, oft mit eher offen formulierten Mandaten, was es ihnen erlaubte, zu expandieren. Die Expansion erfolgte oft ohne Rücksicht auf die Mandate anderer Organisationen bzw. teils auch bewusst in Bereiche, in denen bereits andere Organisationen tätig waren. Dass sich die Mandate überlappen, ist daher heute eher der Regelfall als die Ausnahme.

b) Weshalb internationale Organisationen expandieren

Die Wissenschaft identifiziert verschiedene Faktoren, die zu Veränderungen in internationalen Organisationen führen. Die frühe Literatur geht von einem wesentlichen Einfluss der Mitgliedstaaten aus. Organisationen passen ihre Mandate demnach dann an, wenn sich die Präferenzen der Mitgliedstaaten verändert haben.[65] Eher neu ist Forschung zu weiteren Transformationsfaktoren: So geht man heute davon aus, dass Organisationen auch vertikal auf das Verhalten von anderen Organisationen sowie auf organisationsinterne Faktoren reagieren.[66] Das Beispiel des UNHCR und der IOM wird das bestätigen.

Zum Wachstum fast aller Organisationen nach dem Zweiten Weltkrieg trugen auch allgemein begünstigende Faktoren bei. Als exogene Faktoren können etwa die Entwicklungen, die unter dem Titel der «Globalisierung» zusammengefasst werden,[67] sowie ein grundsätzlich sehr positives

---

64   Vgl. dazu im Detail: Young Margaret A., Regime Interaction in Creating, Implementing and Enforcing International Law, in: Young Margaret A. (Hrsg.), Regime Interaction in International Law: Facing Fragmentation, Cambridge 2012, S. 85–110.

65   Z.B. Abbott Kenneth W., «Trust But Verify»: The Production of Information in Arms Control Treaties and Other International Agreements, Cornell International Law Journal Vol. 26 No. 1 (1993), S. 1–58; Goldsmith Jack L./Posner Eric A., The Limits of International Law, New York 2005.

66   Vgl. Helfer, S. 693; Betts, UNHCR Autonomy and Mandate Change, S. 119 ff.

67   Vgl. in diesem Sinne z.B. Schermers/Blokker, S. 4 f., § 4 und § 5.

Bild von internationalen Organisationen[68] genannt werden. Die Expansion lässt sich aber auch durch endogene Faktoren erklären.[69] Mitarbeitende, oft auch einzelne herausragende Figuren wie die Vorstehenden der Organisation, treiben eine Expansion voran: zum einen etwa aus Prestigegründen – wird Wachstum doch gern als Ausdruck des Erfolgs gewertet –, zum anderen aus der Überzeugung heraus, die eigene Organisation sei besonders geeignet, in einen bestimmten Bereich zu expandieren.[70]

c) Und was sagt das Völkerrecht dazu?

Die oft wenig koordinierte Gründung von internationalen Organisationen in Kombination mit deren Expansion hat dazu geführt, dass sich heute die Mandate und Kompetenzen vieler Organisationen überlappen. Das birgt Konfliktpotenzial. Weil es auf der überstaatlichen Ebene keine *a priori* institutionellen Hierarchien gibt, stehen die Organisationen grundsätzlich in einem horizontalen Verhältnis zueinander. Ebenfalls existiert grundsätzlich kein übergeordnetes Rechtsprechungsorgan, das Konflikte zwischen Organisationen infolge überlappender Mandate entscheiden würde. Und obwohl die meisten Gründungsinstrumente Kooperationsklauseln in Bezug auf andere Organisationen enthalten, sind diese oftmals so unbestimmt formuliert, dass sie im Falle von Überschneidungen kaum eine Handlungsanleitung liefern. Das Recht der internationalen Organisationen hält ebenfalls keine Handlungsanleitung bereit, weil es aus einer Binnenperspektive heraus operiert.[71] Es gibt einzig Aufschluss darüber, welche Kompetenzen einer Organisation zukommen – nicht aber über den Fall, wenn diese mit den Kompetenzen anderer Organisationen kollidieren. Damit wird es den Organisationen selbst überlassen, sich zu organisieren.

---

68 Vgl. dazu vorne I. B. 2. c) sowie z.B. KLABBERS, Transformation of International Organizations Law, S. 53.

69 In diesem Sinne auch Klabbers, wonach Bürokratien dazu neigen, ein Eigenleben zu entwickeln (ebd., S. 33 und 54). Ähnlich ALVAREZ, International Organizations: Then and Now, S. 328.

70 KLABBERS, Transformation of International Organizations Law, S. 80: «A director-general who is not keen on expanding the jurisdiction of her agency may well be admired for her modesty and humility but will also rapidly be accused of lacking vision and leadership, and political leaders may be tempted to leave some kind of legacy in the form of tangible results obtained during their leadership.»

71 Dazu sogleich I. C. 1.

Internationale Organisationen begannen daher schon früh, mit anderen Organisationen in Verbindung zu treten.[72] Klassische Massnahmen sind etwa die gegenseitige Gewährung des Beobachterstatus in Entscheidungsgremien, die Ernennung von Verbindungsbeamten oder die Gründung von Verbindungsbüros, die teils auch eine örtliche Nähe herstellen. Weiter existiert eine Reihe von strukturellen Massnahmen wie gegenseitige Konsultationen, Personalunionen, die Gründung von Organen, in denen Vertreterinnen und Vertreter beider Organisationen einsitzen, oder die Gründung «echter» gemeinsamer Organe. Auf formeller Ebene schliessen viele Organisationen (Kooperations-)Vereinbarungen mit anderen Organisationen ab. Daneben gibt es aber auch zahlreiche informelle Massnahmen wie mündliche Vereinbarungen zwischen Vertreterinnen und Vertretern der Organisationen, unilaterale *statements* in Bezug auf die andere Organisation oder gegenseitige Empfehlungen. Dadurch versuchen die Organisationen in der Praxis, ihre Aktivitäten zu koordinieren, und, wo nötig, zu kooperieren, was aber noch nicht bedeutet, dass die Mandate tatsächlich aufeinander abgeglichen würden. In der Praxis ist es also so, dass die Organisationen Konflikte «unter sich» lösen. Dies entspricht dem liberalen Verständnis von internationalen Organisationen. Deren Aktivitäten waren lange Zeit völkerrechtlich kaum reguliert.

C. Konzeptuelle Hürden

1. Innenperspektive im Recht der internationalen Organisationen

a) Fokus auf die Delegation von Aufgaben

Heute werden internationale Organisationen in der Völkerrechtswissenschaft in der Regel unter dem Blickwinkel des Rechts der internationalen Organisationen bzw. des *international institutional law* betrachtet. Dieses versucht, gemeinsame Prinzipien zu identifizieren, die auf alle oder zumindest eine Vielzahl von Organisationen anwendbar sind – etwa in Bezug auf Mitgliedschaft, Kompetenzen und Befugnisse oder Immunitäten. Das Recht der internationalen Organisationen ist wesentlich geprägt durch ein Verständnis von internationalen Organisationen, das sich auf eine Ide-

---

72 Vgl. zum Ganzen: Dupuy René-Jean, Le Droit des Relations Entre les Organisations Internationales, in: Collected Courses of the Hague Academy of International Law Vol. 100, Leiden/Boston 1960, S. 457–589.

alform einer Organisation bezieht, die relativ alt ist. Im Kern des Rechts der internationalen Organisationen steht ein «funktionalistisches» Paradigma, wonach eine Organisation alles tun kann und soll, das zur Erfüllung ihrer Funktion notwendig ist.[73] Der Funktionalismus ist dabei im Wesentlichen eine *principal-agent*-Theorie. Das heisst, einer Organisation, der Auftragnehmerin *(agent)*, kommen diejenigen Funktionen zu, die ihr vom Auftraggeber *(principal)*, den Mitgliedstaaten, übertragen wurden. Die Funktion einer Organisation ist das zentrale Kriterium, nach dem alle Fragen in Bezug auf die Organisation beurteilt werden.[74] Auch deren Leistung und Erfolg werden anhand der Funktion gemessen.[75] Dieses Verständnis geht wesentlich auf frühe Konzeptualisierungen der Flussschifffahrtskommissionen oder der Telegraphen-, Post- oder Eisenbahn-Unionen des 19. Jahrhunderts zurück.[76] Diese frühen Organisationen hatten einen eng gefassten Zweck: In der Regel wurde ihnen nur eine einzige Aufgabe oder wurden nur einige wenige Aufgaben übertragen. Zudem wurden ihre Aufgaben als ausschliesslich technisch und ohne politischen Charakter wahrgenommen. Ein funktionalistisches Verständnis dieser Organisationen hatte derzeit seine Berechtigung, weil der Spielraum der Organisationen entsprechend begrenzt war. Heute verfügen viele Organisationen im Vergleich dazu über breite Funktionen; Paradebeispiel ist die UN mit dem Zweck der Erhaltung von Frieden und Sicherheit. Zudem haben viele internationale Organisationen heute auch politische Funktionen – so kann

---

73 Z.B. bei Virally: Organisationen werden demnach einzig dafür gegründet, um die von den Mitgliedstaaten definierte Funktion zu erfüllen. Funktionalismus wird als neutrale Theorie beschrieben, internationale Organisationen als reine Instrumente zur Erfüllung dieser Funktion (VIRALLY, Rn. 13).

74 Z.B. in Bezug auf die Struktur, Kompetenzen oder Befugnisse.

75 Ein Standardwerk zum Recht der internationalen Organisationen enthält etwa in der Einleitung folgende Formulierung: «Institutions are not ends in themselves, but instead are necessary instruments largely in the hands of states, which have been created to perform specific functions. It is these functions which, in the final analysis, determine the optimal institutional structure of international organizations.» (SCHERMERS/BLOKKER, S. 7 f., § 12).

76 Paul Reinsch, amerikanischer Politikwissenschaftler, legte Anfang des 20. Jahrhunderts mit mehreren Publikationen zu den damals neuen internationalen Unionen den Grundstein für das heutige Verständnis von internationalen Organisationen: vgl. u.a. REINSCH PAUL, International Unions and their Administration, American Journal of International Law Vol. 1 (1907), S. 579–623; REINSCH PAUL, International Administrative Law and National Sovereignty, American Journal of International Law Vol. 3 (1909), S. 1–45; REINSCH PAUL, Public International Unions, Their Work and Organization: A Study in International Administrative Law, Boston 1911.

etwa das Mandat der IOM zur Verwaltung der Migration durchaus als politisch gewertet werden. Spätestens seit der Gründung der UN hat das funktionalistische Verständnis daher dazu geführt, dass viele Organisationen aufgrund dieser Gegebenheiten ihre Mandate erweitert haben. Dies führte gleichzeitig zu einer Autonomisierung gegenüber ihren Mitgliedstaaten: Weil zahlreiche Organisationen über relativ viele und recht offen formulierte Funktionen verfügen und sie gemäss Funktionalismus alles tun dürfen, um diese zu erfüllen, können sie relativ unabhängig von den Staaten entscheiden, wie sie die Aufgaben wahrnehmen.

b) Binnenzentriertheit

Das funktionalistische Paradigma im Recht der internationalen Organisationen führt zu einer starken Binnenzentriertheit. Demnach wird das Ziel der Organisation «von aussen», von den Mitgliedstaaten, vorgegeben.[77] Die Funktion der Organisation ist dabei gleichzeitig *raison d'être et limitation* und definiert sowohl deren Struktur als auch deren Kompetenzen und Befugnisse.[78] Konsequent angewendet führt der Funktionalismus dazu, dass das Gründungsdokument (in der Regel ein völkerrechtlicher Vertrag, teils auch eine Resolution) in den Hintergrund rückt. Zum Beispiel wird internationalen Organisationen in der Regel die Kompetenz zur Selbstorganisation zugesprochen, auch wenn die Gründung von Organen im Gründungsinstrument nicht vorgesehen ist.[79] Diese besteht allein schon deshalb, weil die Funktion die Organisation ermächtigt, alle notwendigen Massnahmen zu ergreifen, um dieses Ziel zu erreichen – also auch, den dafür optimalen Apparat zu entwickeln. In diesem Sinne ist auch die Theorie der *implied powers* zu interpretieren, auf die sich viele Beiträge zum Recht der internationalen Organisation beziehen. Die Doktrin besagt im Grundsatz, dass internationale Organisationen auch Befugnisse haben, für die sie nicht ausdrücklich mandatiert sind.[80] Die Argumentation ist

---

77 «La fonction se définit ainsi comme une activité spécifique orientée vers la poursuite d'une finalité déterminée et extérieure à celui qui en est chargé.» (VIRALLY, Rn. 15).

78 Ebd., Rn. 52. Neben Ermächtigung und Begrenzung ist die Funktion der Organisation gleichzeitig auch Verpflichtung, d.h., die Organisation muss ihre Aufgaben wahrnehmen, da deren Finalität extern vorgegeben ist (ebd., Rn. 73 ff.).

79 Ebd., Rn. 57.

80 AKANDE DAPO, The Competence of International Organizations and the Advisory Jurisdiction of the International Court of Justice, European Journal of Interna-

hier, dass Organisationen inhärent über diejenigen Befugnisse verfügen müssen, die zur Erfüllung ihres Zwecks notwendig sind. Lange herrschte die Auffassung, dass sich Organisationen nicht zu stark von einer wortgetreuen Auslegung des Gründungsinstrumentes bremsen lassen sollten.[81] So schrieb etwa René-Jean Dupuy im Jahr 1960: «Cependant, la limitation de pouvoir qui en résulte est en pratique corrigée dans une certaine mesure par la nécessité de ne pas freiner, par une interprétation trop littérale des textes de base, l'exercice de ses fonctions par l'organisation.»[82] Dies galt etwa, wenn sich die Umstände änderten.[83] Eine solche theoretische Einbettung erklärt die Zulässigkeit der Expansion vieler Organisationen in Bereiche, für die sie im Gründungsinstrument nicht mandatiert sind. Sie macht auch deutlich, wie Mandatsüberlappungen zwischen Organisationen entstehen können, denen im Gründungsdokument eigentlich komplementäre Aufgaben zukommen.

c) Die horizontalen Grenzen der Zuständigkeit

Das funktionalistische Konzept widerspiegelt sich auch in der Frage nach dem Verhältnis zwischen internationalen Organisationen und stösst dort an seine Grenzen. Unter funktionalistischem Verständnis wird die Beziehung zu anderen Organisationen unter dem Gesichtspunkt der horizontalen Grenzen der Kompetenzen betrachtet. Demnach ist es die Funktion, welche die Grenze der Kompetenzen der einen Organisation gegenüber der anderen Organisation zieht. Dieser Ansatz stösst aber bereits an seine Grenzen, wenn im gleichen Gebiet eine sektorielle und eine generelle Organisation tätig sind. In der Theorie würde es der generellen Organisation, namentlich der UN, obliegen, die verschiedenen Aktivitäten zu koordinie-

---

tional Law Vol. 9 (1998), S. 437–467; RAMA-MONTALDO MANUEL, International Legal Personality and Implied Powers of International Organizations, British Yearbook of International Law Vol. 44 (1970), S. 111–155.

81 Vgl. dazu hinten I. C. 1. b). Ähnlich beschreibt Nigel D. White die Auswirkungen des Funktionalismus: «Organisations should reflect the tasks they are set to perform – there should be no rigid legalistic mould into which these bodies are forced.» (WHITE, S. 8).

82 DUPUY RENÉ-JEAN, S. 533.

83 Ein Beispiel für geänderte Umstände ist etwa, wenn neue Mitgliedstaaten zu einer Organisation hinzustossen bzw. wenn sich die Mitgliedschaft verändert. In einem solchen Fall, z.B. bei der UN, argumentiert Virally etwa, dass es nicht gerechtfertigt sei, den *travax préparatoires* eine zu grosse Bedeutung zuzumessen (VIRALLY, Rn. 54).

ren. Virally schrieb dazu im Jahr 1974, dass die blosse Koordination in der Praxis allerdings oftmals unzulänglich ist – vielmehr bräuchte es eine wahrhaftige Integrationsstrategie, die juristischen Mittel dafür müssten aber erst noch erfunden werden.[84] Bei der Abgrenzung von Kompetenzen zwischen internationalen Organisationen handelt es sich also nicht um ein blosses Koordinationsproblem, das Problem liegt vielmehr tiefer. Allerdings vermag der funktionalistische Ansatz mit seiner internen Perspektive diese Aussenbeziehung nicht zu fassen, weil sich die Kompetenzen beim funktionalistischen Verständnis aus dem Verhältnis Mitgliedstaat – Organisation ergeben. Dritte Interessen fallen so notwendigerweise ausser Betracht.

2. Enges Verständnis der Rechtspersönlichkeit

a) Rechtspersönlichkeit im Recht der internationalen Organisationen

Ein weiteres Problem bei der Konzeptualisierung – insbesondere in Bezug auf das UNHCR – ist das enge Verständnis der Rechtspersönlichkeit im Recht der internationalen Organisationen. Demnach wird das UNHCR in der Regel als blosses Organ der UN und damit nicht als eigenständige Organisation erfasst.[85] Obwohl im Völkerrecht keine einheitliche Definition von internationalen Organisationen existiert, sind vielen Begriffsumschreibungen gewisse Merkmale gemein: Das Gebilde (1) basiert auf einem internationalen Übereinkommen, (2) verfügt über mindestens ein Organ mit einem eigenen Willen und (3) wurde unter dem Völkerrecht gegründet.[86] Durch die verschiedenen Kriterien wird versucht, internationale Organisationen von weiteren Gebilden mit überstaatlichem Charakter

---

84 VIRALLY, Rn. 62.
85 Vgl. dazu ausführlicher hinten I. C. 2. c).
86 Vgl. etwa SCHERMERS/BLOKKER, S. 37 ff., §§ 33 ff.; ALVAREZ, International Organizations as Law-Makers, S. 6. Andere Formulierung bei Ruffert/Walter: «[...] ein auf völkerrechtlichem Vertrag beruhender, mitgliedschaftlich strukturierter Zusammenschluss von zwei oder mehreren Völkerrechtssubjekten (zumeist Staaten), der mit eigenen Organen Angelegenheiten von gemeinsamem Interesse besorgt» (RUFFERT/WALTER, S. 3). Die Voraussetzung «unter dem Völkerrecht gegründet» wird im Prinzip immer angenommen, wenn es keine anderslautenden Hinweise gibt. Ein anderslautender Hinweis wäre, dass nationales Recht auf die Vereinbarung zur Anwendung kommt (für Beispiele vgl. SCHERMERS/BLOKKER, S. 46 f., § 45).

abzugrenzen, etwa von Nichtregierungsorganisationen (NGOs) oder von global agierenden Unternehmen. Die Abgrenzung ist deshalb notwendig, weil internationalen Organisationen ein spezieller Charakter und damit ein spezieller Rechtsstatus im Völkerrecht zukommt. Durch ihren *quasi-governmental*[87] Status wird ihnen in der Regel die Rechtspersönlichkeit unter dem Völkerrecht eingeräumt. Die Völkerrechtspersönlichkeit oder -subjektivität bringt gewisse Rechte und Pflichten mit sich, die anderen überstaatlichen Gebilden verwehrt bleiben. Allerdings ist die Frage, ob ein Gebilde über Völkerrechtspersönlichkeit verfügt, in der Praxis oftmals schwierig zu beantworten.[88]

Was aber ist Rechtspersönlichkeit und weshalb ist sie relevant? Es besteht schon Uneinigkeit darüber, ob Rechtspersönlichkeit die Voraussetzung dafür ist, dass jemand Träger von Rechten und Pflichten ist, oder ob die Tatsache, dass jemand über Rechte und Pflichten verfügt, Ausdruck einer bestehenden Rechtspersönlichkeit ist.[89] Über welche Rechte und Pflichten internationale Organisationen genau verfügen, bleibt zudem weiterhin unklar. Jedenfalls kann eine internationale Organisation ohne Völkerrechtssubjektivität etwa nicht Partei eines völkerrechtlichen Vertrags werden oder sie kann gegenüber anderen Völkerrechtssubjekten keine Forderungen geltend machen. Auch die weitgehende Autonomie, über die viele Organisationen verfügen, wäre ohne Rechtspersönlichkeit nicht denkbar.[90] Internationale Organisationen haben zwar eine ähnliche Rechtspersönlichkeit wie Staaten, sie ist aber (gemäss funktionalistischem

---

87 Alvarez, International Organizations as Law-Makers, S. 3.
88 Vgl. dazu ebd., S. 6 f. und Crawford/Brownlie, S. 169.
89 Alvarez z.B. schreibt, dass Rechtspersönlichkeit eine Voraussetzung dafür ist, Träger von Rechten und Pflichten sein zu können (Alvarez, International Organizations as Law-Makers, S. 129). Ein solches Verständnis der Rechtspersönlichkeit ist allerdings eher neu. So hat z.B. Kelsen in den 1950er-Jahren (in Bezug auf Staaten) ausgeführt, dass die Feststellung der Rechtspersönlichkeit allein keinerlei materiellen Rechte mit sich bringt, dass im Gegenteil die Rechtspersönlichkeit nur bestätigt, dass ein Staat über Rechte und Pflichten verfügt, sie in diesem Sinne rein formellen Charakter hat (Kelsen, Théorie du Droit International Public, S. 101). In Bezug auf internationale Organisationen schreibt Dupuy gleichsam, dass sich die Fähigkeiten internationaler Organisationen nicht aus der Rechtspersönlichkeit ergeben, sondern dass sich umgekehrt die Persönlichkeit aus diesen Fähigkeiten ergibt (Dupuy René-Jean, S. 532).
90 Alvarez, International Organizations as Law-Makers, S. 129.

Paradigma) insofern begrenzter, als die Funktion den Umfang der Rechtspersönlichkeit vorgibt.[91]

Eine damit zusammenhängende Frage ist, ob die Völkerrechtspersönlichkeit durch den Willen der Mitgliedstaaten konstituiert wird, etwa durch eine entsprechende Klausel im Gründungsinstrument, oder ob es eine «objektive» Rechtspersönlichkeit von internationalen Organisationen gibt.[92] Der IGH hatte in einem der wenigen Urteile in diesem Zusammenhang *(Reparation for Injuries)* mehr Verwirrung gestiftet als Klarheit geschaffen. Er verlangte darin einerseits die Absicht *(intendment)* der Staaten, der Organisation Rechtspersönlichkeit zu übertragen, führte aber gleichzeitig aus, dass dritte Parteien die «objektive» Rechtspersönlichkeit der Organisation (konkret der UN) anzuerkennen hätten.[93] Das Urteil wurde in der Folge so interpretiert, dass internationale Organisationen eine «objektive» Rechtspersönlichkeit erlangen können und dass sich diese aus der Ausübung gewisser internationaler Funktionen ergibt.[94] Die genauen Kriterien für die objektive, gewohnheitsrechtliche Definition der Rechtspersönlichkeit bleiben nach wie vor Gegenstand völkerrechtlicher

---

91 IGH, *Reparation for Injuries Suffered in the Service of the United Nations*, Advisory Opinion vom 11. April 1949, ICJ Reports 1949, S. 174 ff., 180: «Whereas a State possesses the totality of international rights and duties recognized by international law, the rights and duties of an entity such as the Organization [die UN, Anm. der Verfasserin] must depend upon its purposes and functions as specified or implied in its constitutent documents and developed in practice.»

92 Die Frage stellte sich etwa dann, wenn das Gründungsinstrument keine entsprechende Willenserklärung der Staaten enthielt. Praktisch relevant wurde die Frage jedenfalls dann, wenn die (durch die Mitgliedstaaten erklärte) Rechtspersönlichkeit einer Organisation von Dritten infrage gestellt wurde bzw. sich Dritte weigerten, die Rechtspersönlichkeit der Organisation anzuerkennen.

93 IGH, *Reparation for Injuries*, S. 178 bzw. 185.

94 CRAWFORD/BROWNLIE, S. 169. Zu einem ähnlichen Schluss kommt auch Alvarez, wenn er schreibt, dass sich die Rechtspersönlichkeit aus der blossen Existenz der Organisation ergibt und diese gewisse Rechte und Pflichten mit sich bringt (ALVAREZ, International Organizations as Law-Makers, S. 134). Obwohl im Resultat übereinstimmend – nämlich dass es so etwas wie eine «objektive» Rechtspersönlichkeit gibt –, scheinen die Autoren unterschiedlichen Logiken zu folgen: Crawford/Brownlie sind eher auf der Linie von Kelsen oder Dupuy, wonach sich die Rechtspersönlichkeit aus der Tatsache ergibt, dass die Organisation über gewisse Fähigkeiten verfügt – wohingegen Alvarez zu argumentieren scheint, dass sich aus der Rechtspersönlichkeit die Fähigkeit ergibt, Rechte und Pflichten zu haben. Die Forderung, dass die Rechtspersönlichkeit von Dritten anerkannt werden muss, um diesen gegenüber Geltung zu erlangen, hat sich jedenfalls nicht durchzusetzen vermocht.

Debatten.[95] Bei Crawford/Brownlie finden sich etwa folgende drei Kriterien zur Evaluierung der Völkerrechtspersönlichkeit internationaler Organisationen:

«(1) a permanent association of states, with lawful objects, equipped with organs;

(2) a distinction, in terms of legal powers and purposes, between the organization and its member states; and

(3) the existence of legal powers exercisable on the international plane and not solely within the national systems of one or more states.»[96]

Hier wird also zwischen Rechtspersönlichkeit und Qualifikation als internationale Organisation unterschieden. Nach diesem Verständnis ist Rechtspersönlichkeit kein Kriterium für die Qualifikation als internationale Organisation. Eine separate Definition der Rechtspersönlichkeit bedeutet demnach, dass sowohl internationale Organisationen ohne Rechtspersönlichkeit denkbar sind, als auch Gebilde, die zwar über Völkerrechtspersönlichkeit verfügen, die aber nicht als internationale Organisation gelten. Eine internationale Organisation ohne eigene Rechtspersönlichkeit läge etwa dann vor, wenn die Organisation über keine eigenen Organe verfügt. Ein Beispiel für Gebilde mit Völkerrechtspersönlichkeit, die aber keine internationalen Organisationen sind, sind etwa internationale Schiedsgerichte.[97] Es stellt sich also die Frage, wie die IOM und das UNHCR vor diesem Hintergrund zu qualifizieren sind.

b) Die IOM als klassische internationale Organisation

Die heutige IOM wurde am 5. Dezember 1951 mittels Resolution der beteiligten Staaten[98] als «Provisional Intergovernmental Committee for the Movement of Migrants from Europe» (PICMME) gegründet. Im Jahr

---

95 ALVAREZ, International Organizations as Law-Makers, S. 134 f.
96 CRAWFORD/BROWNLIE, S. 169.
97 Vgl. dazu und für weitere Beispiele: ebd., S. 169 f.
98 Resolution to establish a Provisional Intergovernmental Committee for the Movement of Migrants from Europe vom 5. Dezember 1951, abgedruckt in: US House of Representatives, «Intergovernmental Committee for European Migration and Immigration to the United States: Report», Union Calendar No. 524, 84th Congress 1st Session, House Report No. 1570, United States Government Printing Office, Washington 1955, S. 3–4 (zit. PICMME, Gründungsresolution).

1952 wurde beschlossen, das Komitee vorerst weiterzuführen und der Name wurde in «Intergovernmental Committee for European Migration» (ICEM) geändert. Die Verfassung des ICEM von 1953[99] ist ein klassisches internationales Übereinkommen zwischen Staaten. Schon vor deren Verabschiedung hatten die Mitgliedstaaten des Komitees zum Ausdruck gebracht, dass das ICEM eine internationale Organisation mit eigener Rechtspersönlichkeit sein sollte.[100] In der Verfassung wird die Rechtspersönlichkeit ausdrücklich festgehalten:

> «The Committee shall possess full juridical personality and enjoy such legal capacity as may be necessary for the exercise of its functions and the fulfilment of its purpose, and in particular the capacity, in accordance with the laws of the territory: (a) to contract; (b) to acquire and dispose of immovable and movable property; (c) to receive and disburse private and public funds; (d) to institute legal proceedings.»[101]

Der Wille der Staaten, eine internationale Organisation mit eigener Rechtspersönlichkeit zu gründen, kommt damit klar zum Ausdruck. Der Umfang der Rechtspersönlichkeit ergibt sich aus den Funktionen und dem Zweck der Organisation. Das ICEM verfügte über drei eigenständige Organe: den Rat, das Exekutivkomitee sowie die Administration. Das zweite Kriterium – mindestens ein unabhängiges Organ – ist demnach erfüllt.[102] Das dritte Kriterium, gegründet unter Völkerrecht, ist üblicherweise erfüllt, wenn ein internationales Abkommen vorliegt und sich daraus keine anderslautenden Hinweise entnehmen lassen. Eine Organisati-

---

99 Constitution vom 19. Oktober 1953, abgedruckt in: United States House of Representatives, Intergovernmental Committee for European Migration and Immigration to the United States: Report, Union Calendar No. 524, 84th Congress 1st Session, House Report No. 1570, United States Government Printing Office, Washington 1955, S. 5 ff. (zit. ICEM-Verfassung).

100 «[That the Committee] should be recognised as possessing legal status and that the Committee, the representatives of Member States as well as the Officials and Administrative Staff of the Committee should enjoy the immunities and privileges generally accorded to international organizations [...]» (PICMME, Resolution No. 39: Resolution on the Legal Status of the Committee and the Powers of its Officers, (Adopted at the 38th Meeting, October 20, 1952, Fourth Session of the PICMME, PIC/1000, October 20, 1952, NARA, Washington D.C., zit. nach PARSANOGLOU, S. 56). Die USA und Deutschland hatten zudem vorgeschlagen, das Komitee «Organisation» zu nennen, die Staaten blieben aber letztlich beim Begriff «Komitee» (PERRUCHOUD, L'Organisation Internationale pour les Migrations, S. 533).

101 ICEM-Verfassung, Art. 25.

102 Ebd., Art. 5.

on wäre demnach etwa dann keine *internationale* Organisation, wenn in ihrem Gründungsdokument vermerkt wäre, dass die Organisation unter nationalem Recht gegründet wurde.[103] In der ICEM-Verfassung finden sich keine Hinweise darauf, dass die Organisation unter anderem als internationalem Recht gegründet würde. Damit ist auch das dritte Kriterium erfüllt. Dass das ICEM als eine nicht permanente Organisation gegründet wurde, hat auf die Eigenschaft als internationale Organisation keinen Einfluss. Das ICEM kann damit als klassisches Beispiel einer internationalen Organisation mit Völkerrechtspersönlichkeit bezeichnet werden. Obwohl sich das Komitee bzw. die Organisation in ihrer Ausrichtung und Struktur über die Jahre verändert hat, sind keine Faktoren ersichtlich, die etwas an der Qualifikation als internationale Organisation mit (funktionaler) Völkerrechtspersönlichkeit ändern würden.[104]

c) Das UNHCR: Organ der UN oder eigenständiger Akteur?

Beim UNHCR lässt sich die Frage nach der Qualifikation unter dem Recht der internationalen Organisationen hingegen nicht so leicht beantworten. Es wurde als Nebenorgan der GV gemäss Artikel 22 UN-Charta[105] mittels Resolution derselben gegründet.[106] Struktur und Mandat wurden in der Satzung von 1950 festgelegt, die ebenfalls durch eine Resolution der GV verabschiedet wurde.[107] Das Mandat war vorerst auf drei Jahre befristet

---

103 Vgl. für Beispiele: SCHERMERS/BLOKKER, S. 46 ff., § 45.

104 Bezüglich der Rechtspersönlichkeit der IOM vgl. Art. 22 der IOM-Verfassung von 2013: «The Organization shall possess full juridical personality. It shall enjoy such legal capacity, as may be necessary for the exercise of its functions and the fulfilment of its purposes, and in particular the capacity, in accordance with the laws of the State: (a) to contract; (b) to acquire and dispose of immovable and movable property; (c) to receive and disburse private and public funds; (d) to institute legal proceedings.» Seit 2013 verfügt die IOM nur noch über zwei Organe: den Rat und die Administration – der Exekutivrat wurde abgeschafft.

105 Charta der Vereinten Nationen vom 26. Juni 1945, in: 1 UNTS XVI und SR 0.120.

106 A/RES/319(IV)A-B vom 3. Dezember 1949, S. 36. Wortlaut von Art. 22 UNCh: «The General Assembly may establish such subsidiary organs as it deems necessary for the performance of its functions.»

107 A/RES/428(V) vom 14. Dezember 1950, Annex, S. 46–48 (zit. UNHCR-Satzung).

worden, wurde aber jeweils verlängert und im Jahr 2003 wurde die zeitliche Beschränkung schliesslich ganz aufgehoben.[108]

Das UNHCR wird zu den sog. «*minors*» der UN-Familie gezählt, d.h. zu den untergeordneten Institutionen innerhalb der UN.[109] Diese handeln zwar grösstenteils unabhängig und verfügen bisweilen sogar über eigene Mitgliedstaaten, haben aber gemäss dem Recht der internationalen Organisationen keine eigene Rechtspersönlichkeit, da sie formell lediglich Organe der Hauptorganisation sind.[110] Zu dieser Kategorie werden i.d.R. etwa die Nebenorgane der UN gezählt.[111] Wegen ihrer weitgehenden Unabhängigkeit und weil sie oft auch über eigene Organe verfügen, werden die Nebenorgane teils als *quasi-autonomous bodies* beschrieben.[112] Diese *bodies* nehmen einen Grossteil der substanziellen (in Abgrenzung zu den politischen Aufgaben, die auf der Ebene der Hauptorgane verbleiben) Aufgaben der UN wahr und ihr Gesamtbudget übersteigt das der zentralen Organisation oft massgebend.[113] Da sie aber trotz ihrer grossen Unabhängigkeit jederzeit dem Willen des Mutterorgans unterworfen sind, sie von diesem jederzeit verändert oder sogar aufgelöst werden können, sind sie nie komplett unabhängig und ihnen wird daher die eigene Rechtspersönlichkeit abgesprochen.[114]

---

108 A/RES/58/153 vom 22. Dezember 2003, § 9. Das UNHCR wird so lange mandatiert, bis das Flüchtlingsproblem gelöst ist: «[...] to continue the Office until the refugee problem is solved».

109 Ausdruck der *minors* bei: SCHERMERS/BLOKKER, S. 1088, § 1695.

110 Ebd.

111 Ebd. Die weitgehende Unabhängigkeit der Nebenorgane manifestiert sich etwa in der Tatsache, dass ihnen etwa die Privilegien und Immunitäten der Convention on the Privileges and Immunities of the United Nations von 1946 zukommen, sie internationalen Abkommen beitreten und Verträge mit privaten Parteien abschliessen können (SAROOSHI, S. 87 mit Hinweisen). Das Kriterium der Unabhängigkeit vom Hauptorgan grenzt die Nebenorgane zudem von Einheiten innerhalb des Hauptorgans ab, etwa Komitees, Subkomitees oder Arbeitsgruppen (ebd., S. 89 f.). Dass den Nebenorganen daher Aufgaben zukommen, für die das Hauptorgan keine Kompetenz hat, ist gerade Ausdruck der Unabhängigkeit vom Hauptorgan, heisst aber nicht, dass das Nebenorgan eine eigenständige Rechtspersönlichkeit hat.

112 SZASZ, S. 7.

113 Ebd., S. 5 mit Hinweisen.

114 Ebd., S. 6. Das Argument ist allerdings wenig überzeugend, könnte Gleiches doch über die meisten internationalen Organisationen, deren Rechtspersönlichkeit nicht infrage gestellt wird, gesagt werden: Sie können jederzeit durch die Mitgliedstaaten verändert oder auch aufgelöst werden.

Das UNHCR als Nebenorgan wäre demnach formell keine eigenständige internationale Organisation mit eigener Rechtspersönlichkeit, sondern blosses Organ der UN.[115] Darüber hinaus sprechen verschiedene weitere Faktoren für diese Interpretation. So wurde das UNHCR nicht durch ein internationales Abkommen zwischen Staaten gegründet, sondern durch eine Resolution der GV – durch einen Rechtsakt einer internationalen Organisation also. Die Tatsache, dass das Gründungsinstrument durch eine Resolution und nicht durch Vertrag entstanden ist, schliesst die Gründung einer internationalen Organisation mit eigener Rechtspersönlichkeit zwar nicht *per se* aus,[116] ist aber immerhin ein Indiz dagegen. Das Kriterium, wonach internationale Organisationen durch internationale Abkommen gegründet werden, dient gerade dem Nachweis, dass die Staaten der Organisation eigene Rechtspersönlichkeit übertragen wollen.[117] Im Falle des UNHCR spricht die Gründungssatzung als Willensausdruck der GV aber eher gegen eine eigene Rechtspersönlichkeit. Die Gründungssatzung enthält keine Bestimmung, aus der sich der Wille der Staaten, dem UNHCR Rechtspersönlichkeit zu übertragen, ablesen lassen würde.[118] Im Gegenteil findet sich in § 1 die Formulierung: «The [UNHCR], *acting under the authority of the General Assembly*, shall assume the function of providing international protection, under the auspices of the United Nations, to refugees [...].» (Hervorh. durch die Verfasserin). Es stellt sich demnach die Frage, ob dem UNHCR aus objektiver Sicht Rechtspersönlichkeit zukommt. Verschiedene Faktoren sprechen dagegen: Der Hochkommissar oder die Hochkommissarin berichtet jährlich an die GV und ist angehalten, die durch die GV und den ECOSOC vorgegebenen Richtlinien zu befolgen und zusätzliche Aufgaben nur auf Anweisung der GV wahrzunehmen.[119] Der Hochkommissar oder die Hochkommissarin handelt demnach unter der *authority* und Kontrolle der GV. Die Person des Hochkommissars

---

115 In diesem Sinne Schermers/Blokker, S. 1088, § 1695, obwohl eher zögerlich: «The following could be considered as examples of minors of the UN family: [...] the United Nations High Commissioner for Refugees (UNHCR).»

116 Klabbers, Introduction to International Organizations Law, S. 11.

117 Ebd., S. 10.

118 Eine solche Bestimmung fand sich etwa bei der Resolution zur Gründung der Organisation der Vereinten Nationen für industrielle Entwicklung (UNIDO), bei der die GV ausdrücklich festgehalten hat, die UNIDO, «[...] established as an organ of the General Assembly, shall function as an autonomous organization within the United Nations [...]» (A/RES/2152(XXI) vom 17. November 1966, S. 24).

119 UNHCR-Satzung, §§ 11, 3 und 9.

oder der Hochkommissarin wird durch die GV gewählt und der Sitz von UNHCR ist Genf, wo auch die UN über einen Sitz verfügt.[120] Das (administrative) Budget des UNHCR ist Teil des UN-Budgets und das UNHCR unterliegt den finanziellen Regeln der UN.[121] Zwar verfügt das UNHCR über ein eigenes Budget für operative Tätigkeiten, allerdings müssen Anfragen an Staaten für freiwillige Beiträge durch die GV abgesegnet werden.[122] Zudem verfügt das UNHCR über keine eigenen Mitglieder. Zwar existiert das Executive Committee (ExCom), das derzeit 107 Mitgliedstaaten hat und verschiedene Exekutiv- und Aufsichtsfunktionen über das UNHCR wahrnimmt.[123] Das ExCom ist aber kein Organ des UNHCR, sondern wurde durch den ECOSOC gegründet und fungiert ebenfalls als Nebenorgan der GV, ist also formell unabhängig vom UNHCR. Das UNHCR verfügt demnach weder über eigene Organe noch über eigene Mitglieder. Unter dem gängigen Verständnis von internationalen Organisation in einem engen juristischen Sinne wäre es demnach schwierig zu argumentieren, dass das UNHCR eine internationale Organisation mit eigener Völkerrechtspersönlichkeit ist. Naheliegender ist es zu argumentieren, dass das UNHCR ein Organ einer bestehenden Organisation, der UN ist, ohne eigene Rechtspersönlichkeit.

Allerdings gibt es auch Autoren, die eine eigenständige Rechtspersönlichkeit von Nebenorganen bejahen. So argumentieren etwa Crawford/Brownlie, dass die Nebenorgane der UN, namentlich auch das UNHCR, aufgrund der begrenzten Unabhängigkeit zwar keine eigenständigen internationalen Organisationen sind, sie aber über eine separate Rechtspersönlichkeit verfügen.[124] Allerdings ist die Annahme einer separaten Rechtspersönlichkeit in ihren praktischen Auswirkungen nicht unbedenklich. So kritisierte etwa Félice Morgenstern in ihrer Hersch Lauterpacht Memorial Lecture die Praxis verschiedener internationaler Organisationen, Nebenorgane zu gründen, um Verantwortlichkeit und Haftung der Haupt-

---

120 Ebd., § 13 und § 19.
121 Ebd., §§ 20, 21 und 22.
122 Ebd., § 21 und § 10.
123 Stand: September 2022.
124 CRAWFORD/BROWNLIE, S. 170. Es ist allerdings nicht ganz nachvollziehbar, wie die Autoren zu diesem Schluss kommen. Sie begründen ihre Aussage nicht näher. Auch die von den Autoren aufgestellten drei Kriterien zur Prüfung der Völkerrechtspersönlichkeit würden nach hier vertretener Ansicht gegen eine Rechtspersönlichkeit des UNHCR sprechen: Das UNHCR verfügt weder über eigene Organe noch über eigene Mitglieder.

organisation zu reduzieren.[125] Durch die Gründung von Subeinheiten mit eigener Rechtspersönlichkeit versuchten Organisationen, von beiden Konstrukten die Vorteile herauszupicken: Einerseits wollen sie durch die Schaffung von Subeinheiten mit eigener Rechtspersönlichkeit die eigene Verantwortung delegieren, andererseits sollen die Subeinheiten dadurch, dass sie formell zur Hauptorganisation gehören, von den Vorteilen der Hauptorganisation profitieren, etwa von deren Immunitäten und Privilegien. Morgenstern äusserte schon 1986 Bedenken gegenüber der zunehmenden Bereitschaft, Nebenorgane eines Organs einer internationalen Organisation ohne eigene Mitgliedstaaten als eigenständige Völkerrechtssubjekte anzuerkennen. Sie befürchtete, dass dies die gleichen Probleme kreieren könnte wie die Beauftragung von Subunternehmen durch Unternehmen auf der nationalen Ebene.[126]

Das UNHCR selbst bezeichnet sich als *«multilateral, intergovernmental institution»*.[127] Es ist davon auszugehen, dass der Begriff «Institution» hier bewusst gewählt wurde, um keine rechtliche Qualifikation zu proklamieren.[128] Allerdings lassen sich die Ausführungen des UNHCR zu seinem Mandat dahin gehend interpretieren, dass es sich selber zumindest teilweise als eigenständiges Völkerrechtssubjekt sieht. So wird darin ausgeführt, dass das Mandat des UNHCR nicht nur auf der durch die GV vorgegebenen Gründungssatzung und deren Weiterentwicklung durch die GV und den ECOSOC beruht, sondern auf einer weiteren, vom Gründungsorgan unabhängigen Säule: dem Völkerrecht allgemein und verschiedenen völkerrechtlichen Verträgen im Besonderen, etwa der FK und dem Zusatzprotokoll von 1967 zur FK (Zusatzprotokoll FK)[129].[130] Damit wird stipuliert, dass das UNHCR zumindest in Bezug auf einen Teil seiner Funktionen über eine unabhängige Rechtspersönlichkeit verfügt, weil es diesbezüglich direkt durch das Völkerrecht bzw. die Vertragsstaaten und nicht durch die GV oder die UN mandatiert ist. Im UNHCR-Note on the Mandate wird dazu ausgeführt: «This two-pronged legal foundation has given the High Commissioner as well as his Office its unique identity, specific legal

---

125 Morgenstern, S. 23–26 mit Beispielen.
126 Ebd., S. 26.
127 UNHCR, Note on the Mandate 2013, S. 1.
128 Der Begriff *institution* wird im Völkerrecht in der Regel unspezifisch, breit verwendet, um verschiedene Gebilde zu erfassen, wohingegen der Begriff der «internationalen Organisation» rechtliche Erwartungen triggert.
129 Protokoll vom 31. Januar 1967 über die Rechtsstellung der Flüchtlinge, in: 606 UNTS 267 und SR 0.142.301.
130 UNHCR, Note on the Mandate 2013, S. 2.

authority and independence.»[131] Auch die IOM beschreibt das UNHCR als «*mini-intergovernmental organization*».[132]

Obwohl es in gewisser Hinsicht sinnvoll sein mag, dem UNHCR eine eigene Rechtspersönlichkeit abzusprechen und auf die Delegation von *authority* durch die GV zu fokussieren – zu denken ist allenfalls an verantwortungsrechtliche Fragen –, schränkt diese Ansicht den Blickwinkel für die vorliegende Frage ein. Das UNHCR als blosses Organ der UN zu konzeptualisieren, birgt das Risiko einer Vernachlässigung der Rolle des UNHCR als eigenständiger Akteur. Mit einem engen Verständnis der Rechtspersönlichkeit würde demnach eher das Verhältnis zwischen der UN und der IOM, nicht aber das Verhältnis UNHCR – IOM untersucht werden. Das enge Verständnis der Rechtspersönlichkeit dürfte einer der Gründe sein, weshalb Konstellationen wie das Verhältnis zwischen dem UNHCR und der IOM in der Rechtswissenschaft schwer zu fassen sind. Dabei macht es durchaus Sinn, sich auf das UNHCR zu konzentrieren. Denn die IOM streitet sich nicht mit der gesamten UN um Gelder und Einfluss, sondern spezifisch mit dem UNHCR. Da das UNHCR und die IOM als sektorielle Organisationen strukturell auf der gleichen Ebene anzusiedeln sind, ist es sinnvoll, dieses Verhältnis, das sich am besten horizontal konzeptualisieren lässt, in den Vordergrund zu rücken. Dazu bedarf es an dieser Stelle keiner präzisen Definition der Rechtspersönlichkeit des UNHCR – es genügt, das UNHCR als zumindest teilweise autonomen Akteur anzuerkennen.[133] Das UNHCR wird daher im Folgenden ebenfalls in einem untechnischen Sinn als «internationale Organisation» bezeichnet, weil es sich um einen zumindest teilweise autonomen Akteur handelt, der aber klar staatenbasiert ist (im Gegensatz etwa zu NGOs und internationalen Unternehmen).

---

131 Ebd., S. 2.
132 IOM, IOM – UN Relationship 2003, § 36.
133 Klabbers löst das Problem über eine andere Definition der Rechtspersönlichkeit: Unter dem Titel der «presumptive personality» sollen internationale Organisationen dann über Rechtspersönlichkeit verfügen, wenn sie Handlungen vollziehen können, die sich nur aufgrund einer internationalen Rechtspersönlichkeit erklären lassen (KLABBERS, Introduction to International Organizations Law, S. 49).

3. Reduktion der Fragmentierungsdebatte auf Normkonflikte

a) Koordination als reine Politik?

Ein letztes, gewichtiges Problem bei der Konzeptualisierung des Verhältnisses zwischen internationalen Organisationen ist das enge Verständnis davon, was «rechtlich relevant» ist. Trotz der massgebenden Rolle von internationalen Organisationen für die Fragmentierung des Völkerrechts haben sich überlappende Mandate oder Kompetenzkonflikte in der Völkerrechtswissenschaft bislang wenig Aufmerksamkeit generiert. Das hat mit der Wahrnehmung der Thematik zu tun. In der Regel werden Beziehungen zwischen internationalen Organisationen als reine Politik angesehen. In diesem Sinne lässt sich etwa eine Passage im ILC-Fragmentierungsbericht interpretieren:

> «The [institutional problems] have to do with the competence of various institutions applying international legal rules and their hierarchical relations inter se. The Commission decided to leave this question aside. The issue of institutional competencies is best dealt with by the institutions themselves.»[134]

Regelmässige Treffen, bilaterale Übereinkünfte, die Gründung gemeinsamer Gremien, Teilnahme in Koordinationsforen oder einseitige *policy statements* werden damit als blosse Koordinationsmassnahmen wahrgenommen. Wenn man das Völkerrecht aber nicht nur als ein *body of rules* versteht, sondern als einen Prozess, in dem internationale Organisationen eine gewichtige Rolle bei der Entwicklung und Weiterentwicklung des Rechts spielen, wäre es verkürzt, Interaktionen zwischen internationalen Organisationen als rein politische Vorgänge einzuordnen.

b) Völkerrecht als *body of rules*

Hintergrund ist der einflussreiche Fragmentierungsbericht der ILC unter der Leitung Koskenniemis. Im Bericht geht es primär um die Frage nach dem geeigneten Kollisionsrecht zwischen widersprüchlichen Normen. In

---

134 ILC, Fragmentierungsbericht 2006, § 13. Die Passage bezieht sich auf Gerichte oder gerichtsähnliche Institutionen, hier konkret auf das OSPAR Arbitral Tribunal und das UNCLOS Arbitral Tribunal, lässt sich aber problemlos auf internationale Organisationen übertragen.

der Folge hat sich die Fragmentierungsdebatte umfassend mit der Frage nach dem Umgang mit Normkonflikten beschäftigt.[135] Es gibt im Völkerrecht unterschiedliche Definitionen von Normkonflikten.[136] Eine viel zitierte Formel ist diejenige von C. Wilfred Jenks aus dem Jahr 1953: «A conflict in the strict sense [...] arises [...] where a party to the two treaties cannot simultaneously comply with its obligations under both treaties.»[137] Ein Konflikt wird also in der Regel zumindest dann vorliegen, wenn die Normen dem Normadressaten sich gegenseitig ausschliessende Pflichten (*mutually exclusive obligations*[138]) auferlegen.[139] Solche Konflikte werden

---

135 Vgl. z.B. MICHAELS RALF/PAUWELYN JOOST, Conflict of Norms or Conflict of Laws?: Different Techniques in the Fragmentation of International Law, Duke Journal of Comparative & International Law Vol. 22 No. 3 (2012), S. 349–376.

136 Vgl. für eine vertiefte Auseinandersetzung mit der Definition von Normkonflikten im Völkerrecht: VRANES ERICH, The Definition of «Norm Conflict» in International Law and Legal Theory, European Journal of International Law Vol. 17 No. 2 (2006), S. 395–418. Ein Beispiel für eine Definition findet sich bei Kelsen: Hier wird auf die Unausweichlichkeit der Verletzung der einen Norm durch die Anwendung der anderen Norm abgestellt: «A conflict exists [...] when [...] the observance or application of one norm *necessarily* or *possibly* involves the violation of the other.» (KELSEN, General Theory of Norms, S. 123). In den Schlussfolgerungen des ILC-Fragmentierungsberichts werden Konflikte als «two norms that are both valid and applicable [that] point to incompatible decisions so that a choice must be made between them» definiert – also etwas weiter, indem ein Entscheidungszwang als Auswirkung des Konflikts ausreicht (ILC, Fragmentierungsbericht 2006: Schlussfolgerungen, § 14 [2]).

137 JENKS, S. 426. Dabei handelt es sich um ein enges Verständnis des Konflikts, blosse Divergenzen sind etwa kein Konflikt: «A divergence which does not constitute a conflict may nevertheless defeat the object of one or both of the divergent instruments. Such a divergence may, for instance, prevent a party to both of the divergent instruments from taking advantage of certain provisions of one of them recourse to which would involve a violation of, or failure to comply with, certain requirements of the other. A divergence of this kind may in some cases, from a practical point of view, be as serious as a conflict; it may, for instance, render inapplicable provisions designed to give one of the divergent instruments a measure of flexibility of operation which was thought necessary to its practicability.» (Ebd., S. 427 f.).

138 Formulierung in: WTO, *Indonesia – Certain Measures Affecting the Automobile Industry*, Report of the Panel vom 2. Juli 1998, WTO Doc. WT/DS54/R, WT/DS55/R, WT/DS59/R, WT/DS64/R, § 5.169.

139 Paradekonstellation ist der Fall, wenn Staat X sowohl Konvention A als auch Konvention B ratifiziert hat, diese Konventionen aber je Pflichten für Staat X enthalten, die sich widersprechen. Staat X gerät so in ein Dilemma: Hält er seine Verpflichtung aus Konvention A ein, verletzt er seine Verpflichtung aus Konvention B und umgekehrt.

oft dann angenommen, wenn ein Gericht darüber zu entscheiden hat. Dementsprechend werden Beziehungen zwischen internationalen Organisationen allenfalls dann «rechtlich relevant», wenn sie als Normkonflikte in Gerichtsverfahren zutage treten. Das ist in der Regel nur dann der Fall, wenn ein Staat zwei konfligierenden Pflichten unterliegt, die irgendwie mit den Handlungen einer internationalen Organisation zu tun haben. Ein Beispiel hierfür wären die *Kadi*- bzw. *Nada*- und *Al Dulimi*-Fälle des EuGH und des EGMR,[140] in denen Sanktionen des UN-Sicherheitsrates mit durch die Gerichte weiterentwickelten Menschenrechten der EU bzw. des Europarates in Konflikt gerieten.[141] Hintergrund der Fälle war die Verpflichtung der UN-Mitgliedstaaten, die Sanktionen des Sicherheitsrates umzusetzen, also etwa Vermögenswerte der sanktionierten Individuen einzufrieren oder deren Reisemöglichkeiten zu beschränken. Das tangiert die persönliche Freiheit der betroffenen Individuen und ein Staat verletzt diese, sofern die Sanktionen direkt, also ohne ein den menschenrechtlichen Anforderungen genügendes Verfahren, umgesetzt werden. Vereinfacht gesagt mussten sich die Staaten daher zwischen einer direkten Umsetzung der Sanktionen oder einem grund- bzw. menschenrechtskonformen Verfahren entscheiden. Ausserhalb dieser (seltenen) Konstellation, wo sich ein institutioneller Konflikt in Form eines Normkonflikts im Rahmen eines Gerichtsverfahrens manifestierte, generierte das Verhältnis zwischen internationalen Organisationen in der Völkerrechtswissenschaft eher wenig Aufmerksamkeit. Der Fokus der ILC auf der substanziellen[142] Ebene hat dazu geführt, dass in der anschliessenden Fragmentierungsdebatte ein *rule centrism*[143] entstanden ist, der die institutionelle Ebene in den Hintergrund rücken liess.

---

140 EuGH, in den verbundenen Rechtssachen C-402/05 P und C-415/05 P, «*Kadi II*», Urteil vom 3. September 2008, ECLI:EU:C:2008:461; EGMR, *Nada/Switzerland*, Application No. 10593/08, Urteil vom 12. September 2012; EGMR, *Al Dulimi and Montana Management Inc./Switzerland*, Application No. 5809/08, Urteil vom 26. November 2013.

141 Vgl. zur Problematik ausführlich: Diggelmann Oliver, *Targeted Sanctions* und Menschenrechte: Reflexionen zu einem ungeklärten Verhältnis, Schweizerische Zeitschrift für Internationales und Europäisches Recht 3/2009, S. 301–335.

142 Terminologie im ILC-Fragmentierungsbericht: «The Commission has instead wished to focus on the substantive question – the splitting up of the law into highly specialized ‹boxes› that claim relative autonomy from each other and from the general law.» (ILC, Fragmentierungsbericht 2006, § 13).

143 Begriff bei Singh Sahib, The Potential of International Law, S. 42.

c) (Keine) Normkonflikte zwischen internationalen Organisationen

Wie eben erwähnt, können sich im Verhältnis zwischen internationalen Organisationen Normkonflikte ergeben, wo diese rechtsetzend tätig sind und widersprüchliche, die Staaten verpflichtende Normen erlassen. Das ist allerdings nicht der Regelfall, da nur wenige internationale Organisationen in einem engen Sinne rechtsetzend tätig sind. Konflikte zwischen internationalen Organisationen spielen sich in der Regel auf der institutionellen Ebene ab, indem verschiedene Organisationen die Zuständigkeit für einen bestimmten Sachverhalt beanspruchen. In diesem Sinne sind Konflikte zwischen internationalen Organisationen oft Kompetenzkonflikte. Kompetenzkonflikte sind keine Normkonflikte im Sinne des ILC-Fragmentierungsberichts. Zum einen unterscheiden sich Kompetenznormen in qualitativer Hinsicht von anderen Normen, obwohl diese Unterscheidung in der Literatur nicht konsequent gemacht wird.[144] So kann zwischen Verhaltensnormen *(norms of conduct)*, also Pflichten, Verbots- und Erlaubnisnormen auf der einen Seite und Kompetenznormen auf der anderen Seite unterschieden werden. Kompetenznormen sind insofern keine blossen Erlaubnisnormen, als sie der betreffenden Person (hier im weitesten Sinne verstanden) die Kompetenz übertragen, die rechtliche Situation von ihr unterworfenen Personen (ebenfalls im weitesten Sinne verstanden) zu gestalten. Damit kann die Person im Rahmen ihrer Kompetenzen wiederum neue Verhaltensnormen schaffen, die an die ihr unterworfenen Personen gerichtet sind. Zum anderen unterscheiden sich Kompetenzkonflikte zwischen internationalen Organisationen insofern von Normkonflikten im Sinne der ILC-Konstellation, als sich die (Kompetenz-)Normen an zwei unterschiedliche Subjekte richten. Es stellt sich daher die Frage, ob überhaupt von einem «Konflikt» gesprochen werden kann oder ob nicht die Begriffe «Kollision» oder «Konkurrenz» adäquater wären. Das Auftreten von Kompetenzkonflikten ist aus dem staatlichen Recht allerdings wohlbekannt. Hier wird zwischen positiven und negativen Kompetenzkonflikten unterschieden: Ein positiver Kompetenzkonflikt liegt vor, wenn zwei Subjekte über die gleiche Kompetenz verfügen – ein negativer Kompetenzkonflikt liegt vor, wenn keines der Subjekte über die Kompetenz für einen bestimmten Sachverhalt verfügt. Im Nationalstaat wird der Begriff des Kompetenz*konflikts* also problemlos verwendet, auch wenn

---

144 Vgl. zum Ganzen: VRANES ERICH, The Definition of «Norm Conflict» in International Law and Legal Theory, European Journal of International Law Vol. 17 No. 2 (2006), S. 395–418.

sich die Kompetenznormen an unterschiedliche Subjekte richten. Versteht man Normkonflikte also als sich gegenseitig ausschliessende Pflichten, sind Kompetenzkonflikte zwischen internationalen Organisationen keine Normkonflikte. Weil die Kompetenznormen unterschiedlichen Subjekten aber die Fähigkeit übertragen, wiederum die rechtliche Situation ihr unterworfener Subjekte zu gestalten, können sich aus Kompetenzkonflikten anschliessend Normkonflikte ergeben. Der Fokus auf Normkonflikte hat bislang die Beziehungen zwischen verschiedenen Institutionen in den Hintergrund rücken lassen.

4. Zwischenfazit

Zusammenfassend wurden drei konzeptionelle Hürden bei der theoretischen Erfassung von Konflikten zwischen internationalen Organisationen identifiziert:

(1) Die erste erörterte Schwierigkeit ergab sich aus der Ausrichtung des Rechts der internationalen Organisationen. Dieses ist, historisch bedingt, funktional geprägt – beschäftigt sich also mit der Delegation verschiedener Funktionen durch die Staaten an eine Organisation. Nebst allgemeiner Kritik an diesem Ansatz, etwa dessen Indifferenz gegenüber normativen Erwartungen, führt der Funktionalismus für die vorliegende Frage nach dem Verhältnis zwischen Organisationen in eine Sackgasse. Eine Konzeptualisierung von internationalen Organisationen als *principal-agent*-Konstellation, wie sie das Recht der internationalen Organisationen unter dem Blickwinkel des Funktionalismus vornimmt, wird dem Anspruch, Beziehungen zwischen Organisationen zu erfassen, nur in ungenügendem Masse gerecht, weil sie auf die Delegation von Aufgaben durch die Mitgliedstaaten fokussiert. Dies ist im Verhältnis zwischen Organisationen schon deshalb problematisch, weil die meisten Organisationen zwar über eine überlappende, aber nicht über eine identische Mitgliedschaft verfügen. Der Funktionalismus kann daher nur die Frage nach den Grenzen der Zuständigkeit *einer* Organisation beantworten. Er kann aber nicht aus einer Aussenperspektive die Frage nach Kompetenzkonflikten *zwischen* zwei Organisationen beantworten. Die vorliegende Arbeit soll daher über die Vorstellung, dass internationale Organisationen einzelne Teilrechtsordnungen im Völkerrecht sind, eine solche Aussenperspektive einnehmen.

(2) Die zweite Schwierigkeit ergab sich ebenfalls aus dem Recht der internationalen Organisationen. Dieses fokussiert wesentlich auf die Frage nach der Völkerrechtspersönlichkeit von Gebilden. Ein enges Verständnis

der Rechtspersönlichkeit mag in gewisserlei Hinsicht gerechtfertigt sein, etwa wenn es um verantwortungsrechtliche Fragen geht. Es ist aber für die Frage nach Konflikten zwischen verschiedenen Gebilden verkürzt. Die IOM streitet sich mit dem UNHCR über Gelder und Einfluss – nicht mit der gesamten UN. Um dieser Horizontalität gerecht zu werden, muss das UNHCR als zumindest teilweise eigenständiger Akteur konzeptualisiert werden. Dabei wird die Einbettung in die Strukturen der UN zwar anerkannt. Der Fokus liegt aber auf dem UNHCR und nicht auf der UN. Um das UNHCR zu konzeptualisieren, wird daher nicht auf das enge Kriterium der durch die Staaten willentlich übertragenen Rechtspersönlichkeit gemäss dem Recht der internationalen Organisationen abgestellt. Vielmehr soll das UNHCR als Teilrechtsordnung konzipiert werden, die im Rahmen ihres Mandats eigenen Prinzipien, Normen und Verfahren folgt und solche auch wieder generiert.

(3) Die dritte Schwierigkeit bei der Konzeptualisierung ergab sich aus der Fragmentierungsdebatte. Diese beschäftigt sich zwar mit dem Verhältnis zwischen verschiedenen Teilrechtsordnungen im Völkerrecht, befasste sich aber bislang vor allem mit der Frage nach dem Umgang mit Normkonflikten. Zwar können sich auch im Verhältnis zwischen internationalen Organisationen Normkonflikte ereignen, wenn diese den Staaten widersprüchliche Pflichten auferlegen. In der Praxis häufiger sind zwischen internationalen Organisationen allerdings Kompetenzkonflikte, die keine Normkonflikte im Sinne des ILC-Fragmentierungsberichts sind. Die vorliegende Konzeptualisierung muss sich demnach von der Regelzentriertheit der Fragmentierungsdebatte befreien. Der vorliegenden Arbeit wird daher ein breites Rechtsverständnis zugrunde gelegt, wobei das Recht als Prozess, als Praxis und als Diskurs gesehen wird.

Im Rahmen des nächsten Teils wird demnach ein Analyserahmen erarbeitet, der in der Lage ist, das Verhältnis zwischen dem UNHCR und der IOM zu erfassen und die genannten konzeptuellen Schwierigkeiten (Binnenzentriertheit, enges Verständnis der Rechtspersönlichkeit, Regelzentriertheit) zu entschärfen.

II. Regimekonflikt

A. Das in Regime fragmentierte Völkerrecht

Das Phänomen von Konflikten zwischen internationalen Organisationen wird vorliegend als Ausdruck und Ausfluss der Fragmentierungsthematik verortet. Die Fragmentierung ist eine Art, die Ausgestaltung und Funktionsweise des Völkerrechts zu verstehen. Im Folgenden wird daher das Konzept der fragmentierten Völkerrechtsordnung beschrieben. Da die einzelnen Fragmente in der Völkerrechtswissenschaft oft als «Regime» bezeichnet werden, wird die Verwendung des Regimebegriffs in den Politikwissenschaften und der Völkerrechtswissenschaft und -praxis analysiert. Anschliessend wird untersucht, was unter einem Regime«konflikt» verstanden wird.

1. Völkerrecht als (fragmentierte) Rechtsordnung

a) Völkerrecht als gewachsenes Recht

Das Völkerrecht, klassischerweise als das Recht zwischen den Staaten verstanden, wurde zwischen unterschiedlichen Akteuren zu verschiedenen Zeiten und mit unterschiedlichen Zielen sowie Inhalten ausgehandelt. Die Friedensverträge von Westfalen im Jahr 1648, die das Ende des Dreissigjährigen Krieges markierten, legten den Grundstein für die Ausbildung des modernen Staatensystems.[145] Politische und rechtliche Fragen wurden fortan im Rahmen der Einheit «Staat» beurteilt. Viele Staaten organisierten sich als Verfassungsstaaten. Als solche verfügen sie regelmässig über ein Grunddokument, welches das Zusammenleben im Staat regelt, und über mehrere Gewalten, deren Unabhängigkeit voneinander ein Gleichgewicht der Gewalten innerhalb des Staates sicherstellt. Selbst in föderalistisch organisierten Staaten entwickelten sich zentrale Rechtsetzungsorgane

---

145 Vgl. zur Entstehung des modernen Völkerrechts: DIGGELMANN OLIVER, Die Entstehung des modernen Völkerrechts in der frühen Neuzeit, in: Altwicker Tilmann/Cheneval Francis/Diggelmann Oliver (Hrsg.), Völkerrechtsphilosophie der Frühaufklärung, Tübingen 2015, S. 1–26.

und Rechtsprechungsorgane, welche die Einheit der nationalen Rechtsordnung sicherstellen. Im Aussenverhältnis gelten die Staaten seit den westfälischen Friedensverträgen als grundsätzlich gleichwertig, sie werden als nebeneinanderstehende geschlossene Einheiten gesehen. Die grundsätzlich gleichwertigen Staaten schliessen Verträge mit anderen Staaten ab. Dieses zwischenstaatliche Recht wird als Völkerrecht bezeichnet. Das Bild eines immer dichter werdenden Netzes an Verträgen beschreibt den Begriff «Völkerrecht» zunächst besser als das Bild der zwischenstaatlichen Rechtsordnung, da es an einer Ordnung gerade fehlte.

Nach und nach entwickelten sich aber gewisse Regelmässigkeiten in der Praxis der Staaten und damit Elemente einer Ordnung. Dazu gehören beispielsweise die zunehmende Anerkennung, dass aus (bewusstem) regelmässigem Verhalten der Staaten eine allgemeingültige Verbindlichkeit abgelesen werden kann, oder die Anerkennung, dass die Staaten in ihrem vertraglichen Handeln nicht gänzlich frei sind, sondern dass gewisse Grundnormen als zwingende zwischenstaatliche Regeln gelten. Weiter führte die immer dichter werdende vertragliche Verknüpfung der Staaten und der aufkommende Multilateralismus zunehmend zu einer Vereinheitlichung des vertraglichen Handelns der Staaten. Bis 1969 erarbeitete die ILC schliesslich die Wiener Vertragsrechtskonvention (WVK[146]) betreffend den Abschluss, die Anwendung und die Beendigung von Verträgen. Die Konvention war ursprünglich als Kodifikation des Usus der Staaten geplant, ging letztlich aber darüber hinaus.[147] Im Statut des Internationalen Gerichtshofes von 1946 (IGH-Statut[148]) wurden zudem die zulässigen Normerzeugungsarten kodifiziert (d.h. internationale Übereinkünfte, internationales Gewohnheitsrecht und allgemeine Rechtsgrundsätze[149]). Obwohl sich die entsprechende Regelung nur auf die Kognition des IGH bezieht, dient sie regelmässig als Grundlage für die Annahme einer völkerrechtlichen Rechtsquellenlehre.[150] Weil sich also auch auf der

---

146 Wiener Übereinkommen über das Recht der Verträge vom 23. Mai 1969, in: 1155 UNTS 331 und SR 0.111.

147 Vgl. zur Entwicklung der WVK: Kearney Richard D./Dalton Robert E., The Treaty on Treaties, American Journal of International Law Vol. 64 No. 3 (1970), S. 495–561.

148 Statut des Internationalen Gerichtshofs vom 26. Juni 1946, in: 33 UNTS 933 und SR 0.193.501.

149 Vgl. Art. 38 IGH-Statut.

150 Vgl. z.B. Greenwood Christopher, Sources of International Law: An Introduction, in: United Nations Treaty Collection (2008). Eine ähnliche Passage fand sich bereits in Art. 38 des StIGH-Statuts (Statut des Ständigen Internationalen

zwischenstaatlichen Ebene Elemente einer Ordnung entwickelt haben, ist heute mehrheitlich unumstritten, dass es eine Art völkerrechtliche Rechtsordnung oder ein völkerrechtliches System gibt.[151] Allerdings unterscheidet sich das Völkerrecht in grundlegender Art und Weise von nationalen (verfassungsstaatlichen) Rechtsordnungen. Zwei Charakteristika sind hervorzuheben: (1) Das Völkerrecht ist im Gegensatz zu nationalstaatlichen Rechtsordnungen eine dezentrale Rechtsordnung. So existiert weder ein zentrales Rechtsetzungsorgan, das kohärent Recht erlassen würde, noch ein zentrales Rechtsprechungsorgan, welches das gewachsene Recht harmonisieren würde. Das Völkerrecht ist aufgrund seiner dezentralen Natur keine normativ kohärente Rechtsordnung, sondern gewachsen und daher im Grundsatz chaotisch.[152] (2) Das Völkerrecht operiert grundsätzlich horizontal – wohingegen in nationalstaatlichen Rechtsordnungen vertikale Beziehungen, also Hierarchien, zwischen verschiedenen Akteuren bestehen. Es beruht daher wesentlich auf der Zustimmung der Staaten und zeichnet sich durch eine relativ weitreichende Souveränität ihrer Subjekte (v.a. der Staaten) aus.[153]

b) Die Fragmentierungsdebatte

In jüngerer Vergangenheit wird das Völkerrecht von einem Teil der Wissenschaft vor allem unter dem Blickwinkel der sogenannten Fragmentierung betrachtet.[154] Dabei wird davon ausgegangen, dass sich innerhalb

---

Gerichtshofes vom 16. Dezember 1920, in: LNTS Vol. VI No. 170, S. 390 ff.). Kritik an diesem Ansatz z.B. bei DIGGELMANN, Unschärfen, S. 382.

151 «[...] the existence of the international legal order should not be challenged» (DUPUY PIERRE-MARIE, S. 793). Vgl. zum Völkerrecht als System bzw. als Rechtsordnung: GOURGOURINIS ANASTASIOS, General/Particular International Law and Primary/Secondary Rules: Unitary Terminology of a Fragmented System, European Journal of International Law Vol. 22 No. 4 (2011), S. 993–1026, insb. S. 997.

152 Ähnlich Diggelmann, wenn er das Völkerrecht in seinem Fundament als eine archaische Rechtsordnung beschreibt, die von Elementen modern-entwickelter Rechtsordnungen überlagert wird (DIGGELMANN, Unschärfen, S. 387).

153 Vgl. dazu HIGGINS, S. 24.

154 Vgl. z.B. FISCHER-LESCANO ANDREAS/TEUBNER GUNTHER, Regime-Collisions: The Vain Search for Legal Unity in the Fragmentation of Global Law, Michigan Journal of International Law Vol. 25 No. 4 (2004), S. 999–1046; DIES., Regime-Kollisionen: Zur Fragmentierung des globalen Rechts, Frankfurt am Main 2006; GREENWOOD, Unity and Diversity in International Law, in: Adenas

des Völkerrechts und zusätzlich zur oben beschriebenen Entwicklung von Komponenten eines «allgemeinen» Völkerrechts verschiedene Teilrechtsordnungen (sog. Regime) entwickelt haben. Im Gegensatz zu nationalstaatlichen Rechtsordnungen definieren sie sich nicht territorial, sondern funktional – das heisst, sie beziehen sich auf ein bestimmtes Sachgebiet.[155] Als Beispiele gelten etwa die Menschenrechte oder das Diplomatenrecht. Diese Teilrechtsordnungen haben sich von unten herauf aus der Praxis der Staaten und internationalen Organisationen heraus entwickelt und folgen innerhalb ihres Bereichs mehrheitlich eigenen Regeln. Weil sie sich unabhängig voneinander entwickelt haben, zu unterschiedlichen Zeiten, durch unterschiedliche Akteure und mit unterschiedlichen Zielen, stellen sie derzeit kein kohärentes Ganzes dar, sondern werden als einzelne Fragmente in der Völkerrechtsordnung wahrgenommen. Der Begriff «Regime» wird dabei anderen denkbaren Begriffen wie *laws*[156] oder *legal orders* vorgezogen, weil Letztere implizieren, dass es sich um separate Rechtsordnungen handeln würde. Völkerrechtswissenschaftler und Völkerrechtswissenschaftlerinnen halten an der Vorstellung des Völkerrechts als Gesamtrechtsordnung, trotz ihrer Unvollständigkeit und Spezialitäten, fest.

Zusätzlich zu dieser Entwicklung hin zu funktionalen Teilbereichen kommt hinzu, was Soziologinnen und Soziologen als *functional differentiation* bezeichnen, die funktionelle Ausdifferenzierung der Gesellschaft.[157] Damit ist gemeint, dass sich die Gesellschaft in funktioneller Hinsicht immer weiter spezialisiert, was mit einer zunehmenden Autonomisierung

---

Mads/Bjorge Eirik (Hrsg.), A Farewell to Fragmentation: Reassertion and Convergence in International Law, Cambridge 2015, S. 37–55; KOSKENNIEMI MARTTI, The Fate of Public International Law: Between Techniques and Politics, The Modern Law Review Vol. 70 No. 1 (2007), S. 1–30; DERS., Hegemonic Regimes, in: Young Margaret A. (Hrsg.), Regime Interaction in International Law Facing Fragmentation, Cambridge 2012, S. 305–324; MICHAELS RALF/PAUWELYN JOOST, Conflict of Norms or Conflict of Laws?: Different Techniques in the Fragmentation of International Law, Duke Journal of Comparative & International Law Vol. 22 No. 3 (2012), S. 349–376; SIMMA BRUNO/PULKOWSKI DIRK, Of Planets and the Universe: Self-contained Regimes in International Law, European Journal of International Law Vol. 17 No. 3 (2006), S. 483–529; WALKER NEIL, Beyond Boundary Disputes and Basic Grids, International Journal of Constitutional Law Vol. 6 (2008), S. 373–396; YOUNG MARGARET A. (Hrsg.), Regime Interaction in International Law: Facing Fragmentation, Cambridge 2012.

155 Vgl. dazu hinten II. A. 3. b).

156 Der Begriff «*conflicts of laws*» bezieht sich in der Regel auf Konflikte zwischen *laws*, die unterschiedlichen nationalen Rechtsordnungen entstammen (PAUWELYN, S. 8).

157 Vgl. dazu hinten II. A. 3. c).

dieser Spezialisierungsgebiete einhergeht. Diese funktionelle Differenzierung der Gesellschaft überträgt sich auch in das Recht und widerspiegelt sich in der zunehmenden Spezialisierung und Autonomisierung der verschiedenen Teilgebiete im Völkerrecht.

Die Frage, ob sich die verschiedenen Regime annähern und zu einem grossen Ganzen zusammenwachsen werden oder ob sich die Inkohärenz durch die Ausdifferenzierung weiterhin steigern wird, ist Gegenstand einer ausführlichen Debatte in der Völkerrechtsliteratur. Im folgenden Abschnitt werden die beiden Pole skizziert.[158]

c) Zwischen Einheit und Fragmentierung

Das Streben nach einer einheitlichen, kohärenten Völkerrechtsordnung ist in der Wissenschaft verbreitet.[159] Was aus den nationalen Rechtsordnungen bekannt ist, ein einheitliches Rechtssystem mit einer Hierarchie von sowohl Rechtsquellen als auch Institutionen, soll auch im Völkerrecht bis zu einem gewissen Grad verwirklicht werden. Eine Grundannahme ist hier, dass die Fragmentierung, die Aufsplitterung des Rechts in funktionale Bereiche mit je eigenen Gerichten und eigener Rechtsetzung ohne Rücksicht auf andere Regime, eine Gefahr für die Einheit des Völkerrechts darstellt. Die Fragmentierung wird also in der Wissenschaft oft als Problem wahrgenommen.[160] Eine mögliche Art, das Ziel einer kohärenten

---

158 Einheit und Fragmentierung als verschiedene Narrative: «Unity and fragmentation are matters of narrative perspective. What from one angle looks like a terribly distorted and chaotic image of something, may from another appear just as a finely nuanced and sophisticated reflection of a deeper unity. E pluribus unum.» (KOSKENNIEMI, Global Legal Pluralism, S. 4).

159 Etwa ILC, Fragmentierungsbericht 2006, § 15; *Unity within Diversity*» als Titel des Standardwerks des Rechts der internationalen Organisationen von SCHERMERS/BLOKKER; TOMUSCHAT CHRISTIAN, International Law as a Coherent System, in: Arsanjani Mahnoush H./Katz Cogan Jacob/Sloane Robert D./Wiessner Siegfried (Hrsg.), Looking to the Future: Essays on International Law in Honour of W. Michael Reisman, Leiden 2011, S. 323–354; ADENAS MADS/CHIUSSI LUDOVICA, Cohesion, Convergence and Coherence of International Law, in: Adenas Mads/Fitzmaurice Malgosia/Tanzi Attila/Wouters Jan (Hrsg.), General Principles and the Coherence of International Law, Leiden/Boston 2019, S. 9–34.

160 Etwa in Bezug auf die unkoordinierten Kompetenzen internationaler Institutionen: BLOME/MARKARD, S. 553. Vgl. zur Problematisierung der Fragmentierung etwa: PETERS, S. 672 f.

Rechtsordnung zu verwirklichen, wird in konstitutionalistischen Mitteln gesehen. Dadurch wird versucht, Grundsätze des nationalen Verfassungs-rechts auf die völkerrechtliche Ebene zu übertragen. Dazu gehören etwa die Etablierung von Hierarchien, die Gewaltentrennung, das Prinzip der Rechtsstaatlichkeit sowie gewisse weitere verfassungsmässige Grundsätze. Verwirklichen liesse sich eine solche Ordnung in ihrer vollkommensten Form etwa durch die Errichtung einer Art «Weltgericht»[161] oder durch eine «Weltverfassung», wie sie derweil in der UN-Charta gesehen wird.[162] Ziel solcher Ansätze ist es letztlich, *normative* Kohärenz in der Völker-rechtsordnung zu erreichen. Demnach werden Zentralisierung und Hier-archisierung – sowohl institutionell als auch inhaltlich – als Mittel gese-hen, eine inhaltliche Kohärenz der völkerrechtlichen Normen herzustel-len. Die Kritik an diesem Ansatz: Eine neue Weltordnung wird durch eine alte Linse betrachtet.[163] Denn das System einer verfassungsrechtlichen Ordnung, wie sie in Nationalstaaten existiert, soll auf die überstaatliche Ebene übertragen werden. Das ist deshalb problematisch, weil die globale Rechtsordnung eine Entwicklung durchlaufen hat, die sich durch eine territorial geprägte Sichtweise nicht mehr adäquat erfassen lässt.

Entsprechend steht demgegenüber eine Art rechtssoziologischer Realis-mus: Autoren wie Fischer-Lescano/Teubner etwa gehen davon aus, dass sich die Weltordnung aufgrund gesellschaftlicher Phänomene derart ge-wandelt hat, dass das Völkerrecht nie zu einer normativ kohärenten Rechtsordnung zusammenwachsen wird.[164] Entsprechend wird davon aus-gegangen, dass die Fragmentierung des Völkerrechts in der Realität zumin-dest bestehen bleiben oder zunehmen wird. Die Argumentation ist wie folgt: (1) Die Gesellschaft ist immer stärker funktionell differenziert und diese Differenzierung ist unumkehrbar; (2) die gesellschaftliche Wirklich-keit und das Recht sind miteinander verknüpft; (3) die Fragmentierung der Gesellschaft wirkt sich als Fragmentierung auf das Recht aus. Wegen der stipulierten Verknüpfung der gesellschaftlichen Wirklichkeit und des Rechts kann in diesem Zusammenhang von einem rechtssoziologischen Ansatz gesprochen werden. Was aber ist mit funktioneller Ausdifferenzie-

---

161 Vgl. z.B. OELLERS-FRAHM KARIN, Multiplication of International Courts and Tribunals and Conflicting Jurisdiction – Problems and Possible Solutions, Max Planck Yearbook of United Nations Law Vol. 5 (2001), S. 67–104.

162 Z.B. FASSBENDER BARDO, The United Nations Charter as Constitution of the International Community, Columbia Journal of Transnational Law Vol. 36 (1998), S. 529–619.

163 WALKER, Beyond Boundary Disputes, S. 375.

164 FISCHER-LESCANO/TEUBNER, Regime-Collisions 2004, S. 1004.

rung der Gesellschaft gemeint? Luhmann beschreibt die Entwicklung als eine Folge der Globalisierung.[165] Zuvor organisierten sich Gesellschaften nationalstaatlich. Die jeweilige gesellschaftliche Organisation war also territorial definiert. So verfügte etwa jeder Staat über seine eigene Wirtschaft, Wissenschaft oder Technik. Staaten waren daher, ähnlich wie ehemals Familienstrukturen, jeweils «verkleinerte, unter sich gleiche Kopien des Gesamtsystems».[166] Durch die Globalisierung wurde diese territoriale Aufsplitterung der Gesellschaft durch eine Aufsplitterung nach Funktionen abgelöst oder zumindest überlagert. Die Aufsplitterung in funktionelle Sachbereiche war eine Reaktion auf die zunehmende Komplexität der Umwelt. Die Komplexität wurde vorerst reduziert, indem nicht mehr das globale Gesamtsystem betrachtet werden musste, sondern eine Ordnung nur noch im Rahmen der einzelnen Sachbereiche erwartet wurde. Diese (globalisierten) Sachbereiche, etwa die Wirtschaft, die Wissenschaft oder die Technik, spezialisierten und differenzierten sich im Innern immer mehr aus, was wiederum die Komplexität im Innern steigerte und dadurch die Kommunikation mit anderen Teilsystemen erschwerte.[167] Der Übergang von einer territorial fragmentierten zu einer funktional fragmentierten globalen Gesellschaft stellte insofern ein Wendepunkt dar, als er das System «verkleinerter, unter sich gleicher Kopien des Gesamtsystems» auflöste. Dabei wird davon ausgegangen, dass diese Entwicklung wegen der fortschreitenden Weiterentwicklung innerhalb der Sachbereiche unumkehrbar ist. Luhmann formulierte es im Jahr 1994 prägnant: «[N]ie kann der Sündenfall der Ausdifferenzierung selbst zurückgenommen werden. Man kehrt nicht ins Paradies zurück.»[168] Gleichzeitig wird davon ausgegangen, dass sich die gesellschaftliche Fragmentierung in das Recht überträgt. Das Recht ist demnach ein Epiphänomen gesellschaftlicher Wirklichkeiten. Folglich ist auch das Recht zunehmend in funktionale Teilbereiche aufgeteilt. Weil sich diese Teilbereiche stetig nach innen weiterentwickeln und bereichsspezifische Eigenrationalitäten entwickeln, fehlt eine übergreifende Meta-Rationalität, die für alle Bereiche gilt.[169] Vielmehr existiert eine Vielzahl von *society-wide institutionalized rationalities.*[170] Weil sich diese auch in das Recht übertragen und daher jeder Sachbereich seiner eigenen

---

165 LUHMANN NIKLAS, Die Weltgesellschaft, Archiv für Rechts- und Sozialphilosophie Vol. 57 No. 1 (1971), S. 1–35.

166 Ebd., S. 20.

167 WALKER, Beyond Boundary Disputes, S. 382.

168 LUHMANN, Wirtschaft der Gesellschaft, S. 344.

169 KOSKENNIEMI, Global Legal Pluralism, S. 15; DUNOFF, S. 154.

170 FISCHER-LESCANO/TEUBNER, Regime-Collisions 2004, S. 1004.

Logik folgt, ist es nach diesem Verständnis zweifelhaft, dass eine hierarchische Lösung die rechtliche Fragmentierung je überkommen kann.[171] Vielmehr beruht eine solche Rechtsordnung auf strukturellen sozialen Widersprüchen. Entsprechend scheint es aussichtslos, nach übergeordneten Steuerungsprinzipien zu suchen, die für alle funktionalen Teilbereiche gelten sollen.[172] Ohne übergeordneten Steuerungsmechanismus wird sich eine schwache Übereinstimmung zwischen den Rechtsordnungen allenfalls aus deren Interaktionen ergeben.

Im Folgenden soll daher genauer untersucht werden, was eine funktionale Teilrechtsordnung, also ein Regime, eigentlich ist. Anschliessend wird, vor dem Hintergrund der eben skizzierten Pole Einheit und Fragmentierung, aufgezeigt, wie Konflikte zwischen den verschiedenen Teilrechtsordnungen konzeptualisiert werden.

2. Der Regimebegriff (der Internationalen Beziehungen)

a) Unterschiedliche Disziplinen – unterschiedliche Konzeptionen

Die Frage nach dem Verhältnis zwischen internationalen Organisationen wird in den Kontext der Fragmentierung des Völkerrechts eingeordnet. Dabei wird davon ausgegangen, dass das Völkerrecht derzeit keine kohärente Rechtsordnung ist, sondern dass sie fragmentiert ist. Die einzelnen Fragmente werden im Völkerrecht oft als «Regime» bezeichnet. In den folgenden Abschnitten werden daher die Ursprünge und die Bedeutung des Regimebegriffs erörtert. Hierfür werden verschiedene Regimekonzeptionen der Internationalen Beziehungen und der Rechtswissenschaften beschrieben und analysiert. Alle Forschung zu Regimen setzt sich letztlich mit dem gleichen Phänomen auseinander: Sie interessiert sich für das Verhalten der verschiedenen Akteure und der Rolle des Rechts im internationalen Raum. Der Unterschied zwischen verschiedenen Konzeptionen liegt in der Fragestellung, die ihr zugrunde liegt.[173] Die Frage nach der Effizienz von Regimen interessiert vor allem die Forschenden der Internationalen Beziehungen. Völkerrechtswissenschaftler und Völkerrechtswissenschaftlerinnen wiederum interessieren sich etwa für den Umgang mit Normkon-

---

171 Ebd., S. 1007.
172 «No hierarchy is established, but the centre moves.» (KOSKENNIEMI, Global Legal Pluralism, S. 15).
173 Vgl. dazu SLAUGHTER, Liberal International Relations Theory, S. 718.

flikten zwischen verschiedenen Rechtsordnungen bzw. Regimen. Bei der nachfolgenden Beschreibung verschiedener Regimekonzeptionen sollen daher auch die zugrunde liegenden Fragen identifiziert werden.

b) «Sets von Prinzipien, Normen, Regeln und Verfahren»

Wer sich auf die Suche nach den Ursprüngen des Regimebegriffs begibt, stösst als Erstes und vor allem auf die Regimetheorie der Internationalen Beziehungen der späten 1970er- und frühen 1980er-Jahre[174] – auf Stephen Krasner, Robert Keohane oder Oran Young. Die Zeitschrift *International Organization* widmete Regimen im Jahr 1982 eine eigene Ausgabe. Darin enthalten ist die wohl bedeutendste Umschreibung von Regimen von Stephen Krasner, einem amerikanischen Politikwissenschaftler. Krasner beschreibt internationale Regime als «sets of implicit or explicit principles, norms, rules, and decision-making procedures around which actors' expectations converge in a given area of international relations».[175] Ein Regime ist demnach ein Gebilde aus Prinzipien, Normen, Regeln und Verfahren – eine Art institutionalisierte Politik also. Die Begriffe «Prinzipien», «Normen», «Regeln» und «Verfahren» werden wie folgt definiert: «Principles are beliefs of fact, causation, and rectitude. Norms are standards of behavior defined in terms of rights and obligations. Rules are specific prescriptions or proscriptions for action. Decision-making procedures are prevailing practices for making and implementing collective choice.»[176] Die Prinzipien und Normen definieren das Regime an sich, während die Regeln und Verfahren die Modalitäten des Regimes darstellen. So sind Änderungen der Regeln und Verfahren Änderungen *innerhalb* des Regimes,

---

174 Prägende Beiträge: KEOHANE ROBERT O./NYE JOSEPH S., Power and Interdependence: World Politics in Transition, Boston 1977; KRASNER STEPHEN D., Structural Causes and Regime Consequences: Regimes as Intervening Variables, International Organization Vol. 36 No. 2 (1982), S. 185–205; KRATOCHWIL FRIEDRICH/RUGGIE JOHN GERARD, International Organization: A State of the Art on an Art of the State, International Organization Vol. 40 No. 4 (1986), S. 753–775; LEVY MARC A./YOUNG ORAN R./ZÜRN MICHAEL, The Study of International Regimes, European Journal of International Relations Vol. 1 No. 3 (1995), S. 267–330. Vgl. für eine frühe Kritik an der Regimetheorie: STRANGE SUSAN, Cave! Hic Dragones: A Critique of Regime Analysis, International Organization Vol. 36 No. 2 (1982), S. 479–496.
175 KRASNER, Intervening Variables, S. 186.
176 Ebd.

Änderungen der Prinzipien und Normen sind hingegen Änderungen *des* Regimes.[177]

Als klassisches Beispiel für ein Regime wird in einem Standardlehrbuch der Internationalen Beziehungen das Regime zur Verhinderung der nuklearen Verbreitung *(non-proliferation regime)* genannt.[178] Dieses beruht auf vier Prinzipien: dem Prinzip, wonach die Verbreitung von Kernwaffen die Wahrscheinlichkeit eines nuklearen Krieges erhöht; dem Prinzip, wonach die nukleare Verbreitung mit friedlichem Zweck (zur Gewinnung von Atomenergie) grundsätzlich möglich ist; dem Prinzip, wonach die nukleare Verbreitung langfristig nur gestoppt werden kann, wenn die Staaten bereit sind, ihre eigenen nuklearen Arsenale zu reduzieren; und dem Prinzip der Verifizierung. Eine Reihe von Normen leitet sodann das Verhalten der Mitgliedstaaten des Regimes an. Es sind dies etwa die Verpflichtung von Nicht-Nuklearstaaten, keine Nuklearwaffen zu produzieren oder zu erwerben, die Verpflichtung aller Staaten, Nicht-Nuklearstaaten nicht beim Erwerb oder bei der Produktion von Nuklearwaffen zu unterstützen, oder die Verpflichtung der Nuklearstaaten, sich auf ernsthafte Verhandlungen zum Abschluss von Verträgen zur nuklearen Abrüstung einzulassen. Verschiedene spezifische Regeln konvertieren sodann diese Normen in konkrete Ge- oder Verbote. Die Konkretisierung der verschiedenen Normen ist dabei unterschiedlich dicht. Teilweise existieren detaillierte Regelungen, etwa in Bezug auf den nuklearen Export, wo zwischen staatlichem Verhalten, das die Vorgaben erfüllt, und solchem, das diese nicht erfüllt, unterschieden werden kann.[179] In anderen Bereichen existieren hingegen kaum konkrete Regeln. Dies gilt etwa im Hinblick auf die Normen bezüglich der Verpflichtungen der Nuklearstaaten, solange diese keine konkreten Regeln betreffend die nukleare Abrüstung schaffen (z.B. einen Zeitrahmen, indem ein Abrüstungsabkommen ausgehandelt werden

---

177 Ebd., S. 187 f.
178 Siehe HASENCLEVER/MAYER/RITTBERGER, S. 9 f.
179 Vgl. zu den Regeln betreffend den nuklearen Export: MÜLLER, S. 19–30. Regeln betreffend spaltbares Material finden sich in IAEA, The Structure and Content of Agreements between the Agency and States Required in Connection with the Treaty on the Non-Proliferation of Nuclear Weapons, korrigierter Reprint vom Juni 1972, in: IAEA Doc. INFCIRC/153. Der Umgang mit nicht spaltbarem Material wurde weitgehend den Staaten selbst überlassen. Als Reaktion darauf wurden das Zangger Komitee und die Nuclear Suppliers Group gegründet, die wiederum eigene Regeln für ihre Mitgliedstaaten erlassen haben (vgl. MÜLLER, S. 21).

muss).[180] Schliesslich gibt es eine Reihe von Verfahren. Damit sind etwa Überprüfungsmechanismen gemeint, wie sie etwa im Vertrag über die Nichtverbreitung von Kernwaffen (NPT)[181] vorgesehen sind. Das *non-proliferation* Regime besteht aber nicht nur aus dem NPT, sondern auch aus weiteren formellen und informellen Dokumenten (etwa die Guidelines der Nuclear Suppliers' Group [NSG][182], die Satzung der Internationalen Atomenergie-Organisation [IAEA][183] oder die Tlatelolco- und Rarotonga-Verträge[184]).

Das Verhältnis zwischen Prinzipien, Normen und Regeln ist ein hierarchisches, hier allerdings nicht im Sinne eines Vorrangs gemeint, sondern im Sinne einer Abstufung vom Generellen ins Konkrete. So widerspiegeln Regeln immer Normen und Normen widerspiegeln Prinzipien. Hingegen sind nicht alle Prinzipien normiert und nicht alle Normen durch Regeln konkretisiert. Die Unterscheidung ist also weder eine qualitative noch eine strukturelle, sondern eine Frage des (Konkretisierungs-)Grades. Die Abgrenzung zwischen den verschiedenen Elementen, v.a. zwischen Prinzipien, Normen und Regeln ist konzeptionell schwierig. Dessen Unbestimmtheit ist daher einer der Hauptkritikpunkte am Regimebegriff.[185] So

---

180 Der Atomwaffenverbotsvertrag (TPNW; Treaty on the Prohibition of Nuclear Weapons vom 7. Juli 2017, in: A/CONF.228/2017/8), der ein Verbot von Kernwaffen beinhaltet, ist am 22. Januar 2021 in Kraft getreten, nachdem er von 50 Staaten ratifiziert worden ist. Allerdings ist keiner der Nuklearstaaten (als «offizielle» Atomwaffenstaaten gelten die USA, Russland, China, Grossbritannien und Frankreich, als «de facto»-Atomwaffenstaaten gelten Israel, Pakistan, Indien und Nordkorea; vgl. International Campaign to Abolish Nuclear Weapons [ICAN] Deutschland, <https://www.icanw.de/fakten/weltweite-atomwaffen/>) dem Abkommen bislang beigetreten.
181 Treaty on the Non-Proliferation of Nuclear Weapons vom 12. Juni 1968, in: 729 UNTS 161.
182 NSG, Guidelines for Nuclear Transfers, in: IAEA Doc. INFCIRC/254, Part 1 von 1978; NSG, Guidelines for Transfers of Nuclear-related Dual-use Equipment, Materials, Software, and Related Technology, in: IAEA Doc. INFCIRC/254, Part 2 von 1992.
183 Statute of the International Atomic Energy Organisation (as amended) vom 26. Oktober 1956, in: 276 UNTS 3.
184 Tlatelolco-Vertrag: Treaty for the Prohibition of Nuclear Weapons in Latin American and the Caribbean vom 14. Februar 1967, in: IAEA Doc. INFCIRC/428: Rarotonga-Vertrag: South Pacific Nuclear Free Zone Treaty vom 6. August 1985, in: IAEA Doc. INFCIRC/311.
185 Fundamentale Kritik am Regimebegriff wegen seiner Unbestimmtheit: STRANGE, S. 484 ff. Strange moniert, dass jeder Autor bzw. jede Autorin etwas anderes darunter verstehe, dass die Autorinnen und Autoren sich nicht einmal bezüglich der Frage «Was ist ein Regime?» einig seien, geschweige denn in Bezug auf

wurde später von Robert Keohane ein vereinfachter Begriff vorgeschlagen, der die vier Elemente in ein einziges Element, *explicit rules*, zusammen-fasst: «Regimes are institutions with explicit rules, agreed upon by governments, that pertain to particular sets of issues in international relations.»[186] Grundsätzlich lässt sich sagen, dass, obwohl auch in den Internationalen Beziehungen keineswegs uniform verwendet, das Normen- und Regelver-ständnis hier breiter ist als in der Rechtswissenschaft. Normen und Regeln können sowohl rechtliche als auch soziale Normen bzw. Regeln sein. Der Fokus der Forschung der Internationalen Beziehungen liegt auf der Frage nach der Einhaltung von Normen und Regeln. Dabei wird die Ver-rechtlichung zwar in Betracht gezogen, ist aber nicht begriffsnotwendiges Merkmal. Denn es wird davon ausgegangen, dass gerade auch nicht-recht-liche Normen, etwa ethisch-moralische Normen, teils wird an dieser Stelle auch das sogenannte *soft law*[187] genannt, staatliches Verhalten wesentlich beeinflussen. So können sich die Regeln eines Regimes aus soziologischer Sicht ohne Weiteres aus Richtlinien ergeben, die von den Staaten als recht-lich unverbindlich deklariert worden sind.[188] Methodologisch stellt sich für die Internationalen Beziehungen auch die Frage, ob Regime formell oder substanziell konzeptualisiert werden. Oft wird eine Hypothese vom Bestehen von (quasi vorrechtlichen) Prinzipien und Normen aufgestellt. Diese im sozialen Verhalten der Akteure erkennbaren Prinzipien und Normen «manifestieren» sich lediglich auf formeller Ebene, etwa in Form eines internationalen Vertrages. Den Nachweis über das (implizite) Verhal-ten der Akteure zu erbringen, dass in einem bestimmten Gebiet Prinzipien und Normen existieren, ist allerdings mühselig.[189] In den Internationalen

---

die Folgefrage, ob sie etwas bewirken. Das Konzept sei daher im Ganzen mehr verwirrend, als dass es Klarheit schaffe.

186 Keohane, S. 4.
187 Loges, S. 69. Vgl. für eine Kritik am Konzept des *soft law*: Klabbers, Redun-dancy of Soft Law, S. 167–182.
188 Im *non-proliferation regime* etwa die Richtlinien der NSG (Hasenclever/Mayer/ Rittberger, S. 10).
189 Eine Reihe von Autorinnen und Autoren definieren Regime anhand substanzi-eller Kriterien. Hier lassen sich zwei Ansätze unterscheiden: einen verhaltensbe-zogenen und einen kognitiven. Verhaltensbezogene *(behavioural)* Ansätze stel-len darauf ab, wie sich die Akteure verhalten. Wenn Akteure eine Vereinbarung als nicht mehr gültig erachten und ihr Verhalten ändern, definiert das Verhal-ten und nicht mehr die nur noch auf Papier bestehende Vereinbarung das Regime. Kognitive Ansätze stellen weniger auf direkt erkennbares Verhalten als auf intersubjektive Bedeutungen und gemeinsame Verständnisse ab (vgl. dazu Hasenclever/Mayer/Rittberger, S. 16).

Beziehungen ist daher eine formelle Herangehensweise, vereinfacht gesagt, die Betrachtung der *rules written down on a piece of paper*, als Ausgangspunkt mehrheitlich akzeptiert.[190] Allerdings stellen auch formelle Vereinbarungen allein noch nicht ein Regime dar. Da alle Regime soziale Institutionen sind, braucht es eine Verbindung zwischen den Vereinbarungen und der sozialen Institution. Es wird daher regelmässig erwartet, dass sich die Vereinbarungen in der sozialen Praxis der Akteure widerspiegeln.[191] In der Regel dient daher ein (internationaler) Vertrag bzw. ein Set an Verträgen, und damit Recht im formellen Sinne, als Ausgangspunkt für den Nachweis, dass im betreffenden Sachgebiet ein Regime existiert. Im Beispiel des Regimes zur Verhinderung der nuklearen Verbreitung finden sich etwa alle genannten Prinzipien in der Präambel des NPT. Ebenso lassen sich die genannten Normen aus dem NPT ablesen.[192] Der NPT von 1968, ein klassischer völkerrechtlicher Vertrag, stellt (zusammen mit weiteren völkerrechtlichen Verträgen[193]) das Rückgrat des *non-proliferation regimes* dar. Eine Vielzahl von Instrumenten und Institutionen bekräftigen, ergänzen und konkretisieren die im NPT verankerten Prinzipien und Normen.[194] In diesem Sinne lässt sich die Regimeforschung der Internationalen Beziehungen, wie Marie-Anne Slaughter es formulierte, durchaus als Wiederentdeckung des Völkerrechts[195] interpretieren.

---

190 Ebd., S. 19 und 21.

191 Ebd., S. 19; Levy/Young/Zürn, S. 271 f.

192 Prinzipien: Präambel und Art. 3 NPT, Normen: Art. 2, Art. 1 und 3, Art. 4 NPT.

193 McMorris Tate nennt den NPT, seine regionalen Gegenstücke, die Tlatelolco- und Rarotonga-Verträge sowie den Partial Test Ban Treaty (McMorris Tate, S. 403).

194 Als solche Institutionen gelten etwa die IAEA von 1956, eine klassische internationale Organisation, oder die NSG von 1974, ein informelles Gremium aus verschiedenen Zuliefererstaaten (McMorris Tate, S. 403). Die Satzung der IAEA sieht etwa vor, dass die Organisation den Einsatz von Atomenergie zu friedlichen Zwecken unterstützt und fördert, nicht aber zu militärischen Zwecken (etwa Präambel oder Art. III. A. 1 der IAEA-Satzung). Die NSG hat ihrerseits ein Set von Richtlinien erlassen, welche die Mitgliedstaaten verpflichten, nationale Massnahmen zu implementieren, um den Export von nuklearem Material zu kontrollieren (NSG, Guidelines for Nuclear Transfers von 1978 und NSG, Guidelines for Transfers of Nuclear-related Dual-use Equipment, Materials, Software, and Related Technology von 1992). Die Richtlinien sind rechtlich nicht verbindlich, allerdings besteht die (politische) Erwartung, dass Mitgliedstaaten sie in ihrer nationalen Gesetzgebung umsetzen, weil sie in einem konsensualen Verfahren entstanden sind.

195 «Political scientists rediscovered international law in the 1980s, under the rubric of regime theory. International lawyers accepted this reinstatement of their

c) Regimetheorie als Frage nach der Rolle des Rechts

Basierend auf Krasners Regimebegriff, oder einem ähnlichen, haben Wissenschaftlerinnen und Wissenschaftler der Internationalen Beziehungen in den frühen 1980er-Jahren die sog. Regimetheorie entwickelt. Als Theorie der Sozialwissenschaften versucht sie, soziales Verhalten – konkret das Verhalten von Staaten – darzustellen, zu erklären und zu begründen. Ziel ist es, kausale Muster zu identifizieren.[196] Im Idealfall ist die Hypothese bezüglich eines Kausalzusammenhangs so präzis, dass sie anschliessend empirisch überprüft werden kann. Verschiedene Theorien der Internationalen Beziehungen stellen verschiedene Faktoren (Variablen) als Triebfeder staatlichen Verhaltens in den Vordergrund. Grob zusammengefasst, vertreten Realistinnen und Realisten die Position, dass der Machttrieb der Staaten (*struggle for power*[197]) treibende Kraft hinter deren Handlungen ist.[198] Liberale auf der anderen Seite bestreiten aus verschiedenen Gründen, dass Politik nur im Interesse der Macht erfolgt.[199]

Die Regimetheorie wird in der Regel den (neo)liberalen oder (neo)institutionalistischen Theorien zugeordnet. Grundannahme ist, dass Regime als Variablen spontane, situative Entscheidungen im ausschliesslichen Eigeninteresse der Staaten überdauern. Nach liberalem Verständnis widerspiegeln Regimekonflikte unterschiedliche Ziele und Interessen der Staaten.[200] Dabei wird davon ausgegangen, dass Regime etwas bewirken: *regimes do matter*.[201] Nach realistischem Verständnis sind Regime hingegen

---

discipline (from the perspective of polical science, of course) with tolerable, if bemused, good grace, and set about collaborating on joint studies of environmental regimes, trade regimes, and the general subject of regime management and compliance. The world cooperated, holding out new vistas of international cooperation and law-making.» (SLAUGHTER, Liberal International Relations Theory, S. 717).

196 Ebd., S. 718 f.
197 MORGENTHAU HANS J., Politics Among Nations: The Struggle for Power and Peace, 4. Aufl., New York 1967.
198 Vgl. z.B. WALTZ, S. 118.
199 Dazwischen gibt es intermediäre Positionen. Zu Theorien der Internationalen Beziehungen: BURCHILL SCOTT/LINKLATER ANDREW (Hrsg.), Theories of International Relations, 5. Aufl., Basingstoke 2013.
200 SLAUGHTER, Liberal International Relations Theory, S. 729.
201 YOUNG ORAN R., Regime Effectiveness, S. 249: «At the outset, we can state without hesitation that regimes do matter in international society [...].»

nur oder vor allem Epiphänomene der realen Machtverhältnisse.[202] Die liberale Regimetheorie, wie sie Krasner versteht, basiert auf der Annahme, dass Staaten unter bestimmten Umständen übergeordneten Motiven (*principles and norms*) folgen, die nicht ihren kurzfristigen Eigeninteressen entsprechen. Weil eine gemeinsame Überzeugung der Staaten hinsichtlich der Prinzipien und Normen besteht, verhalten sich Staaten anders, wenn in einem bestimmten Bereich ein Regime existiert.[203] Zudem geht Krasner davon aus, dass das Verhalten der Staaten anders (eigentlich: besser) ausfällt, wenn es (durch *rules* und *decision-making procedures*) institutionalisiert wird, d.h. in irgendeiner, meist formellen, Form gefestigt wird. Gemäss Krasner haben Regime also den Zweck und verfügen über die Fähigkeit, die Staaten zu einem bestimmten Verhalten zu veranlassen.[204] Stellt man sich Regime als *Rechts*regime vor, geht es damit letztlich um die grundlegende Frage nach der Rolle des Rechts. Für Realistinnen und Realisten ist das Recht nur Epiphänomen der herrschenden Machtverhältnisse zwischen den Staaten. Für Liberale hingegen kann eine stabile Kooperation unabhängig der aktuellen Machtverhältnisse zwischen den Staaten gerade durch das Recht erreicht werden.[205]

Aus der Dominanz der Regimetheorie der Internationalen Beziehungen zu schliessen, dass das Konzept oder der Begriff von Autorinnen und Autoren der Disziplin in den 1970er-/1980er-Jahren «erfunden» worden wäre, würde aber zu kurz greifen. Tatsächlich wird der Regimebegriff in der Rechtswissenschaft schon früh verwendet. Im Folgenden werden

---

202 Ein realistischer Regimebegriff wäre demnach: «regimes are principles, norms and decision-making procedures reflecting the interests of the most powerful states in the system» (vgl. Stephen Krasner im Interview: P. Schouten, Theory Talk #21: Stephen Krasner on Sovereignty, Failed States and International Regimes, 2008, <http://www.theory-talks.org/2008/10/theory-talk-21.html>). Vgl. auch: Krasner, Regimes and the Limits of Realism, S. 498.

203 Krasner nennt als Beispiel das Prinzip der Reziprozität und zieht den Vergleich zu einer Freundschaft: Von einer Freundschaft profitieren grundsätzlich beide Seiten (würde man sie ökonomisieren, wäre sie wirtschaftlich für beide Seiten gleichermassen interessant). Würde man aber zu einem bestimmten Zeitpunkt eine Momentaufnahme machen, ist es unwahrscheinlich, dass sie in diesem Moment komplett ausgeglichen wäre und keine Übervorteilung bzw. Benachteiligung der einen Partei vorläge (Krasner, Intervening Variables, S. 187 mit Bezug auf Fred Hirsch, The Social Limits to Growth, Cambridge [MA] 1976, S. 78).

204 Krasner, Intervening Variables, S. 189 f.

205 Walker, Beyond Boundary Disputes, S. 387.

die Entwicklung der Begriffsverwendung im Völkerrecht dargestellt und verschiedene Regimekonzeptionen beleuchtet.

3. Regimekonzeptionen im Völkerrecht

Der Regimebegriff existiert im Völkerrecht schon lange, wurde aber in der Rechtswissenschaft lange nicht als Theorie oder Konzept aufgefasst bzw. als solche(s) lange nicht ausgearbeitet. Er findet sich in der Rechtswissenschaft schon früh, vorab vor allem im französischen Sprachraum. So kannte etwa das französische Recht Mitte des 19. Jahrhunderts ein privatrechtliches *régime dotal*, das die Verwaltung des Vermögens, das die Ehefrau in die Ehe einbrachte, durch den Ehemann regelte.[206] Der Begriff «Regime» bezeichnet in diesem Zusammenhang ein Bündel von Regeln, die auf einen bestimmten Sachverhalt anwendbar sind oder die einen bestimmten Themenbereich regeln. So sprach man etwa auch von einem Sklavenregime in den Kolonien (*régime des esclaves*[207]) oder von einem (nationalen) Verfassungsregime bezüglich der Todesstrafe (*régime constitutionnel*[208]). Auch auf völkerrechtlicher Ebene wurde der Begriff bald verwendet, etwa im Zusammenhang mit den verschiedenen Bestimmungen, welche die Benützung von Häfen, Wasserstrassen und Eisenbahnen bis zum Ende des Ersten Weltkrieges regelten (*international régime of ports, waterways and railways*).[209] Die Frage nach dem Umgang mit den Häfen, Wasserstrassen und Eisenbahnen wurde nach der Besiegung Deutschlands im Ersten Weltkrieg zentral und entsprechende Bestimmungen wurden in den Vertrag von Versailles aufgenommen. Später hatte sich der Ständige Internationale Gerichtshof (StIGH) damit zu befassen.

Im Folgenden werden drei verschiedene völkerrechtliche Konzeptionen von Regimen analysiert. Die erste Konzeption, *self-contained regimes*, ist eine Entwicklung internationaler Gerichte. Der StIGH legte mit einem

---

206 Vgl. z.B. SINCHOLLE M., Régime Dotal – Fausse Présomption, Revue Critique de Législation et de Jurisprudence Vol. 24 (1864), S. 134–156.

207 Z.B. das französische Gesetz zum Sklavenregime von 1845: «Loi du 18 juillet 1845 concernant le régime des esclaves aux colonies» (sog. Lois Mackau).

208 Zum anwendbaren Verfassungsregime zur (Un-)Zulässigkeit der Todesstrafe vgl. etwa BOÉRESCO, S. 449.

209 Vgl. dazu MILLER DAVID HUNTER, The International Régime of Ports, Waterways and Railways, American Journal of International Law Vol. 13 (1919), S. 669–686.

Urteil aus dem Jahr 1923 den Grundstein dafür.[210] Die Konzeption ist klassischer Ausgangspunkt für eine Auseinandersetzung mit Regimen im Völkerrecht. Die zweite Konzeption, aufbauend auf dem Konzept der Rechtsprechung, wird aus dem Fragmentierungsbericht der ILC unter der Leitung Martti Koskenniemis aus dem Jahr 2005 bezogen. Koskenniemis Bericht formte den Begriff *«special regimes»* und prägte die Fragmentierungsdebatte massgebend.[211] Die dritte Konzeption von Gunther Teubner und Andreas Fischer-Lescano, die Autoren sprechen von *specialized transnational regimes*, nimmt eine stärker soziologisch geprägte Sichtweise auf das globale Recht ein.[212] Im Gegensatz zum Ansatz der ILC und der internationalen Gerichte zielt diese nicht auf eine normative Kohärenz des globalen Rechts ab.

a) Self-Contained Regimes: Sets von Normen

Der Begriff *«self-contained regime»* ist eine Entwicklung der internationalen Rechtsprechung. Er findet sich erstmals prominent in einem Fall des StIGH von 1923, der den Kielkanal betraf.[213] Darin ging es um ein durch Frankreich gechartertes Schiff auf dem Weg nach Danzig, die S.S. Wimbledon, dem Deutschland die Passage durch den Kielkanal verweigerte. Das Schiff hatte Munition und Artillerie für Polen geladen, weshalb Deutschland die Durchfahrt unter Berufung auf seine Neutralität im russisch-polnischen Krieg verweigerte. Der StIGH hatte in der Folge unter anderem zu beurteilen, welche Bestimmungen des Versailler Vertrages auf den Sachverhalt anwendbar waren: Der Vertrag enthielt in Artikel 380–386 spezifische Bestimmungen betreffend den Kielkanal, in einer vorigen Sektion in Artikel 321–327 allgemeine Bestimmungen zu den

---

210 StIGH, *Case of the S.S. «Wimbledon»* (United Kingdom, France, Italy & Japan v. Germany), Urteil vom 17. August 1923, PCIJ 1923 Serie A No. 1.

211 ILC, Fragmentation of International Law: Difficulties Arising from the Diversification and Expansion of International Law, Report of the Study Group of the International Law Commission, Finalized by Martti Koskenniemi, in: A/CN.4/L.682 and Add.1 and Corr. 1. vom 13. April 2006.

212 Fischer-Lescano Andreas/Teubner Gunther, Regime-Collisions: The Vain Search for Legal Unity in the Fragmentation of Global Law, Michigan Journal of International Law Vol. 25 No. 4 (2004), S. 999–1046; Fischer-Lescano Andreas/Teubner Gunther, Regime-Kollisionen: Zur Fragmentierung des globalen Rechts, Frankfurt am Main 2006.

213 StIGH, *Case of the S.S. «Wimbledon»* (United Kingdom, France, Italy & Japan v. Germany), Urteil vom 17. August 1923, PCIJ 1923 Serie A No. 1.

internen Wasserstrassen Deutschlands. Da die Bestimmungen betreffend den Kielkanal in mehrerlei Hinsicht von den allgemeinen Bestimmungen abwichen, stellte sich für den StIGH die Frage, ob die spezifischen Bestimmungen im Lichte der allgemeinen Bestimmungen auszulegen waren. Er kam aber zum Schluss, dass die Bestimmungen betreffend den Kielkanal bewusst in Abweichung der allgemeinen Bestimmungen geschaffen worden waren und urteilte daher, dass es sich bei den Kielkanal-Bestimmungen um ein *«self-contained» regime* handelte.[214] Fragte man nach der Idee hinter dem Kielkanal-Regime, musste sich die Antwort daher aus den Artikeln 380–386 selber ergeben, es durfte nicht einfach eine Analogie zu den Ideen hinter den allgemeinen Bestimmungen gezogen werden.[215] Das Urteil betraf allerdings weniger die Frage nach dem Konzept von Regimen an sich als die Frage nach dem Verhältnis zwischen verschiedenen Normkomplexen. Implizit wurden Regime durch den StIGH als *sets of primary international obligations*[216] verstanden, auf deutsch vielleicht am besten mit «Primärnormkomplexen» übersetzt.

Der IGH elaborierte das Konzept der *self-contained regimes* in den 1980er-Jahren in zwei Fällen. Im Teheraner Geisel-Fall wurde das Konzept auf die Sekundärnormen im Diplomatenrecht übertragen, im Nicaragua-Fall scheint der IGH eine Menschenrechtskonvention, die Amerikanische Menschenrechtskonvention (AMRK)[217], als *self-contained regime* zu betrachten, allerdings ohne den Begriff zu verwenden.[218] In keinem der Fälle wird der Regimebegriff definiert, es geht vielmehr um die Frage, was *«self containment»* bedeutet. Was also verstehen die Gerichte unter einem Regime? Im S.S. Wimbledon-Fall bezieht sich der StIGH auf einen Primärnormkomplex (die Bestimmungen bezüglich des Kielkanals), der in sich geschlossen,

---

214 Ebd., § 32 i.V.m. § 30.
215 Ebd., § 32 i.V.m. § 33.
216 Formulierung bei SIMMA/PULKOWSKI, S. 491.
217 American Convention on Human Rights vom 22. November 1969, in: 1144 UNTS 123.
218 IGH, *Case Concerning United States Diplomatic and Consular Staff in Tehran* (United States of America v. Iran), Urteil vom 24. Mai 1980, ICJ Reports 1980, S. 3 ff., § 86: «The rules of diplomatic law, in short, constitute a self-contained régime which, on the one hand, lays down the receiving State's obligations regarding the facilities, privileges and immunities to be accorded to diplomatic missions and, on the other, foresees their possible abuse by members of the mission and specifies the means at the disposal of the receiving State to counter any such abuse.»; IGH, *Case Concerning Military and Paramilitary Activities in and against Nicaragua* (Nicaragua v. United States of America), Merits, Urteil vom 27. Juni 1986, ICJ Reports 1986, S. 14 ff., § 267.

self-contained, ist. Im Teheraner Geisel-Fall bezieht sich der IGH auf einen Sekundärrechtskomplex (die Regeln des Diplomatenrechts), der in sich geschlossen ist.[219] Im Nicaragua-Fall scheint der IGH eine Konvention, die sowohl Primär- als auch Sekundärnormen enthält, mitsamt der Organe, welche die Einhaltung der Konvention überwachen, grundsätzlich als ein in sich geschlossenes System zu betrachten.[220]

Je nach Untersuchungsgegenstand des jeweiligen Falles und Perspektive des Gerichts bilden unterschiedliche Komponenten diese Regime. Im S.S. Wimbledon-Fall ging es um einen Primärnormkomplex für die Regelung des Kielkanals; im Teheraner Geisel-Fall um ein Set an Sekundärnormen innerhalb des Diplomatenrechts; im Nicaragua-Fall um das Menschenrechtsregime AMRK, das sowohl Primär- und Sekundärnormen als auch die Überwachungsorgane beinhaltete. Gemeinsam ist allen Urteilen, dass sie davon ausgehen, dass es internationale Rechtssysteme gibt, die sich durch ihre weitestgehende Unabhängigkeit von äusseren Vorgaben

---

219 Kritik am Konzept der In-sich-Geschlossenheit im Falle des Diplomatenrechts: SIMMA/PULKOWSKI, S. 483–529. Die Idee, dass es im Völkerrecht so etwas wie in sich geschlossene *(self-contained)* Rechtssysteme geben würde, auf die das allgemeine Völkerrecht keinen Zugriff hätte, hat nie überzeugt (vgl. etwa ILC, Fragmentierungsbericht 2006, § 152 [5]). Vielmehr wurde der Teheraner Geisel-Fall in der Folge in der Wissenschaft so interpretiert, dass das Diplomatenrecht eine Subkategorie von *lex specialis* innerhalb des Staatenverwantwortlichkeitsrechts darstellt (ebd., § 124).

220 «[...] Nicaragua is accused [...] of violating human rights. This particular point requires to be studied independently of the question of the existence of a ‹legal commitment› by Nicaragua towards the Organization of American States to respect these rights; the absence of such a commitment would not mean that Nicaragua could with impunity violate human rights. However, where human rights are protected by international conventions, that protection takes the form of such *arrangements for monitoring or ensuring respect for human rights* as are provided for in the conventions themselves. The political pledge by Nicaragua was made in the context of the Organization of American States, the *organs of which were consequently entitled to monitor its observance.* [T]he Nicaraguan Government has since 1979 ratified a number of international instruments on human rights, and one of these was the American Convention of Human Rights [...]. The mechanisms provided for therein have functioned. The Inter-American Commission on Human Rights in fact took action and compiled two reports [...]. Consequently, the Organization was in a position, if it so wished, to take a decision on the basis of these reports.» (IGH, *Case Concerning Military and Paramilitary Activities in and against Nicaragua*, § 267; Hervorh. durch die Verfasserin). Allerdings verweist der IGH in dieser Passage auch auf die Möglichkeit eines Durchbruchs des allgemeinen Völkerrechts, was wiederum gegen ein gänzlich in sich geschlossenes System spricht.

auszeichnen und deren Regeln sich grösstenteils anhand interner Kriterien beurteilen.

b) Special Regimes: Gebiete funktioneller Spezialisierung

Weitere Hinweise auf das Regimeverständnis im Völkerrecht lassen sich dem Fragmentierungsbericht der ILC von 2006 entnehmen. Der Bericht befasst sich mit den Problemen, die aus der Fragmentierung des Völkerrechts resultieren. Grundannahme der Studiengruppe unter der Leitung Martti Koskenniemis ist, dass verschiedene Regime im Völkerrecht verschiedene Normen generiert haben, die zumindest teilweise in einem Konflikt zueinander und zum allgemeinen Völkerrecht stehen. Die Studiengruppe sieht diese Konflikte als Gefahr für die Kohärenz des Völkerrechts.[221] Ziel war es daher, Regeln im Umgang mit diesen Konflikten zu entwickeln. Die Studiengruppe setzte sich im Zuge dessen mit dem Regimebegriff auseinander und extrahierte unterschiedliche Typen, wobei alle Typen unter dem Begriff *special regimes* zusammengefasst werden. Es galt, basierend auf bestehendem formellem Recht, der WVK, ein Set von Lösungsmöglichkeiten für Normkonflikte zu präsentieren. Ein vorgeschlagener Lösungsansatz im Falle eines Konflikts ist das Prinzip der *lex specialis*, wonach die speziellere Regel der allgemeinen vorgeht. Das Unterfangen der ILC, Regime abstrakt zu definieren, dient dazu, die Spezialität der zum Regime gehörenden Normen zu etablieren. Liegt ein *special regime* im Sinne des ILC-Berichts vor, ist grundsätzlich davon auszugehen, dass diese Normen als *leges speciales* allgemeineren Normen vorgehen. Die ILC unterscheidet zwischen drei Typen von *special regimes*:[222]

(1) «[P]articular group of (primary) rules [...] accompanied by a special set of (secondary) rules concerning breach and reactions to breach.»[223] Der erste und am engsten gefasste Regimetypus bezieht sich auf ein Set von Sekundärnormen, etwa innerhalb des Staatenverantwortlichkeitsrechts (Art. 55 Staatenverantwortlichkeitsartikel [DARS][224]). Die Studiengruppe bezieht sich hier vor allem auf den IGH-Ansatz im Teheraner

---

221 ILC, Fragmentierungsbericht 2006, § 15.
222 Vgl. für die Umschreibung der drei Typen: ILC, Fragmentierungsbericht 2006, §§ 123 ff.
223 ILC, Fragmentierungsbericht 2006: Schlussfolgerungen, § 14 (12).
224 ILC-Draft Articles on Responsibility of States for Internationally Wrongful Acts, in: A/RES/56/83 vom 12. Dezember 2001, Annex und A/565/49/Vol.I)/Corr.4.

Geisel-Fall. Das Sekundärrecht im Diplomatenrecht würde als *lex specialis* innerhalb des Staatenverantwortlichkeitsrechts Vorrang gegenüber Sekundärrecht des allgemeinen Völkerrechts erlangen.

(2) «[S]et of special rules, including rights and obligations, relating to a special subject matter.»[225] Der zweite Typus ist etwas weiter gefasst und bezieht sich auf ein System von Primär- und Sekundärnormen. Hierzu werden etwa einzelne Verträge oder Vertragsbündel gezählt, die ein Ganzes an Regelungen enthalten. Man könnte hier etwa einzelne Menschenrechtskonventionen dazu zählen, die sowohl Rechte und Pflichten der Staaten als auch Regeln bezüglich eines Rechtsbruchs enthalten. Auch die Europäische Wirtschaftsgemeinschaft (EWG), vom EuGH 1963 als «neue Rechtsordnung des Völkerrechts» bezeichnet, bzw. später «das Europarecht» selbst, zählt die Studiengruppe zu dieser Kategorie, weil es sich zu einem eigenständigen Regime mit spezifischen Regeln bezüglich der Regimeverwaltung, -änderung und -beendigung entwickelt hat.[226] Die Studiengruppe anerkennt, dass nicht nur Staaten, sondern auch andere Akteure solche Regime entwickeln können – im Fall des Europarechts war es etwa der EuGH, also ein Organ innerhalb des Regimes, der durch seine Auslegungspraxis eine entscheidende Rolle bei der Entwicklung hin zur *self-containedness* gespielt hat.[227]

(3) «[A]ll the rules and principles that regulate a certain problem.»[228] Der dritte und weiteste Typus bezeichnet ganze Gebiete funktioneller Spezialisierung, also etwa «die Menschenrechte», «das humanitäre Völkerrecht» oder «das WTO-Recht». Diese Regime orientieren sich an einem teleologischen bzw. funktionalen Kriterium.[229] In einem grösseren Zusammenhang betrachtet, sind solche Regime gemäss der Studiengruppe ein Abbild der funktionellen Diversifizierung der internationalen Gesellschaft, die Regime fungieren als Forum für die Artikulierung oder Festigung bestimmter Interessen und Vorlieben.[230] Zentraler Punkt ist hier also, dass sich diese Regime durch ihre Funktion bzw. ihre Grundidee von

---

225 ILC, Fragmentierungsbericht 2006: Schlussfolgerungen, § 14 (12).

226 ILC, Fragmentierungsbericht 2006, § 157; EuGH, Rechtssache 26/62, *N.V. Algemene Transport- en Expeditie Onderneming van Gend und Loos gegen Niederländische Finanzverwaltung*, Urteil vom 5. Februar 1963, ECLI:EU:C:1963:1, S. 25.

227 ILC, Fragmentierungsbericht 2006, § 157.

228 ILC, Fragmentierungsbericht 2006: Schlussfolgerungen, § 14 (12).

229 Dieses Kriterium grenzt Regime des dritten Typus etwa vom «Europarecht» ab, das nicht funktional, sondern grundsätzlich ebenfalls territorial definiert ist.

230 ILC, Fragmentierungsbericht 2006, § 158: «[...] seeking to articulate or strenghten preferences and orientations [...]».

anderen Regimen bzw. vom allgemeinen Völkerrecht abgrenzen, und diese Funktion wiederum ein Interesse der internationalen Gesellschaft widerspiegelt. Die Regime des dritten Typus sind insofern *special*, als die Prinzipien, die in diesen Regimen angewendet werden, von denen des allgemeinen Völkerrechts abweichen. So kommen im betreffenden funktionellen Gebiet spezifische Regeln und Techniken bezüglich der Interpretation und Verwaltung zur Anwendung.[231] Diese müssen nicht positivrechtlich als Sekundärnormen normiert sein, sie können sich auch aus dem Usus der verschiedenen Akteure ergeben. So gesehen, umfasst dieser dritte Regimetypus nicht nur Rechtsnormen im engen Sinn, sondern auch weitere Regeln. Viele solche Regime sind indes nicht bewusst als neue Regime geschaffen worden, sondern haben sich aus dem Bedürfnis heraus entwickelt, auf einem speziellen Gebiet, dem die Grundsätze des allgemeinen Völkerrechts nicht gerecht werden, spezifische Prinzipien zu etablieren.[232] Auch ergeben sich diese Regime nicht zwingend auf Initiative der Staaten hin; sie entwickeln sich oft aus den Tätigkeiten von Völkerrechtswissenschaftlern und Völkerrechtswissenschaftlerinnen, Diplomaten und Diplomatinnen oder verschiedenen Interessengruppen als Antwort auf praktische Bedürfnisse. Der Grund dafür, dass diese Regime in gewissen Fällen in ihrer Ganzheit zu berücksichtigen sind, ist praktischer Natur: In manchen Fällen bedarf es für die Interpretation von Normen einer ganzheitlichen Betrachtung der in einem funktional definierten Gebiet existierenden *principles*, *interests* oder *general objectives*.[233] Da die ILC vorab am Umgang mit Normkonflikten interessiert ist, dient dieses weite Regimeverständnis also dazu, Rechtsnormen im Lichte «ihres» Regimes auszulegen.

Die ILC-Studiengruppe benutzt demnach den Begriff «Regime» dafür, aus einem praktischen Grund – der Auslegung von Normen – zusammengehörige Regeln und Instrumente als ein Ganzes zu betrachten. Der An-

---

231 Ebd., § 129: «[...] special rules and techniques of interpretation and administration are thought to apply.» Allerdings kommen diese auch bei Regimen des zweiten Typus oft zur Anwendung, man denke etwa an «das Europarecht». Als Beispiel wird der Nuklearwaffen-Fall genannt: Der IGH hat in diesem Fall geurteilt, dass das Recht auf Leben in diesem Zusammenhang im Lichte der Regeln des bewaffneten Konflikts ausgelegt werden muss und dass die Regeln des bewaffneten Konflikts in diesem Sinne *leges speciales* gegenüber dem UN-Pakt-II sind (IGH, *Legality of the Threat or Use of Nuclear Weapons*, Advisory Opinion vom 8. Juli 1996, ICJ Reports 1996, S. 226 ff., § 25).

232 ILC, Fragmentierungsbericht 2006, § 158.

233 Ebd., § 134 oder § 129.

satz ist dabei doppelt formalistisch. Einerseits hat Martti Koskenniemi als *chairman* die finale Ausgestaltung des Berichts merklich geprägt. Im Zusammenhang mit anderen Publikationen Koskenniemis ist der Bericht als ein Bestreben zu lesen, im Völkerrecht eine *culture of formalism* zu (re-)etablieren.[234] Während «Formalismus» im Völkerrecht regelmässig bedeutet, dass Normen einer anerkannten Rechtsquelle entspringen,[235] meint Koskenniemis «Kultur des Formalismus» etwas anderes.[236] Koskenniemi geht es nicht darum, dass das Recht eine bestimmte Form einnehmen muss. Vielmehr bedeutet eine Kultur des Formalismus, dass sich das Völkerrecht insofern von der Politik abhebt, als eine völkerrechtsspezifische Sprache gebraucht wird, in diesem Sinne eine gemeinsame Argumentations*form* zur Anwendung kommt. Diese Sprache zielt auf ein regulatorisches Ideal ab, auf eine Utopie der Universalität.[237] In diesem Sinne ist der Fragmentierungsbericht als Bestreben zu lesen, ein regulatorisches Ideal (die Utopie), d.h. die Kohärenz des Völkerrechts, zu verwirklichen. Die gemeinsame Sprache bzw. das universale Argument ist dabei die WVK mit ihren Regeln zur Auslegung völkerrechtlicher Verträge. Andererseits ist der Ansatz auch im klassischen Sinne weitgehend formalistisch: Erstens wird die WVK, ein völkerrechtlicher Vertrag gemäss Rechtsquellenlehre, als Ausgangspunkt für die Lösung von Normkonflikten gewählt; zweitens werden Konflikte zwischen Normen analysiert, die völkerrechtlichen Verträgen, also klassischen Völkerrechtsquellen, entspringen. Dieser *rule centrism*[238] des Fragmentierungsberichts hat praktische Gründe: Es werden konkrete Normkonflikte analysiert, die im Rahmen von Gerichtsverfahren zutage getreten sind. Eine solche Betrachtungsweise bleibt im Hinblick auf Konflikte oder Kollisionen ausserhalb von Gerichtsverfahren notwendigerweise verkürzt. Zudem setzt sich die ILC-Studiengruppe im Fragmentierungsbericht nicht mit der Frage nach dem Verhältnis *zwischen* Regimen

---

234 Koskenniemi Martti, The Gentle Civilizer of Nations: the Rise and Fall of International Law 1870–1960, Cambridge 2002. Mit «Kultur des Formalismus» ist gemeint: eine «culture of resistance to power, a social practice of accountability, openness, and equality whose status cannot be reduced to the political positions of any one of the parties whose claims are treated within it» (ebd., S. 508).

235 Vgl. zu den unterschiedlichen Verständnissen von Formalismus im Völkerrecht: D'Aspremont Jean, Formalism and the Sources of International Law: A Theory of the Ascertainment of Legal Rules, Oxford 2011.

236 Vgl. für eine Zusammenfassung: Klabbers Jan, Towards a Culture of Formalism? Martti Koskenniemi and the Virtues, Temple International and Comparative Law Journal Vol. 27 No. 2 (2013), S. 417–436.

237 Koskenniemi, Fate of Public International Law, S. 30.

238 Singh Sahib, The Potential of International Law, S. 23.

auseinander. Sie verweist aber in ihren Anregungen zu weiterer Forschung diesbezüglich auf die mögliche Rolle des allgemeinen Völkerrechts – angesichts des Mandats der ILC ist dies nicht überraschend. Konflikte zwischen verschiedenen Regimen müssten demnach von einer unparteiischen Instanz beurteilt werden.[239] Die Studiengruppe unter Koskenniemi scheint daher eine hierarchische Lösung über das allgemeine Völkerrecht «von oben und aussen» zu avisieren.

c) Teilrechtsordnungen in der polyzentralen Rechtsordnung

Bei Gunther Teubner und Andreas Fischer-Lescano findet sich ein breiteres Regimeverständnis als dasjenige der ILC oder der internationalen Gerichte.

Die Autoren zeichnen das Bild eines globalen Rechts, das aus unterschiedlichen Teilrechtsordnungen besteht: aus den nationalen (territorialen) Rechtsordnungen, dem Völkerrecht sowie den verschiedenen, unterschiedlich verdichteten (sektoriellen) Regimen.[240] Ein Rechtssystem im engeren Sinn kann es demnach nicht nur auf der Ebene Nationalstaat geben, sondern auch auf globaler Ebene. Allerdings handelt es sich dabei nicht um ein strukturell konsistentes System wie im Nationalstaat, in dem die inhaltliche Kohärenz der Normen durch Institutionen gesichert wird. Die Einheit des globalen Rechts kann sich demgegenüber allenfalls aus dem Prozess ergeben, indem rechtliche Normen von einem Regime ins andere transferiert werden.[241]

Die Autoren formulieren dabei keinen konkreten Regimebegriff, sondern zeigen unterschiedliche Grade von «Genuinität» von Regimen auf. Der schwächste Grad von Regimen sind «klassische Regime», die in etwa dem Regimebegriff der Internationalen Beziehungen entsprechen. Solche Regime fokussieren auf die staatlichen politischen Prozesse, gemeint sind etwa globale regulatorische Regime, die auf zwischenstaatlichen Vereinbarungen beruhen. Genannt wird etwa die Internet Corporation for Assigned Names and Numbers (ICANN), welche die Vergabe von IP-Adressen und Domains im Internet koordiniert.

Ein auf staatliche Prozesse beschränkter Begriff ist den Autoren allerdings zu eng, weil er die neue Völkerrechtsordnung nicht umfassend abzu-

---

239 ILC, Fragmentierungsbericht 2006, S. 253, § 493.
240 FISCHER-LESCANO/TEUBNER, Regime-Collisions 2004, S. 1008.
241 Ebd., S. 1007; FISCHER-LESCANO/TEUBNER, Regime-Kollisionen 2006, S. 34.

bilden vermag.[242] Sogenannte private Regime, genannt werden etwa die *lex mercatoria* oder die *lex digitalis*, sind gemäss den Autoren zentrale Ursache des *global law without state*.[243] Weil diese gänzlich losgelöst vom nationalstaatlichen politischen Prozess rechtliche Normen generieren, bewegen sie sich ausserhalb des nationalstaatlich organisierten Systems. Das Auftreten privater Regime schliesst gemäss den Autoren klassische Normenhierarchien, wie sie aus dem staatlichen Verfassungsrecht bekannt sind, auch auf globaler Ebene aus. Dementsprechend würden die Autoren konstitutionalistische Bestreben wie die Etablierung eines Weltgerichts oder einer Weltverfassung wohl als aussichtslos qualifizieren, weil sie solche privaten Rechtsetzungsprozesse nicht fassen könnten.

Entsprechend gehen die Autoren davon aus, dass das globale Recht heute nicht (mehr) hierarchisch, sondern heterarchisch aufgebaut ist. Darin existieren demnach verschiedene Rechtsregime, staatliche sowie nicht staatliche. Diese bestehen jeweils aus einem Zentrum und einer Peripherie. Im Zentrum dieser Regime fungieren Institutionen wie internationale, transnationale oder private Organisationen oder Streitbeilegungsorgane. Weitere Akteure, seien es politische, wirtschaftliche oder religiöse, organisierte oder spontan auftretende, kollektive oder individuelle, fungieren an der Peripherie der Regime.[244] An die Peripherie grenzen autonome soziale Sektoren an. Zwischen der Peripherie und den angrenzenden sozialen Sektoren gibt es Kontakte durch eine Vielzahl rechtsetzender Mechanismen: etwa durch standardisierte Verträge, Vereinbarungen von Berufsverbänden, Routinen formeller Organisationen, technische und wissenschaftliche Standardisierung, Normalisierung von Verhaltensweisen oder durch informellen Konsens zwischen NGOs, den Medien sowie der breiteren Öffentlichkeit.[245] Man könnte hier auch von verschiedenen Formen des sog. *soft law* sprechen. Weil die Peripherie der Regime dadurch mit den angrenzenden sozialen Sektoren strukturell gekoppelt ist, reproduzieren die Regime in gewisser Weise die Rationalitäten dieser Sektoren. Diese

---

242 Die Autoren ziehen demnach den von Arjun Appadurai verwendeten Begriff der «*post-national formations*» heran, der sowohl «klassische» als auch «private» Regime umfasst und damit ein generalisierbares Regimekonzept ermöglicht: «[T]hese formations are now organized around principles of finance, recruitment, coordination, communication, and reproduction that are fundamentally post-national and not just multinational and international.» (Fischer-Lescano/Teubner, Regime-Collisions 2004, S. 1012 mit Verweis).

243 Ebd., S. 1009.

244 Teubner, S. 59 und Fischer-Lescano/Teubner, Regime-Collisions 2004, S. 1012.

245 Fischer-Lescano/Teubner, Regime-Collisions 2004, S. 1013.

Koppelung überträgt sich auf das Zentrum: Weil die im Zentrum fungie-
renden Institutionen so eng mit ihrem Regime verbunden sind, sowohl
in organisatorischer Hinsicht als auch in ihrer Selbstwahrnehmung, stehen
sie der Etablierung einer Normen- und Institutionenhierarchie entgegen.
Sie tragen damit zu einer weiteren Fragmentierung des globalen Rechts
bei. Die Beziehungen zwischen Rechtsnormen verschiedener Regime bleiben daher heterarchisch.

Als intensivste Form sind sich selbst konstituierende Regime zu qualifizieren. Damit sind Regime gemeint, die sich zu einer verfassungsrechtlichen Ordnung entwickelt haben.[246] Dazu gehören gerade auch Regime,
deren Institutionen im Zentrum massgebend zu einer Konstitutionalisie-
rung des Regimes beigetragen haben. Die Selbstkonstitutionalisierung von
Regimen intensiviert die Konflikte zwischen Normen verschiedener Regime, weil sie die Unabhängigkeit des jeweiligen Regimes verstärkt.

Aufgrund der funktionalen Aufsplitterung der globalen Gesellschaft gehen die Autoren davon aus, dass eine normative Einheit des globalen
Rechts nicht möglich ist.[247] Demnach wird die Existenz globaler Regime
nicht zu Integration, Harmonisierung oder Konvergenz der verschiedenen
funktionalen Rechtsordnungen führen, weil die Regime die Aufsplitterung der Gesellschaft in das Recht übertragen.[248]

Es lässt sich also festhalten, dass diesem Verständnis nach im Völkerrecht verschiedene Teilrechtsordnungen (Regime) existieren. Massgebend
ist, dass diese rechtsetzend tätig sind; dabei spielt es keine Rolle, ob die
Rechtsetzung im staatlichen bzw. im regulären völkerrechtlichen Prozess

---

246 Die Autoren lehnen sich an Neil Walkers Definition an (FISCHER-LESCANO/
TEUBNER, Regime-Collisions 2004, S. 1015): «First, there is the development of
an explicit constitutional discourse—the emergence of a constitutional self-con-
sciousness on the part of those associated with the polity with respect to that
polity. Secondly, there is the claim to foundational legal authority, or sovereignty. Thirdly, there is development of jurisdictional scope—the delineation of a
sphere of competence. Fourthly, there is the claim to interpretive autonomy—to
the entitlement of an organ internal to the polity to construe the meaning and
extent of these competences. Fifthly, there is the constitution and regulation
of an institutional structure to govern the polity. Sixthly, there is the specifica-
tion of the conditions and incidents of membership of or association with the
polity—the criteria and rights and obligations of citizenship, broadly defined.
Seventhly, and closely related to the sixth factor, there are the terms of represen-
tation of the membership—the mechanisms, democratic or otherwise, by which
their voices are heard and taken into account.» (WALKER, EU and the WTO,
S. 35).
247 FISCHER-LESCANO/TEUBNER, Regime-Collisions 2004, S. 1004.
248 Ebd., S. 1009. Vgl. dazu vorne II. A. 1. c).

erfolgt oder ob sie sich aus privater Initiative ergibt. Gemein ist den Regimen, dass sie im Zentrum in der Regel über eine Institution verfügen, die Recht erlässt oder dieses auslegt. Damit verstärkt das Zentrum des Regimes, die Institution, die regimeeigene Logik und repliziert diese. Es wird von einem Prozess der Selbstkonstitutionalisierung gesprochen, weil sich die Regime durch verschiedene Mechanismen zu verfassungsrechtlichen Ordnungen entwickeln. Die Verschiedenartigkeit der Rechtsetzungsprozesse und die Losgelöstheit vom klassischen staatlichen Rechtsetzungsprozess schliessen Normen- oder Institutionenhierarchien, wie sie im Nationalstaat bestehen, im globalen Recht aus. Vielmehr handelt es sich um eine polyzentrale Rechtsordnung, also um eine Ordnung mit mehreren Zentren, die sich grundsätzlich auf Augenhöhe begegnen. Die Einheit der Rechtsordnung kann sich daher allenfalls aus der Interaktion zwischen den verschiedenen Regimen ergeben, nicht aber «von oben» herab.

Auch innerhalb der Völkerrechtswissenschaft und -praxis existieren demnach unterschiedliche Konzeptionen des Begriffs «Regime», die eng mit dem Verständnis des Völkerrechts als Rechtsordnung zusammenhängen. Im Folgenden werden die unterschiedlichen Konzeptionen gewürdigt und es wird untersucht, welche Konsequenzen die unterschiedlichen Regimekonzeptionen auf die Frage nach dem Verhältnis zwischen Regimen bzw. die Frage nach dem Umgang mit Konflikten zwischen Regimen haben.

4. Zwischenfazit

a) Unterschiede zwischen den Begriffen

Die Untersuchung der Verwendung des Begriffs in den unterschiedlichen Disziplinen hat ergeben, dass «Regime» sowohl in den Internationalen Beziehungen als auch in der Völkerrechtswissenschaft keine fixen Grössen sind. Sie werden in unterschiedlichen Kontexten unterschiedlich definiert – sind also ein analytisches Konstrukt.[249]

Dabei unterscheidet sich der Regimebegriff der Internationalen Beziehungen von den Regimekonzeptionen der Völkerrechtswissenschaft. Die

---

249 So könnte man im Bereich Migration z.B. umfassend von einem «Migrationsregime» sprechen, das sowohl Fluchtmigration als auch reguläre Migration beinhaltet. Man könnte aber auch von einem «Flüchtlingsregime» oder von einem «Arbeitsmigrationsregime» sprechen.

Differenzen beruhen im Wesentlichen darauf, welche Fragen gestellt werden: Der Regimebegriff der Internationalen Beziehungen (*«sets of principles, norms, rules and decision-making procedures»*) ist ein analytischer Begriff, der eine Struktur für die empirische Forschung vorgibt. Er dient dazu, den Einfluss von Prinzipien, Normen, Regeln und Verfahren auf staatliches Verhalten zu evaluieren. Im Völkerrecht gibt es hingegen keine konkrete oder allgemeingültige Definition des Begriffs «Regime». Der Begriff wird je nach Kontext unterschiedlich verwendet. Ebenfalls ist der Regimebegriff im Völkerrecht in der Regel nicht strukturiert. Es wird folglich nicht zwischen Prinzipien, Normen und Regeln unterschieden. Weiter verlangen die meisten Regimekonzeptionen im Völkerrecht – im Unterschied zu den Internationalen Beziehungen – nicht, dass einem Regime gemeinsame Prinzipien zugrunde liegen. Regime werden im Völkerrecht hauptsächlich anhand eines funktionalen Kriteriums definiert; entsprechend betreffen sie alle Rechtsnormen in einem bestimmten Sachbereich.

Zudem muss auch innerhalb der Völkerrechtswissenschaft differenziert werden. Die Verwendung des Begriffs erfüllt auch hier unterschiedliche Funktionen. So kann zwischen der anwendungsorientierten und der grundlagenorientierten Forschung unterschieden werden.[250] Während sich die anwendungsorientierte Forschung mit der Frage nach dem Umgang mit Normkonflikten auseinandersetzt, beschäftigt sich die grundlagenorientierte Forschung mit der Frage nach der Funktionsweise des Völkerrechts. Gemein ist beiden, dass der Vorstellung eines in Regime fragmentierten Völkerrechts immer ein relationales Moment mitschwingt. Entsprechend steht eine Rechtsnorm oder ein Gebilde immer in einem Verhältnis zu einer anderen Rechtsnorm oder einem anderen Gebilde und bettet sich in die grössere Völkerrechtsordnung ein.

b) Regimekonflikt als Normkonflikt

In der anwendungsorientierten Forschung (v.a. dem ILC-Bericht) bzw. in der Rechtsprechung dient der Regimebegriff konkret dazu, mögliche Lösungen für den Umgang mit Normkonflikten zu erarbeiten.[251] Er wird dabei verwendet, um die Auslegungsparameter festzulegen. So erfordert die Interpretation von Normen teilweise eine ganzheitliche Betrachtung der

---

250 Für eine andere Typologisierung vgl. YOUNG MARGARET A., Productive Frictions between Regimes, S. 4 ff.
251 In diesem Sinne auch BROUDE, S. 284.

im betreffenden Themenfeld existierenden Rechtsnormen (und Praxen der Akteure). Das heisst, eine Rechtsnorm muss zum Zwecke der Auslegung im Lichte *ihres* Regimes betrachtet werden. Letztlich geht es hier also um die Frage nach dem Verhältnis zwischen verschiedenen völkerrechtlichen Normen.

Bei einem Normkonflikt unterliegt ein Subjekt (in der Regel ein Staat) zwei sich widersprechenden Normen, die, als Regimekonflikt formuliert, zwei unterschiedlichen Regimen entspringen. Es handelt sich also um *einen* Normadressaten – in der Regel um einen Staat als Träger unterschiedlicher völkerrechtlicher Pflichten.[252] Diese Konflikte äussern sich typischerweise im Rahmen von Gerichtsverfahren oder anderen Streitbeilegungsmechanismen, wenn die Verletzung einer Norm gerügt oder festgestellt wird.[253] In diesem Fall sind die betreffenden Normen so hinreichend konkret, dass ein Gericht eine Pflicht (bzw. auch ein Recht) daraus ablesen und eine Verletzung feststellen kann. Gerichte versuchen in der Regel, die Feststellung eines wahrhaftigen Konflikts mit Blick auf die postulierte Kohärenz der Völkerrechtsordnung zu vermeiden.[254] Mittels Auslegung sollen daher zwei vermeintlich widersprüchliche Normen in Vermutung der Systemkohärenz harmonisiert werden. Gelingt das nicht, kommen vertragsrechtliche Vorrangregeln wie *lex posterior derogat legi anteriori* oder *lex specialis derogat legi generali* zur Anwendung.

Eine solche Betrachtungsweise des Verhältnisses zwischen Regimen führt mit Blick auf das Verhältnis zwischen internationalen Organisationen zu Problemen. Dieser Blickwinkel versteht Regime als Sets von (regulativen) Normen und demnach als Strukturen. Ein solches Verständnis entspricht im Prinzip der Regimekonzeption der Internationalen Bezie-

---

252 Vgl. zum Verhältnis zwischen permissiven und verpflichtenden Normen: VRANES ERICH, The Definition of «Norm Conflict» in International Law and Legal Theory, European Journal of International Law Vol. 17 No. 2 (2006), S. 395–418. Vranes setzt sich insbesondere mit der Problematik auseinander, dass bei der klassischen engen Definition im Sinne von Jenks nur Verpflichtungen in einem Konflikt zueinander stehen können, nicht aber permissive Normen und verpflichtende Normen.

253 Ein Beispiel sind die EuGH- und EMGR-Fälle betreffend gezielte Sanktionen des Sicherheitsrates gegen Individuen, die mit den Grund- bzw. Menschenrechten kollidierten (EuGH, in den verbundenen Rechtssachen C-402/05 P und C-415/05 P, «*Kadi II*», Urteil vom 3. September 2008, ECLI:EU:C:2008:461; EGMR, *Nada/Switzerland*, Application No. 10593/08, Urteil vom 12. September 2012; EGMR, *Al Dulimi and Montana Management Inc./Switzerland*, Application No. 5809/08, Urteil vom 26. November 2013). Vgl. dazu vorne I. C. 3. b).

254 In diesem Sinne ebenfalls: GREENWOOD, Unity and Diversity, S. 43.

hungen, die Regime als Gebilde aus Prinzipien, Normen, Regeln und Verfahren konzeptualisiert. Internationale Organisationen allein als Strukturen, also Gebilde aus Normen, zu verstehen, wäre indes zu eng.[255] Internationale Organisationen können handeln, Strukturen nicht. Konflikte zwischen internationalen Organisationen beruhen zudem in der Regel auf sich überlappenden Mandaten. Es handelt sich hier also um Kompetenzkonflikte, die sich qualitativ von Normkonflikten unterscheiden.[256] Im Gegensatz zu Kompetenzkonflikten, die sich zwischen Institutionen im Nationalstaat ergeben, kommt bei Kompetenzkonflikten zwischen internationalen Organisationen erschwerend hinzu, dass es keine zentralen, übergeordneten Organe gibt, die über Konflikte entscheiden würden. Vielmehr kann eine Änderung des Mandats nur durch den Auftraggeber vorgenommen werden. Bei internationalen Organisationen ist dies ein Kollektiv aus Staaten. Aus dem gleichen Grund scheinen hierarchische Ansätze für die Frage nach dem Verhältnis zwischen internationalen Organisationen nicht zielführend. Wie etwa liesse sich zwischen den Bestimmungen der Mandate zweier Organisationen eine *lex generalis/lex specialis*-Beziehung herleiten, verfügen unterschiedliche Organisationen doch über unterschiedliche (kollektive) Auftraggeber? Dazu kommt, dass Kompetenzkonflikte zwischen internationalen Organisationen oftmals bereits schwierig zu identifizieren sind, weil die Mandate häufig sehr allgemein formuliert sind und es das funktionalistische Verständnis von internationalen Organisationen gerade erlaubt, dass die Organisationen selber ihre Mandate flexibel auslegen. Die Frage nach der «Lösung» von Konflikten zwischen internationalen Organisationen scheint daher die falsche Perspektive, um das Verhältnis zwischen ihnen zu erfassen.

---

255 Vgl. dazu II. B. 2. a). Dies entspricht sowohl der Regimeforschung der Internationalen Beziehungen wie auch der völkerrechtlichen Regimeforschung. Die Regimeforschung der Internationalen Beziehungen unterscheidet zwischen Akteuren, die handeln können, und Regimen als Strukturen (vgl. etwa HASENCLEVER/MAYER/RITTBERGER, S. 10 f.; YOUNG ORAN R., Regime Theory Thirty Years On: Taking Stock, Moving Forward, E-International Relations, 18. September 2012, <http://www.e-ir.info/2012/09/18/regime-theory-thirty-years-on-taking -stock-moving-forward/>. Auch im Völkerrecht wird zwischen der institutionellen und substanziellen Ebene unterschieden (vgl. ILC, Fragmentierungsbericht 2006, § 13). Im Völkerrecht wird der Begriff «Institution» oft als Überbegriff für internationale Organisationen, Gerichte und Streitbeilegungsmechanismen verwendet, also nicht für blosse Strukturen, sondern für körperliche Gebilde.

256 Vgl. dazu vorne I. C. 3. c).

c) Regimekonflikt als Verhältnis zwischen Teilrechtsordnungen

Vielversprechender für die Frage nach dem Verhältnis zwischen internationalen Organisationen sind die Fragen, die der grundlagenorientierten völkerrechtlichen Forschung zugrunde liegen. Hier wird der Regimebegriff im Zusammenhang mit einer bestimmten Vorstellung bzw. einem bestimmten Modell des Völkerrechts gebraucht. Grundannahme dieses Modells ist es, dass das Recht auf globaler Ebene im Gegensatz zu nationalstaatlichen Rechtsordnungen nicht entlang territorialer, sondern entlang funktionaler Grenzen verläuft. Man stellt sich das Völkerrecht also als einen Raum vor, in dem es verschiedene funktional definierte Systeme gibt. Diese Systeme werden als Regime bezeichnet. Weil sich diese Regime relativ unabhängig voneinander entwickelt haben, wird das Völkerrecht als fragmentiert, als nicht kohärent, wahrgenommen. Da diese Fragmente aber Teil eines grösseren Raumes, des Völkerrechts bzw. des globalen Rechts, sind, stehen sie in einer Beziehung zueinander. Regime werden daher als mehr oder weniger autonome Subsysteme innerhalb des Völkerrechts betrachtet.[257] Da diese aber nur Subsysteme im grösseren Völkerrechtssystem sind, stehen sie in einer Beziehung zum «allgemeinen» Völkerrecht (und auch zueinander), sie sind keine unabhängigen Systeme oder Ordnungen.[258] Man kann daher anstelle von «Regimen» auch von Teilrechtsordnungen sprechen. Der Regimebegriff dient hier dazu, einzelne Systeme voneinander abzugrenzen und ihre Beziehung zueinander zu erfassen.

Losgelöst von der Frage konkreter Normkonflikte beschäftigt sich auch die völkerrechtssoziologische Forschung mit der Frage nach dem Verhältnis zwischen diesen Teilrechtsordnungen. Weil sich diese Teilrechtsordnungen «von unten» herauf durch die Praxis verschiedener Akteure entwickelt haben, wird hier davon ausgegangen, dass sie *a priori* in keinem hierarchischen Verhältnis zueinander stehen. Vielmehr sind die verschie-

---

257 PAUWELYN, S. 9.
258 Auch die Vorstellung, dass es *self-contained regimes* gibt, die gänzlich in sich geschlossen sind und völlig unabhängig vom «allgemeinen» Völkerrecht sind, wird daher in der Literatur mehrheitlich abgelehnt. Es wird davon ausgegangen, dass auch der StIGH und der IGH mit dem Konzept der *self-contained regimes* nie beabsichtigt hatten, eine vollkommene In-sich-Geschlossenheit zu postulieren (ABI-SAAB, S. 926; ILC, Fragmentierungsbericht 2006, § 182; ILC, Fourth Report on State Responsibility, by Mr. Gaetano Arangio-Ruiz, Special Rapporteur, in: A/CN.4/444 and Add.1 – 3 vom 12. und 25. Mai und 1. und 7. Juni 1992, z.B. S. 72, § 112; SIMMA/PULKOWSKI, S. 529).

denen Teilrechtsordnungen grundsätzlich als gleichwertig anzusehen. Deren Verhältnis zueinander lässt sich damit am besten als horizontal bzw. als heterarchisch (als Gegenteil von hierarchisch verstanden) konzeptualisieren. Für die Beziehung zwischen den verschiedenen funktionalen Teilbereichen wird hier oft die Metapher eines Netzwerks verwendet. Die Knoten in diesen Netzwerken interagieren miteinander. Dadurch können sich sowohl Rationalitäten als auch Normen von einem Regime in ein anderes übertragen. Eine normative Kohärenz der Gesamtordnung wird in diesem Bild nicht erwartet. Allerdings kann die Interaktion zwischen den verschiedenen Regimen und der Transfer von Rationalitäten und Normen zu einer schwachen Übereinstimmung zwischen den verschiedenen Teilsystemen führen. Die Forschungsfragen konzentrieren sich hier eher darauf, welche gesellschaftlichen Ursachen Widersprüchen zugrunde liegen und wie mit diesen umgegangen wird. Es wird nicht primär nach Lösungen gesucht, sondern vielmehr beobachtet, ob sich eine Kompatibilität zwischen verschiedenen Rechtsordnungen in einer Netzwerklogik einstellt.

Diese Forschung ist für die Frage nach dem Verhältnis zwischen internationalen Organisationen in mehrerlei Hinsicht relevant. Jene Regimeforschung, die Regime als Teilrechtsordnungen versteht, ist offener hinsichtlich der Qualität eines Regimes. Auch internationale Organisationen können so als Teilrechtsordnungen verstanden werden, die im Rahmen ihrer Mandate eigenen Prinzipien, Normen und Verfahren folgen und solche auch wiederum generieren.[259] Man kann internationale Organisationen daher als Kern einer solchen Teilrechtsordnung verstehen. Ferner trifft auch die Beobachtung, wonach solche Regime sich immer weiter ausdifferenzieren und spezialisieren, auf viele internationale Organisationen zu. Ebenfalls deckt sich die Erkenntnis dieser Forschung, wonach sich solche funktionalen Regime im Innern selbst konstitutionalisieren, sich also teils zu verfassungsrechtlichen Ordnungen entwickeln, mit der Beobachtung der Entwicklung vieler internationaler Organisationen.[260] Zudem konzeptualisiert dieser Forschungsstrang die Beziehung zwischen verschiedenen Teilrechtsordnungen grundsätzlich als heterarchisch. Diese Vorstellung trifft auch auf das Verhältnis zwischen vielen internationalen Organisationen eher zu als das Ideal von institutionellen Hierarchien, wie sie im Nationalstaat existieren.[261]

---

259 Vgl. dazu nachfolgend II. B.
260 Vgl. dazu ausführlicher anhand der Fallstudie z.B. IV. A. 1. c).
261 Vgl. dazu nachfolgend II. B. 3. a).

d) Erkenntnisse für den weiteren Gang der Untersuchung

Für den weiteren Gang der Untersuchung lässt sich festhalten, dass die Regimeforschung der Internationalen Beziehungen in Bezug auf internationale Organisationen insofern interessant ist, als sie auf das Vorliegen gemeinsamer Prinzipien abstellt. Dies im Gegensatz zu den völkerrechtlichen Regimekonzeptionen, die Regime in der Regel rein anhand ihrer Funktion definieren. Zwar definieren sich internationale Organisationen primär anhand ihrer Mandate und damit ebenfalls über ihre Funktionen. Die Mandate sind indes oftmals generell formuliert und Organisationen legen ihre Mandate selber aus, sodass den Prinzipien einer Organisation bei der Frage nach dem Verhältnis zwischen Organisationen eine grosse Bedeutung zukommt. Im Fallbeispiel UNHCR – IOM z.B. könnte rein funktional definiert etwa von einem Migrationsregime gesprochen werden, in dem sowohl das UNHCR als auch die IOM Akteure sind. Stellt man aber auf gemeinsame Prinzipien ab, müsste insbesondere zwischen dem Flüchtlingsschutz und dem Migrationsmanagement differenziert werden, weil diese Bereiche auf unterschiedlichen Grundannahmen und Zielen beruhen. Insofern rechtfertigt es sich, in Bezug auf internationale Organisationen nicht nur auf deren Funktion abzustellen, sondern auch nach deren Prinzipien zu fragen, um die Organisationen voneinander abgrenzen.[262]

Die Frage nach dem Umgang mit Normkonflikten, wie sie der anwendungsorientierten völkerrechtlichen Regimeforschung zugrunde liegt, hat sich für die Frage nach dem Verhältnis zwischen internationalen Organisationen aus verschiedenen Gründen als nicht zielführend erwiesen.[263] Hingegen sollen die Fragen, auf denen die völkerrechtssoziologischen Forschung beruht (d.h., welche Ursachen haben Konflikte zwischen Teilrechtsordnungen? Wie wird mit Konflikten umgegangen? Wie entwickelt sich die Völkerrechtsordnung dadurch?), den weiteren Verlauf der Untersuchung anleiten.

---

262 Vgl. dazu ausführlicher nachfolgend II. B. 1. b) und c).
263 Vgl. dazu vorne II. A. 4. b).

B. Internationale Organisationen und Regimekonflikt

1. Internationale Organisationen in der Völkerrechtsordnung

a) Die institutionelle Dimension der Fragmentierung

Für die vorliegende Arbeit wurde entschieden, das Verhältnis zwischen dem UNHCR und der IOM unter dem Blickwinkel des Regimekonflikts zu betrachten. Das Konzept des Regimekonflikts dient im Völkerrecht als Modell, ein Rechtssystem zu erklären, in dem – im Gegensatz zur Situation im Nationalstaat – kaum Hierarchien und weder ein zentrales Rechtsetzungs- noch Rechtsprechungsorgan existieren. Man stellt es sich also als einen Raum vor, in dem es verschiedene Gebilde (sog. Regime) gibt, von denen die meisten über die Zeit expandiert haben und die sich einander zumindest teilweise überlappen. Das Phänomen ist im Fall von Konflikten zwischen internationalen Organisationen nach hier vertretener Ansicht gleich gelagert: Viele Organisationen wurden mit ursprünglich relativ engem Mandat gegründet, viele erweiterten ihr Mandat über die Zeit, was zu Überlappungen der Mandate und Konflikten zwischen Organisationen führte. Die Einordnung als «institutionelle Dimension der Fragmentierung» ist daher naheliegend.

Internationale Organisationen sind sowohl Ausdruck als auch Verursacherinnen der Fragmentierung des Völkerrechts. Viele Organisationen wurden zur internationalen Zusammenarbeit in einem bestimmten Sachbereich gegründet, etwa die WTO im Bereich des Handels oder die WHO im Bereich der Gesundheit. Auch sie definieren sich primär anhand ihrer Funktion und nicht entlang territorialer Grenzen. Weil die Organisationen für die Staaten bzw. die Gesellschaft bestimmte Funktionen wahrnehmen und nicht «verkleinerte, unter sich gleiche Kopien des Gesamtsystems»[264] sind, widerspiegeln sie die funktionale Fragmentierung der Gesellschaft. Gleichzeitig haben sich viele Organisationen auch weiter spezialisiert bzw. ausdifferenziert und sind damit sowohl anderen Organisationen als auch ihren Mitgliedern gegenüber unabhängiger geworden. Weil viele Organisationen auch in irgendeiner Form zur Rechtsschöpfung und -auslegung und damit zur Gestaltung des Völkerrechts beitragen, sind sie zudem auch Verursacherinnen einer Fragmentierung des Völkerrechts.[265]

---

264 Formulierung in Bezug auf die gesellschaftliche Differenzierung in Teilsysteme: LUHMANN, Die Weltgesellschaft, S. 20.
265 Vgl. dazu ausführlicher hinten II. B. 2.

b) Territoriale, funktionale und teleologische Fragmentierung

Internationale Organisationen widerspiegeln die Differenzierung der Staaten und der internationalen Gesellschaft. Sie dienen längst nicht mehr nur der apolitischen Koordination der Aktivitäten einzelner Staaten. Vielmehr sind sie heute Foren für die Artikulierung, Festigung und auch Durchsetzung spezifischer Interessen sowie Vorlieben. Dabei gibt es in der Regel sowohl Komponenten einer territorialen, funktionalen sowie teleologischen Fragmentierung. Vor allem nach dem Zweiten Weltkrieg und mit Beginn des Kalten Krieges lässt sich beobachten, dass Staaten je nach geopolitischer Ausrichtung entweder die eine oder die andere Organisation unterstützten, wobei die Organisationen möglicherweise ähnliche Funktionen wahrnahmen. So unterstützten etwa die USA aus geopolitischen Gründen die Gründung der IOM (damals das PICMME), während sie dem UNHCR die Unterstützung verweigerten, obwohl sich die Aufgabenbereiche überlappten. Auch die NATO und der Warschauer Pakt lassen sich als geopolitische Gegenentwürfe mit ähnlichen Funktionen beschreiben. Solche Organisationen widerspiegeln mehrheitlich eine territoriale Fragmentierung.

In zunehmendem Masse lässt sich in Bezug auf internationale Organisationen aber auch eine Übertragung der teleologischen Differenzierung der Gesellschaft feststellen. Heute weisen viele Organisationen eine sich überlappende, beinahe identische Mitgliedschaft auf, wodurch das territoriale Element weitgehend entfällt. Wenn die Organisationen gleichzeitig mit sich überlappenden Funktionen aufwarten, reicht allerdings auch die Erklärung der funktionalen Differenzierung nicht mehr aus, um die Fragmentierung zu erfassen. Insofern ist bei Organisationen mit weitgehend gleicher Mitgliedschaft mit sich gleichzeitig überlappenden Funktionen davon auszugehen, dass sie darüber hinaus auch unterschiedliche, möglicherweise auch widersprüchliche, Ziele und Werte verkörpern, die innerhalb eines Staates oder innerhalb einer Gesellschaft bestehen.

c) Internationale Organisationen als funktional-teleologische Regime

In internationalen Organisationen widerspiegeln sich demnach Elemente sowohl funktionaler als auch teleologischer Fragmentierung der Gesellschaft. Die Bedeutung von internationalen Organisationen als Ausdruck territorialer Fragmentierung hat seit dem Ende des Zweiten Weltkriegs eher abgenommen. Für die hier interessierende Frage nach dem Verhältnis zwischen dem UNHCR und der IOM werden internationale Organisationen als Regime daher weder (wie nationalstaatliche Rechtsordnungen) territorial noch (wie die *self-contained* oder *special regimes*) ausschliesslich funktional definiert, sondern anhand einer Kombination aus Funktion und Telos.

Die Abgrenzung zwischen der Organisation als Regime und einem funktionalen Regime ist mitunter nicht ganz einfach. So ist das UNHCR etwa eng mit «dem Flüchtlingsregime» verknüpft – unter dem Blickwinkel der ILC-Regimekonzeption wäre das UNHCR etwa ein Akteur (unter mehreren) innerhalb des Flüchtlingsregimes. Allerdings ist das UNHCR nicht mit dem Flüchtlingsregime gleichzusetzen, obwohl sich grossenteils überlappend. Das «Flüchtlingsregime» ist allein funktional definiert und ist in gewissen Bereichen weiter, in gewissen Bereichen enger gefasst als das UNHCR. Auch die IOM ist nicht mit dem «internationalen Migrationsmanagementregime» gleichzusetzen: Nicht alle Massnahmen der internationalen Migrationsverwaltung involvieren die IOM. Andererseits nimmt die IOM auch Tätigkeiten wahr, die nur wenig mit Migrationsverwaltung zu tun haben. Es liesse sich einwenden, dass auch das UNHCR und die IOM insofern ebenfalls als funktional definiert bezeichnet werden könnten, als sich die Organisationen selber wiederum entlang ihrer Funktion(en) definieren. Vorliegend wird aber davon ausgegangen, dass internationale Organisationen sich darüber hinaus auch anhand eines bestimmten Ideensets charakterisieren – sie werden demnach als Verkörperung von bestimmten gesellschaftlichen oder politischen Werten und Zielen betrachtet. Entsprechend kann hier von funktional-teleologischen Regimen gesprochen werden.

Insofern stellt die hiesige Konzeptualisierung eine Kombination aus dem Regimebegriff der Internationalen Beziehungen und dem Regimeverständnis der Völkerrechtswissenschaft dar: Internationale Organisationen werden vorliegend ebenfalls primär anhand ihrer Funktion, entsprechend der Völkerrechtswissenschaft, definiert. Die Funktionen einer Organisation ergeben sich vor allem aus ihrem Gründungs- oder Grunddokument. Gleichzeitig soll vorliegend entsprechend dem Regimebegriff der Internationalen Beziehungen auf gemeinsame Prinzipien abgestellt werden. Mit Prinzipien sind hier nicht Rechtsprinzipien im engen Sinne gemeint (z.B. entsprechend der Grundsätze des Völkerrechts i.S.v. Art. 38 IGH-Statut), sondern gemeinsame Grundannahmen, Werte und Ziele. Die Prinzipien, die den verschiedenen Organisationen zugrunde liegen, können nicht konfligieren. Im Gegensatz zu klassischen Rechten und Pflichten können Prinzipien nicht nach einem Alles-oder-nichts-Grundsatz (*all or nothing fashion*[266]) angewendet werden. Sie können lediglich in unterschiedlichem Masse verwirklicht werden. Entsprechend können die Prinzipien zweier Organisationen allenfalls miteinander kollidieren.

2. Zur rechtlichen Relevanz von Konflikten

a) Völkerrecht als Struktur v. Völkerrecht als Prozess

Was aber sind internationale Organisationen genau? Sind sie Strukturen aus Prinzipien, Normen und Verfahren? Sind sie eigenständige Akteurinnen?[267] Oder sind sie Foren für die Artikulierung und Durchsetzung nationalstaatlicher (kollektiver) Interessen?

Versteht man das Recht als Struktur, also als ein *body of rules*, werden internationale Organisationen in der Regel als Subjekte betrachtet. Ihre Kompetenzen ergeben sich aus dem Gründungs- oder Grunddokument, das wiederum seinerseits als völkerrechtlicher Vertrag oder Resolution ein Bündel aus Regeln darstellt. Gleichzeitig sind internationale Organisationen unter diesem Verständnis Akteurinnen, die, abhängig von ihren Kompetenzen, selbst Recht erlassen können. Hier wird also eine strikte Trennung zwischen Recht als Regeln (Struktur) und Subjekten bzw. Akteuren vorgenommen. Versteht man Regime also als Strukturen (Prinzipien, Normen und Verfahren) in einem bestimmten Themengebiet, sind internationale Organisationen keine Regime.[268] Sie sind allenfalls Akteu-

---

266 Dworkin, S. 25.
267 Vgl. in Bezug auf internationale Gerichte und insb. die Frage, ob diese (zu) selbstständige Akteure sind: Moeckli, S. 74 ff.
268 Ebenso in den Internationalen Beziehungen; hier wird i.d.R. zwischen Regimen als Strukturen und Organisationen unterschieden. Vgl. z.B. Oran Young zu den Begriffen «Institution», «Regime» und «Organisation»: *«Institutions* are assemblages of rights, rules, and decisionmaking procedures that give rise to social practices, assign roles to the participants in these practices, and regulate interactions among them. *Regimes*, on this account, are institutions that are specialized to a particular issue (e.g. the nuclear nonproliferation regime, the trade regime, the regime for stratospheric ozone) or a spatially defined area (e.g. the regime for Antarctica, the regime for the North Sea). Whereas institutions are assemblages of rights, rules, and decisionmaking procedures, *organizations* are material entities that have offices, personnel, budgets, and legal personality. Many institutions include organizations (e.g. the WTO, the secretatiat of the UNFCCC) that play significant roles in administering their provisions or depend on separate organizations (e.g. UNEP in the case of the ozone regime)

rinnen innerhalb eines bestimmten Regimes. Diese Betrachtungsweise entspricht der Herangehensweise des IGH, wenn er etwa die Regeln des Diplomatenrechts als ein *self-contained regime* versteht, der ILC, wenn sie die Menschenrechte als *special regime* konzipiert, und der Forschung der Internationalen Beziehungen, die zwischen Regimen und Organisationen unterscheidet. Als rechtlich relevant werden demzufolge vor allem solche Konflikte qualifiziert, die sich auf der Ebene Struktur, also zwischen verschiedenen Normen, ergeben.

Eine solche Betrachtungsweise, die das Recht als ein *body of rules* versteht, greift für die hier interessierende Frage nach dem Verhältnis zwischen internationalen Organisationen zu kurz. Zwar sind Rechtsnormen, so verstanden, Teil des völkerrechtlichen Systems. Aber sie konstituieren dieses nicht allein.[269] Versteht man das Völkerrecht als Prozess, sind Rechtsnormen das mögliche Resultat rechtlicher Prozesse. Eine wichtige Rolle in diesem Prozess kommt denjenigen Personen oder Organen zu, die über die *authority* verfügen, entsprechende Entscheidungen zu treffen – also darüber zu bestimmen, was das Recht ist, wie es angewendet wird und welches Gewicht unterschiedlichen Interessen oder Zielen im Verhältnis zueinander zukommt.[270] *Authority* bedeutet nach hiesigem Verständnis Folgendes: Einer Person oder einem Organ kommt aus bestimmten Quellen die Befugnis zu, entsprechende Entscheidungen zu treffen. Diese Personen oder Organe werden zudem von denjenigen, die ihren Entscheidungen unterliegen, als die legitimierten Akteure angesehen. Ergibt sich die *authority* einer Person oder eines Organs aus der Übertragung derselben durch einen anderen Akteur, wie das bei internationalen Organisationen der Fall ist, ist gleichzeitig klar, dass dem übertragenden Akteur diesbezüglich eine gewisse Kontrolle zukommt. Gleichzeitig übt eine Person oder ein Organ, das *authority* ausübt, in gewissem Masse wiederum Kontrolle und Macht über andere aus. Daraus ergibt sich, dass sich nicht alle widersprüchlichen Interessen, die im Völkerrecht existieren (und existieren dürfen), in Form konkreter widersprüchlicher Rechtsnormen manifestieren. Rosalyn Higgins formulierte es treffend:

---

to play those roles. But this is not always the case. As a result, the relationship between institutions and organizations emerges as an important focus of analyses rather than a matter to be disposed of by definition.» (YOUNG ORAN, Regime Theory Thirty Years On). Ebenso z.B. OBERTHÜR/GEHRING, S. 3 und 5.

269 In diesem Sinne ebenfalls: FINNEMORE/TOOPE, S. 743; VENZKE, S. 30.

270 Vgl. dazu HIGGINS, S. 26 f.

«[The role of law] is not, as is commonly supposed, only about resolving disputes. If a legal system works well, then disputes are in large part *avoided*. [...] An efficacious legal system can also contain competing interests, allowing those who hold them not to insist upon immediate and unqualified vindication. Of course, sometimes dispute resolution will be needed; or even norms to limit the parameters of conduct when normal friendly relations have broken down and dispute resolution failed. But these last elements are only a small part of the overall picture.»[271]

Wenn man das Recht als einen Prozess begreift, sind auch Vorgänge, die sich nicht im Rahmen von gerichtlichen Verfahren als Normkonflikte äussern, rechtlich relevant.

Für das Verständnis von internationalen Organisationen bedeutet das, dass alle eingangs formulierten Fragen bejaht würden. Internationale Organisationen sind Strukturen aus Prinzipien, Normen und Verfahren, die sich aus dem Gründungs- oder Grunddokument und der späteren Praxis ergeben. Gleichzeitig sind sie mehr oder weniger eigenständige Akteurinnen, die allenfalls wiederum weiteres Recht generieren. Weil sich ihre *authority* aber zumindest zum Teil aus der Übertragung derselben durch die Staaten ergibt und diese in unterschiedlichem Masse Kontrolle über die Organisation ausüben, bleiben Organisationen immer teilweise auch Foren für die Artikulierung und Durchsetzung staatlicher Interessen, sie sind in diesem Sinne *agents* der Staaten. Versteht man das Völkerrecht als Prozess, nehmen internationale Organisationen, je nach Stand des Prozesses, demnach unterschiedliche Funktionen ein: Sie können sowohl als Strukturen, *agents*, aber auch als Akteurinnen betrachtet werden.

b) Zur authority von internationalen Organisationen

Internationale Organisationen sind in verschiedener Art und Weise an der Entstehung und Weiterentwicklung des Rechts beteiligt. Es geht hier um das *law-making* von internationalen Organisationen. Die Organisationen werden dabei einerseits als *agents* betrachtet, welche die an sie gerichteten Prinzipien und Normen als *transmission belts* in Recht transformieren,

---

271 Ebd., S. 23.

das sich wiederum an andere Akteure, vor allem Staaten, richtet.[272] Kompetenznormen in den Gründungsdokumenten und spätere Resolutionen ermächtigen die Organisationen, «to transform the legal situation of persons/states subjected to this power: in the exercise of this competence, new norms of conduct (prohibitions, obligations and permissions) as well as subordinate norms of competence can be brought into existence».[273] Darüber hinaus entwickeln Organisationen auch eine eigene Vorstellung davon, wie die an sie gerichteten Prinzipien und Normen zu interpretieren und weiterzuentwickeln sind. Daher werden internationale Organisationen vorliegend auch als eigenständige Akteurinnen mit eigener Kultur und eigenen Werten betrachtet, die über eine von den Mitgliedstaaten unabhängige *authority* verfügen. Diese ermöglicht es ihnen, sich an der Entstehung und Weiterentwicklung des Rechts zu beteiligen. Weil die Organisationen dadurch unterschiedliche Prinzipien und Normen in weiteres Recht verwandeln, sind sie auch Verursacherinnen einer zusätzlichen Fragmentierung des internationalen Rechts.[274]

Vorab ist festzuhalten, dass das internationale *law-making* anders funktioniert als die Regulierung im Nationalstaat. Staaten wollen keine globale Regierung, keine Verwaltung von oben. Die meisten Organisationen, die EU bildet hier die grosse Ausnahme, verfügen daher über keine Kompetenzen, direkt Recht zu erlassen, das die Mitgliedstaaten binden würde. Nichtsdestotrotz ist die Entwicklung des Völkerrechts massgeblich durch die Handlungen internationaler Organisationen geprägt. Es kommen aber Mechanismen zur Anwendung, die «sanfter» sind als der Erlass bindender Normen. Voraussetzung dafür, dass Staaten sich verschiedenen, im weitesten Sinne rechtsetzenden Mechanismen unterwerfen, ist die Anerkennung einer rechtlichen *authority* von internationalen Organisationen. Der klassische Grund, weshalb davon ausgegangen wird, dass internationale Organisationen über *authority* verfügen, ist die Übertragung derselben durch die Mitgliedstaaten.

---

272 Die Idee der *transmission belts* findet sich auch bei MOECKLI/WHITE, S. 170: «Social change triggers change in the treaty through the medium of interpretive agents.»

273 VRANES, S. 417. Neben den klassischen Kompetenznormen gibt es auch prohibitive, permissive und verpflichtende Normen, die an Organisationen gerichtet sind. Eine verpflichtende Norm wäre etwa, dass das UNHCR die Weisungen der GV und des ECOSOC zu befolgen hat (UNHCR-Satzung, § 3).

274 Leathley kommt in Bezug auf Gerichte und Streitbeilegungsmechanismen zum gleichen Schluss: LEATHLEY, S. 266.

Zusätzlich werden weitere Quellen einer von den Mitgliedstaaten unabhängigen *authority* identifiziert: Internationale Organisationen sind über ihre *rational-legal authority* legitimiert; und sie üben Kontrolle über technisches Know-how und Expertise aus.[275] Ihre *rational-legal authority* beziehen internationale Organisationen daraus, dass ihnen Strukturen aus verschiedensten Regeln zugrunde liegen – sie verfügen über eine rechtliche Grundlage und können sich darauf berufen, dass sie rational handeln. Als Bürokratien können sie sich bei ihren Handlungen auf die ihnen eigenen Regeln berufen, Mitarbeiter und Mitarbeiterinnen haben ein *duty of office*, sie bringen vor, nur die Regeln zu befolgen und handeln vermeintlich apolitisch. Da sie in einem spezifischen sozialen Bereich tätig sind, entwickeln sich darüber hinaus bei vielen Organisationen beträchtliches Knowhow und Expertise, die ihnen einen Vorteil gegenüber anderen Akteuren verschaffen. Organisationen führen daher nicht notwendigerweise nur die politischen Vorgaben aus, die ihnen durch die Staaten auferlegt werden, sondern sie sind umgekehrt auch in der Lage, die Politik der Staaten zu gestalten.

Neben der durch die Mitgliedstaaten übertragenen und der inhärenten Autorität vieler Organisationen verfügen viele von ihnen zusätzlich über eine weitere Autoritätsquelle: Sie sind direkt völkerrechtlich legitimiert. Zu denken ist an (Organe von) Organisationen, die mandatiert sind, die Einhaltung spezifischer Verträge zu überwachen. Dazu gehören etwa die EU-Kommission, die mit der Überwachung des Vertrags über die Arbeitsweise der EU (AEUV) betraut ist,[276] aber auch das UNHCR, dem die Überwachung der Einhaltung der FK obliegt.[277] Solche Gebilde sind also direkt durch völkerrechtliche Verträge legitimiert, deren Implementierung zu überwachen. So geht etwa das UNHCR selber davon aus, dass

---

275 BARNETT/FINNEMORE, S. 707. Das Konzept der *rational-legal authority* geht auf Max Webers Theorie der rationalen bzw. legalen Herrschaft zurück (vgl. z.B. WEBER MAX, The Theory of Social and Economic Organization, New York 1947).

276 Art. 258 des Vertrags über die Arbeitsweise der Europäischen Union (Konsolidierte Fassung) vom 26. Oktober 2012, in: Amtsblatt der Europäischen Union, C 326.

277 Ebd., Präambel: «Noting that the United Nations High Commissioner for Refugees is charged with the task of supervising international conventions providing for the protection of refugees, and recognizing that the effective co-ordination of measures taken to deal with this problem will depend upon the co-operation of States with the High Commissioner»; ebenfalls Art. 35 FK, der spezifische Kooperationspflichten der Staaten mit UNHCR in Erfüllung seiner Überwachungsfunktion enthält.

es über eine *two-pronged legal foundation* verfügt: (1) Die Satzung und deren Weiterentwicklung durch die GV, den ECOSOC, das ExCom und das UNHCR selbst einerseits und (2) eine direkte völkerrechtliche Legitimation andererseits.[278] Als direkt legitimierend erachtet das UNHCR im Note on the Mandate einerseits verschiedene völkerrechtliche Verträge. So werden namentlich die FK, das Zusatzprotokoll von 1967 sowie verschiedene (nicht spezifizierte) regionale Instrumente genannt.[279] Des Weiteren sieht sich das UNHCR aber auch durch breitere «völkerrechtliche Konzepte» wie die «surrogate function» des diplomatischen und konsularischen Schutzes von Flüchtlingen und Staatenlosen oder den internationalen Menschenrechtsschutz (ebenfalls nicht spezifiziert) direkt völkerrechtlich legitimiert.[280] Während die direkte Legitimation durch «völkerrechtliche Konzepte» vage bleibt, ist klar, dass das UNHCR durch die FK über eine starke völkerrechtliche Legitimation verfügt. Neben der Übertragung der Überwachungsfunktion an das UNHCR haben sich die Staaten dort auch verpflichtet, mit dem UNHCR zusammenzuarbeiten.[281] Bei der IOM fehlt eine entsprechende direkte völkerrechtliche Legitimation in einem Vertrag. Sollte die IOM in Zukunft aber eine zentralere Rolle bei der Implementierung des UN-Migrationspaktes[282] zukommen, könnte das die Legitimation der IOM als *law-maker* weiter stärken.

c) Das law-making internationaler Organisationen

Die im vorangehenden Abschnitt umschriebene *authority* gibt den Organisationen Macht, die sie in unterschiedlicher Form ausüben. Für die hier vorliegende Thematik besonders interessant ist sie dann, wenn sie das

---

278 UNHCR, Note on the Mandate 2013, S. 2: «This two-pronged legal foundation has given the High Commissioner as well as his Office ist unique identity, specific legal authority and independence.»

279 Ebd.

280 Ebd.

281 «und in Kenntnis schliesslich, dass der Hochkommissär der Vereinten Nationen für Flüchtlinge mit der Aufgabe betraut ist, die Anwendung der internationalen Abkommen über den Schutz der Flüchtlinge zu überwachen, und dass die wirksame Durchführung der zur Lösung des Problems getroffenen Massnahmen von der Zusammenarbeit der Staaten mit dem Hochkommissär abhängt» (Präambel der FK von 1951).

282 Global Compact for Safe, Regular and Orderly Migration (GCM), in: A/RES/73/195 vom 19. Dezember 2018, Annex. Vgl. zum Thema hinten III. C. 7.

Recht formt. Sich dabei auf das *law-making* internationaler Organisationen im klassischen Sinne der Rechtsquellenlehre zu beschränken, würde den Blickwinkel allerdings zu sehr verengen. Vielmehr wird vorliegend davon ausgegangen, dass die Organisation der internationalen Beziehungen in Form der Gründung internationaler Organisationen zu einer Transformation des Rechts geführt hat: «[International organizations] have transformed the sources of international obligations as well as their content, the principal lawmaking actors, and even our understanding of what ‹international law› is and what it means to ‹comply› with its rules.»[283] Zu denken ist einerseits an verschiedene Formen des sog. *soft law*. Dazu gehören etwa Gutachten von internationalen Gerichten oder Berichte verschiedener Menschenrechtsausschüsse, etwa dem UN-Menschenrechtsrat. Obwohl rechtlich nicht bindend, dienen diese oft als Präzedenzen und Auslegungsparameter für die Interpretation verschiedener Instrumente. Auch Resolutionen, Verhaltenskodizes und Deklarationen entfalten Wirkung, indem sie Staaten, NGOs, multilateralen Unternehmen und internationalen Sekretariaten als Argumentationsgrundlage dienen und dadurch über die Auslegung Eingang in die nationale und internationale Rechtsprechung finden. Internationale Organisationen tragen zudem selbst dazu bei, den Inhalt bestehender völkerrechtlicher Normen zu konkretisieren oder gar zu ändern, etwa durch Richtlinien.[284] Dadurch sind sie einerseits ziemlich direkt als «Regulatorinnen» tätig. Andererseits sorgen sie dafür, dass die nationalen Gesetzgebungen weltweit harmonisiert werden.[285] Auch in Bezug auf das Gewohnheitsrecht kommt internationalen Organisationen eine bedeutende Rolle zu: Wiederholt in Resolutionen der GV verabschiedete Bestimmungen werden etwa als Ausdruck einer universalen Gewohnheit gewertet – ebenso breit abgestützte Instrumente wie die ILC-Staatenverantwortlichkeitsartikel.

Die eben beschriebenen Mechanismen sind Regulierungstechniken, die eher von oben nach unten stattfinden. Organisationen, die entsprechend funktionieren, beziehen ihre Autorität vor allem daraus, dass ihnen durch ihr Mandat eine *rational-legal legitimacy* zukommt. Zu diesen Organisationen zählt etwa das UNHCR. Dies insbesondere deshalb, weil das UNHCR mandatiert ist, die Einhaltung der FK zu überwachen, und dadurch über eine starke Legitimation verfügt. Daneben gibt es aber auch Organisatio-

---

283 ALVAREZ, International Organizations: Then and Now, S. 326.
284 Vgl. dazu ausführlicher hinten III. C. 7. c).
285 Vgl. zur Idee der globalen Harmonisierung in Bezug auf den UN-Sicherheitsrat: WESSEL, S. 182.

nen, die mehr einer Netzwerklogik folgen.[286] Diese Organisationen treten anderen Akteuren gegenüber weniger als Autorität, die zum Regelerlass befugt ist, sondern vielmehr als Partnerinnen auf, die innerhalb eines Netzwerkes operieren. Das *law-making* funktioniert hier nicht primär durch den Erlass quasi-rechtlicher Instrumente wie Richtlinien oder Deklarationen und deren Handlungen werden auch nicht unbedingt als Ausdruck des Gewohnheitsrechts gewertet. Diese Organisationen sind insofern aber ebenfalls *law-maker*, als sie andere Akteure bei der Rechtsetzung partnerschaftlich unterstützen, etwa als Beraterinnen bei nationalen Gesetzesrevisionen oder indirekter durch die Entwicklung sog. *communities of practice*, deren Mitglieder gemeinsamen Prinzipien folgen und eine gemeinsame Sprache sprechen.[287] Diese Organisationen beziehen ihre Autorität vor allem aus ihrem Know-how und ihrer Expertise und üben ihre Autorität in konsensualer Weise aus. Ein klassisches Beispiel einer solchen Organisation ist die IOM.[288]

So verstanden sind internationale Organisationen ganz massgebend an der Entstehung und Weiterentwicklung des Rechts beteiligt. Das Recht besteht dabei nicht nur aus den *rules written down on a piece of paper*[289] bzw. aus internationalen Verträgen – es ist vielmehr ein Prozess, eine Praxis und eine Form des Diskurses. Weil internationale Organisationen unterschiedliche Prinzipien und Normen institutionalisieren und sie diese als *agents* und Akteurinnen in weiteres Recht transformieren, besteht das Potenzial, dass sie die Fragmentierung des globalen Rechts verstärken. Die Unschärfe des Rechtsbegriffs bleibt damit zwar bestehen. Weil internationalen Organisationen aber, wie erwähnt, aus verschiedenen Quellen ein gewisse Legitimität zukommt, das Völkerrecht auszulegen oder neue Verhaltensstandards zu generieren und wenn Staaten die entsprechenden Akte anschliessend als Recht akzeptieren,[290] etwa durch Inkorporation im

---

286 Vgl. zu Hierarchien und Netzwerken: Slaughter, The Chessboard and the Web, S. 37.

287 Vgl. in Bezug auf IOM: Fine Shoshana, Liasons, Labelling and Laws: International Organization for Migration Bordercratic Interventions in Turkey, Journal of Ethnic and Migration Studies (2017).

288 Die Konsensualität ist allerdings teilweise eher oberflächlich, weil oft eine Macht- und Wissensasymmetrie zwischen Organisation und betroffenen Staaten besteht.

289 Formulierung bei Hasenclever/Mayer/Rittberger, S. 19.

290 Vgl. dazu auch Klabbers mit dem Begriff des *presumptive law*, das bei der Frage, was «Recht» ist, massgebend u.a. auf die Zustimmung bzw. die Akzeptanz der Staaten abstellt (Klabbers, Law-making and Constitutionalism, S. 111 ff.).

nationalen Recht oder durch die Auslegung der Gerichte, kann mit guten Gründen davon gesprochen werden, dass die Handlungen internationaler Organisationen und damit auch Konflikte zwischen diesen rechtlich relevant sind.

In den folgenden Abschnitten wird dargelegt, wie dieses Verständnis von internationalen Organisationen den eingangs beschriebenen konzeptuellen Hürden – Innenperspektive im Recht der internationalen Organisationen, enges Verständnis der Rechtspersönlichkeit sowie enges Rechtsverständnis in der Fragmentierungsdebatte – begegnet.

3. Regimekonflikt als Antwort auf die «konzeptuellen Hürden»

a) Die Aussenperspektive: horizontales Verhältnis zwischen Regimen

Eine zentrale Schwierigkeit bei der Konzeptualisierung war es, einen Ansatz zu finden, der das relationale Element zwischen internationalen Organisationen zu fassen vermag.[291]

Das Verhältnis zwischen internationalen Organisationen in der Völkerrechtsordnung soll vorliegend «von aussen» betrachtet werden. Als Ausgangspunkt wurde daher das völkerrechtliche Modell der in verschiedene Regime fragmentierten Rechtsordnung gewählt. Internationale Organisationen werden vorliegend als solche (funktional-teleologischen) Regime konzeptualisiert, die im Rahmen ihrer Funktion eigenen Prinzipien, Normen und Verfahren folgen.[292] Sie stellen damit verschiedene Zentren der Völkerrechtsordnung dar. Als funktional-teleologische Teilrechtsordnungen verwirklichen sie unterschiedliche Werte und Ziele, die innerhalb einer Gesellschaft oder eines Nationalstaates bestehen können. Das Verhältnis zwischen internationalen Organisationen reflektiert daher immer auch das Verhältnis zwischen bzw. die Gewichtung von solchen Werten und Zielen.

Die Vorstellung des Völkerrechts als polyzentrale Rechtsordnung, in dem es keine *a priori* Hierarchien zwischen Institutionen und Normen

---

291 Zum fehlenden relationalen Element des Rechts der internationalen Organisationen vgl. vorne I. C. 1. c).

292 Dies entspricht Luhmanns Verständnis von selbstreferenziellen Funktionssystemen: «Jedes Funktionssystem orientiert sich an eigenen Unterscheidungen, also an eigenen Realitätskonstruktionen, also auch am eigenen Code.» (LUHMANN, Wirtschaft der Gesellschaft, S. 346).

gibt, sondern verschiedene Zentren, führt zu der Annahme, dass verschiedene Regime grundsätzlich in einem horizontalen Verhältnis zueinander stehen.[293] Das schliesst freilich nicht aus, dass es auch im Völkerrecht hierarchische Strukturen gibt. So lässt sich etwa in Bezug auf Normen argumentieren, dass es «höherstehende» Normen gibt, etwa *ius cogens*-Normen, die anderen Normen vorgehen. Allein die Diskussion um den Inhalt der wenigen zwingenden völkerrechtlichen Normen zeigt aber, wie schwierig es ist, allgemein anerkannte Normenhierarchien zu etablieren, basiert das Völkerrecht doch wesentlich auf der Zustimmung der Staaten.[294] Auch institutionelle Hierarchien sind nicht grundsätzlich ausgeschlossen. So wird zum Beispiel der UN eine besondere Rolle im institutionellen Gefüge zugeschrieben. Deren Charta wird zuweilen als Verfassung der internationalen Gemeinschaft gesehen.[295] Das impliziert, dass die Charta anderen Instrumenten vorgeht. In Bezug auf die Sonderorganisationen der UN lässt sich immerhin argumentieren, dass sie verschiedenen Kontroll- und Steuerungsmechanismen der UN unterliegen. Allerdings folgt daraus nach hier vertretener Ansicht noch nicht, dass eine Hierarchie besteht. Vielmehr können auch solche Konstellationen als ein näheres Zusammenrücken verschiedener Zentren der Völkerrechtsordnung, allenfalls eine punktuelle Integration in die Strukturen der UN, verstanden werden. Zwischen Organisationen, die strukturell nicht miteinander verknüpft sind, ist hingegen die Vorstellung eines horizontalen Verhältnisses angemessen. Daraus folgt, dass sich die Handhabung von Konflikten zwischen den Organisationen grundsätzlich aus deren Interaktion ergeben muss – sei es durch Koordina-

---

293 Fischer-Lescano/Teubner sprechen von einem «heterarchischen» Verhältnis (vgl. FISCHER-LESCANO/TEUBNER, Regime-Collisions 2004, S. 1017).

294 Zur *«fuzziness»* von ius cogens z.B.: LINDERFALK ULF, Normative Conflict and the Fuzziness of the International *ius cogens* Regime, Zeitschrift für ausländisches öffentliches Recht und Völkerrecht 2009 Heft 4, S. 961–977.

295 Vgl. zur UN-Charta als Verfassung der internationalen Gemeinschaft: FASSBENDER BARDO, The United Nations Charter As Constitution of the International Community, Columbia Journal of Transnational Law Vol. 36 No. 3 (1998), S. 529–619. Eine solche Argumentation ergibt sich aus Art. 103 UNCh selber: «In the event of a conflict between the obligations of the Members of the United Nations under the present Charter and their obligations under any other international agreement, their obligations under the present Charter shall prevail.»

tion der Aktivitäten oder durch Selbstregulierung der jeweiligen Organisation.[296]

Die Konzpetion von internationalen Organisationen als Teilrechtsordnungen im Völkerrecht, die grundsätzlich in einem horizontalen Verhältnis zueinander stehen, ist daher in der Lage, das Verhältnis zwischen internationalen Organisationen zu erfassen.

b) Das UNHCR und die IOM als Regime statt als Völkerrechtssubjekte

Die zweite Schwierigkeit bei der Konzeptualisierung ergab sich aus dem Begriff der «internationalen Organisation» bzw. aus dem Verständnis der Rechtspersönlichkeit, das dem Recht der internationalen Organisationen zugrunde liegt. Mit einem engen Verständnis der Rechtspersönlichkeit ist es schwierig, das UNHCR als eigenständiges Gebilde zu erfassen.[297] Versteht man das UNHCR aber als eine eigenständige Teilrechtsordnung (Regime), die sich anhand funktional-teleologischer Kriterien definiert und die je nach Stand des Prozesses Struktur, *agent* oder Akteurin sein kann, können die komplexen Beziehungen zu unterschiedlichen Gebilden, etwa der GV, dem ECOSOC, dem ExCom und den UN-Mitgliedstaaten, abgebildet werden, während gleichzeitig der Fokus auf das UNHCR gewahrt wird. Als Struktur verstanden, basiert das UNHCR auf einer Reihe von Prinzipien und Normen. Diese stammen von unterschiedlichen Akteuren, etwa von der GV, dem ECOSOC, den Staaten oder dem ExCom. Das UNHCR transformiert diese Prinzipien und Normen wiederum als *agent* und eigenständiger Akteur in Recht, das sich an die Staaten richtet. Das UNHCR ist in diesem Sinne eine eigene Teilrechtsordnung im Bereich Flüchtlingsschutz.[298] Auch die IOM lässt sich vor diesem Hintergrund als Teilrechtsordnung im Bereich Migrationsmanagement bezeichnen.

---

296 Vgl. in Bezug auf die Vorstellung der von aussen angestossenen Selbstregulierung ebenfalls MOECKLI/WHITE, S. 170: Die Akteure, die Abkommen interpretieren, stossen Veränderungen demnach oft aufgrund «externer Stimuli» an.
297 Zum UNHCR und dem Problem der Rechtspersönlichkeit: vgl. vorne I. C. 2. c).
298 Vgl. dazu hinten III., insb. III. A. 4. a), III. B. 4. a) und III. C. 8. c).

c) Regimekonflikt als Institutionenkonflikt und Normkonflikt

Die letzte Schwierigkeit bei der Konzeptualisierung ergab sich aus der Betrachtungsweise der Fragmentierung durch den Bericht der ILC.[299] Dieser fokussierte die Debatte auf Normkonflikte und engte damit die Breite der möglichen Perspektiven ein.

Weil Regime analytische Konstrukte sind, können sie unterschiedlich definiert werden. Vorliegend werden internationale Organisationen und die je dazugehörigen Prinzipien und Normen als analytische Ganze zusammengefasst. Eine anhand der Organisation definierte Teilrechtsordnung umfasst sowohl eine institutionelle als auch eine substanzielle Dimension.[300] Konflikte zwischen internationalen Organisationen können demnach auf der institutionellen und der substanziellen Ebene auftreten.

Konflikte auf der institutionellen Ebene betreffen die Organisationen an sich. Auf den ersten Blick handelt es sich hier um Kompetenzkonflikte.[301] Als (positive) Kompetenzkonflikte werden Konflikte zwischen Normen verstanden, welche die gleiche Ermächtigung an zwei unterschiedliche Subjekte übertragen. Allerdings ergeben sich im Verhältnis zwischen internationalen Organisationen Schwierigkeiten, Kompetenzkonflikte zu identifizieren.[302] Zum einen sind die Gründungsdokumente oft zu allgemein formuliert, als dass man daraus einen Kompetenz*konflikt* mit einer anderen Organisation ablesen könnte. Zum anderen bilden die Gründungsdokumente die Aufgaben der Organisationen und deren Entwicklung über die Jahre oft nur ungenügend ab.[303] So stammt etwa das Mandat des UNHCR aus dem Jahr 1950. Die Organisation hat seither eine Entwicklung durchlaufen, welche die Gründungssatzung nicht angemessen abbildet. Das funktionalistische Verständnis gewährt internationalen Organisationen gerade eine weitreichende Flexibilität bei der Interpretation ihrer Funktionen. Daher mögen die in den Gründungsdokumenten an die Organisationen übertragenen Aufgaben zwar im Einzelfall komplementär erscheinen. In der Praxis beanspruchen internationale Organisationen aber

---

299 Zum engen Rechtsverständnis im Rahmen der Fragmentierungsdebatte: vgl. vorne I. C. 3.

300 Die Terminologie der «institutionellen» und «substanziellen» Dimension stammt aus dem ILC-Fragmentierungsbericht selber (vgl. ILC, Fragmentierungsbericht 2006, § 13).

301 Vgl. dazu die Ausführungen vorne unter I. C. 3. c) und II. A. 4. b).

302 Vgl. dazu die Erkenntnisse aus der Fallstudie hinten IV. A. 2.

303 Vgl. zu den Gründungsdokumenten von internationalen Organisationen als «living instruments»: MOECKLI/WHITE, S. 138 ff.

immer wieder die Hoheit über den gleichen Sachverhalt, das gleiche Gebiet oder die gleichen Personen(gruppen). Es ist daher angemessener, von sich überlappenden Kompetenzen zu sprechen. Zudem führen sich überlappende Mandate noch nicht notwendigerweise zu Konflikten im weiteren Sinn. Vielmehr können auch Synergien entstehen, wenn die Organisationen die gleichen Ziele verfolgen. Ein «Institutionenkonflikt» liegt nach hier vorliegendem Verständnis daher erst dann vor, wenn zwei Organisationen über sich überlappende Kompetenzen verfügen, sie aber gleichzeitig in diesen Bereichen unterschiedliche Ziele verfolgen.[304]

Solche Institutionenkonflikte können sich auf die substanzielle Ebene übertragen und sich dadurch als Normkonflikte auf der Ebene Staat manifestieren. Die Übertragung von der institutionellen auf die substanzielle Ebene erfolgt durch das *law-making* internationaler Organisationen.[305] Organisationen beraten Gesetzgebungsbehörden beim Entwurf neuer Einwanderungsgesetze, erlassen Handbücher und Richtlinien, die bestehende völkerrechtliche Pflichten interpretieren und weiterentwickeln, oder organisieren und klassifizieren Informationen und Wissen und beeinflussen dadurch die anschliessende Einordnung eines tatsächlichen Phänomens. So werden Konflikte, die auf der institutionellen Ebene bestehen, auf die substanzielle Ebene übertragen, indem diese durch die Staaten rezipiert werden. Dies geschieht etwa in Form der Auslegung von Normen durch Gerichte, im Rahmen des Gesetzgebungsprozesses oder auch in Form von Handlungen von Beamten. Insofern kann sich ein Regimekonflikt sowohl auf der institutionellen als auch auf der substanziellen Ebene ergeben. Allein Normkonflikte auf der Ebene Staat zu betrachten, ist daher zu eng gefasst, weil dadurch den zugrunde liegenden Zielkonflikten, die in der Gesellschaft bestehen, zu wenig Rechnung getragen wird.

Folglich besteht im Falle internationaler Organisationen ein enger Konnex zwischen Institutionen und Normen.[306] Versteht man internationale Organisationen daher als Teilrechtsordnungen mit institutioneller

---

304 Das entspricht der in II. B. 1. c) erläuterten Konzeption als funktional-teleologische Rechtsordnung, die sich sowohl an den Funktionen wie auch den Zielen orientiert.

305 Vgl. dazu vorne II. B. 2. c).

306 Ähnlich Moeckli und White zur Kopplung der institutionellen und substanziellen Ebene, wenn sie zum Schluss kommen, dass Abkommen unter anderem dann zu «living instruments» werden, wenn ihnen eine Dynamik unterliegt, die, etwa in Form von Gerichten, politischen Organen etc., Veränderung antreibt (MOECKLI/WHITE, S. 170).

und substanzieller Ebene, sind Normkonflikte letztlich ein mögliches Symptom von Institutionenkonflikten.

C. Erkenntnisse Regimekonflikt

In einer Würdigung der bisherigen Ausführungen lassen sich folgende Erkenntnisse festhalten:

(1) Unterschiedliche Fragestellungen – unterschiedliche Regimekonzeptionen: Die Regimeforschung brachte unterschiedliche Regimekonzeptionen hervor. Dem liegen unterschiedliche Fragestellungen zugrunde. Die Disziplin der Internationalen Beziehungen interessiert sich für die Frage, wie das Recht das staatliche Verhalten beeinflusst. Die anwendungsorientierte völkerrechtliche Forschung interessiert sich für die Frage nach dem Umgang mit konkreten Normkonflikten, die sich im Rahmen von Gerichtsverfahren äussern. Die grundlagenorientierte völkerrechtliche Forschung interessiert sich für das Verhältnis zwischen verschiedenen Teilrechtsordnungen und damit für die Funktionsweise des Völkerrechts.

(2) Die institutionelle Dimension der Fragmentierung: Das völkerrechtstheoretische Konzept des Regimekonflikts lässt sich auf die Situation von Konflikten zwischen internationalen Organisationen übertragen. Es dient im Völkerrecht als Modell dafür, ein Rechtssystem zu erklären, in dem es kaum Hierarchien und weder ein zentrales Rechtsetzungs- noch Rechtsprechungsorgan gibt. Weil die meisten Regime – als funktionale Teilrechtsordnungen verstanden – über die Zeit expandiert haben, überlappen sich diese heute. Bei internationalen Organisationen ist der Fall gleich gelagert: Sie definieren sich anhand ihrer Funktion. Viele haben ihre Mandate über die Zeit erweitert, sodass sich heute die Mandate vieler Organisationen überlappen. In diesem Sinne werden Konflikte zwischen internationalen Organisationen als Konflikte zwischen verschiedenen funktionalen bzw. teleologischen Fragmenten in der Völkerrechtsordnung verstanden. Internationale Organisationen sind dabei sowohl Ausdruck als auch Verursacherinnen der Fragmentierung des Völkerrechts.

(3) Normkonflikt, Kompetenzkonflikt und Institutionenkonflikt: Konflikte zwischen internationalen Organisationen sind keine klassischen Normkonflikte. Ein Normkonflikt liegt gemäss überwiegender Auffassung dann vor, wenn *ein* Subjekt zwei sich widersprechenden Normen unterliegt. Konflikte zwischen internationalen Organisationen basieren hingegen auf Kompetenzkonflikten. Dabei übertragen die jeweiligen Kompetenznormen die gleiche Ermächtigung an *zwei* unterschiedliche Subjekte.

Die Verwendung des Begriffs «Kompetenzkonflikte» ist in Bezug auf internationale Organisationen aus verschiedenen Gründen dennoch schwierig. Es ist daher angemessener, von sich überlappenden Kompetenzen zu sprechen. Solche müssen aber nicht notwendigerweise zu Konflikten im weiteren Sinne führen. Vielmehr wird hier davon ausgegangen, dass in der Praxis Konflikte zwischen Organisationen dann entstehen, wenn diese bei sich überlappenden Kompetenzen gleichzeitig unterschiedliche Ziele verfolgen. Hier kann von einem «Institutionenkonflikt» (als Pendant zum Normkonflikt) gesprochen werden, weil es primär um das Verhalten der Organisation und nicht um eine Rechtsnorm im engeren Sinne geht.

(4) Das Schweigen des Völkerrechts: Sich überlappende Mandate zwischen internationalen Organisationen sind heute eher Regelfall denn Ausnahme. Das Völkerrecht hält indes keine «Lösungen» für Konflikte zwischen internationalen Organisationen bereit. So existiert kein übergeordnetes Rechtsprechungsorgan, das Konflikte zwischen internationalen Organisationen entscheiden würde. Auch das Recht der internationalen Organisationen hält keine Lösungen bereit. Es operiert aus einer Binnenperspektive heraus; es kann zwar dazu beitragen, die Grenzen der Kompetenzen einer Organisation zu definieren, schweigt aber, wenn diese mit den Kompetenzen anderer Organisationen kollidieren. Weil bei Kompetenzkonflikten Normen an unterschiedliche Subjekte gerichtet sind, sind klassische Konfliktregelungsmechanismen wie Vorrangregeln nicht geeignet, um Konflikte zu «lösen». Es wird damit grundsätzlich den Organisationen selbst überlassen, sich im Falle von Konflikten zu organisieren. Demnach gibt es wenig Steuerungsmechanismen von aussen und eine allfällige normative Kompatibilität zwischen internationalen Organisationen muss sich demnach aus deren Interaktionen ergeben.

Die nachfolgende Fallstudie zum UNHCR und zur IOM soll aufzeigen, inwiefern die Organisationen Ausdruck der Fragmentierung der Gesellschaft sind, zudem wie sie die Wahrnehmung von Problemen und deren Handhabung prägen. Auch die verschiedenen Formen von Interaktionen sollen illustriert werden. Ferner soll untersucht werden, ob und inwiefern in der Fallstudie eine Harmonisierung bzw. Integration stattgefunden hat und welche Rolle die UN dabei spielt, nicht zuletzt seit die IOM mit dieser als *related agency* verbunden ist.

III. Fallstudie: UNHCR und IOM

Die vorliegende Arbeit interessiert sich für die Funktionsweise des Völkerrechts. In der nachfolgenden Fallstudie sollen daher folgende Fragen untersucht werden: (1) Welche Ursachen liegen Konflikten zwischen dem UNHCR und der IOM zugrunde? (2) Wie äussern sich Konflikte zwischen den Organisationen? (3) Sind diese Konflikte rechtlich relevant? Der Standpunkt ist dabei ein beobachtender. So sollen keine möglichen «Lösungen» für Konflikte zwischen internationalen Organisationen aufgezeigt werden.[307] Vielmehr soll die Fallstudie Erkenntnisse hinsichtlich der Funktionsweise des Völkerrechts generieren, das sich durch die funktionale Aufsplitterung in verschiedene Teilbereiche von nationalstaatlichen verfassungsrechtlichen Ordnungen unterscheidet.

Vor dem Hintergrund der Erkenntnisse des vorgehenden Teils dieser Arbeit werden das UNHCR und die IOM als zwei Teilrechtsordnungen im Völkerrecht verstanden. Sie sind dabei einerseits Adressatinnen von Normen, die hauptsächlich ihren Gründungs- bzw. Grunddokumenten entspringen. Andererseits lassen sich die Organisationen in ihrer Ausgestaltung und in ihrem Selbstverständnis heute nicht mehr allein durch ihre formellen Mandate erklären. Die Fallstudie soll daher auch untersuchen, welche Werte und Ziele die Organisationen im Rahmen ihrer Funktion verkörpern. Sie soll aufzeigen, inwiefern die Organisationen als *agents* als Forum für die Artikulation und Umsetzung staatlicher Interessen dienen, aber auch, wie sie als eigenständige Akteurinnen zur Weiterentwicklung des Rechts beitragen. Der Fokus liegt dabei auf dem Verhältnis *zwischen* den Organisationen. Deshalb stehen im Folgenden diejenigen Sachbereiche im Vordergrund, in denen sich die Mandate überlappen und die Organisationen folglich interagieren.[308]

Die Organisationen werden vorliegend als funktional-teleologische Teilrechtsordnungen verstanden. Um sowohl Funktion als auch Telos abbil-

---

307 Zudem scheint es fraglich, ob es überhaupt eine «Lösung» für Konflikte zwischen gleichwertigen Regimen geben kann. Vgl. dazu ausführlich: TEUBNER, S. 154 ff.

308 Dies betrifft vor allem die Flüchtlingsbelange sowie fluchtähnliche Situationen. Aus diesem Grund werden in den folgenden Ausführungen die ILO sowie der rechtliche Rahmen im Bereich Arbeitsmigration nur am Rande betrachtet.

den zu können, werden die Entwicklung der Organisationen und deren Verhältnis zueinander chronologisch dargestellt. Die historische Herangehensweise ermöglicht es, die Grundideen der Organisationen zu identifizieren und zu untersuchen, inwiefern diese die Organisationen noch heute prägen. Beide Organisationen haben ihre Wurzeln in der Zeit vor dem Zweiten Weltkrieg. Die Satzung des UNHCR wurde seit 1950 nie angepasst.[309] Auch die Verfassung der IOM, obwohl seit der Gründung mehrmals angepasst, geht wesentlich auf die Vorgängerorganisation vor dem Zweiten Weltkrieg zurück.

Im folgenden Teil werden daher die Ursprünge beider Organisationen beleuchtet und es wird herausgearbeitet, welche Prinzipien den Organisationen zugrunde liegen (A.). Anschliessend werden Struktur und Mandate des UNHCR und der IOM (bzw. des PICMME/ICEM) bei deren Gründung nach dem Zweiten Weltkrieg untersucht (B.). Hier wird dargelegt, über welche Funktionen die Organisationen gemäss den Gründungsdokumenten verfügen und inwiefern sich die Funktionen der Organisationen bereits bei der Gründung überlappten. Anschliessend folgt ein Überblick über die Entwicklung der Organisationen und deren Verhältnis zueinander (C.). Ziel der Analyse des Verhältnisses zwischen dem UNHCR und der IOM ist es, Konflikte zu identifizieren und zu beschreiben, wie sich diese Konflikte geäussert haben, wie die Organisationen damit umgegangen sind und wie sich die beiden Regime dadurch beeinflusst haben.

A. Institutionalisierung nach dem Ersten Weltkrieg

1. Ad-hoc-Strategie im Völkerbund

a) Fridtjof Nansen wird erster Flüchtlingshochkommissar (1921)

Die Gründung der Vorläuferorganisation des UNHCR reicht bis zum Ersten Weltkrieg zurück. Nach dem Krieg sahen sich die Staaten nach einer Reihe von Ereignissen und Gegebenheiten dazu veranlasst, im Bereich Migration institutionelle Massnahmen zu ergreifen. So wurde zunächst im Jahr 1919 im Zuge des Friedensprozesses von Versailles zusammen mit dem Völkerbund die Internationale Arbeitsorganisation (ILO) gegrün-

---

309 Auch die FK von 1951 wurde nie angepasst – einzig die zeitliche und geografische Begrenzung wurden 1967 im Rahmen eines Zusatzprotokolls für die Unterzeichnerstaaten aufgehoben.

det. Zweck der ILO war die Förderung der sozialen Gerechtigkeit durch die Einführung gemeinsamer sozialer und arbeitsrechtlicher Mindeststandards in den Mitgliedstaaten.[310] Auch die Rechtsstellung von sog. *migrant workers* war von Beginn weg Thema in der ILO.[311] Die Entsendung von Arbeiterinnen und Arbeitern wurde als gewichtiges Thema angesehen, da der Wiederaufbau nach dem Krieg und die Entwicklung der Kolonien viele Arbeitskräfte forderte.[312] Allerdings waren die Verhandlungen über die Rechtsstellung der *migrant workers* ein Tauziehen zwischen denjenigen Staaten, die ein Interesse an der Rekrutierung ausländischer Arbeitskräfte hatten (etwa Frankreich), und solchen, die eine restriktive Einwanderungspolitik verfolgten (etwa Grossbritannien oder Kanada).

Im Gegensatz zum Schutz der Arbeiterinnen und Arbeiter war der Schutz von Flüchtlingen nicht in der Völkerbundssatzung vorgesehen.[313] Trotzdem gelangten auch die Belange von Flüchtlingen bald auf die Agenda des Völkerbundes. Das Internationale Komitee vom Roten Kreuz (IKRK) und private Hilfsorganisationen waren im Jahr 1921 mit den Flüchtlingsströmen, welche die russische Revolution generiert hatte, an ihre Grenzen gestossen.[314] Sie appellierten daher an die Staatengemeinschaft, die Hilfstätigkeiten der Staaten und Organisationen besser zu koordinieren und den Schutz der Flüchtenden rechtlich zu regeln.[315] Die ILO lehnte es ab, diese Aufgaben zu übernehmen.[316] Der damalige Präsident des IKRK, Gustave Ador, gelangte daher an den Völkerbundsrat. Das IKRK hatte zuvor bei der Rückführung russischer Kriegsgefangener gute Erfahrungen mit der Zusammenarbeit mit dem Völkerbund gemacht, der dafür eigens ein Amt des Hochkommissars für die Rückführung von Kriegsgefangenen geschaffen hatte. Darauf berief sich Ador in seiner Anfrage an den Völkerbundsrat und schrieb, dass er sich erhoffe, der

---

310 Vgl. Präambel der ILO-Verfassung (Constitution of the International Labour Organization vom 1. April 1919 (die Verfassung wurde Teil des Friedensvertrags von Versailles, Part XIII of the Treaty of Versailles vom 28. Juni 1919).

311 Ebd.

312 ILO, Minutes of the Second Session 1920, S. 30.

313 So enthält die Völkerbundssatzung keine Bestimmung hinsichtlich Flüchtlinge, während der Schutz von Arbeitern ausdrücklich genannt wird (vgl. Art. 23 Bst. a der Völkerbundssatzung).

314 Der französische Diplomat René Ristelhueber spricht von fast 1,5 Mio. geflohenen Russen (RISTELHUEBER, S. 170).

315 Zur Entwicklung des Flüchtlingsrechts im Rahmen des Völkerbundes: BENTWICH NORMAN, The League of Nations and Refugees, British Yearbook of International Law Vol. 16 (1935), S. 114–129.

316 HOLBORN, League of Nations Refugees, S. 124.

Völkerbund würde das Erfolgsmodell «High Commissioner» auch für die Flüchtlinge einsetzen.[317] Das Amt des Hochkommissars für die Rückführung der Kriegsgefangenen hatte der Norweger Fridtjof Nansen besetzt. Offensichtlich hatte er es verstanden, mit der sowjetrussischen Regierung, die den Völkerbund eigentlich ablehnte, zu verhandeln. Schliesslich folgte der Völkerbundsrat dem Anliegen des IKRK und schaffte im August 1921 das Amt des Hochkommissars für Flüchtlinge und besetzte es mit dem früheren Hochkommissar für die Rückführung von Kriegsgefangenen: Fridtjof Nansen. Dabei stellte der Völkerbund den Staaten zwar seine «Maschinerie» zur Verfügung, übernahm indes keine Verantwortung für die Organisation und Finanzierung und hielt fest, dass die Aufgabe befristet sei.[318] Die Institutionalisierung des Flüchtlingsrechts im Rahmen des Völkerbundes und die Grundsteinlegung für die Gründung des UNHCR und des Flüchtlingsschutzes, wie wir ihn heute kennen, wirkt dadurch eher zufällig. Hätte das IKRK nicht darum gebeten, wären die Belange von Flüchtlingen vielleicht nicht auf die Agenda des Völkerbundes gerückt. Wäre Nansen mit der Rückführung von Kriegsgefangenen und den Verhandlungen mit Sowjetrussland nicht so erfolgreich gewesen, wäre das Amt des Hochkommissars für Flüchtlinge im Rahmen des Völkerbundes vielleicht nicht geschaffen worden. Vielmehr ist davon auszugehen, dass die Institutionalisierung von Flüchtlingsbelangen durch den Völkerbund nicht geplant war.[319]

Bald nach Amtsantritt führte der neue Hochkommissar Flüchtlingspässe für Russen ein (Nansen-Arrangement). Der Pass wurde an Russen vergeben, die nach der Oktoberrevolution vor dem bolschewistischen Regime geflohen waren und denen in der Folge die russische Staatsbürgerschaft entzogen worden war. Er diente vor allem dem Nachweis der Identität und war lediglich eine Empfehlung an die Regierungen, ohne Rechtsverbindlichkeit. Dem Arrangement sind 53 Staaten beigetreten. Im Jahr 1922 wurden die armenischen Flüchtlinge und später auch weitere Flüchtlingsgruppen in das Nansen-Arrangement mit einbezogen, auch wenn sich daran jeweils deutlich weniger Staaten beteiligten.[320] Es folgte ein

---

317 Völkerbund, Letter from the President of the Comité International de la Croix-Rouge und Memorandum from the Comité International de la Croix-Rouge at Geneva to the Council of the League of Nations, beide vom 20. Februar 1921, beide in: LNOJ Vol. 2 (1921), Annex I und II, S. 227–229.

318 HOLBORN, League of Nations Refugees, S. 125.

319 Vgl. in diesem Sinne auch BENTWICH, League of Nations and Refugees, S. 114.

320 Folgende Flüchtlingsbegriffe wurden angewandt: «Russian: Any person of Russian origin who does not enjoy or who no longer enjoys the protection of

knappes Jahrzehnt der *Ad-hoc*-Lösungsstrategie, weil man die Flüchtlingsströme als befristetes Phänomen wahrnahm.[321] Nansen war aber schon
bald der Ansicht, dass ein ganzheitlicher und längerfristiger Ansatz Erfolg
versprechender und günstiger wäre, um die Situation der Flüchtlinge dau-
erhaft zu verbessern.[322] Ihm schwebte eine internationale Organisation mit
mehr Autonomie und Budget vor, die sich aber auf die politischen und
rechtlichen Fragen beschränken würde. Die technischen Aspekte, etwa
Fragen betreffend Erwerbstätigkeit, Auswanderung und Niederlassung
von Flüchtlingen, so der Vorschlag, sollten von der ILO übernommen
werden, da sie in deren Mandat fielen. Die ILO lehnte ab, übernahm aber
ab 1924 vorübergehend die operativen Hilfsaufgaben *(relief)* für bestimmte
Flüchtlingsgruppen.[323] So kümmerte sich die ILO etwa darum, einen Aufnahmestaat für die Flüchtlinge zu finden und sie in den dortigen Arbeitsmarkt zu integrieren. Die Verantwortung für den rechtlichen Schutz der
Flüchtlinge, also die Definition ihres rechtlichen Status, verblieb indes
beim Hochkommissar für Flüchtlinge.

b) Nansen Office (1930) und Hochkommissariat für deutsche Flüchtlinge
   (1936)

Auf einige Jahre Prosperität nach dem Krieg folgte eine weltweite Wirtschaftskrise, die spätestens mit dem amerikanischen Börsencrash im Oktober 1929 ihren Lauf nahm. Die Krise führte dazu, dass der euphorische
Internationalismus der unmittelbaren Nachkriegszeit an Anziehungskraft
verlor. Die Wirtschaftskrise hatte zur Folge, dass die Nansen-Flüchtlinge
von den Arbeitsmärkten ihrer Aufnahmestaaten nicht länger problemlos
absorbiert wurden. Ab 1930 machte sich unter den Staaten infolge der

---

the Government of the Union of Socialist Soviet Republics and who has not acquired another nationality. Armenian: Any person of Armenian origin formerly
a subject of the Ottoman Empire who does not enjoy or who no longer enjoys
the protection of the Government of the Turkish Republic and who has not
acquired another nationality.» (Völkerbund, Arrangement of 12th May 1926
Relating to the Issue of Identity Certificates to Russian and Armenian Refugees,
in: LNTS Vol. LXXXIX No. 2004, S. 47 ff.).

321 Sinnbildlich etwa bereits 1921, als man bei den Verhandlungen um die Schaf-
     fung des Amts des Hochkommissars für die russischen Flüchtlinge im Völ-
     kerbund von «the ultimate settlement of the refugee question» sprach (Völker-
     bund, The Question of Russian Refugees 1921, S. 758).
322 Vgl. dazu HOLBORN, League of Nations Refugees, S. 130 ff.
323 WEIS, S. 209.

Schwierigkeiten, die den Völkerbund von Beginn an begleitet hatten, zudem eine gewisse Völkerbund-Skepsis breit. Deshalb wurde es im Allgemeinen, speziell aber im Bereich Flüchtlinge, schwieriger, neue Initiativen zu lancieren. Vor diesem Hintergrund erstaunt es nicht, dass die erste rechtsverbindliche Flüchtlingskonvention von 1933[324] nur gerade von acht Staaten ratifiziert wurde. Die Konvention kodifizierte im Wesentlichen die Empfehlungen der Nansen-Arrangements und war vor allem auf die Nansen-Flüchtlinge (*«Russian, Armenian and assimilated refugees»*[325]) anwendbar. Weil das Amt des Hochkommissars für Flüchtlinge stark mit der Person Fridtjof Nansen verknüpft gewesen war und die Staaten die Notlösungsstrategien des Völkerbundes allmählich beenden wollten, wurde das Amt nach Nansens Tod im Jahr 1930 aufgelöst. Das Nansen International Office for Refugees (Nansen Office) übernahm unter der Führung von Max Huber die Liquidation der verbleibenden Arbeit.[326] Neben den klassischen Aufgaben wie dem Ausstellen von Dokumenten und quasi-konsularischen Diensten, wie sie schon das Hochkommissariat innegehabt hatte, half das Nansen Office auch beim *settlement*, also dabei, sich an einem neuen Ort niederzulassen.[327] Zwar war zwischen den «faktischen» Aufgaben, die vom Nansen Office übernommen werden sollten – also Hilfeleistungen wie Versorgung mit Essen, Unterkunft und das anschliessende *settlement* –, und dem politischen und rechtlichen Schutz der Flüchtlinge, der vom Generalsekretariat des Völkerbundes übernommen werden sollte, eine strikte Trennung vorgesehen.[328] Doch das Nansen Office übernahm in der Praxis nahezu alle Aufgaben. Eine weitere Institutionalisierung ergab sich im Jahr 1933 in Bezug auf die deutschen Flüchtlinge. So wurde das Amt des High Commissioner for Refugees (Jewish and Other) Coming from Germany geschaffen, nachdem die nationalsozialistische Verfolgung von Juden und anderen politisch Unliebsamen auch aufgrund der Wirt-

---

324 Convention Relating to the International Status of Refugees vom 28. Oktober 1933, in: LNTS Vol. CLIX No. 3663, S. 199 ff. (zit. Flüchtlingskonvention von 1933).

325 Ebd., Art. 1.

326 Vgl. HOLBORN, League of Nations Refugees, S. 131.

327 Z.B. *settlement* von armenischen Flüchtlingen in Syrien oder der sowjetischen Republik Eriwan (vgl. dazu BENTWICH, League of Nations and Refugees, S. 119 f.).

328 JENNINGS, S. 108. Im Jahr 1935 wurden die Flüchtlinge aus dem Saarland in das Mandat einbezogen (Völkerbund, Refugees from the Saar: Extension of the Nansen Passport System to these Refugees vom 30. Juli 1935, in: LNOJ Vol. 16 (1935), S. 1681–1689).

schaftskrise zu einem akuten Problem für die Staatengemeinschaft geworden war.[329] Es wurde erst 1936 in den Völkerbund integriert, nachdem Deutschland aus dem Völkerbund ausgetreten war.[330] Eine entsprechende Konvention wurde 1938 verabschiedet.[331] Neben einigen spezifischen Bestimmungen für die deutschen Flüchtlinge stimmte sie im Wesentlichen mit der Flüchtlingskonvention von 1933 überein.

2. Institutionelle Dichotomie am Vorabend des Zweiten Weltkrieges

a) Vereinheitlichung im Völkerbund: nur noch ein Hochkommissariat

Verschiedene Faktoren trugen dazu bei, dass die Flüchtlingsproblematik im Völkerbund zunehmend weniger Unterstützung fand.[332] Dazu gehören auch die Defizite, die den Völkerbund von Anfang an begleitet hatten, wie etwa die fehlende Mitgliedschaft der USA oder die mangelnde Finanzierung. Auch in Bezug auf die Flüchtlinge war der Widerstand innerhalb des Völkerbundes gewachsen, vorwiegend seitens derjenigen Staaten, welche die Flüchtlinge generierten; etwa Italien, der Sowjetunion oder Deutschland.[333] Weil der Völkerbund die Flüchtlingsproblematik zudem mehr als humanitäres denn als politisches Problem behandelte, war es für ihn unmöglich, die Ursachen der Flüchtlingsströme anzugehen. Und schliesslich fehlte es an der Bereitschaft der Staaten, sich längerfristig zu verpflichten, was eine weitsichtige Planung verunmöglichte. Sowohl das Nansen Office als auch das Hochkommissariat für die deutschen Flüchtlinge wurden schliesslich wie geplant im Jahr 1938 aufgelöst und deren Aufgaben wurden am 1. Januar 1939 durch das Office of the High Commissioner for Refugees under the Protection of the League of Nations

---

329 Nachdem Hitler und die Nationalsozialistische Deutsche Arbeiterpartei (NSDAP) ab 1930 massiv an Macht gewonnen hatten, verliessen bis zur Machtübernahme 1933 etwa 80'000 Personen das Land (RISTELHUEBER, S. 171).

330 WEIS, S. 209.

331 Völkerbund, Convention Concerning the Status of Refugees Coming From Germany vom 10. Februar 1938, in: LNTS Vol. CXCII No. 4461, S. 59 ff. Im Jahr 1939 wurden die österreichischen Flüchtlinge in die Konvention mit einbezogen (Völkerbund, Additional Protocol to the Provisional Arrangement and to the Convention Concerning the Status of Refugees Coming from Germany vom 14. September 1939, in: LNTS Vol. CXCVIII No. 4634, S. 141 ff.).

332 Vgl. zum Ganzen: HOLBORN, League of Nations Refugees, S. 134.

333 Das Deutsche Reich ist 1933, Italien 1937 aus dem Völkerbund ausgetreten. Die Sowjetunion ist erst 1934 beigetreten.

übernommen – unter der Führung von Sir Herbert Emerson. Im Februar 1939 wurden die Flüchtlinge aus den an Deutschland abgetretenen Gebieten der ehemaligen Tschechoslowakei (Sudetenland) in das Mandat des Hochkommissariats für Flüchtlinge mit einbezogen, nachdem Hitlers Truppen 1938 im Zuge der «Heim ins Reich»-Politik dort einmarschiert waren.[334] Das Mandat des Hochkommissars umfasste den rechtlichen und politischen Schutz der Flüchtlinge, die Aufsicht über die Implementierung und Anwendung der beiden Flüchtlingskonventionen, die Koordination humanitärer Hilfe sowie die Unterstützung von Regierungen und privaten Organisationen bei ihren Bemühungen.[335]

b) Evian-Konferenz (1938): Gründung Intergovernmental Committee

Parallel zu den Bemühungen des Völkerbundes wurde im Jahr 1938 im französischen Evian vom amerikanischen Präsidenten Franklin Roosevelt eine Konferenz einberufen, um die wirtschaftlichen und politischen Implikationen der Flüchtlinge zu diskutieren, die das Naziregime unter anderem mit dem «Anschluss» Österreichs generiert hatte. Viele europäische Staaten waren mit der Anzahl aktueller und potenzieller Flüchtlinge aus Deutschland und den besetzten Gebieten überfordert und hofften, dass die Übersee-Staaten einen Teil der Personen aufnehmen würden.[336] Zur Konferenz eingeladen waren aus diesem Grund nur Staaten, die bereit waren, sich am *resettlement* zu beteiligen. Im Gegensatz zum Völkerbund waren diejenigen Staaten, welche die Flüchtlinge generierten, nicht dabei. Das betraf v.a. die Sowjetunion (UdSSR) und Deutschland. Dies war ein gewichtiger Schwachpunkt des Völkerbundes, da die Herkunftsstaaten eine gemeinsame Lösung für die Flüchtlinge oft erschweren oder verhindern konnten. Aus ihrer Sicht waren die Flüchtlinge Landesverräter und deren Aufnahme in anderen Ländern stellte eine unzulässige Einmischung in die inneren Angelegenheiten dar. An der sogenannten Evian-Konferenz waren schliesslich Vertreter von 31 Staaten zugegen, darunter die Schweiz, Frankreich, die Niederlande, das Vereinigte Königreich,

---

334 Völkerbund, Refugees from Territories Ceded by Czecho-Slovakia to Germany vom 24. Februar 1939, in: LNOJ Vol. 20 (1939), S. 230–231.

335 Mandat des Hochkommissars des Völkerbundes von 1938: Völkerbund, Resolutionen des Rates, Resolutions Adopted by the Assembly at its Twelfth Meeting, Friday, September 30th, 1938, at 11 a.m.: International Assistance to Refugees, in: LNOJ, Special Supplement Vol. 183 (1938), S. 136–138, 137.

336 Vgl. zum Ganzen WARREN, Collaboration on Migration, S. 112 und 113.

Kanada und zahlreiche südamerikanische Staaten. Die Staaten beschlossen, die von Roosevelt initiierte Zusammenarbeit in institutionalisierter Form im Rahmen des sogenannten Intergovernmental Committee fortzuführen.[337] Die Organisation kann als Vorläuferin der IOM bezeichnet werden. Deren Mandat beruhte auf keiner formellen Verfassung, sondern auf einer Resolution der beteiligten Staaten. Es umfasste «Emigranten»[338] aus Deutschland und dem Gebiet des ehemaligen Österreichs, später auch aus dem Sudetenland, und war in mehrerlei Hinsicht aussergewöhnlich. So bezog es sich nicht nur auf bereits geflüchtete Personen, sondern auch auf potenzielle Emigrantinnen und Emigranten, die sich noch in ihrem Heimatstaat befanden. Eine weitere Besonderheit betraf die Bestimmung, wonach die Koordination der Mitgliedstaaten im Rahmen ihrer bestehenden Immigrationsgesetze und -praxen bestehen bleiben sollte.[339] Damit wurde sichergestellt, dass die Mitgliedstaaten durch die Aktivitäten der Organisation nicht gezwungen würden, ihre Immigrationspolitik anzupassen. Die Bestimmung ist Ausdruck des Voluntarismusprinzips, dem das Komitee hohe Bedeutung zumass. Demnach diente das Komitee vor allem zur Koordination der Aktivitäten der verschiedenen Staaten und sah keine subjektiven Rechte für Flüchtlinge oder Pflichten der Staaten zur Verbesserung derer Situation vor. Ferner sollten die Mitgliedstaaten Verhandlungen mit der deutschen Regierung aufnehmen, um den Emigrierenden eine möglichst geordnete, geplante Ausreise zu ermöglichen, bei der sie ihr Hab und Gut mitnehmen können.[340] Das dadurch entstehende Ausreisesystem sollte durch die Emigrierenden selbst finanziert werden,[341] denn die Staaten waren nicht bereit, sich in finanzieller Hinsicht zu verpflich-

---

337 Mitglieder waren die Argentinische Republik, Australien, Belgien, Bolivien, Brasilien, Chile, Dänemark, die Dominikanische Republik, Ecuador, Frankreich, Grossbritannien, Guatemala, Haiti, Honduras, Irland, Kanada, Kolumbien, Kuba, Mexico, Neuseeland, Nicaragua, die Niederlande, Norwegen, Panama, Paraguay, Peru, Schweden, Schweiz, Uruguay, USA und Venezuela. Guatemala und Panama traten 1940 wieder aus.

338 Interessant ist in diesem Zusammenhang die Terminologie: Im Gegensatz zum Völkerbund wird an der Konferenz nicht von *refugees* gesprochen, sondern meistens von *involuntary emigrants*, z.B.: «Considering that the question of involuntary emigration has assumed major proportions and that the fate of the unfortunate people affected has become a problem for intergovernmental deliberation.» (Intergovernmental Committee, Gründungsresolution, S. 676).

339 Ebd., S. 676.

340 Ebd., S. 677.

341 Ausdrücklich Flüchtlingshochkommissar EMERSON, S. 215.

ten.[342] George Warren, damals Mitarbeiter des US-Aussendepartements und späterer Abgeordneter der USA beim ICEM, sagte zur Gründung des Komitees rückblickend: «That [d.h. die Gründung des Komitees, Anm. der Verfasserin] was a futile effort by George Rublee [erster Direktor des Komitees, Anm. der Verfasserin] to get some kind of a financial deal with the Nazis to let the refugees out with some of their own property. That failed completely.»[343]

3. Die Organisationen während des Zweiten Weltkrieges

a) Das Flüchtlingshochkommissariat in Schwierigkeiten

Für das Flüchtlingshochkommissariat des Völkerbundes war es während des Krieges ausserordentlich schwierig, sein Mandat wahrzunehmen. Es befasste sich formell mit zwei Gruppen von Flüchtlingen; die Unterscheidung hatte sich aus der institutionellen Trennung der 1930er-Jahre ergeben: (1) die Nansen-Flüchtlinge, d.h. vorwiegend Russinnen und Russen, die 1917 und in den darauffolgenden Jahren vor den «Roten» geflohen waren, Armenierinnen und Armenier, die nach dem Zusammenbruch des Osmanischen Reichs geflohen waren, sowie die Saarlandflüchtlinge nach 1935; (2) die Flüchtlinge aus *Greater Germany*, also primär deutsche und österreichische Staatsangehörige sowie Personen in den von Deutschland besetzten Gebieten, wobei es sich hauptsächlich um jüdische Flüchtlinge handelte. Exemplarisch für die faktischen Schwierigkeiten lässt sich dem Bericht des Hochkommissars vom Februar 1942 entnehmen, dass viele Nansen-Flüchtlinge und lokale Vertretungen des Hochkommissars aufgrund des Krieges nicht mehr in der Lage waren, die Kommunikation mit dem Hochkommissar aufrechtzuerhalten, etwa in Bulgarien, den baltischen Staaten, Jugoslawien und Griechenland.[344] Auch die politischen Umstürze in einigen Staaten erschwerten die Situation des Hochkommis-

---

342 Intergovernmental Committee, Gründungsresolution, S. 677. Deutlich Warren: «Refugees with at least some capital and technical equipment would be far more acceptable [...] than penniless suppliants for asylum.» (WARREN, Collaboration in Migration, S. 112).

343 Richards D. McKinzie, Oral History Interview with George L. Warren, 10. November 1972, Washington D.C., Harry S. Truman Library & Museum, <https://www.trumanlibrary.org/oralhist/warrengl.htm#8>, [8]. In diesem Sinne auch SJÖBERG, S. 126.

344 Völkerbund, Bericht des Hochkommissars von 1942, S. 1 f.

sariats. So brach etwa das neue französische Vichy-Regime die Beziehungen zum Hochkommissariat ab und hob dessen lokales Büro auf, nachdem es aus dem Völkerbund ausgetreten war.[345] In Portugal setzte sich der Hochkommissar dafür ein, dass eine Gruppe von siebzig aus Frankreich kommenden russisch-jüdischen Nansen-Flüchtlingen Transitvisa erhielt, damit diese Personen an die portugiesische Küste gelangten, von wo aus sie nach Amerika zu überschiffen hofften.[346] Sie hatten es geschafft, dem französischen Vichy-Regime zu entkommen. Der Bericht lässt darauf schliessen, dass die Tätigkeiten des Hochkommissariats während des Krieges im Wesentlichen darin bestanden, die Lage der Flüchtlinge im Mandat des Hochkommissars zu beobachten und zu dokumentieren sowie die Anwendung der Flüchtlingskonvention in den Staaten zu überwachen. Ausserdem stellte es Papiere für Flüchtlinge aus, die nicht in der Lage waren, diese von ihrem Heimatstaat (meist Deutschland) oder von ihrem Gaststaat zu erhalten.[347] In Staaten hingegen, welche die Zusammenarbeit verweigerten oder unter die Kontrolle der Achsenmächte gefallen waren, also dort, wo die Hilfe am dringendsten nötig war, weil die Verfolgten deportiert und in Internierungs- und Konzentrationslager gebracht wurden, war das Hochkommissariat machtlos.[348]

b) Erweiterung des Intergovernmental Committee (1943)

Gleichzeitig war der Plan des von Roosevelt ins Leben gerufenen Komitees, ein System geordneter Ausreise für deutsche Flüchtlinge zu schaffen, mit dem Ausbruch des Krieges in weite Ferne gerückt. Weil sich die Kriegshandlungen über ganz Europa hinweg ausbreiteten, wurden neue Flüchtlingsströme ausgelöst, was das Flüchtlingsproblem zu einem zuneh-

---

345 Ebd., S. 1.
346 Ebd., S. 2.
347 Ebd., S. 11.
348 Vgl. etwa Hochkommissar Emersons Jahresbericht von 1944 zu den Bemühungen, Flüchtlinge ausreisen zu lassen: «In spite of continuous efforts by many different authorities and agencies, little progress has been made in obtaining the consent of the German and other Axis authorities to the departure of refugees from their territories. Some hundreds have been able to leave the Balkans with official approval, and it is hoped that more will be able to do so, but otherwise the various requests [...] have been met by refusal.» (Völkerbund, Bericht des Hochkommissars von 1942, S. 5).

mend universalen Problem machte.[349] Es wurde immer schwieriger, nur spezifische, klar umrissene Personengruppen zu unterstützen. Der Krieg machte es zudem faktisch schwieriger, die Flüchtlinge mit Hilfsgütern zu versorgen und sie gegebenenfalls in Drittstaaten zu bringen. Weil Infrastruktur und Ressourcen fortan für den Krieg eingesetzt wurden, fehlte es etwa an Schiffen für den Überseetransport. Und letztlich waren viele potenzielle Aufnahmestaaten doch nicht bereit, Flüchtlinge aufzunehmen, sei es aus Angst vor der «Bürde» oder aus der Befürchtung heraus, dadurch in den Krieg mit einbezogen zu werden, weil die Aufnahme von Flüchtlingen als politischer Akt hätte gewertet werden können.[350] Das Komitee litt ausserdem von Beginn weg an Finanzierungsschwierigkeiten, sodass es nicht in der Lage war, Flüchtlingen Nothilfe zu leisten oder andere operative Tätigkeiten auszuführen.[351] Seit der Gründung hatte das Komitee lediglich etwa 500 jüdischen Familien dabei geholfen, sich in der Dominikanischen Republik niederzulassen, einige tausend Personen hatte es nach Palästina (damals unter britischem Mandat) gebracht sowie ungefähr tausend jüdischen Flüchtlingen temporäres Asyl in den USA ermöglicht.[352] Angesichts der geschätzten 30 Millionen entwurzelter und vertriebener Menschen Ende 1943 war das ein Tropfen auf den heissen Stein.[353] Das Komitee wird deshalb in der Retrospektive oft als macht- und nutzlos bezeichnet.[354] Die Untätigkeit des Komitees lässt sich aber nur zum Teil durch den Krieg erklären. Tatsächlich stellte sich nachträglich die Frage, weshalb das Komitee gegründet wurde, wenn die Staaten nicht bereit waren, konkrete Massnahmen zu ergreifen. Eine denkbare Erklärung hat Sjöberg: Mit der Gründung des Komitees kamen die USA einerseits innenpolitischen Forderungen nach, Schritte zur Hilfe für die (vor allem jüdischen) Flüchtlinge zu unternehmen, und demonstrierte andererseits nach aussen hin ihren guten Willen als (potenzieller) Aufnahmestaat.[355] Gleichzeitig signalisierten die USA damit, dass eine Lösung auf der inter-

---

349 ILO, The Inter-Governmental Committee on Refugees 1, S. 97.
350 Vgl. dazu im Ganzen WARREN, Collaboration in Migration, S. 113.
351 Bericht des IGCR-Direktors Emerson, zit. nach ILO, The Inter-Governmental Committee on Refugees 2, S. 656.
352 BENTWICH, International Refugee Organization, S. 154.
353 Zahl ebd., S. 154.
354 In aller Deutlichkeit: «[...] the powerless and underfunded body whose mandate specifically ruled out for actual rescue and whose programme consisted of giving relief to those already rescued.» (PECK, S. 371).
355 SJÖBERG, S. 127.

nationalen Ebene gefunden werden musste und sie ihre Immigrationspolitik und -gesetze nicht anpassen würden.[356]

Angesichts der Untätigkeit des Intergovernmental Committee und der Machtlosigkeit des Flüchtlingshochkommissariats waren alle Augen auf die britische und die amerikanische Regierung gerichtet, als diese sich im Jahr 1943 im karibischen Bermuda hinter verschlossenen Türen zu einer Konferenz trafen, nachdem der Antisemitismus des Naziregimes allmählich nach aussen hin offensichtlich und die Politik der «Endlösung» bekannt geworden war.[357] Viele hatten gehofft, an der Konferenz würden endlich Schritte beschlossen, um die jüdische Bevölkerung vor den Gräueltaten des Naziregimes zu retten – die Hoffnungen wurden allerdings bitter enttäuscht.[358] Der Bericht zur Bermuda-Konferenz wurde nicht veröffentlicht, weil er den Achsenmächten wohl sensible militärische Informationen preisgegeben hätte.[359] Allerdings liessen sich aus der anschliessenden Kommunikation einige Grundsätze ablesen. Zum einen waren die an der Konferenz beteiligten Regierungen bemüht zu betonen, dass es sich beim Flüchtlingsproblem nicht um ein primär jüdisches Problem handelte. So schreibt etwa die International Labour Review im Jahr 1944 zur Bermuda-Konferenz: «The European refugee problem ceased to be mainly a Jewish problem and became by degrees a world-wide affair affecting nearly all European nationalities.»[360] Damit war klar, dass die Regierungen keine spezifischen Schritte zur Rettung der jüdischen Bevölkerung ergreifen würden. Zum anderen liess der Vertreter Grossbritanniens anschliessend

---

356 Dieser Punkt widerspiegelt sich deutlich im Mandat des Komitees: «[...] assistance [...] may be co-ordinated within the framework of existing migration laws and practices of Governments.» (Intergovernmental Committee, Gründungsresolution, S. 676).

357 Z.B. BBC, WW2 People's War, An Archive of World War Two Memories – Written by the Public, Gathered by the BBC, Fact File: Bermuda Conference, <http://www.bbc. co.uk/history/ww2peopleswar/timeline/factfiles/non-flash/a1140355.shtml?sectionId=5 &articleId=1140355>.

358 Etwa The New York Times, To 5,000,000 Jews in the Nazi Death-Trap: Bermuda Was a «Cruel Mockery», 4. Mai 1943; David Blair, The Bermuda Conference that Failed to Save the Jews, The Telegraph vom 31. Januar 2015, <http://www.t elegraph.co.uk/news/worldnews/europe/poland/11381920/The-Bermuda-confere nce-that-failed-to-save-the-Jews.html>.

359 ILO, The Inter-Governmental Committee on Refugees 1, S. 98.

360 Ebd., S. 97. Deutlicher noch die Mitteilung der britischen Botschaft im Anschluss: «The refugee problem cannot be treated as though it were a wholly Jewish problem which could be handled by Jewish agencies or by machinery only adapted for assisting Jews.» (Grossbritannien, Aide-Mémoir from the British Embassy to the Department of State 1943, S. 134).

im britischen Unterhaus verlautbaren, dass man den Flüchtlingen den grössten Dienst erweise, wenn man den Krieg gewinne und sie dadurch von der deutschen Tyrannei befreie.[361] Er signalisierte damit, dass die Priorität des Vereinigten Königreichs auf dem Sieg im Krieg lag und alle verfügbaren Ressourcen daher zuerst dafür eingesetzt würden. Gleichzeitig entschieden die britischen und amerikanischen Vertreter aber auch, das Intergovernmental Committee fünf Jahre nach seiner Gründung wiederzubeleben.

Folglich wurde das Intergovernmental Committee im Jahr 1944 reorganisiert. Neun weitere Staaten traten dem Komitee bei, darunter die UdSSR – in Widerspiegelung der veränderten politischen Allianzen seit dem Ausbruch des Krieges.[362] Das neue Mandat des Intergovernmental Committee on Refugees (IGCR) gemäss der Verfassung von 1944[363] war äusserst umfassend und beschränkte sich erstmals nicht mehr auf spezifische Personengruppen, sondern bezog sich auf alle Personen, die ihr Land hatten verlassen müssen oder noch mussten, weil sie wegen ihrer Rasse, Religion oder politischen Ansichten gefährdet waren.[364] Das traf damals wohl auf eine Mehrheit der Millionen Vertriebenen in Europa zu.[365] Faktisch war das Mandat aber vor allem aufgrund zweier Faktoren stark relativiert. Erstens mass das IGCR dem Voluntarismusprinzip hohe Bedeutung bei. Es befasste sich nur dann mit Staatsangehörigen seiner Mitgliedstaaten, wenn die entsprechenden Regierungen das auch wollten.[366] Deutlicher

---

361 Zit. nach ILO, The Inter-Governmental Committee on Refugees 1, S. 98.
362 Folgende Staaten wurden zur Mitgliedschaft eingeladen: Ägypten (beigetreten), Costa Rica, Guatemala, Griechenland (beigetreten), Indien (beigetreten), Irak, Island (beigetreten), Jugoslawien, Luxemburg (beigetreten), Panama, Persien, Polen (beigetreten), Portugal, Spanien, Südafrikanische Union (beigetreten), Tschechoslowakei (beigetreten), Türkei, UdSSR (beigetreten).
363 Rules for the Constitution and Procedure of the Intergovernmental Committee on Refugees vom 17. August 1944, in: Intergovernmental Committee on Refugees, Report of the Fourth Plenary Session, August 15–11, 1944, London (Washington, Intergovernmental Committee on Refugees, Office of American Resident Representatives, 1944), S. 42 ff. (zit. IGCR-Verfassung).
364 Art. 2 Abs. 1 IGCR-Verfassung.
365 Ausdrücklich im Bericht des IGCR-Direktors Emerson, zit. nach ILO, The Inter-Governmental Committee on Refugees 2, S. 656.
366 Bericht des IGCR-Direktors Emerson, zit. nach ILO, The Inter-Governmental Committee on Refugees 2, S. 656. Ausdrücklich auch im Mandat des IGCR: «No resoultion adopted by the Committee imposes any specific obligation on any Member, even if the representative of the Member has voted in favour of the resolution, unless the Member [...] has expressly accepted the obligation in question.» (Art. 1 Abs. 4 der IGCR-Verfassung).

ausgedrückt: Es wäre ein politischer Affront gewesen, Staatsangehörige von Mitgliedstaaten unter das Mandat des IGCR zu nehmen, weshalb das Mandat faktisch nur auf Staatsangehörige von Nicht-Mitgliedstaaten angewandt wurde. Da eine Mehrheit der Mitglieder den alliierten Staaten angehörten, betraf es in Europa also vorwiegend deutsche und österreichische Staatsangehörige, die vor dem Naziregime flohen, später spanische Staatsangehörige, die vor dem Franco-Regime flohen, sowie Staatenlose.[367] Der zweite Faktor betraf die Aufgabenteilung zwischen den verschiedenen Institutionen. Gemäss Mandat war das Komitee beauftragt, mit verschiedenen Organisationen zusammenzuarbeiten, namentlich mit dem Flüchtlingshochkommissariat des Völkerbundes, der ILO und der neu gegründeten United Nations Relief and Rehabilitation Administration (UNRRA)[368] sowie weiteren Organisationen, die heute als NGOs bezeichnet würden.[369] Das IGCR schrieb sich selber nur eine subsidiäre Zuständigkeit für diejenigen Aufgaben zu, die nicht bereits von anderen Organisationen übernommen wurden.[370] Da für unmittelbare Hilfstätigkeiten und die Rückführungen nach dem Krieg andere Organisationen, primär die UNRRA, zuständig waren, fielen faktisch nur noch diejenigen Personen unter das Mandat des IGCR, die aus irgendeinem Grund nicht in ihre Heimat zurückkehren konnten.[371] Auch die Finanzierung wurde neu organisiert. Während die administrativen Ausgaben von allen Mitgliedstaaten des Komitees gemeinsam getragen wurden, erklärten sich Grossbritannien und die USA bereit, die restlichen (operativen) Ausgaben für Projekte und Niederlassungen in verschiedenen Staaten zu übernehmen; die anderen Staaten konnten sich auf freiwilliger Basis und nach ihren Kräften beteiligen.[372] Im Gegenzug

---

367 (Ohne Autor), Intergovernmental Committee on Refugees, in: International Organization Vol. 1 No. 1 (1947), S. 144–145, 144. Das Problem der Staatenlosigkeit war v.a. nach dem Ersten Weltkrieg entstanden, als viele Staaten begannen, eine Gesetzgebung zu erlassen, die den Entzug der Staatsbürgerschaft erlaubte (vgl. dazu AGAMBEN, S. 115).

368 Zur UNRRA vgl. III. A. 1. c).

369 Art. 2 Abs. 3 Bst. a der IGCR-Verfassung.

370 Bericht des IGCR-Direktors Emerson, zit. nach ILO, The Inter-Governmental Committee on Refugees 2, S. 656.

371 Ebd.

372 Art. IV Bst. a und b des IGCR-Finanzreglements (Financial Regulation of the Intergovernmental Committee on Refugees vom 17. August 1944, in: Intergovernmental Committee on Refugees, Report of the Fourth Plenary Session, August 15–11, 1944, London [Washington, Intergovernmental Committee on Refugees, Office of American Resident Representatives, 1944], S. 50 ff.). Bis Ende 1946 hatten sich Frankreich, Belgien, Kanada, Norwegen und die

mussten alle geplanten Projekte den zwei Staaten vorab zur Genehmigung vorgelegt werden.[373] Dadurch hatten sich die beiden Staaten faktisch ein Vetorecht für alle operativen Tätigkeiten eingeräumt.

c) Gründung der UNRRA für Nothilfe in den befreiten Gebieten (1944)

Bevor das neue Mandat des IGCR im Jahr 1944 in Kraft trat, wurde Ende 1943, ebenfalls auf Initiative der USA, die UNRRA mit 44 Mitgliedstaaten gegründet, um in den befreiten Gebieten umgehend Hilfe zu leisten.[374] Anders als der Name vermuten lässt, wurde die UNRRA nicht im Rahmen der UN (auch nicht im Völkerbund) gegründet, zumal diese 1943 noch nicht existierte.[375] Allerdings stammt der Begriff «United Nations» schon aus dem Jahr 1942. Damals trafen sich auf Initiative Roosevelts 26 Staaten, die der Kampf gegen die Achsenmächte einte, und unterzeichneten ein kurzes gemeinsames Dokument, die Declaration of The United Nations. Diese wird als einer der Grundsteine der späteren Gründung der UN betrachtet. Grossbritannien, die USA, die UdSSR und China waren im Exekutivrat vertreten, alle alliierten Staaten waren im Erweiterten Rat vertreten; die USA stellten einen Grossteil der Ressourcen der Organisation.[376] Aufgabe der UNRRA war es, den unmittelbaren Leidensdruck durch die

---

Schweiz freiwillig beteiligt (vgl. [ohne Autor], Intergovernmental Committee on Refugees, in: International Organization Vol. 1 No. 1 [1947], S. 144–145, 144).

373 Art. VII Bst. b des IGCR-Finanzregelements.

374 Vgl. Agreement for the United Nations Relief and Rehablitation Administration vom 9. November 1943, in: American Journal of International Law, Supplement Vol. 38 (1944), S. 33–40 (zit. UNRRA-Gründungsvereinbarung). Staaten, welche die UNRRA-Gründungsvereinbarung unterzeichnet haben: Ägypten, Äthiopien, der Commonwealth von Australien, Belgien, Bolivien, die Vereinigten Staaten von Brasilien, Chile, China, Kolumbien, Costa Rica, die Dominikanische Republik, Ecuador, El Salvador, die damalige Regierung Frankreichs (the French Committee of National Liberation), Griechenland, Guatemala, Haiti, Honduras, Island, Indien, Iran, Irak, Jugoslawien, Kanada, Kuba, Liberia, Luxemburg, die Vereinigten Mexikanischen Staaten, Neuseeland, Nicaragua, die Niederlande, Norwegen, Panama, Paraguay, Peru, der Philippinische Commonwealth, Polen, die Südafrikanische Union, Tschechoslowakei, UdSSR, das Vereinigte Königreich von Grossbritannien und Nordirland, Uruguay, die USA und Venezuela.

375 Allerdings wurde die UNRRA 1945 nach der Gründung der UN durch diese als Sonderorganisation übernommen, bis die UNRRA 1946 aufgelöst wurde.

376 Ristelhueber, 176.

Versorgung von Kriegsopfern mit Essen, Kleidern, Notunterkünften und medizinischer Versorgung zu lindern. Die UNRRA hatte unter anderem damit begonnen, Flüchtlingslager zu errichten, wo Flüchtlinge kurzfristig mit dem Nötigsten versorgt wurden. Kriegsgefangenen und Exilierten sollte schnellstmöglich die Rückkehr in ihre Heimatländer ermöglicht werden. Und die vom Krieg gebeutelten Staaten sollten dabei unterstützt werden, schnell wieder grundlegende Infrastruktur aufzubauen.[377] Es war von Beginn weg geplant, dass das Mandat der UNRRA befristet war und die Organisation nur kurzfristig in den befreiten Gebieten Hilfe leisten würde. Für die längerfristige Arbeit, eine Lösung für all diejenigen zu finden, die nicht mehr in ihren Heimatstaat zurückkehren wollten oder konnten, also das *resettlement*, war hingegen das Intergovernmental Committee zuständig.[378]

4. Zwischenfazit

a) Im Völkerbund: Flüchtlingsschutz

Die Grundsteinlegung für die Fragmentierung im Bereich Migration erfolgte damit bereits mit dem Ende des Ersten Weltkriegs, als für die etwa eine Million russischen Flüchtlinge im Völkerbund das Amt des Hochkommissars für Flüchtlinge geschaffen wurde. Das Hochkommissariat fungierte vorab nur als Dreh- und Angelpunkt für die Koordination der Aktivitäten der einzelnen Staaten. Es beschaffte Informationen, baute ein Netzwerk mit Vertreterinnen und Vertretern der Staaten und verschiedenen Organisationen auf und erstellte direkten Kontakt zu den Flüchtlingen.[379] Bald schon wurde es ersichtlich, dass die russischen Flüchtlinge, im Gegensatz zu den Kriegsgefangenen, nicht in absehbarer Zeit in ihre Heimat zurückkehren konnten. Weil diese durch die Flucht staatenlos geworden waren, verfügten sie über einen prekären Rechtsstatus und dieser wurde in den verschiedenen Ländern uneinheitlich gehandhabt. Um eine Integration zu ermöglichen, auch wirtschaftlich, setzte sich die Erkenntnis durch, dass ihnen eine Mindestrechtsstellung gewährt werden musste. Nansen machte demnach im Jahr 1922 den Vorschlag für einen internationalen Pass, der den Flüchtlingen die gleiche Bewegungsfreiheit und den gleichen

---

377 Vgl. UNRRA-Gründungsvereinbarung, Präambel.
378 Bentwich, International Refugee Organization, S. 155.
379 Vgl. dazu Holborn, League of Nations Refugees, S. 125.

Schutz wie ausländischen Staatsangehörigen garantieren sollte.[380] Einigen konnten sich die Staaten anschliessend allerdings nur auf ein Dokument, das den Flüchtlingen als Ausweis diente und ihnen eine rudimentäre Bewegungsfreiheit zwischen den Ländern ermöglichte. Die Unterzeichnerstaaten waren anschliessend auf freiwilliger Basis dafür zuständig, den sich auf ihrem Territorium aufhaltenden Flüchtlingen entsprechende Dokumente auszustellen. Später wurden ähnliche Arrangements auch für die Flüchtlinge aus Armenien und weiterer Gruppen ausgehandelt. Die Arrangements enthielten jeweils eine spezifische Flüchtlingsdefinition[381] und dienten vor allem dem Nachweis der Identität. Ausser einer (sehr beschränkten) Reisefreiheit enthielten sie keine Rechte für die Flüchtlinge. Trotzdem stellten die Arrangements erste zwischenstaatliche Vereinbarungen, wenn auch nicht rechtlich bindend, im Bereich der Flüchtlinge dar, die damals als Personen konzeptualisiert wurden, denen der Schutz durch den Heimatstaat fehlte. Damit wurden die Flüchtlingsbelange durch eine Organisation institutionalisiert, die anschliessend an die Staaten gerichtete Normen generierte, wenn auch zunächst noch in unverbindlicher Art und Weise. Die Nansen-Arrangements wurden später in der ersten Flüchtlingskonvention 1933 kodifiziert. Die FK von 1933 enthielt zusätzlich und im Gegensatz zu den Arrangements relativ weitgehende Verpflichtungen für die Staaten, etwa das Verbot, Flüchtlinge mit rechtmässigem Aufenthalt an der Grenze abzuweisen, den Zugang zu Gerichten zu gewähren sowie gewisse Gleichbehandlungsgrundsätze in Bezug auf Sozialleistungen und Gesundheitsversorgung. Die Konvention fand zwar wenig Anklang, bereitete aber den Boden für die spätere FK von 1951.

Die Grundsteinlegung für die Trennung zwischen Flüchtlingen und anderen Kategorien von Migrierenden erfolgte damit bereits nach dem Ersten Weltkrieg, indem für die (russischen) Flüchtlinge eine eigene Institution geschaffen wurde. Die Flüchtlinge unterschieden sich von anderen Migrantinnen und Migranten dadurch, dass sie *de facto* oder *de iure* über keine Staatsangehörigkeit mehr verfügten und daher auf zwischenstaatlicher Ebene kein Staat ihre Rechte wahrnahm. Diese Institutionalisierung hat sich in Form von an die Staaten gerichteten Normen weiter gefestigt,

---

380 Vgl. BENTWICH, League of Nations and Refugees, S. 116.

381 Im Falle der russischen Flüchtlinge etwa «Any person of Russian origin who does not enjoy or who no longer enjoys the protection of the Government of the Union of Socialist Soviet Republics and who has not acquired another nationality» (Völkerbund, Arrangement of 12th May 1926 Relating to the Issue of Identity Certificates to Russian and Armenian Refugees, in: LNTS Vol. LXXXIX No. 2004, S. 47 ff.).

indem die Staaten sich vorab freiwillig an der Einführung gewisser Mindeststandards in Bezug auf diese Flüchtlingsgruppen beteiligen konnten, die zu einer Harmonisierung der Rechtsstellung dieser Personen in den verschiedenen Staaten führte. Später folgte eine rechtsverbindliche Konvention, die heute von einer Mehrheit der Staaten ratifiziert ist. Die Völkerbundszeit illustriert daher, wie Institutionen und Normen miteinander verknüpft sind und sich gegenseitig bedingen.

b) Intergovernmental Committee: geordnete Emigration

Im Jahr 1938 wurde mit der Gründung des Intergovernmental Committee eine Institution geschaffen, die sich zwar ebenfalls mit Flüchtlingen im Sinne von Personen befasste, die aus ihrem Heimatstaat fliehen mussten, die aber einen gänzlich anderen Ansatz verfolgte als das Hochkommissariat. Im Gegensatz zum Hochkommissariat war es nicht in den Völkerbund eingebunden und verfolgte daher bezüglich der Mitgliedschaft eine selektive Strategie: Nur die (potenziellen) Aufnahmestaaten waren dabei. Insbesondere die USA waren beim Komitee federführend, während sie dem Völkerbund nicht beigetreten waren. Damit war schon das Intergovernmental Committee ein geopolitischer Gegenentwurf zum Hochkommissariat. Es hatte aber auch andere Werte und Ziele. Für das Komitee standen nicht die Bedürfnisse der Flüchtlinge im Zentrum, sondern diejenigen der Mitgliedstaaten. So wird in der Gründungsresolution[382] festgehalten, dass die Emigrierenden für die anderen Staaten in wirtschaftlicher und sozialer Hinsicht ein Problem sind, die Kapazitäten der nationalen Institutionen binden, rassische und religiöse Konflikte verschärfen und den Frieden in den internationalen Beziehungen gefährden.[383] Ausdruck vom Fokus auf die Bedürfnisse der Mitgliedstaaten ist etwa die Strategie des Komitees, mit den Herkunftsstaaten, vor allem Deutschland, Vereinbarungen auszuhandeln, damit die Flüchtlinge bei der Ausreise ihren Besitz mitführen könnten, um den Aufnahmestaaten später möglichst wenig zur Last zu fallen. Ebenfalls sah das Komitee davon ab, die Mitgliedstaaten von der Gewährung gewisser Rechte an die Flüchtlinge zu überzeugen. Im Gegenteil, ein Grundprinzip des Komitees war, dass sich seine Aktivitäten

---

382 Resolution Adopted by the Intergovernmental Committe (Evian) on July 14th, 1938, in: LNOJ Vol. 19 (1938), S. 676–677 (zit. Intergovernmental Committee, Gründungsresolution).

383 Ebd., S. 676.

im Rahmen der bestehenden Gesetze der Mitgliedstaaten abspielten. Im Gegensatz zum Hochkommissariat zielte das Komitee also nicht darauf ab, die Immigrations- und Aufenthaltsgesetze und -praxen der Staaten zu ändern, um die Rechtsstellung der Flüchtlinge zu verbessern. Auch die Semantik des Komitees widerspiegelt die Abgrenzung vom Hochkommissariat: Das Komitee spricht von unfreiwillig Emigrierenden statt von Flüchtlingen. Mit der Gründung des Komitees wurde also bewusst eine Institution geschaffen, die andere Ziele verfolgte als das Hochkommissariat. Damit wurden die unterschiedlichen Werte und Ziele in Bezug auf die (zumindest teilweise) gleiche Personengruppe bereits vor dem Zweiten Weltkrieg durch unterschiedliche Organisationen institutionalisiert.

c) Koordination durch Personalunion der Vorstehenden

Weil sich die Mandate des Flüchtlingshochkommissars und des Intergovernmental Committee *ratione personae* überlappten, stellte sich schon mit der Gründung des Komitees die Frage nach der Koordination. Das Komitee sah für sich selbst nur eine subsidiäre Zuständigkeit. Es sollte nur dann tätig werden, wenn keine andere Organisation zuständig war. Zudem hatten die Staaten anlässlich der Evian-Konferenz festgehalten, dass das Komitee mit dem Hochkommissariat (und im Übrigen auch mit der ILO) kooperieren sollte.[384] Weil sich die Mandate schon von Beginn weg überlappten, wurde Hochkommissar Emerson von Lord Winterton, damals Vorsteher des Intergovernmental Committee, angefragt, ob er in Personalunion die Führung beider Organisationen übernehmen würde, um die Komplementarität der Aktivitäten zu sichern.[385] Lord Winterton und Herbert Emerson kamen überein, dass die Personalunion ein probates Mittel zur Koordination und Vermeidung von Konflikten sei. Gleichzeitig waren sie sich einig, dass die Personalunion nicht dazu führen durfte, dass die Mandate der Organisationen angepasst oder vermischt wurden.[386]

---

384 Ebd., S. 677.
385 Völkerbund, Letter from Lord Winterton to Sir Herbert Emerson vom 16. Februar 1939, S. 229.
386 Wörtlich: *complementary while remaining distinct* (Völkerbund, Letter from Lord Winterton to Sir Herbert Emerson vom 16. Februar 1939, S. 229; Völkerbund, Reply from Sir Emerson vom 17. Februar 1939, S. 229 f.). WEIS, S. 210.

Auch teilten sich die Organisationen ihre Büros in London, die Mitarbeitenden waren also in engem Kontakt.[387]

Emerson hatte dem Komitee eher kritisch gegenübergestanden. So hatte er es jeweils abgelehnt, für seine Arbeit als Direktor des Komitees entlohnt zu werden.[388] Trotzdem äusserte er sich 1943, nachdem das Mandat des Interngovernmental Committee erweitert worden war, mehrheitlich positiv zum Verhältnis zwischen den beiden Organisationen:

> «The intimate association between the two bodies should obviate any sense of rivalry in so far as the activities overlap. But as you will see, the mandate of the Intergovernmental Committee is much wider than that of the High Commission [...]. While the demarcation line between the activities of the two bodies will tend to become blurred in so far as the mandates are identical, the old connections of the High Commission will remain. Without any formal separation of cases, it will continue to have practically as much work as formerly, while it will be intimately associated with the wider sphere. There are some subjects, e.g., legal and political protection with which the High Commission is better qualified to deal [...]. The reorganisation has, of course, given me personally much more work, the same is true [...] indirectly of the staff generally. The immediate result, therefore, so far as the League is concerned, is a quickening of interest and a very close association with the whole refugee problem extending far beyond the formal mandate. It is premature to consider what the ultimate result will be, since this obviously depends on bigger issues affecting the whole question of international organisation. But you will, I think, agree that the present arrangement by which the two bodies work together in complete harmony is from every point of view better than the alternative by which they would be in competition.»[389]

Daraus ist abzulesen, dass der Hochkommissar die Lösung der engen Zusammenarbeit der Rivalität, die sonst ausgebrochen wäre, bevorzugte, obwohl es ihm gewissermassen widerstrebte, den Vorsitz des IGCR

---

387 Ebd., S. 210.
388 Völkerbund, Reply from Sir Emerson vom 17. Februar 1939, S. 230. Ebenso erneut nach der Gründung von IGCR: Brief von Hochkommissar Emerson an den Generalsekretär des Völkerbundes Lester vom November 1943, in: Reorganization of the Intergovernmental Committee on Refugees, August 1943, Archiv der Vereinten Nationen (1943–1944), Dokument No. R5616/20A/42219/686.
389 Ebd.

innezuhaben. Er grenzte das Kernmandat des Hochkommissariats, der rechtliche und politische Schutz der Mandatsflüchtlinge, ausdrücklich ab. Dem Hochkommissar war es durch die Personalunion und die enge Zusammenarbeit gleichzeitig aber auch möglich, das enge Mandat des Hochkommissariats breiter in die internationalen Aktivitäten im Bereich Flüchtlinge einzubetten. Die Personalunion und die geografische Nähe der Mitarbeitenden in Zusammenhang mit einer Subsidiaritätsklausel beim Intergovernmental Committee waren probate Mittel, um Konflikte und Doppelspurigkeiten infolge der sich überlappenden Mandate zu verhindern. Allerdings waren beide Organisationen aufgrund der Wirren des Krieges in ihren Handlungen höchst eingeschränkt, was das Konfliktpotenzial faktisch stark relativierte.

Demnach existierten schon am Vorabend des Zweiten Weltkrieges zwei verschiedene Institutionen, die sich mit Flüchtlingen beschäftigten und die ihrer Ausrichtung nach als Vorläuferorganisationen des UNHCR und der IOM bezeichnet werden können: (1) das Flüchtlingshochkommissariat, ein Nebenorgan des Völkerbundes, das sich jeweils punktuell um den Schutz bestimmter Flüchtlingsgruppen kümmerte, sich möglichst auf die rechtlichen und politischen Fragen beschränkte, in der Praxis aber immer auch mit finanzieller und materieller Unterstützung helfen musste; (2) das Intergovernmental Committee, eine zwischenstaatliche Organisation ausserhalb des Völkerbundes, die auf Initiative der USA, ihrerseits nicht Mitglied des Völkerbundes, gegründet wurde, um die Ausreise von Flüchtlingen möglichst geordnet zu gestalten, die sich in den Dienst ihrer Mitgliedstaaten stellte und deren Direktor in Personalunion zugleich Hochkommissar für Flüchtlinge war.

Im folgenden Teil wird die Gründung des UNHCR und des PICMME, das später zur IOM wurde, beschrieben. Im Zuge dessen werden die Strukturen und Mandate beider Organisationen dargestellt. Anschliessend wird erörtert, inwiefern sich die Mandate der Organisationen schon bei der Gründung überlappten. Zudem wird untersucht, weshalb gleichzeitig zwei Organisationen mit derart ähnlichem Mandat gegründet wurden.

B. Differenzierte Lösung mit Ausbruch des Kalten Krieges

1. Institutionelle Reorganisation mit der Gründung der UN

a) Auflösung des Völkerbundes und Gründung der UN

Das Ende des Zweiten Weltkriegs führte zu einer Reorganisation der bestehenden Institutionen. So war im Rahmen der Dumbarton Oaks-Gespräche in Washington vom 21. August bis 7. Oktober 1944 der Beschluss gefasst worden, den zur allgemeinen Enttäuschung verkommenen Völkerbund aufzulösen und ihn durch eine neue Organisation, die UN, zu ersetzen. Auch die Flüchtlingsbelange erfuhren durch die Auflösung des Völkerbundes eine institutionelle Reorganisation. Nachdem nach Kriegsende noch ungefähr zwei Millionen Menschen in den europäischen Auffanglagern zurückgeblieben waren,[390] gelangten die Staaten zur Überzeugung, dass die Flüchtlingsbelange auch auf die Agenda der neu gegründeten UN gehörten. Sie kamen aber zum Schluss, dass sich fortan nur noch eine einzige Organisation um die Flüchtlinge und Vertriebenen kümmern sollte.[391] Am 12. Februar 1946 wurde daher der ECOSOC durch die GV beauftragt, eine neue Organisation für die Flüchtlingsfragen zu gründen.[392]

b) Aus Flüchtlingshochkommissariat, IGCR und UNRRA wird IRO

Per 19. April 1946 wurden alle Aktivitäten des Völkerbundes eingestellt, mit Ausnahme der Tätigkeiten im Zusammenhang mit der Liquidation der Organisation.[393] Im Zuge dessen wurde auch beschlossen, das Amt des Flüchtlingshochkommissars als Teil des Völkerbundes spätestens per Ende 1946 aufzuheben.[394] Da die Staaten aber übereingekommen waren, dass den Flüchtlingen durch den Übergang vom Völkerbund zur UN keine Nachteile erwachsen durften und der Schutz lückenlos gewährleistet werden musste, war einiges institutionelles Geschick gefordert. Der ECOSOC

---

390 Zahl bei Bentwich, International Refugee Organization, S. 155.
391 Z.B. Votum von M. Paul-Boncour für Frankreich, in: Völkerbund, Minutes of the First Committee 1946, S. 93. Vgl. dazu auch Ristelhueber, S. 178.
392 A/RES/8(I) vom 12. Februar 1946, S. 12.
393 Völkerbund, Resolution for the Dissolution of the League of Nations vom 18. April 1946, in: LNOJ, Special Supplement No. 194 (1946), Annex 26, S. 269–272, 269.
394 Ebd., S. 270.

hatte zwar die Gründung der IRO vorgeschlagen und am 15. Dezember 1946 wurde deren Verfassung[395] durch die GV angenommen.[396] Sie trat allerdings mangels Ratifikationen und Finanzierung erst 1948 in Kraft.[397] So wurde das Flüchtlingshochkommissariat des Völkerbundes wie geplant per 31. Dezember 1946 aufgelöst und dessen Aufgaben wurden am folgenden Tag mitsamt Vermögenswerten in der Höhe von 287'164.47 CHF vorerst an das IGCR übertragen.[398] Das Komitee wiederum wurde ein halbes Jahr später, gemeinsam mit der UNRRA, am 1. Juli 1947 durch die Vorbereitungskommission der IRO (PCIRO) inkorporiert.[399] Im neuen Hauptquartier der Interims-IRO in Genf wurden die Mitarbeitenden der UNRRA und des IGCR zusammengebracht, was Zeitzeugen zufolge keine leichte Aufgabe war.[400] Neben dem Personal übernahm die Vorbereitungskommission der IRO auch Geld- und Sachwerte der UNRRA, wie etwa die Infrastruktur der Flüchtlingslager.[401]

c) Die IRO und die «Lösung» des Flüchtlingsproblems bis 1951

Die IRO war als nicht permanente Sonderorganisation der UN konzipiert.[402] Sie sollte ihre Arbeit bis zum 30. Juni 1950 erledigen, da die Staaten sich nach wie vor der Illusion hingaben, das Flüchtlingsproblem sei ein kurzfristiges und ein «lösbares». Ferner hatten es die Staaten bevorzugt, die Organisation durch den Status als Sonderorganisation eher lose mit der UN zu verbinden. Dadurch blieb die finanzielle Verantwortung der UN für die IRO gering und es ermöglichte eine von der UN abweichende Mitgliedschaft.[403] Als die Verfassung schliesslich 1948 in Kraft trat und die IRO ihre Arbeit aufnahm, waren die Sowjetunion und die «osteuropäi-

---

395 Constitution of the International Refugee Organization vom 15. Dezember 1946, in: 18 UNTS 3 (zit. IRO-Verfassung).
396 A/RES/62(I)I-II vom 15. Dezember 1946.
397 Die Bedingungen für das Inkrafttreten wurden eingeführt, damit die Organisation nur dann gegründet werden könnte, wenn sie die Unterstützung von mindestens fünfzehn Staaten hatte und die Finanzierung insoweit garantiert war, als dass die vorgesehene Arbeit auch tatsächlich erledigt werden konnte (vgl. Art. 18 Abs. 2 der IRO-Verfassung).
398 Vereinte Nationen, Schlussbericht Völkerbund 1947, S. 16–17.
399 Weis, S. 210.
400 Vgl. den Beitrag des stellvertretenden Generaldirektors der IRO: Rucker, S. 67.
401 Ebd., S. 67.
402 Präambel der IRO-Verfassung.
403 Bentwich, International Refugee Organization, S. 157.

schen»[404] Staaten nicht mehr dabei, obwohl sie massgeblich an der Ausgestaltung der Verfassung beteiligt gewesen waren. Letztlich haben nur achtzehn – vorwiegend «westliche» – Staaten die Verfassung ratifiziert.[405] Die Organisation war damit weit weniger breit abgestützt als die UNRRA, bei der unter anderem Jugoslawien und die UdSSR dabei gewesen waren. Die IRO war von den USA dominiert: Alle drei Generaldirektoren waren Amerikaner und die USA stellten einen Anteil am operativen Budget von über 45 Prozent.[406] Obwohl die Finanzierungssituation von Mitarbeitenden zu Beginn als schwierig wahrgenommen wurde,[407] leistete die Organisation Beträchtliches und verfügte über einen beeindruckenden Apparat mit 25 Niederlassungen in betroffenen Ländern und über 5'500 Mitarbeitende.[408]

Die Reichweite des Mandats der IRO war Resultat des Tauziehens zwischen verschiedenen Blöcken im ECOSOC, vor allem zwischen den «slawischen» Staaten und «dem Westen».[409] Kein wesentlicher Punkt in der Verfassung wurde einstimmig angenommen.[410] In der Schlussfassung wurde die IRO hauptsächlich mit dem Schutz der folgenden Gruppen beauftragt: Flüchtlinge vor dem Naziregime und dessen Verbündeten; sogenannte spanische Republikaner, die vor dem Franco-Regime geflohen waren; weitere Personen, die schon vor dem Krieg als Flüchtlinge betrachtet wurden; sogenannte «Neo-Flüchtlinge», die erst nach dem Ausbruch des Krieges geflüchtet waren; und *displaced persons*.[411] Eine Eigentümlichkeit betraf die Ausnahmeklausel: Im Sinne einer Schuld des Besiegten[412] waren Personen

---

404 Begriff bei RISTELHUEBER, S. 180: gemeint sind etwa Polen, die Ukraine, Weissrussland und Jugoslawien..

405 Australien, Belgien, China, Dänemark, Dominikanische Republik, Frankreich, Guatemala, Island, Italien, Kanada, Luxemburg, die Niederlande, Neuseeland, Norwegen, Schweiz, das Vereinigte Königreich, die USA, Venezuela (vgl. HOLBORN, International Refugee Organization, S. 590).

406 IRO-Verfassung, Annex II.

407 Vgl. den stellvertretenden Generaldirektor der IRO: RUCKER, S. 67 f.

408 RUCKER, S. 67; RISTELHUEBER, S. 185.

409 Begriffe bei BENTWICH, International Refugee Organization, S. 156.

410 Ebd. Vgl. auch Geroge Warren: «The Russians put in seventy-five amendments to the Constitution.» (George Warren in einem Interview mit Richards D. McKinzie: Oral History Interview with George L. Warren, 10. November 1972, Washington D.C., Harry S. Truman Library & Museum, <https://www.tru manlibrary.org/ oralhist/warrengl.htm#8>, [25]).

411 IRO-Verfassung, Annex I, Part I, Section A, 1. und 2, sowie Section B. Begriff der *«neo-refugees»* bei Rucker, S. 66.

412 RISTELHUEBER, S. 226.

germanischen Ursprungs vom Mandat ausgenommen.[413] Obwohl stets von Flüchtlingen gesprochen wird, war ein Grossteil der Personen, die unter das Mandat der IRO fielen, nicht Flüchtlinge – Verfolgte – im heutigen Rechtssinne.[414] Wie schon zur Zeit der UNRRA fanden es die Staaten als die beste Lösung, wenn die Flüchtlinge in ihre Heimatländer zurückkehrten *(repatriation)*, wo sie für den Wiederaufbau gebraucht wurden.[415] Als die Vorbereitungskommission der IRO ihre Tätigkeiten aufnahm, stellte sich aber schnell heraus, dass eine nicht unbeträchtliche Anzahl Personen nicht in ihre Heimatstaaten zurückkehren konnte oder wollte. Nur gerade etwa 70'000 Personen liessen sich in den ersten drei Jahren dazu bewegen, in ihre Heimatländer zurückzukehren.[416] Da es ein Grundprinzip der IRO war, dass niemand, der berechtigte Einwände gegen seine Rückkehr hatte, zurückgeführt werden würde,[417] musste für diese Personen eine andere Lösung gefunden werden, meist durch *resettlement*. In ihren ersten drei Jahren hat die IRO rund 790'000 Personen in Drittstaaten wieder angesiedelt.[418] Die Organisation konnte *resettlement*-Abkommen mit verschiedenen Staaten abschliessen, darunter Australien oder Kanada, wo die Industrialisierung Arbeitskräfte benötigte.[419] Sie bereitete die betreffenden

---

413 IRO-Verfassung, Annex I, Part II, 4.

414 In diesem Sinne auch HOLBORN, International Organizations for Migration, S. 334.

415 Prinzip der *repatriation* in: IRO-Verfassung, Annex I, Definitions-General Principles, 1.(b).

416 RISTELHUEBER, S. 208.

417 IRO-Verfassung, Annex I, Part I, Section C, 1. Dieser Punkt war allerdings in den Verhandlungen zwischen den Mitgliedstaaten höchst umstritten. Insbesondere hatten viele Herkunftsstaaten (primär die Sowjetunion und die osteuropäischen Staaten) ein Interesse an der (auch unfreiwilligen) Rückkehr ihrer Staatsangehörigen, weil sie v.a. wegen des Wiederaufbaus nach dem Krieg auf sie angewiesen waren (Ausdruck davon vielerorts in der IRO-Verfassung, z.B. Präambel; Art. 2; oder Annex I, Definitions-General Principles, 1.[e]). Zentraler Stein des Anstosses war die Bestimmung in Bst. (a), wonach eine Rückkehr in den Heimatstaat ausgeschlossen war, wenn die betreffende Person begründete Furcht vor Verfolgung wegen Rasse, Religion, Nationalität oder politischer Ansichten hatte – was im Wesentlichen dem heutigen Verständnis eines Flüchtlings entspricht. Während die «westlichen» Staaten auf dem Konzept der (politischen) Verfolgung als Grund für eine Verweigerung der Rückkehr in den Herkunftsstaat beharrten, lehnten die slawischen Staaten das Konzept ab. Aus ihrer Sicht waren die «politisch Verfolgten» Abtrünnige, die keine internationale Anerkennung bekommen durften (vgl. dazu ausführlicher auch RISTELHUEBER, S. 179).

418 RISTELHUEBER, S. 208.

419 HOLBORN, International Organizations for Migration, S. 334.

Personen für die Ausreise vor, trainierte das Personal entsprechend, hatte eine eigene Flotte für den Transport und stellte sicher, dass die Personen am Zielort empfangen wurden. Die Anzahl Personen, die im Jahr 1948 bei Inkrafttreten der Verfassung unter das Mandat der IRO fielen und tatsächlich auf Hilfe angewiesen waren, belief sich noch auf etwa 800'000–900'000.[420] Als absehbar wurde, dass schon diese Anzahl schwer zu bewältigen war, wurden die Nothilfeleistungen an Flüchtlinge im Jahr 1949 suspendiert, was zwar unter humanitären Gesichtspunkten kritisiert worden war, sich aus praktischen Gründen aber aufdrängte.[421] Am 30. Juni 1950, als das Mandat der Organisation auslief, war es nicht gelungen, eine Lösung für all jene Personen zu finden. Dazu kamen laufend Personen, die der Krieg zurückgelassen hatte und die es bis anhin geschafft hatten, sich selbst zu versorgen. Zudem waren neue Flüchtlingswellen absehbar, etwa aus China oder Korea. Das Mandat der IRO wurde daher mehrmals verlängert, letztmals bis zum 31. Januar 1952. Die Zahl derer, die da noch unter das Mandat der IRO fielen, belief sich zu diesem Zeitpunkt auf etwa 500'000.[422] Für etwa 1,5 Millionen Menschen hatte die IRO während ihrer Existenz Lösungen gefunden.

Das Ende der Tätigkeiten der IRO warf die Frage auf, was mit den Personen unter deren Mandat nach der Auflösung geschehen würde. Die IRO übertrug daher im Jahr 1950 die Verantwortung für rund 105'000 Personen an die lokalen Behörden der Staaten.[423] Ein Teil der Aufgaben, der rechtliche und politische Schutz der Flüchtlinge, wurde später vom UNHCR übernommen, das *resettlement* durch das PICMME (später die IOM). Beide Organisationen übernahmen Geldwerte, das PICMME auch die Schiffsflotte von der IRO. Damit können sowohl das UNHCR als auch das PICMME als Nachfolgeorganisationen der IRO bezeichnet werden, aber keine Organisation ersetzte sie.

---

420 Rucker, S. 66.
421 Ristelhueber, S. 220.
422 Ebd., S. 222.
423 Ebd., S. 221 ff.

2. Gründung des UNHCR 1950

a) Rechtlicher Schutz der Flüchtlinge in der UN

Bereits am 3. Dezember 1949 hatte die GV beschlossen, wieder das Amt eines Hochkommissars oder einer Hochkommissarin einzuführen, nachdem man zur Einsicht gelangt war, dass die IRO das Flüchtlingsproblem nicht innert Frist würde lösen können, dass im Gegenteil neue Flüchtlingsströme zu erwarten waren und dass der Schutz der Flüchtlinge Aufgabe der UN war.[424] Der ECOSOC wurde daher beauftragt, eine Satzung für das Hochkommissariat und gleichzeitig eine Empfehlung für die Definition des Flüchtlingsbegriffs auszuarbeiten.[425] Zu diesem Zeitpunkt war es bereits beschlossen, dass die IRO ihre Leistungen für die Flüchtlinge reduzieren musste, um mit dem zur Verfügung stehenden Budget bis zum Ende ihres Mandats handlungsfähig zu bleiben. Es war damit offensichtlich, dass es längerfristig keine Option war, das Mandat der IRO zu verlängern, obwohl die Organisation Beträchtliches leistete. Ein Hauptgrund für die Reluktanz der Staaten dürften die hohen Ausgaben der IRO gewesen sein.[426] Mit einem neuen Flüchtlingshochkommissariat in Anlehnung an die Hochkommissariate im Völkerbund wurde eine deutlich redimensionierte Organisationsform vorgeschlagen. Das Mandat des UNHCR war in der Folge in vielerlei Hinsicht enger gefasst als das der IRO, in gewisser Hinsicht aber auch weiter. *Ratione materiae* war das Mandat deutlich enger: Die Organisation sollte sich auf den rechtlichen Schutz der Flüchtlinge beschränken. Die primären Aufgaben des UNHCR waren, internationale Konventionen auszuarbeiten und private Vereinbarungen mit Regierungen auszuhandeln, welche die rechtliche Position von Flüchtlingen verbesserten, und anschliessend deren Implementierung zu überwachen. Hingegen sollte die Organisation keine operativen Aufgaben mehr übernehmen, wie etwa materielle Hilfeleistungen oder *repatriation* oder *resettlement*, wie es die IRO zuvor getan hatte. Das UNHCR wurde daher auch mit einem recht beschränkten Budget von 300'000 USD für

---

424 A/RES/319(IV)A-B vom 3. Dezember 1949, S. 36. Die Resolution wurde mit einem Verhältnis von 36–1–11 angenommen (McBride, S. 3).

425 A/RES/319(IV)A-B vom 3. Dezember 1949, S. 36.

426 Vgl. in diesem Sinne etwa den späteren ersten Hochkommissar van Heuven Goedhart, The Problem of Refugees, S. 361.

administrative Ausgaben ausgestattet.[427] Das neue Hochkommissariat der UN wies in dieser Hinsicht Parallelen mit den Hochkommissariaten im Völkerbund auf, deren primäre Aufgaben stets der rechtliche Schutz der Flüchtlinge war.[428] Das Mandat des UNHCR war hingegen *ratione personae* weiter als das der IRO, da es neben den bisher geschützten Personengruppen auch zukünftige Flüchtlinge umfasst, die begründete Furcht vor Verfolgung haben. Das UNHCR nahm im Januar 1951 seine Tätigkeiten auf, der Niederländer Gerrit Jan van Heuven Goedhart wurde erster Hochkommissar.

b) Organisation, Entscheidungsfindung und Finanzierung

Das UNHCR wurde als Nebenorgan der GV mittels Resolution gegründet (Art. 22 UN-Charta).[429] Es verfügt über keine eigenen Mitgliedstaaten, sondern untersteht der GV und folgt deren Anweisungen.[430] Die GV wählt den Hochkommissar oder die Hochkommissarin, dieser bzw. diese wiederum ernennt den stellvertretenden Hochkommissar oder die stellvertretende Hochkommissarin, das weitere Personal sowie die Vertreter und die Vertreterinnen in den verschiedenen Staaten.[431] Das UNHCR handelt «im Auftrage der Generalversammlung» und erstattet jährlich Bericht an diese.[432] Der Hochkommissar oder die Hochkommissarin wird angehalten, die durch die GV und den ECOSOC vorgegebenen Richtlinien zu befolgen und zusätzliche Aufgaben nur auf Anweisung der GV wahrzunehmen.[433] Über die Jahre hat sich die Praxis entwickelt, dass die GV als Antwort auf den Jahresbericht des Hochkommissars oder der Hochkommissarin jeweils zwei verschiedene Arten von Resolutionen erlässt: (1) so-

---

427 Zahl bei Ristelhueber, S. 225. Zum Vergleich: Der IRO hatten für die administrativen Ausgaben knapp 5 Mio. USD, also mehr als das Zehnfache, zur Verfügung gestanden (vgl. IRO-Verfassung, Annex II, 1.).
428 Wobei sie in der Praxis oft auch mit *relief*-Arbeiten konfrontiert waren.
429 Wortlaut des Artikels: «The General Assembly may establish such subsidiary organs as it deems necessary for the performance of its functions.»
430 In der GV sind alle 193 Mitgliedstaaten der Vereinten Nationen vertreten, jeder Staat hat eine Stimme. Wichtige Beschlüsse werden mit einer Zweidrittelmehrheit gefasst, alle übrigen mit einer einfachen Mehrheit.
431 A/RES/428(V) vom 14. Dezember 1950, Annex, S. 46–48 (zit. UNHCR-Satzung), §§ 13–16.
432 Ebd., § 1 und § 11.
433 UNHCR-Satzung, § 3 und § 9.

genannte Omnibus-Resolutionen[434], die sich auf die Arbeit des UNHCR generell und auf globale Entwicklungen beziehen, sowie (2) «situative» Resolutionen[435] bezüglich einzelner Länder oder Regionen.

Die Gründungssatzung sieht nicht vor, dass das UNHCR eigene Organe hat. Das entspricht der grundsätzlichen Logik, wonach das UNHCR selber nur Hilfsorgan eines anderen UN-Organs ist. Zwar verfügt das UNHCR über verschiedene organisatorische Einheiten, diese sind aber keine formellen Organe. Auch das ExCom ist kein Organ des UNHCR. Es wurde 1958 durch den ECOSOC als *advisory committee* des UNHCR gemäss Gründungssatzung gegründet.[436] Das ExCom überprüft und genehmigt das Budget und die operativen Programme des UNHCR und berät den Hochkommissar oder die Hochkommissarin in der Ausübung seiner oder ihrer Funktionen. Es ist, wie das UNHCR, ein Nebenorgan der GV und erstattet als solches Bericht an diese. Die Mitgliedstaaten des ExCom werden durch den ECOSOC auf der Basis ihres Einsatzes für die Flüchtlingsbelange und mit Blick auf die geografische Diversität der Mitgliedstaaten ausgewählt.[437] Heute ist das ExCom neben der GV und dem UNHCR selbst das wichtigste *policy making*-Organ für das UNHCR.[438]

Das Budget des UNHCR ist Teil des Budgets der UN und dessen Finanzen unterliegen den Finanzregeln der UN. Allerdings trägt die UN nur die administrativen Ausgaben. Alle weiteren Ausgaben müssen durch freiwillige Beiträge gedeckt werden.[439]

---

434 Eine solche Omnibus-Resolution ist etwa A/RES/73/151 vom 10. Januar 2019. Darin nimmt die GV den Jahresbericht des UNHCR ab und äussert sich zur allgemeinen Ausrichtung des UNHCR. So wird etwa festgehalten, dass das UNHCR seine Aktivitäten im Bereich Binnenvertriebene fortführen und gleichzeitig darauf achten soll, dass der Flüchtlingsschutz und die Institution des Asyls nicht unterminiert werden (§ 12). Andernorts wird das UNHCR etwa aufgefordert, seine Koordinationsfunktion in Bezug auf die Messung der Auswirkungen in Staaten, die Flüchtlinge aufnehmen, weiterhin wahrzunehmen, um eine angemessene Lastenteilung zu fördern (§ 21).

435 Beispiele von situativen Resolutionen sind etwa A/RES/73/150 vom 21. Januar 2019 bezüglich der Hilfeleistungen für Flüchtlinge, Rückkehrende und Vertriebene in Afrika oder A/RES/58/150 vom 24. Februar 2004 bezüglich unbegleiteter minderjähriger Flüchtlinge.

436 UNHCR-Satzung, § 4. A/RES/1166(XII) vom 26. November 1957 und E/RES/672(XXV) vom 30. April 1958.

437 UNHCR-Satzung, § 4.

438 McBride, S. 1.

439 UNHCR-Satzung, § 20.

c) Mandat: Flüchtlingsschutz

Das Mandat des UNHCR ergibt sich aus dessen Gründungssatzung von 1950. Demnach sind dessen Hauptfunktionen:

> «The United Nations High Commissioner for Refugees, acting under the authority of the General Assembly, shall assume the function of *providing international protection*, under the auspices of the United Nations, *to refugees* who fall within the scope of the present Statute *and of seeking permanent solutions for the problem of refugees by assisting governments* and, subject to the approval of the governments concerned, private organizations to facilitate the voluntary repatriation of such refugees, or their assimilation within new national communities.»[440]
> (Hervorh. durch die Verfasserin).

Das UNHCR hat demnach zwei Hauptaufgaben: (1) der internationale Schutz der Flüchtlinge und (2) die Suche nach dauerhaften Lösungen für die Flüchtlinge. Obwohl dem UNHCR anfänglich nur ein beschränktes Mandat zugedacht war – nur der rechtliche Schutz der Flüchtlinge und keine operativen Tätigkeiten[441] –, findet sich in der Satzung letztlich der Begriff des «internationalen Schutzes» sowie eine anschliessende Auflistung der Tätigkeiten. Die Liste kann aber jederzeit durch die GV erweitert werden. Der Begriff des internationalen Schutzes ist ein Kompromiss zwischen zwei (nicht einfach zu vereinbarenden) Zielen der GV: dem rechtlichen Schutz der Flüchtlinge einerseits und der Suche nach einer «Lösung des Flüchtlingsproblems» andererseits. Da nur der rechtliche Schutz der Flüchtlinge das Problem an sich nicht «löste», sondern es in gewisser Weise sogar am Leben erhielt, einigte man sich letztlich auf den Begriff des internationalen, nicht bloss des rechtlichen, Schutzes.[442]

Als Flüchtlinge gemäss der UNHCR-Satzung gelten (1) diejenigen Personen(gruppen), die schon vorher durch die verschiedenen Organisationen geschützt worden waren (namentlich die Flüchtlinge, die unter die Nansen-Arrangements von 1926 und 1928 fielen; diejenigen, die unter die Flüchtlingskonventionen von 1933, 1938 und 1939 fielen; und alle diejenigen, die unter das Mandat der IRO gefallen waren), sowie (2) alle

---

440 UNHCR-Satzung, § 1.
441 Vgl. etwa A/RES/319(IV)A-B vom 3. Dezember 1949, S. 36; UNHCR, Bericht des Hochkommissars von 1960, § 9.
442 Vgl. den damaligen Hochkommissar: van Heuven Goedhart, The Problem of Refugees, S. 362.

weiteren Personen, die aus begründeter Furcht vor Verfolgung wegen ihrer Rasse, Religion, Nationalität oder politischen Gesinnung nicht in ihren Heimatstaat zurückkehren können oder wollen.[443] Damit war das UNHCR die erste Organisation, deren Mandat nicht nur vorab definierte Gruppen von Flüchtlingen umfasste, sondern darüber hinaus auch weitere Flüchtlinge einbezog, sofern diese das Kriterium der Gefährdung erfüllten. Die Forderung der amerikanischen Delegation, das Mandat auf klar umrissene Gruppen zu beschränken, vermochte sich demnach in der GV nicht durchzusetzen.[444] Die Satzung enthält zudem weder eine zeitliche noch eine geografische Beschränkung und ist damit universaler ausgerichtet als die parallel entstandene FK von 1951.

In der Satzung wird im Vergleich zu den früheren Organisationen sehr detailliert umschrieben, wie das UNHCR seine Aufgaben wahrnehmen soll.[445] An dieser Stelle seien nur einige Punkte genannt: Das UNHCR soll den Abschluss von internationalen Abkommen zum Schutz der Flüchtlinge fördern und deren Umsetzung in den Staaten überwachen, die Aufnahme von Flüchtlingen in Staaten fördern, sich darum bemühen, dass Flüchtlinge ihre Vermögenswerte und das für die Wiederansiedlung Notwendige transferieren können, enge Verbindungen mit Regierungen und zwischenstaatlichen Organisationen unterhalten und die Bemühungen privater Organisationen koordinieren.[446] Darüber hinaus enthält die Satzung eine Art Generalklausel, wonach das UNHCR «zusätzliche Tätigkeiten» wahrnehmen kann, sowie eine weitere Bestimmung, wonach es die «grundsätzlichen Richtlinien» der GV und des ECOSOC zu befolgen hat.[447] Das UNHCR hat die Satzung in der Folge so interpretiert, dass das Mandat durch die GV oder den ECOSOC weiterentwickelt wird.[448] Unter dem Titel der Guten Dienste (*good offices*) wurde das UNHCR in der Folge regelmässig ermächtigt, Tätigkeiten ausserhalb seines Mandats wahrzunehmen.[449]

---

443 UNHCR-Satzung, § 6.
444 Vereinte Nationen, Summary Record Lake Success 2, § 3 und § 11.
445 UNHCR-Satzung, § 8.
446 Ebd., § 8 Bst. a, d, e, g und i.
447 Ebd., § 9: «The High Commissioner shall engage in such additional activities, including repatriation and resettlement, as the General Assembly may determine, within the limits of the resources placed at his disposal.»; § 3: «The High Commissioner shall follow policy directives given him by the General Assembly or the Economic and Social Council.»
448 UNHCR, Note on the Mandate 2013, S. 1.
449 Ebd., S. 10.

Damit ist das Mandat des UNHCR zwar nicht auf den rechtlichen Schutz von Flüchtlingen beschränkt, die GV war aber letztlich auch nicht bereit, dem UNHCR direkt operative Aufgaben zu übertragen.[450] Die Satzung widerspiegelt damit die unterschiedlichen Vorstellungen der in den Verhandlungen dominanten französischen und amerikanischen Delegationen bezüglich des Charakters der neuen Organisation:

> «The United States delegation seemed to envisage a man who would optimistically say that there would be no further need for relief work and that, since he would in any event be unable to do much in that direction, it would be better not to receive any funds for assistance. The High Commissioner pictured by the French delegation, on the other hand, would be at the same time idealistic and realistic. He would see clearly that, in many cases, legal protection without material assistance would be useless and he would prefer to do even a little relief work rather than none at all. Those two pictures were in a way characteristic of the two different worlds from which the authors of the draft resolution came: the old world with all its bitter experience of ever-recurring hardships and the new world with its youthful optimism. In his [dem französischen Delegierten, Anm. Der Verfasserin] opinion, the problem should be viewed from the point of view of suffering individuals rather than from the narrow outlook of specifically defined categories of refugees and strict administrative regulations.»[451]

Die ebenfalls im Rahmen der UN ausgearbeitete FK und die UNHCR-Satzung sind zwar zeitlich parallel entstanden und eng miteinander verknüpft, in ihrer Ausgestaltung, namentlich in Bezug auf den Flüchtlingsbegriff, aber verschieden.[452] Die UNHCR-Satzung wurde verabschiedet, bevor die Staaten sich betreffend den Wortlaut der FK geeinigt hatten. Die UNHCR-Satzung enthält darum bloss eine allgemeine Bestimmung,

---

450 Ausdrücklich der damalige Hochkommissar VAN HEUVEN GOEDHART, The Problem of Refugees, S. 362.

451 Vereinte Nationen, Summary Record Lake Success 2, § 9.

452 Flüchtlinge im Sinne der UNHCR-Satzung werden anhand ihrer Gefährdung bestimmt – die FK schützt hingegen im Wesentlichen diejenigen Gruppen, die schon zuvor als Flüchtlinge galten. Die UNHCR-Satzung enthält keine zeitliche und geografische Beschränkung, während die FK auf Ereignisse vor 1951 beschränkt ist und die Option für die Mitgliedstaaten enthält, die geografische Reichweite auf Europa zu beschränken. Vgl. zur unterschiedlichen Ausrichtung der UNHCR-Satzung und der FK: BEN-NUN GILAD, From *Ad Hoc* to Universal: The International Refugee Regime from Fragmentation to Unity 1922–1954, Refugee Survey Quarterly Vol. 34 (2015), S. 23–44.

wonach die Staaten internationalen Konventionen zum Schutz der Flüchtlinge beitreten sollen.[453] Die finale Version der FK wurde erst Ende 1951 verabschiedet.[454] In der Präambel der FK wird auf die Aufsichtsfunktion des UNHCR über internationale Verträge im Bereich Flüchtlingsschutz und auf dessen Koordinationsfunktion hingewiesen. In der FK werden die Mitgliedstaaten ausdrücklich und konkret angehalten, mit dem UNHCR zu kooperieren und dessen Aufsicht über die Anwendung der FK zu erleichtern (Art. 35 Abs. 1 FK).[455] In der FK wird damit die Aufsichtsfunktion des UNHCR ausdrücklich statuiert. Eine Hauptaufgabe des UNHCR – allerdings nicht die einzige – ist demnach die Überwachung der Anwendung der FK in den Mitgliedstaaten. In dieser Hinsicht gilt der engere Flüchtlingsbegriff der FK, in Bezug auf die restlichen Aufgaben gilt der Flüchtlingsbegriff gemäss UNHCR-Satzung. Weder die USA noch die Sowjetunion haben in der Folge die FK ratifiziert, was die universale Bedeutung des UNHCR massgebend relativierte. Die USA sind erst im Jahr 1968 dem Zusatzprotokoll von 1967 zur FK beigetreten; sie sind aber bis heute nicht Mitglied der FK. Russland ist der FK und dem Zusatzprotokoll erst im Jahr 1993 beigetreten.

3. Gründung des PICMME 1951 bzw. ICEM 1953

a) Neue Semantik mit der Gründung des PICMME: aus refugees wird surplus population

Während man sich unter dem Titel «Flüchtlinge» nur noch im Rahmen des relativ engen rechtlichen Schutzes durch das UNHCR bewegte, wurde in anderen Bereichen ein Wechsel in der Semantik vollzogen. War

---

453 UNHCR-Satzung, § 2 Bst. a: «[The General Assembly] Calls upon Governments to co-operate with the United Nations High Commissioner for Refugees in the performance of his functions concerning refugees falling under the competence of his Office, especially by: (a) Becoming parties to international conventions providing for the protection of refugees, and taking the necessary steps of implementation under such conventions.»

454 Inkrafttreten 2. April 1954.

455 «The Contracting States undertake to co-operate with the Office of the United Nations High Commissioner for Refugees, or any other agency of the United Nations which may succeed it, in the exercise of its functions, and shall in particular facilitate its duty of supervising the application of the provisions of this Convention.»

im Nachgang an den Weltkrieg im Rahmen der IRO die Rede von *refugees* und *displaced persons*, von *repatriation* und *resettlement*, von *country of origin*, *country of temporary residence* oder *country able and willing to receive*,[456] sprach man im Vorgang der Gründung des PICMME vor allem von der *surplus population* in Europa oder auch der *excess population* oder *surplus manpower*, von *emigration and immigration countries*, von *moving of people*.[457] Der oft benützte Begriff der *surplus population* bezeichnete einen Bevölkerungsüberschuss, der von den lokalen Arbeitsmärkten nicht absorbiert werden konnte. Das betraf in Europa vor allem Deutschland, Österreich, Italien und Griechenland. Gleichzeitig litten viele Staaten, etwa Australien und Kanada, später auch viele südamerikanische Staaten, an einem Mangel an Arbeitskräften.[458] Es wurde daher als gewinnbringend für beide Seiten erachtet, Migrationskanäle zwischen sog. Aus- und Einwanderungsländern zu errichten. Es stellte sich allerdings die Frage nach dem institutionellen *setting*. Offensichtlich waren die Staaten nicht bereit, sich im Rahmen der UN über den rechtlichen Schutz der Flüchtlinge hinaus zu engagieren. Das Klima zwischen den Staaten hatte sich seit Kriegsende verändert. Der Antagonismus zwischen der Sowjetunion und den USA war ausgeprägter geworden. Die antikommunistische Haltung der USA gipfelte darin, dass der US-Kongress 1951 jegliche finanziellen Beiträge für internationale Organisationen, in denen kommunistische Staaten Mitglied waren, *a priori* verweigerte.[459] Es war damit ausgeschlossen, dass sich die USA an einer Organisation im Rahmen der ILO, wie diese es

---

456 Vgl. IRO-Verfassung von 1946.

457 Vgl. den Bericht des US-Vertreters an der Brüssel-Konferenz: Vereinigte Staaten, WARREN, Report PICMME First Session; oder Vereinigte Staaten, Repräsentantenhaus, Report on ICEM 1955, S. 2.

458 Vgl. etwa den späteren ICEM-Abgeordneten im New Yorker Office, Edward Marks: «Australia needs farmers or workers in the Snowy River power project; Rhodesia needs construction and railroad workers; New Zealand desires women migrants in some numbers for domestic and other service occupations and to correct an imbalance in population; Latin America needs skilled workers of all kinds; and Canada wants skilled and unskilled hands for further development of its mines, farms, forests and industries.» (MARKS, S. 486).

459 «The committee of conference wishes to make clear its intent that none of the funds made available pursuant to the proviso should be allocated to any international organization which has in its membership any Communist, Communist-dominated, or Communist-controlled country, to any subsidiary thereof or to any agency created by or stemming from any such organization. It is vital to the security of the United States and to the success of the surplus-manpower-emigration program that no international body with Communist influence receive any United States assistence for the purpose of such program.» (Conference Report

vorgeschlagen hatte,[460] beteiligen würde. Auch Australien und Kanada waren nicht bereit, Kompetenzen an die ILO zu übertragen, die ihren Handlungsspielraum in Einwanderungsfragen eingeschränkt hätten.[461]

In der Folge initiierten die USA eine Konferenz in Brüssel, die vom 26. November bis zum 5. Dezember 1951 dauerte, um Möglichkeiten für eine Erleichterung des Transfers von Arbeitskräften zu diskutieren. Die anwesenden Staaten, eine Mischung aus Auswanderungs-, Einwanderungs- und weiteren interessierten Ländern, beschlossen, ein Komitee für die europäischen Migrantinnen und Migranten zu gründen: das Provisional Intergovernmental Committee for the Movement of Migrants from Europe (PICMME). Im Gegensatz zur IRO, die an das humanitäre Gewissen der Staaten appelliert hatte, lag die Betonung bei der Brüssel-Konferenz auf den beidseitigen Vorteilen des Austauschs von *manpower*.[462] Die Staaten waren sich einig, dass die Organisation von provisorischem Charakter sein sollte und flexibel arbeiten müsste. Die Mitgliedschaft im Komitee stand allen nicht kommunistischen Staaten offen.[463] Es war vor allem dem Vertreter der USA ein Anliegen, die «Maschinerie» und die eingespielten Prozesse der IRO nach deren Auflösung für das Komitee fruchtbar zu machen. Es wurde daher beschlossen, von der IRO zwölf Schiffe für den Transport von etwa 115'000 Migrantinnen und Migranten aus Deutschland, Österreich, Italien, den Niederlanden und Griechenland in die Einwanderungsländer zu übernehmen.[464] Ausserdem übernahm das PICMME auch Personal sowie wichtige Strukturen von der IRO, etwa deren Erfahrung in der Vorselektion der Kandidaten, Sprachkurse, Berufsbildung sowie das Prozedere beim Empfang im Aufnahmestaat.[465] Flüchtlinge sowie Migrantinnen und Migranten fielen gleichermassen unter die Umsiedlungsprogramme. Erster Direktor des PICMME wurde, darauf hatten

---

on the Mutual Security Act of 1951, H. Rept. 1090, 82d Cong., S. 21, zit. nach: Vereinigte Staaten, Repräsentantenhaus, Report on ICEM 1955, S. 3).

460 Die ILO hatte in Neapel vom 2.-16. Oktober 1951 eine Konferenz zum Thema Migration abgehalten (vgl. dazu ILO, Migration Conference [Naples, 2–16 October 1951], in: Official Bulletin, Vol. XXXIV No. 3 [1951], S. 181–203).

461 Holborn, International Organizations for Migration, S. 335.

462 Vgl. Marks, S. 485.

463 An der ersten Sitzung vom 6.-8. Dezember 1951 waren folgende 15 Staaten vertreten: Australien, Belgien, Bolivien, Brasilien, Chile, Deutschland, Frankreich, Griechenland, Italien, Kanada, Luxemburg, die Niederlande, Schweiz, das Vereinigte Königreich und die USA (vgl. Vereinigte Staaten, Warren, Report PICMME First Session, S. 1577).

464 Vereinigte Staaten, Warren, Report PICMME First Session, S. 1573 ff.

465 Holborn, International Organizations for Migration, S. 336.

sich der amerikanische und der belgische Abgeordnete vorab geeinigt, ein Amerikaner. Im Jahr 1952 wurde das Mandat verlängert und das Komitee in Intergovernmental Committee for European Migration (ICEM) umbenannt.[466] Mit dem ICEM hatten die USA «a multilateral institution outside the United Nations, with an American Director, and a board composed entirely of democratic nations friendly to the United States»[467] geschaffen.

b) Organe, Entscheidungsfindung und Finanzierung

Das PICMME wurde am 5. Dezember 1951 mittels Resolution von den an der Brüssel-Konferenz vertretenen Staaten gegründet. Im Jahr 1952 wurde beschlossen, das Komitee vorerst weiterzuführen und der Name wurde in Intergovernmental Committee for European Migration (ICEM) geändert. Am 19. Oktober 1953 wurde die ICEM-Verfassung verabschiedet. Das Komitee nahm seinen Sitz in Genf und hatte vorerst einen nicht permanenten Status.[468] Als Mitglieder sind alle Staaten mit einem *interest in the principle of the free movement of people* zugelassen.[469]

Das ICEM verfügte gemäss Verfassung über drei Organe: den Rat, das Exekutivkomitee sowie die Verwaltung.[470] Der Rat war das strategische Organ der Organisation. Er überwachte und genehmigte die Aktivitäten des Exekutivkomitees und des Direktors sowie das Budget und die Ausgaben der Organisation. Im Rat waren alle Mitgliedstaaten vertreten, jeder Mitgliedstaat verfügte über eine Stimme. Der Rat hatte seine eigenen Verfahrensregeln. Das Exekutivkomitee arbeitete dem Rat zu, so bereitete es etwa seine Sitzungen vor oder schlug Themen vor. Es beriet den Direktor. In Notfällen zwischen den Sitzungen des Rates traf das Exekutivkomitee für diesen die Entscheidungen. Es bestand aus Vertreterinnen und Vertretern

---

466 Vereinigte Staaten, WARREN, Report ICEM Fourth Session, S. 1617–1621.
467 LOESCHER, S. 59, mit Verweis auf WARREN GEORGE, The Development of United States Participation in Inter-governmental Efforts to Resolve Refugee Problems, Mimeo 1967.
468 ICEM-Verfassung, Art. 21; ICEM-Verfassung, Präambel.
469 Ebd., Art. 2.
470 Ebd., Art. 5–20. Zur Struktur von PICMME bzw. ICEM vgl. PARSANOGLU DIMITRIS, Organizing an International Migration Machinery: The Intergovernmental Committee for European Migration, in: Venturas Lina (Hrsg.), International «Migration Management» in the Early Cold War: The Intergovernmental Committee for European Migration, Published in 2015 (PDF e-book), S. 55–85.

von neun Mitgliedstaaten, die jährlich durch den Rat gewählt wurden, wobei jedem Mitglied eine Stimme zukam.

Wie auch das UNHCR unterschied das ICEM zwischen einem administrativen und einem operativen Budget. Das administrative Budget wurde durch die Mitgliedstaaten gemeinsam getragen.[471] Das operative Budget hing von freiwilligen Beiträgen der Mitgliedstaaten ab, aber auch andere Staaten, Organisationen oder Individuen konnten dazu beitragen.[472] Wer zum operativen Budget beitrug, bestimmte die Bedingungen, unter denen der Beitrag verwendet wurde.[473]

c) Mandat: Förderung der erwünschten Migration

Grundlagen des Mandats des ICEM waren die Verfassung von 1953 sowie die Gründungsresolution des PICMME von 1951, die an die Verfassung angehängt war. Die Gründungsresolution des PICMME nannte als Ziel der Organisation:

> «[...] to make arrangements for the *transport of migrants*, for whom existing facilities are inadequate and who could not otherwise be moved, *from certain European countries having surplus population* to countries overseas which offer opportunities for *orderly immigration*, consistent with the policies of the countries concerned.»[474] (Hervorh. durch die Verfasserin).

Die Funktion bestand folglich im Transport von Migrierenden in die Empfangsstaaten – der bis dahin einzige gemeinsame Nenner der beteiligten Staaten hinsichtlich der Aufgaben der neuen Organisation.[475] Neben der Transportfunktion nannte die Verfassung des ICEM aber noch eine weitere Funktion:

> «to *promote the increase of the volume of migration from Europe by providing*, at the request of and in agreement with the Governments concerned, *services* in the processing, recepting, first placement and

---

471 ICEM-Verfassung, Art. 23 Abs. 1 Bst. a und Art. 2.
472 Ebd., Art. 1 Abs. 1 Bst. b und Abs. 3.
473 Ebd., Art. 1 Abs. 3.
474 PICMME, Gründungsresolution, § 2. In leicht abgewandelter Form in Art. 1 Abs. 1 Bst. a der ICEM-Verfassung.
475 Vgl. dazu PERRUCHOUD, L'Organisation Internationale pour les Migrations, S. 517 f.

settlement of migrants which other international organizations are not in a position to supply, and such other assistance to this purpose as is in accord with the aims of the Committee».[476] (Hervorh. durch die Verfasserin).

Das Komitee sollte also die europäische Migration fördern, indem es für die Staaten gewisse Dienstleistungen erbrachte, die andere internationale Organisationen nicht erbringen konnten – etwa in den Bereichen Empfang, erste Unterbringung und Niederlassung. Die Tätigkeiten des ICEM waren ausschliesslich operativer Natur. Es unterschied dabei nicht zwischen Flüchtlingen und anderen Auswanderungswilligen.[477] Das ICEM machte demnach, im Gegensatz zur IRO und zum UNHCR, keinen Unterschied in Bezug auf den rechtlichen Status der Personen.[478] Vielmehr betrachtete es die Migration *ratione personae* als Gesamtphänomen, unabhängig davon, ob Personen freiwillig oder unfreiwillig migrierten. Geografisch war das Mandat des ICEM auf Europa beschränkt.[479]

Das PICMME, bzw. später das ICEM, wies in seinem Charakter deutliche Parallelen zum IGCR von 1938 auf. Ebenfalls auf Initiative der USA gegründet, lag der Fokus gleichsam auf der ordentlichen Migration, wobei Flüchtlinge im Mandat eingeschlossen waren. Auch das Prinzip des Voluntarismus widerspiegelte sich im Mandat: die Souveränität der Einwanderungsländer beim Entscheid über die Zulassung der Migrierenden wurde ausdrücklich statuiert,[480] da die Staaten nicht bereit waren, sich durch die Organisation diesbezüglich Pflichten auferlegen zu lassen. Zudem sah auch das ICEM für sich nur eine subsidiäre Zuständigkeit, wenn die Migrierenden nicht anderweitig transportiert werden konnten bzw. andere Organisationen nicht in der Lage waren, die betreffenden Dienstleistungen zu erbringen.

Der Ansatz des ICEM war pragmatisch: Durch die Betonung des nicht permanenten Status der Organisation, die Beibehaltung der Souveränität in Bezug auf die Zulassung der Migrierenden und den Fokus auf den Transport gelang es, für die Organisation 26 Mitgliedstaaten zu gewinnen,

---

476 ICEM-Verfassung, Art. 1 Abs. 1 Bst. b.
477 Ebd., Art. 3; ebenso PICMME, Gründungsresolution, § 4.
478 Perruchoud etwa unterscheidet in Bezug auf den rechtlichen Status folgende Personenkategorien: Flüchtlinge, Vertriebene *(personnes déplacées)*, Staatenlose, Inländerinnen und Inländer sowie Ausländerinnen und Ausländer (PERRUCHOUD, L'Organisation Internationale pour les Migrations, S. 518).
479 ICEM-Verfassung, Art. 1 Abs. 1.
480 PICMME, Gründungsresolution, § 7 Bst. a; ICEM-Verfassung, Art. 1 Abs. 2.

darunter auch solche, die selber weder als potenzielle Aus- noch Einwanderungsländer direkt betroffen waren: Argentinien, Australien, Belgien, Brasilien, Chile, Costa Rica, Dänemark, Deutschland, Frankreich, Griechenland, Israel, Italien, Kanada, Kolumbien, Luxemburg, die Niederlande, Neuseeland, Norwegen, Österreich, Paraguay, Rhodesien und Nyassaland, Schweden, die Schweiz, Uruguay, USA und Venezuela.[481] Gemeinsam war den Staaten die Überzeugung, durch einen ordentlichen Transfer der *surplus population* aus Europa in Staaten, die für ihre wirtschaftliche Entwicklung Arbeitskräfte benötigten (neben den Vorteilen, die sich daraus für die betroffenen Länder ergaben), einen Beitrag an Frieden und Ordnung in der Welt zu leisten.[482] Migration wurde in diesem Zusammenhang als Mittel gesehen, die wirtschaftliche Entwicklung in der sog. «freien Welt» zu fördern:[483] «In summary, the member governments agree that the concept of planned migration under international auspices can go a long way toward solving the human problems that form part of the long-term legacy of war, catastrophe, and economic dislocation, and at the same time make a positive contribution to social and economic development.»[484]

d) PICMME/ICEM als Gegenspieler des UNHCR?

Als der UN-Hochkommissar für Flüchtlinge, van Heuven Goedhart, seine Tätigkeiten aufnahm, war seine Ausgangslage wenig aussichtsreich: «[T]he day when I started my office early in January, 1951, [...] I found three empty rooms and a secretary in the Palais des Nations in Geneva and had

---

481 Auflistung der Mitgliedstaaten in: Vereinigte Staaten, Repräsentantenhaus, Report on ICEM 1955, S. 11. In den 1950er-Jahren ist Paraguay beigetreten, 1961 das Vereinigte Königreich (vgl. Marks, S. 494 und Holborn, International Organizations for Migration, S. 346.).

482 Vgl. Präambel der ICEM-Verfassung. Vgl. auch den Bericht der Vereinigten Staaten zu ICEM: «[...] recognizing that international migration was no longer a question merely of who or how many persons would be admitted to the United States. Instead, that the relationship between surplus manpower and overpopulation in Western Europe and elsewhere, and the existence of undeveloped areas in the Americas and Africa would henceforth be a factor urgently affecting the welfare and security of the United States and therefore of a major consideration to its foreign policies.» (Vereinigte Staaten, Repräsentantenhaus, Report on ICEM 1955, S. 2).

483 Zum Migration-Entwicklungs-Nexus der Nachkriegszeit: Papadopoulos/Parsanoglu, S. 50 f.

484 Marks, S. 494.

to start from scratch.»[485] Neben einem dürftigen Budget und einem limitierten Mandat fehlte es dem Hochkommissar aber vor allem an Unterstützung. Gil Loescher, der in *The UNHCR and World Politics: A Perilous Path* den Platz des UNHCR in der Weltpolitik analysiert, beschreibt einen mit Feindseligkeiten konfrontierten Hochkommissar.[486] Vor allem die averse Haltung der USA machte van Heuven Goedhart zu schaffen. Diese hatte sich schon in den Differenzen während den Verhandlungen zur Gründung des Hochkommissariats abgezeichnet. Vor allem die französische und die amerikanische Delegation hatten unterschiedliche Vorstellungen vom Hochkommissariat. Die USA hatten die Vision eines schlanken Hochkommissariats, das sich nur mit den IRO-Flüchtlingsgruppen befassen würde, und favorisierten einen Kommissar oder eine Kommissarin, der oder die unter amerikanischer Kontrolle stand. Aus diesem Grund hatte die amerikanische Delegation an den Verhandlungen vorgeschlagen, dass der Hochkommissar oder die Hochkommissarin durch den UN-Generalsekretär oder die UN-Generalsekretärin ernannt und nicht, wie von der französischen Delegation vorgeschlagen, durch die GV gewählt würde.[487] Sie hatte gehofft, dass dadurch der Amerikaner J. Donald Kingsley, seit 1949 Direktor der IRO, zum Hochkommissar ernannt würde. Dass die GV, die letztlich für die Wahl des Hochkommissars oder der Hochkommissarin zuständig war, sich knapp für den «neutralen» Niederländer entschied, machte die Hoffnung auf die US-Dominanz über das UNHCR zunichte.[488] Kingsley und die IRO nahmen in der Folge eine unkooperative Haltung gegenüber dem Hochkommissar ein. So weigerte sich die IRO etwa, die Akten von Tausenden Vertriebenen in Deutschland an das UNHCR zu übergeben.[489] Die Tatsache, dass viele Mitarbeitende der IRO zum neuen Hochkommissariat abwanderten, spannte das Verhältnis zusätzlich an. Die USA liessen das UNHCR in der Folge spüren, dass sie es in der Weltpolitik für irrelevant hielten. Die Truman-Doktrin und die darauffolgende antikommunistische Gesetzgebung in den USA in Kombination mit der Tatsache, dass das UNHCR nicht unter amerikanischer Kontrolle und damit aus US-Sicht anfällig für kommunistischen Einfluss war, machte die Aussicht auf Unterstützung für das UNHCR, finanziell

---

485 UNHCR, Rede des Hochkommissars van Heuven Goedhart vom 13. Oktober 1953.
486 Loescher, S. 50 ff.
487 Vereinte Nationen, Summary Record Lake Success 1, § 41.
488 Vgl. Loescher, S. 51 ff.
489 Ebd., S. 53.

als auch politisch, durch die Amerikaner immer unwahrscheinlicher. Das administrative Budget des UNHCR betrug zu Beginn 300'000 USD, ein operatives Budget gab es nicht. Struktur und Mandat des UNHCR waren von der GV, vor allem auf Forderung der von Eleanor Roosevelt angeführten amerikanischen Delegation hin,[490] bewusst limitiert gehalten worden:

> «[T]he drafters of the Statute agreed that the UNHCR should [...] achieve its aims by enlisting others to carry out the actual operations. The drafters assumed that the High Commissioner would have neither the staff nor the funds to undertake such activities himself. [...] Even in regard to international protection, the predominant role of the High Commissioner was seen as being to stimulate and encourage action by governments to achieve more favorable treatment of refugees rather than to perform direct services for individual refugees or groups of refugees.»[491]

Vor diesem Hintergrund ist die Gründung des PICMME Ende 1951, eine amerikanisch dominierte Organisation ausserhalb der UN, als Gegenentwurf zum UNHCR zu sehen. Der Gründungsvertrag des PICMME ist weniger ein Kompromiss zwischen verschiedenen Staaten (wie im Falle des UNHCR, das durch ein Gremium gegründet wurde) als vielmehr der kleinste gemeinsame Nenner der die Organisation prägenden Staaten. Und diese verfolgten schlicht (auch) andere Ziele als das UNHCR. In diesem Sinne ist das PICMME als Vehikel zu sehen, um (v.a. amerikanische) aussenpolitische Visionen durchzusetzen, die im Rahmen des UNHCR nicht realisierbar waren. Das betraf vorab den kontrollierten Transfer von Arbeitskräften zwischen den Staaten, auch in die USA, sicherlich aber auch die migrationspolitischen Aspekte der antikommunistischen Doktrin.[492] So waren Flüchtlinge aus kommunistischen Regimen in den USA willkommen, bis in die 1980er-Jahre nahmen die USA per Gesetz fast ausschliesslich solche Flüchtlinge auf.[493] Die USA, und auch andere Staaten, setzten damit einerseits ein öffentliches Zeichen gegen die kommunistischen Regime, rekrutierten teilweise aber auch gezielt Personen für ihre Geheimdienste.[494] Ein mittlerweile freigegebenes Dokument des

---

490 Vgl. etwa Vereinte Nationen, Summary Record Lake Success 1, §§ 37 ff.

491 HOLBORN/CHARTRAND/CHARTRAND, S. 88.

492 Vgl. zur amerikanischen Flüchtlingspolitik nach dem Zweiten Weltkrieg: ZOL-BERG, S. 622 ff.

493 HELTON, S. 248.

494 LOESCHER, S. 54.

US-Psychological Strategy Board von 1951 gibt Aufschluss über die amerikanischen Pläne für das Komitee:

> «Although principally concerned with the problem of alleviating surplus populations in Europe, the Committee's charter is broad enough to provide for movement overseas of Soviet orbit escapees. However, the Committee will probably concern itself only with escapees who are capable of resettlement, and it is not expected that escapees who are of lesser interest for reasons of security, political background, health, language, or lack of required skills will be migrated under the program. None the less, since the U.S. has contributed ten million dollars to the Committee's thirty-four million dollar budget, and since the Director of the Committee will probably be a citizen of the United States, it is likely that the Department of State can influence the Committee's action in directions which will assist in solving escapee problems.»[495]

Betrachtet man die Gründung daher in ihrem historisch-politischen Kontext, ist es eher unwahrscheinlich, dass das PICMME das Mandat des UN-HCR im Sinne einer Aufgabenteilung (operative Tätigkeiten – rechtlicher Schutz), aber auf ein gemeinsames Ziel hinarbeitend, komplementieren sollte.[496] In diesem Sinne äusserte Hochkommissar van Heuven Goedhart schon an der Brüssel-Konferenz 1951 Bedenken über die Gründung der neuen Organisation. Diese betrafen einerseits das Verhältnis zwischen den Organisationen und die (mangelnde) Wahrung der Interessen der Flüchtlinge andererseits:

> «The very circumstances and conditions under which this Conference has been convened must of themselves raise a series of problems of coordination for any new agency, not only with my office but also with the organs of the United Nations. These problems must, as you will readily agree, be solved if there is not to be a further duplication of effort and if the interests of refugees are not to suffer. [...] Unless special provision is made my fear would be that no refugees, except

---

495 Vereinigte Staaten, Psychological Operations Plan for Soviet Orbit Escapees 1951, S. 5 f.
496 Vgl. ausführlicher zu den politischen Hintergründen der USA bei der Gründung von PICMME: PAPADOPOULOS YANNIS/PARSANOGLU DIMITRIS, Operationalizing the Regulation of Human Mobility in the 1940s, in: Venturas Lina (Hrsg.), International «Migration Management» in the Early Cold War: The Intergovernmental Committee for European Migration, Published in 2015 (PDF e-book), S. 33–52.

those who represent the backlog in the movements of the International Refugee Organization, will ever set foot on board the ships which this new agency will run. I fully understand the desire of the United States Government and some of the other countries of immigration to see maintained the ships and the skill which have served the International Refugee organization so well. My chief concern is to see that these ships and that this skill should continue to be used also on behalf of refugees.»[497]

Auch die Vermischung von «Flüchtlingen» und «Migrierenden» und das *framing* des Problems als *surplus population* stiessen beim Hochkommissar auf Widerwillen.[498] Im Gegensatz zum UNHCR verfügte das PICMME und später das ICEM über eines der höchsten operativen Budgets der damals tätigen Organisationen.[499] Die USA stellten einen Grossteil des Budgets des ICEM, im Jahr 1959 fast die Hälfte.[500] Das PICMME bzw. das ICEM ist daher zum Zeitpunkt der Gründung vielleicht weniger als inhaltlicher, denn als geopolitischer Gegenentwurf zur UN zu sehen.

4. Zwischenfazit

a) Kollidierende Prinzipien

Obwohl sowohl das UNHCR als auch das PICMME (später das ICEM, das ICM und mittlerweile die IOM) teils als Nachfolgeorganisationen der IRO bezeichnet werden, sind die Organisationen wesentlicher von früheren

---

497 Speech Delivered by Dr. Gerrit Jan van Heuven Goedhart, United Nations High Commissioner for Refugees, to the Conference on Migration at Brussels, 29. November 1951, <http://www.unhcr.org/uk/admin/hcspeeches/3ae68fb620/s peech-delivered-dr-gerrit-jan-van-heuven-goedhart-united-nations-high.html>.

498 «[...] I expressed my dislike of the word ‹surplus› population, the reason being that I refuse to consider any human being as ‹surplus›. Although the problems of overpopulation and of refugees are connected in the sense that refugees form part of the ‹over›population and are potential migrants to a very considerable extent, many of the problems of the refugees could not be solved if they were only the concern of organizations primarily engaged in migration activities.» (VAN HEUVEN GOEDHART, The Problem of Refugees, S. 355).

499 MARKS, S. 485.

500 Vgl. Vereinigte Staaten, UN und Sonderorganisationen 1959, S. 154. Während des ersten Jahres hatte PICMME 43 Mio. USD Budget eingeplant, 10 Mio. davon wurden von den USA zur Verfügung gestellt (vgl. Vorschlag der USA zum Budget: Vereinigte Staaten, The Acting Secretary of State 1951, S. 190–191).

Organisationen geprägt: So behielt das PICMME viele Charakteristika des Intergovernmental Committee von 1938 bei. Dazu gehörten etwa das ausgeprägte Voluntarismusprinzip, wonach die Organisation den Staaten keine Pflichten «von oben» auferlegt, das Prinzip, wonach die Organisation den Mitgliedstaaten dient, das Prinzip der Förderung der wirtschaftlichen Entwicklung durch Migration und ein breites Mandat in Bezug auf die betroffenen Personen.[501] Die Organisation verantwortete den Transport der *surplus population* aus Europa in Staaten, die für ihre wirtschaftliche Entwicklung Arbeitskräfte benötigten, und schaffte dadurch Vorteile sowohl für die Sende- als auch die Empfängerstaaten. Gleichzeitig sah die Organisation darin einen Beitrag für Frieden und Ordnung in der Welt.[502]

Das UNHCR auf der anderen Seite sollte, wie die Hochkommissariate im Völkerbund, darauf hinarbeiten, den Schutz von Flüchtlingen zu gewährleisten, unter anderem indem ein einheitlicher Rechtsstatus für Flüchtlinge geschaffen wird, etwa durch internationale Konventionen oder Vereinbarungen mit Regierungen, und für dauerhafte Lösungen für die Flüchtlinge sorgen. Hintergrund waren zwei unterschiedliche Ziele, denen das UNHCR und das Flüchtlingsrecht gerecht werden sollten: Einerseits ging die Staatengemeinschaft davon aus, dass Flüchtlinge eines besonderen Schutzes bedürfen, weil sie, im Gegensatz zu anderen Migrierenden, keinen Schutz durch ihren Heimatstaat genossen – oft waren sie auch staatenlos geworden.[503] Das Flüchtlingsrecht hat in diesem Sinn eine individualrechtliche Komponente. Das UNHCR sollte daher darauf hinwirken, dass Flüchtlinge in den Aufnahmestaaten gewisse Rechte erhalten. Andererseits waren die vielen Flüchtlinge des Zweiten Weltkrieges aber auch eine Bürde für viele Aufnahmestaaten, während gleichzeitig die Gefahr bestand, dass Herkunftsstaaten die Aufnahme von Flüchtlingen durch einen anderen Staat als politischen Affront werteten. Das Flüchtlingsrecht hat zum Ziel, die internationale Zusammenarbeit in diesem Bereich zu fördern und dadurch zu verhindern, dass das Flüchtlingsproblem Spannungen zwischen den Staaten auslöst.[504] Die Gründung des UNHCR ist daher auch vor dem Hintergrund der internationalen Friedenssicherung zu sehen.

Bei den genannten Charakteristika der Organisationen lässt sich im Hinblick auf die Konzeption von internationalen Organisationen als te-

---

501 Vgl. ICEM-Verfassung, Präambel und Art. 1.
502 Ebd., Präambel.
503 Präambel der FK von 1951.
504 Ebd.

leologische Regime von Prinzipien sprechen, welche die Mitgliedstaaten an die Organisation gerichtet haben. Sie sind als Zielsetzungen an die Organisation zu verstehen, die weitestmöglich realisiert werden sollen und die allenfalls in Form von Normen als Handlungsanleitungen bzw. Rechte, Pflichten und Kompetenzen konkretisiert werden. Bereits zum Zeitpunkt der Gründung des UNHCR und des ICEM standen die an die Organisationen gerichteten Prinzipien in einem Spannungsverhältnis zueinander. Vorab ist dazu festzuhalten, dass, mit einigen Ausnahmen (etwa Deutschland oder die Schweiz), fast alle Mitgliedstaaten des ICEM bereits Mitglieder der UN waren. Das ICEM war demnach gegründet worden, um Ziele zu verwirklichen, die im Rahmen der UN offensichtlich nicht hätten realisiert werden können. Dazu gehörte, die Migration als Mittel zur wirtschaftlichen Entwicklung in der «freien Welt» einzusetzen. Dieses Prinzip stand insofern in einem Spannungsverhältnis zu den humanitären Grundgedanken des Flüchtlingsrechts, als eine solche Migrationsförderung vor allem auf Personen abzielte, die den Aufnahmestaaten von wirtschaftlichem Nutzen waren, und damit die Hilfsbedürftigen als die Schwächsten unter den Flüchtlingen ausschloss. Auch Personen, die etwa mangels eines Passes die formellen Einreisevoraussetzungen in den Aufnahmestaaten nicht erfüllten oder die über keine entsprechenden Sprachkenntnisse verfügten, waren potenziell von den Dienstleistungen des ICEM ausgeschlossen. Zudem waren viele Personen, die von wirtschaftlichem Interesse für die Aufnahmestaaten waren, nicht auf internationalen Schutz angewiesen, weil sie über eine Staatsbürgerschaft und damit einen Heimatstaat verfügten, der ihren Schutz gewähren würde. Dadurch wurden Kapazitäten zur Aufnahme von Personen von Aufnahmestaaten durch qualifizierte Arbeitskräfte gebunden, während viele hilfsbedürftige Flüchtlinge nach wie vor auf einen Aufnahmestaat angewiesen waren. Dies schien umso stossender, als das ICEM für den Transport die Schiffsflotte der IRO übernommen hatte, die zuvor für den Transport ebensolcher Flüchtlinge eingesetzt worden war.[505] Ebenfalls band die Organisation dadurch Mittel der Staaten, die sonst allenfalls für das UNHCR und den Flüchtlingsschutz hätten eingesetzt werden können. Insofern konkurriert das Prinzip der wirtschaftlichen Entwicklung des ICEM mit dem Ziel des UNHCR, eine dauerhafte

---

505 Vgl. zum Ganzen: Speech Delivered by Dr. Gerrit Jan van Heuven Goedhart, United Nations High Commissioner for Refugees, to the Conference on Migration at Brussels, 29. November 1951, <http://www.unhcr.org/uk/admin/hcspeec hes/3ae68fb620/ speech-delivered-dr-gerrit-jan-van-heuven-goedhart-united-natio ns-high.html>.

Lösung für die Flüchtlinge zu finden. Die beiden Ziele sind zwar nicht grundsätzlich unvereinbar in dem Sinne, dass die Verwirklichung eines Ziels zur Vereitelung des anderen Ziels führen würde. Die beiden Prinzipien können vielmehr in unterschiedlichem Grad verwirklicht werden, wobei aufgrund der beschränkten Mittel und Kapazitäten der Staaten die weitgehende Verwirklichung eines Ziels zur Vernachlässigung des anderen Ziels führen kann. Insofern kann davon gesprochen werden, dass die beiden Prinzipien kollidieren. Ein weiteres Prinzip, das dem ICEM zugrunde liegt, steht allerdings in einem klaren Widerspruch zu den Grundprinzipien des UNHCR: Die Mitgliedstaaten des ICEM gingen davon aus, dass Flüchtlinge und Migrierende identische Bedürfnisse haben.[506] Das Prinzip widerspiegelt sich im Mandat der Organisation, das unterschiedslos sowohl Flüchtlinge als auch andere Migrierende umfasst. Im Gegenteil dazu ist es eines der Grundprinzipien des UNHCR, dass Flüchtlinge sich in einer fundamental anderen Situation befinden als andere Migrierende, weil sie keinen Schutz durch ihren Heimatstaat haben. Diese unterschiedliche Konzeption ist noch heute einer der Hauptkonfliktpunkte zwischen dem UNHCR und der IOM.

b) Überlappende Kompetenzen

Die eben erwähnten Prinzipien wurden im Rahmen der Mandate des ICEM und des UNHCR konkretisiert. In materieller Hinsicht lässt sich sagen, dass sich die Mandate *ratione personae*, bezüglich Flüchtlinge, klarerweise überlappten. Flüchtlinge fallen in das Kernmandat des UNHCR, das ICEM beschäftigt sich mit Migrierenden generell, Flüchtlinge sind dabei ausdrücklich eingeschlossen. Der Begriff des Flüchtlings wird in der ICEM-Verfassung nicht spezifiziert. Hinsichtlich der Art der Aufgaben, mit denen die Organisationen betraut waren, lässt sich kein abschliessendes Urteil erzielen. Das Mandat des ICEM war auf operative Tätigkeiten beschränkt: So war es primär für den Transport von Migrierenden zuständig, war aber bei Bedarf der Mitgliedstaaten auch ermächtigt, weitere Dienstleistungen im Bereich Migration wahrzunehmen – etwa durch Un-

---

506 Vgl. PERRUCHOUD, From the ICEM to the IOM, S. 504: «The Governments represented in Brussels understood that the migration needs of refugees, migrants, and displaced persons were identical, and that a single Organization should be charged with their orderly and planned migration.»

terstützung bei der Eingliederung in die Aufnahmestaaten.[507] Interessant ist in diesem Zusammenhang, dass die ICEM-Verfassung die Frage nach dem Verhältnis zu anderen internationalen Organisationen, die Dienstleistungen im Bereich Migration erbringen, antizipiert. Das Mandat enthält eine Subsidiaritätsklausel, die grundsätzlich gewährleistet, dass das ICEM im Bereich Dienstleistungen nur dann tätig wird, wenn andere Organisationen dazu nicht in der Lage sind.[508] Auch der Transport sollte gemäss Mandat nur dann durchgeführt werden, wenn keine anderweitigen Optionen bestanden.[509] Da das ICEM aber selbst entschied, ob eine andere Organisation zuständig war, blieb Spielraum. Die Bestimmung wurde in der Folge nie wirklich umgesetzt, das ICEM führte zeitweise bis zu einem Drittel aller Transporte von europäischen Emigrierenden nach Übersee durch.[510] Grundsätzlich wäre die Aufgabentrennung durch eine Beschränkung des ICEM auf operative Tätigkeiten und des UNHCR auf den rechtlichen Schutz gewährleistet. Wenn also einige Autoren von einer grundsätzlichen Komplementarität der Mandate ausgehen, ist das nicht falsch.[511] In Anbetracht des Wortlautes der Mandate wäre es grundsätzlich denkbar gewesen, dass das PICMME bzw. das ICEM als operativer Arm des UNHCR den Transport von *resettlement*-Flüchtlingen sowie gewisse Dienstleistungen in diesem Bereich durchgeführt hätte. Allerdings liessen vor allem zwei Tatsachen Raum für (künftige) Überschneidungen: (1) Die UNHCR-Satzung beschränkte dessen Tätigkeiten, trotz entsprechender Absichten der GV, letztlich nicht auf den rechtlichen Schutz und schloss operative Tätigkeiten gerade nicht aus;[512] (2) das Mandat des ICEM beschränkte sich

---

507 Das Mandat von PICMME war zuvor noch auf den Transport beschränkt gewesen.

508 ICEM-Verfassung, Art. 1 Abs. 1 (b): «The purpose and functions of the Committee shall be: [...] to promote the increase of the volume of migration form Europe by providing, at the request of and in agreement with the Governments concerned, services in processing, reception, first placement and settlement of migrants which other international organizations are not in a position to supply, and such other assistance to this purpose as is in accord with the aims of the Committee.»

509 ICEM-Verfassung, Art. 1 Abs. 1.

510 Holborn, International Organizations for Migration, S. 341.

511 Etwa Elie, S. 346.

512 Bei der Beratung der UNHCR-Satzung vertraten viele Staaten die Auffassung, dass sich das UNHCR idealerweise auf den rechtlichen Schutz beschränkte, dass aber kein Weg daran vorbeiführte, dass es auch *material assistance* würde leisten müssen (so etwa die Vertreter/-innen Belgiens und Kanadas, vgl. Vereinte Nationen, Summary Record Lake Success 2, § 20 und § 30).

nicht, wie zuvor im Mandat des PICMME vorgesehen, auf den Transport von Personen. In diesem Sinne haben die Mitgliedstaaten, wobei beinahe alle Mitgliedstaaten des ICEM auch Mitglieder der UN waren, den Organisationen über verschiedene Kompetenznormen ähnliche, wenn nicht gleiche Befugnisse übertragen. Insofern kann festgehalten werden, dass den Organisationen ähnliche Kompetenzen, aber mit konkurrierenden, teils widersprüchlichen Zielen übertragen wurden. Entsprechend kann hier von einem Institutionenkonflikt gesprochen werden.[513]

c) Konfliktklauseln in Gründungsinstrumenten als Handlungsanleitung?

Es stellt sich daher die Frage nach dem formellen Verhältnis zwischen den Organisationen. Da das UNHCR als Nebenorgan der UN und das ICEM als eigenständige Organisation ausserhalb der UN gegründet wurden, standen die Organisationen zum Zeitpunkt der Gründung *a priori* in keinem hierarchischen Verhältnis zueinander. Auch die Gründungsinstrumente der beiden Organisationen enthalten nur vage und allgemein gehaltene Vorgaben zum Verhältnis mit anderen Organisationen. So wird das UNHCR angehalten, enge Verbindungen mit zwischenstaatlichen Organisationen zu unterhalten,[514] das ICEM soll mit anderen in den Bereichen Migration und Flüchtlinge tätigen Organisationen kooperieren, es kann solche Organisationen zu den Sitzungen des Rates einladen.[515] Dabei ist es bereits fraglich, ob es sich bei solchen Klauseln um Verpflichtungen der Organisationen handelt. Eine Verpflichtung kann als eine Norm definiert werden, die nach einem Alles-oder-nichts-Grundsatz anwendbar ist, d.h., es kann beurteilt werden, ob die Norm verletzt ist oder nicht. Das scheint immerhin zweifelhaft. Naheliegender ist es, solche Klauseln als Prinzipi-

---

513 Vgl. Zum Konzpet des Institutionenkonflikts vorne II. B. 3. c).

514 UNHCR-Satzung, § 8: «The High Commissioner shall provide for the protection of refugees falling under the competence of his Office by: [...] Keeping in close touch with the Governments and intergovernmental organizations concerned.»

515 ICEM-Verfassung, Art. 27: «1. The Committee shall co-operate with international organizations, governmental and non-governmental, concerned with migration or refugees. 2. The Committee may invite any international organization, governmental or non-governmental, concerned with migration or refugees to be represented at the meetings of the Council under conditions prescribed by the Council. No representative of such an organization shall have the right to vote.»

en zu betrachten, die weitestmöglich verwirklicht werden sollen. Solche Klauseln bieten daher keine reale Handlungsanleitung im Falle von Kompetenzkonflikten zwischen Organisationen. Damit besteht weder eine *a priori* institutionelle Hierarchie, noch enthalten die Mandate diesbezüglich irgendwelche Vorgaben. Zwar könnte man sagen, dass das ICEM in Bezug auf Dienstleistungen nur eine subsidiäre Zuständigkeit hat. Allerdings wird die Bestimmung wiederum selbstreferenziell angewendet, das heisst, die Organisation entscheidet selbst darüber, ob das ICEM zuständig ist oder eine andere Organisation. Die Bestimmung entfaltet ihre Wirkung daher nicht primär im Aussenverhältnis, sondern beurteilt sich nach internen Regeln und Verfahren des ICEM. Das Verhältnis lässt sich daher zum Zeitpunkt der Gründung am besten als horizontal bzw. als heterarchisch (als Antonym zu hierarchisch verstanden) bezeichnen.[516]

d) Überlappung als Strategie

Das UNHCR wurde im Rahmen der UN gegründet, um einen Teil der Arbeiten von IRO weiterzuführen. Das UNHCR sollte in redimensionierter Form den internationalen (v.a. rechtlichen) Schutz der Flüchtlinge gewährleisten und dafür sorgen, dauerhafte Lösungen für diejenigen Flüchtlinge zu finden, welche die IRO nicht hatte wieder ansiedeln können. Es sollte vor allem auf die Staaten einwirken, die relevanten Konventionen, v.a. die FK, zu ratifizierten und umzusetzen. Ferner sollte es mit Staaten Vereinbarungen für dauerhafte Lösungen aushandeln, etwa durch *resettlement* oder Assimilierung der Flüchtlinge in den Staaten, in denen sie sich aufhielten. Das UNHCR war nicht nach den Vorstellungen der USA ausgestaltet worden. Einerseits war dessen Mandat nicht auf bestimmte Flüchtlingsgruppen beschränkt worden, sodass die Möglichkeit bestand, dass sich das UNHCR mit anderen als den bisherigen Flüchtlingsgruppen beschäftigen würde. Andererseits wurden die Aktivitäten des UNHCR durch die GV angeleitet; weil diese jeweils durch Mehrheitsbeschlüsse Entscheidungen traf, hatten einzelne Staaten, etwa die USA, je nach Mehrheitsverhältnissen, wenig Einfluss auf den Gang der Dinge. Die Truman-Doktrin in den USA ab 1947 sorgte zudem dafür, dass die USA Organisationen, die (auch) kommunistische Staaten als Mitglieder hatten, äusserst skeptisch gegenüberstanden, weshalb die USA dem UNHCR die Unterstützung zu Beginn verweigerten. Insofern ist schon die Gründung

---

516 Vgl. dazu vorne II. B. 3. a).

des ICEM als strategischer Zug zur Etablierung eines alternativen Forums zu sehen, in dem sich Interessen der beteiligten Staaten durchsetzen liessen, die im Rahmen des UNHCR oder anderer Organisationen nicht realisierbar waren. Demgemäss lässt sich das ICEM als geopolitischer Gegenentwurf zum UNHCR bezeichnen. Aber nicht nur. Gleichzeitig verkörperte das ICEM eine andere Ratio: Während die Tätigkeiten des UNHCR im Grunde auf eine Verbesserung der Situation der Flüchtlinge abzielte, war das ICEM dafür konzipiert worden, Migrierende im Interesse von Entsende- wie auch Aufnahmestaaten von Ländern mit wenig Integrationsperspektiven in Länder umzusiedeln, in denen wirtschaftliche Möglichkeiten bestanden und dadurch zur wirtschaftlichen Entwicklung in der «freien Welt» beizutragen.[517] Die Überlappung der Mandate lässt sich daher durchaus als eine strategisch kreierte bezeichnen, um unterschiedliche Ziele zu verwirklichen.

C. Das Verhältnis seit 1950: zwischen Rivalität und Kooperation

1. Positionierung und erste Interaktionen in den 1950er-Jahren

a) Wie das UNHCR an Bedeutung gewinnt: weite Interpretation der «dauerhaften Lösungen»

Mit mindestens 1,5 Millionen Flüchtlingen in seinem Mandat[518] und einem bescheidenen Budget sah sich Hochkommissar van Heuven Goedhart schon bald nach der Amtsübernahme gezwungen, die GV um eine Erhöhung des administrativen Budgets zu ersuchen. Gleichzeitig bat er um die Ermächtigung, die Staaten zu Spenden aufrufen zu können. Mit freiwilligen Beiträgen wollte er einen Fonds über 3 Millionen USD errichten, um Nothilfe für diejenigen Flüchtlinge zu leisten, die sich in einer äusserst prekären Lage befanden (ein Grossteil von ihnen war in diese Si-

---

517 Vgl. zum Ziel der wirtschaftlichen Entwicklung der «freien Welt» im Rahmen von PICMME bzw. ICEM: PAPADOPOULOS YANNIS/PARSANOGLU DIMITRIS, Operationalizing the Regulation of Human Mobility in the 1940s, in: Venturas Lina (Hrsg.), International «Migration Management» in the Early Cold War: The Intergovernmental Committee for European Migration, Published in 2015 (PDF e-book), S. 33–52.

518 Zahl bei UNHCR, Rede des Hochkommissars van Heuven Goedhart vom 2. Januar 1952.

tuation geraten, weil die IRO ihre Unterstützung allmählich einstellte).[519] Der Hochkommissar war sich wohl bewusst, dass dieses Ansinnen auf Widerstand stossen könnte, weil es unter die Kategorie *relief*-Arbeiten, also operative Tätigkeiten, fiel. Anlässlich einer Rede vor der GV führte er aus, dass die Nothilfe das Flüchtlingsproblem zwar nicht lösen würde, sie aber dennoch zur Suche nach dauerhaften Lösungen für diese Flüchtlinge beitragen würde – eine Aufgabe, für die das UNHCR wiederum mandatiert ist. Es war absehbar, dass sich diese Personen auf Dauer wohl dort niederlassen würden, wo sie gerade waren. Die IRO hatte mehrmals versucht, sie in andere Staaten umzusiedeln, es war jedoch kein Staat bereit gewesen, sie aufzunehmen. Oft handelte es sich um kranke oder alte Menschen, die von keinem wirtschaftlichen Nutzen für die Staaten waren und daher für das *resettlement* nicht infrage kamen.[520] Die amerikanische Delegation wurde angewiesen, den Vorschlag in der GV abzulehnen und sich gegen alle Versuche zur Wehr zu setzen, die Tätigkeiten des UNHCR auszuweiten.[521] Die GV entschied aber, das administrative Budget zu verdoppeln und stimmte dem Vorschlag des Hochkommissars zur Errichtung des United Nations Refugee Emergency Fund (UNREF) zu.[522] Die USA verweigerten danach bis 1954 jegliche Beiträge an den UNREF und das UNHCR, während sie andere Organisationen wie das ICEM und das eigene United States Escapees Program (USEP)[523] grosszügig finanzierten.[524] Ungeachtet dessen war es dem Hochkommissar mit der Errichtung des Fonds gelungen, Tätigkeiten über den rechtlichen Schutz hinaus zu realisieren. Durch die Argumentation, dass die Nothilfe integraler und unabdingbarer Teil der Suche nach dauerhaften Lösungen sei, betonte er, dass man sich innerhalb des Mandats bewegte. Dank der weiten Interpretation der «Suche nach dauerhaften Lösungen» war es van Heuven Goedhart gelungen, in den Bereich der *relief*-Arbeiten vorzudringen. Dieses Argumentationsmuster setzt sich in späteren Reden des Hochkommissars fort. Die Strategie der Mandatserweiterung durch Interpretation findet sich etwa in seiner Vortragsreihe im Rahmen der Hague Academy of International Law im Jahr 1953. Im Zusammenhang mit den Flüchtlingen in Schanghai zählte der Hochkommissar – relativ selbstverständlich – die Möglichkeiten auf, die

---

519 Ebd.
520 Ebd.
521 Vereinigte Staaten, Position Paper Refugee Problems 1952, Punkte 4. und 5.
522 A/RES/438(VI)B vom 2. Februar 1952, S. 35.
523 Von Präsident Truman gegründetes Programm, das sich um die Umsiedlung von sog. *escapees* aus dem Sowjetblock in die USA kümmerte.
524 ZOLBERG, S. 664; LOESCHER, S. 64.

das UNHCR gemäss Satzung für die Suche nach dauerhaften Lösungen habe: namentlich Emigration, Integration, rechtlicher Schutz, Rückkehr sowie – und das ist bemerkenswert – materielle Unterstützung.[525] Die *material assistance*, oder *humanitarian assistance*, wie sie später bezeichnet wurde, ist heute eine der Hauptaufgaben des UNHCR.[526]

b) ICEM verlagert Fokus auf Dienstleistungen

Auch das ICEM begann, seine Aktivitäten auszudehnen. Es verlagerte seinen Schwerpunkt allmählich weg vom Transport auf die Dienstleistungsfunktion. So führte es in den 1950er-Jahren eine Reihe von Pilotprojekten durch, von denen einige anschliessend eingeführt wurden.[527] In den Herkunftsländern bot das ICEM Berufsbildungs- und Sprachkurse an, um Auswanderer und Auswandererinnen auf die Arbeitsmärkte der Zielstaaten vorzubereiten. In den Empfangsstaaten erhob das ICEM Daten zu Kaufkraft und Lebensstandard und sondierte die lokalen Arbeitsmärkte, um herauszufinden, welche Fähigkeiten gefragt waren. In Kanada bot das ICEM Schulungen für Einwanderungs- und Arbeitsvermittlungsbehörden an, in Argentinien für die Integration von Arbeiterinnen und Arbeitern in landwirtschaftliche Betriebe. Solche Aktivitäten wurden auf Antrag der betreffenden Staaten durchgeführt und bereiteten die Staaten darauf vor, diese Aufgaben später selbst wahrzunehmen.

Zudem hatte beim ICEM eine leise Emanzipation begonnen: Der ICEM-Abgeordnete Edward Marks beschreibt die damals erst beginnende Transformation mit dem Bild des Kindes, das langsam zu einer eigenständigen Persönlichkeit heranwächst:

> «Of course ICEM, as the child of its member governments, carries on only such activities as have been approved by them. While ICEM may propose, the member governments themselves dispose; they constitute the final word on whether a scheme is possible or a particular migrant can be visaed; nevertheless, ICEM, through gathering experience, has grown to be somewhat more than the sum of its parts and its officials are consulted increasingly for their recommendations and technical guidance.»[528]

---

525 Van Heuven Goedhart, The Problem of Refugees, S. 349.
526 Vgl. etwa UNHCR, Note on the Mandate 2013, S. 4, 8.
527 Vgl. zum Ganzen Parsanoglu, S. 61 f.
528 Vgl. den ICEM-Abgeordneten des New Yorker Office: Marks, S. 941.

Der Aufbau von Expertise durch die Organisation und ihre Mitarbeitenden begann einen Wissens- und Erfahrungsvorsprung zu generieren, der die Organisation zur Ansprechpartnerin für ihre Mitgliedstaaten machte. So entwickelte sich eine langsame, vielleicht anfangs kaum wahrnehmbare Verlagerung der Autorität von den Mitgliedstaaten hin zur Organisation, indem diese durch Beratung der Staaten möglicherweise Einfluss auf deren Entscheidungen nahm. Die Kontrolle der USA und anderer Staaten über die Organisation stand zu dieser Zeit nicht auf dem Spiel.[529] Aber die Organisation begann langsam, sich von der Idee einer reinen Transportorganisation zu entfernen und die Tätigkeitsfelder zu erweitern.

c) Zwischen Kooperation und Rivalität

Der Skepsis des Hochkommissars zum Trotz arbeiteten die beiden Organisationen im Feld schon bald zusammen. Die Machtübernahme Mao Zedongs mit der Gründung der Volksrepublik China 1949 trieb viele Menschen in die Flucht.[530] Auch eine Gruppe europäischstämmiger Flüchtlinge, hauptsächlich Nansen-Flüchtlinge von 1921 sowie wenige jüdische Flüchtlinge vor den Nazis, war in der Folge im Jahr 1952 in Schanghai in Gefahr geraten. In einer gemeinsamen Evakuierungsaktion siedelten das UNHCR und das ICEM die rund 2'000 Flüchtlinge nach Hongkong um. Dort wurde von den Organisationen anschliessend ein Joint Special Representative gegründet, um die Flüchtlinge weiterhin zu unterstützen und neue Flüchtlinge zu betreuen.[531] Das Office in Hongkong wurde vom ICEM betrieben, mit dem gemeinsamen Sonderbeauftragten der beiden Organisationen an der Spitze. Das UNHCR verfügte über ein Office in Schanghai.[532]

Abgesehen vom Einsatz in Fernost waren das ICEM und das UNHCR in den 1950er-Jahren vor allem in Europa tätig, wo das Problem der Flüchtlinge trotz des überwältigenden Efforts der IRO nach dem Krieg noch nicht überwunden war. Dem UNHCR lag vor allem daran, für die verbleibenden IRO-Flüchtlinge, die teilweise noch in Flüchtlingslagern verharr-

---

529 Vgl. Parsanoglu, S. 85.
530 Vgl. kritisch zur Rolle von UNHCR im Umgang mit den Chinaflüchtlingen: Peterson Glen, The Uneven Development of the International Refugee Regime in Postwar Asia: Evidence from China, Hong Kong and Indonesia, Journal of Refugee Studies Vol. 25 No. 3 (September 2012), S. 326–343.
531 Van Heuven Goedhart, The Problem of Refugees, S. 349 f.
532 UNHCR, Bericht des Hochkommissars von 1956, § 101.

ten, eine Lösung zu suchen.[533] Das ICEM war vor allem in Griechenland, Italien, Österreich und Deutschland tätig, da es das Problem der Überbevölkerung dort als am dringendsten wahrnahm. Die Organisationen waren also grösstenteils in den gleichen Staaten tätig, oft auch für die gleichen Personen. Sowohl das UNHCR als auch das ICEM waren in Integrations- und *resettlement*-Programme involviert, teils auch gemeinsam.[534] Die Überlappungen verursachten auch Reibungen. Die Vertreterinnen und Vertreter des UNHCR, des ICEM und des USEP trafen sich daher während der 1950er-Jahre regelmässig, um ihre Aktivitäten im Zusammenhang mit den europäischen Flüchtlingen zu koordinieren.[535] Das Hochkommissariat, zu Beginn der 1950er-Jahre noch in einer prekären Situation, sah es nicht gerne, dass das ICEM seine Tätigkeiten in Bereiche auszuweiten begann, für die sich das Hochkommissariat zuständig sah. Insbesondere betraf dies die Rolle des Koordinators der internationalen Organisationen und der NGOs in diesem Bereich. Van Heuven Goedhart stand insbesondere den Motiven von ICEM kritisch gegenüber.[536] So schrieb er in einem Brief an den ICEM-Generaldirektor Harold Tittmann 1955, dass die Flüchtlinge in Österreich klar in die Zuständigkeit des UNHCR fielen und diese Personen nichts mit der Fluchtmigration zu tun hätten, mit der sich das ICEM befasse.[537] Er beanspruchte daher auch die Rolle des Koordinators der verschiedenen Organisationen für sich. Aus der Sicht des UNHCR war es die Aufgabe des ICEM, das Hochkommissariat auf operativer Ebene zu unterstützen, primär beim *resettlement*, vor allem durch Transport, aber auch durch Unterstützung im Empfangsstaat – das ICEM sollte quasi der operative Arm des UNHCR sein.[538]

Die wirkliche Bewährungsprobe für das Verhältnis der beiden Organisationen folgte im Jahr 1956, nachdem der ungarische Volksaufstand durch die Sowjetarmee niedergeschlagen worden und eine prosowjetische Regie-

---

533 In Österreich befanden sich 1952 etwa noch 70'000 Personen in den Lagern (Zahl bei UNHCR, Rede des Hochkommissars van Heuven Goedhart vom 2. Januar 1952).

534 Bis 1954 hatte das ICEM das UNHCR etwa bei der Wiederansiedlung von 16'244 Personen unterstützt (UNHCR, Bericht des Hochkommissars von 1956, § 149).

535 Ebd., § 16.

536 VAN HEUVEN GOEDHART, The Problem of Refugees, S. 355 ff.

537 International Organization for Migration Archives, Letter from G. J. van Heuven Goedhart to Harold Tittman [sic. Tittmann], ICEM, 6 June 1955, zit. nach LOESCHER, S. 66.

538 Vgl. vielerorts im Bericht des Hochkommissars zuhanden der GV im Jahr 1955 (UNHCR, Bericht des Hochkommissars von 1956, etwa §§ 163, 164, 170, 171).

rung an die Macht gekommen war. Aufständische wurden hingerichtet oder interniert, Hunderttausende flohen nach Österreich und Jugoslawien. Der österreichische Innenminister Oskar Helmer fragte das UNHCR und das ICEM rasch um Hilfe an. Unklar ist, ob das UNHCR von Helmer angewiesen wurde, die Rolle der *lead agency* und des Koordinators der verschiedenen Hilfsorganisationen zu übernehmen oder ob das UNHCR diese Rolle aktiv gesucht hat.[539] Ungeachtet dessen übernahm das UNH-CR ab 1957 die Koordination der verschiedenen Hilfsorganisationen.[540] Diese Rolle wurde später von der GV bestätigt und prägte in der Folge das Selbstverständnis der Organisation.[541] Daneben waren die Aufgaben wie folgt aufgeteilt: Das UNHCR übernahm den rechtlichen und politischen Schutz, das ICEM organisierte das *resettlement* und die Liga der Rotkreuzgesellschaften (LICROSS) war für die Nothilfe zuständig.[542] Das Verhältnis zwischen den Organisationen wird von James Carlin, späterer Direktor des Intergovernmental Committee on Migration (ICM), 1982 als sehr positiv beschrieben:

> «The Hungarian experience was a model operation, for each organization fulfilled its function as a cooperative effort in which each part was essential. In Austria, particularly, there was no question of which organization was to do what or why. Missions were clearly understood. The job was completed with the minimum of friction and in record time.»[543]

Ein wichtiger Faktor dürfte gewesen sein, dass der österreichische Ministerpräsident die Rollen klar verteilt hatte und jede Organisation um ihre Zuständigkeit wusste: «Perhaps the Hungarian refugee experience of 1956 may serve as a model of effective cooperation and coordination, for the Austrian Government made clear from the outset what was expected of each principal organization.»[544] In den ersten acht Wochen wurden bereits 84'000 Flüchtlinge in andere Staaten umgesiedelt, nach zwei Jahren

---

539 In einem UNHCR-Beitrag ist die Rede davon, dass das UNHCR von Helmer angefragt wurde, die Hilfsorganisationen zu koordinieren: UNHCR, COLVILLE, S. 7.
540 UNHCR, Bericht des Hochkommissars von 1958, § 3.
541 A/RES/1006(ES-II) vom 9. November 1956; A/RES/1129(XI) vom 21. November 1956; A/RES/1039(XI) vom 23. Januar 1957.
542 CARLIN, Refugee Crises, S. 9.
543 Ebd., S. 10.
544 Ebd., S. 22.

fast 200'000.[545] Formell fielen die Personen nicht unter das Mandat des UNHCR, da dafür zuerst der Flüchtlingsstatus der einzelnen Personen hätte geprüft werden müssen, was aufgrund der schieren Masse und des Zeitdrucks nicht möglich war. Die GV beauftragte den Hochkommissar daher ausdrücklich, Nothilfe zu leisten.[546] Die Solidarität gegenüber den Ungarnflüchtlingen war in den Staaten der sog. «freien Welt»[547] gross. Nachdem der Hochkommissar anfangs Schwierigkeiten gehabt hatte, Geld für den UNREF zu erhalten, waren die Beiträge nach der Ungarnkrise rekordverdächtig hoch. Auch die USA hatten seit 1956 substanzielle Beiträge an den Fonds geleistet und unterstützten die Rolle des UNHCR als Koordinator.[548] Neben den offensichtlichen geopolitischen und humanitären Interessen der Staaten waren die ungarischen Flüchtlinge aber auch in wirtschaftlicher Hinsicht willkommen: Viele von ihnen waren jung und gebildet, die Arbeitslosenquote in den Empfangsstaaten tief. Die Wahrnehmung der Migration war im Allgemeinen positiv. An der ICEM-Konferenz von 1957 wurde geradezu euphorisch über den Gewinn, den die Migration brachte, berichtet:

> «The delegate for the Netherlands said that international migration played a large part in building a free world and in binding its people together in a real international family. The millions of dollars spent on such migration, he added, were worth infinitely more than such money spent for the same purpose in any other way. They were spread over generations and were the best possible investment in ‹world building›, not to mention the direct human happiness thus achieved.»[549]

Das UNHCR überzeugte viele mit der Art und Weise, wie die Flüchtlingsströme nach der Ungarnkrise bewältigt wurden. Die Kooperation zwischen den Organisationen und die Aufgabenteilung war ein Präjudiz für viele folgende Operationen.

---

545 LOESCHER, S. 86; A/RES/1388(XIV) vom 20. November 1959, S. 20–21.
546 A/RES/1006(ES-II) vom 9. November 1956; bestätigt in: A/RES/1039(XI) vom 23. Januar 1957.
547 Begriff etwa bei MARKS, S. 483. Der Begriff wurde im Zusammenhang des Kalten Krieges für die «westlichen» Staaten oder breiter für die nicht kommunistischen Staaten verwendet.
548 Vereinigte Staaten, Legislative History on the Mutual Security Act of 1957, S. 357.
549 MARKS, S. 494.

2. Die 1960er-Jahre: Rezession führt zu Konkurrenz

a) UNHCR expandiert unter dem Titel der «Guten Dienste»

Währenddessen waren die Mandate des UNHCR und des ICEM jeweils verlängert worden, beide hatten aber nach wie vor den nicht permanenten Status. Die Dekolonisierungsprozesse in Afrika und Asien führten, neben anderen Faktoren, zu bedeutenden Flüchtlingsströmen ausserhalb Europas. Der algerische Unabhängigkeitskrieg gegen Frankreich ab 1954 zwang viele Menschen zur Flucht nach Tunesien oder Marokko. Das UNHCR sah sich daher mit der Entscheidung konfrontiert, ob es sich in dieser Krise engagieren würde, zumal es sich bislang fast ausschliesslich mit europäischen Flüchtlingen (in einem weiten Sinn, d.h. auch Personen ausserhalb Europas, aber europäischen Ursprungs) beschäftigt hatte. Rechtlich und politisch war das Engagement zugunsten der Algerienflüchtlinge heikel. So war es fraglich, ob diese Personen überhaupt unter das Mandat des UNHCR fielen, weil sie in diesen Ländern bereits Asyl erhalten hatten und es nicht möglich war, den Flüchtlingsstatus der Personen einzeln zu prüfen.[550] Gleichzeitig dürfte man es vermieden haben, sich zur Flüchtlingseigenschaft der Personen zu äussern, um Frankreich nicht zu pikieren.[551] Das Hochkommissariat wurde daher stattdessen von der GV ermächtigt, Nothilfe zu leisten.[552] Im Jahr 1959 verabschiedete die GV zudem eine Resolution, die den Hochkommissar ermächtigte, unter dem Titel der Guten Dienste in Zukunft selber zu bestimmen, welche neuen Gruppen vom UNHCR betreut werden, ohne vorher die Einwilligung der GV einzuholen.[553] Damit übertrug die GV ihre Autorität in diesem Bereich an das UNHCR. So konnte sie vermeiden, sich zu politisch heiklen Situationen vorab äussern zu müssen. Es wurden also gezielt Kompetenzen an das UNHCR übertragen, um eine Politisierung von dringenden Problemen in der GV zu vermeiden. Im Gegensatz zur GV wird das UNHCR als apolitischer, technischer Akteur wahrgenommen, der sich in den Dienst

---

550 Aga Khan, S. 340.
551 Loescher, S. 100.
552 A/RES/1286(XIII) vom 5. Dezember 1958; A/RES/1389(XIV) vom 20. November 1959; A/RES/1500(XV) vom 5. Dezember 1960; A/RES/1672(XVI) vom 18. Dezember 1961.
553 «*Authorizes* the High Commissioner, in respect of refugees who do not come within the competence of the United Nations, to use his good offices in the transmission of contributions designed to provide assistance to these refugees.» (A/RES/1388(XIV) vom 20. November 1959, S. 20–21, 21).

der Flüchtlinge stellt. Eine Entscheidung des UNHCR, in einer bestimmten Situation tätig zu werden, ist für betroffene Staaten oft annehmbarer als eine entsprechende Entscheidung der GV. Dennoch stellt der Wechsel vom Erfordernis der vorgängigen Zustimmung der GV hin zur nachträglichen Absegnung von Entscheidungen des Hochkommissariats einen Paradigmenwechsel dar, der für das UNHCR eine wesentliche Emanzipation vom Gründungsorgan bedeutete.

b) Obsoleszenz des Problems der surplus population stürzt das ICEM in die Krise

Auch das ICEM war gezwungen, seinen Fokus zu verlagern. Anfang der 1960er-Jahre hatte der wirtschaftliche Aufschwung in Europa das anfängliche Problem der überschüssigen Bevölkerung in gewisser Weise obsolet gemacht.[554] Auch die Bedürfnisse der Zielstaaten hatten sich verändert. Die Nachfrage nach Arbeitskräften in Staaten wie den USA, Kanada und Australien war gesunken, während die Entwicklungsländer in Südamerika einen erhöhten Bedarf an qualifizierten Arbeitskräften entwickelt hatten.[555] Auch zeigte sich Anfang der 1960er-Jahre, dass die Niederlassung der Migrantinnen und Migranten oft weniger final war als angenommen. Personen kehrten aus unterschiedlichen Gründen, etwa nach einem wirtschaftlichen Aufschwung oder politischen Veränderungen in ihre Heimatstaaten zurück; andererseits hatten viele Staaten, etwa die Entwicklungsländer Südamerikas, ein Interesse daran, ihre Staatsangehörigen aus dem Ausland zurückzuholen, wenn diese Fähigkeiten erworben hatten, die im Heimatstaat gebraucht wurden (*retour de compétences*[556]). Auch die intraregionale Migration in den südamerikanischen Staaten war wichtiger geworden. Das ICEM hatte daher nach 1960 einen Programmschwerpunkt auf die lateinamerikanischen Länder, mit über einem Drittel seiner Mitgliedstaaten aus dieser Region, was die empfindliche Balance zwischen europäischen und Überseestaaten störte.[557] Dazu kam, dass die Fluchtmigration aus Europa, v.a. aus dem «Ostblock», wegen der Grenzverstärkun-

---

554 Holborn, International Organizations for Migration, S. 336.
555 Vgl. die Rede des ICEM-Direktors Bastiaan Wouter Haveman: Haveman, S. 81–89.
556 Begriff bei: Perruchoud, L'Organisation Internationale pour les Migrations, S. 520.
557 Haveman, S. 85 und 86.

gen zwischen Ost- und Westdeutschland sowie an den Westgrenzen der Tschechoslowakei und Ungarn, abgenommen hatte.[558] Auf der anderen Seite lösten während der 1960er-Jahre zahlreiche neue Krisenherde ausserhalb Europas grosse Flüchtlingsströme und entsprechend internationalen Handlungsdruck aus. Obwohl sich das ICEM in der Praxis nie konsequent auf europäische oder zumindest europäischstämmige Flüchtlinge beschränkt hatte, war die Organisation durch ihr Mandat limitiert. Das europäische Mandat machte es für das ICEM schwierig, sich in den akuten Konflikten in Afrika und Asien in den 1960er-Jahren zu engagieren, da die Staaten dafür jeweils eher bereit waren, das UNHCR zu beauftragen bzw. zu finanzieren. Das UNHCR hatte sich in diesen Situationen mittlerweile als *lead agency* etabliert. Trotzdem machte die Fluchtmigration beim ICEM während der 1960er-Jahre zunehmend einen grossen Teil der Aktivitäten aus: Während vor der Ungarnkrise nur etwa ein Drittel der Tätigkeiten Flüchtlinge betraf, waren es im Jahr 1963 schon mehr als die Hälfte und der Prozentsatz nahm im Laufe der Dekade weiter zu.[559] Das Komitee hatte seinen Fokus demnach während der 1960er-Jahre auf die Fluchtmigration verschoben.

Die veränderte Ausgangslage sowie die neuen Schwerpunkte der Organisation führten dazu, dass das ICEM wichtige Unterstützung eines Teils seiner Mitgliedstaaten verlor. Bezeichnenderweise hatte die wirtschaftliche Prosperität in vielen Mitgliedstaaten zu einer gewissen Gleichgültigkeit gegenüber der Arbeitsmigration geführt. So kürzten etwa die USA ihre finanziellen Beiträge massgeblich;[560] das Vereinigte Königreich (erst 1961 beigetreten), Kanada, Frankreich und Schweden traten in den 1960er-Jahren aus der Organisation aus, Australien folgte 1973.[561] Die Organisation geriet in der Folge in existenzielle Schwierigkeiten. Im Jahr 1968 war die finanzielle Situation derart desolat, dass es ungewiss war, ob die Organisation überhaupt weiterbestehen würde. Die Mittel des Komitees reichten

---

558 GEORGI, S. 51.

559 MARKS, S. 492; ELIE, S. 351 mit Hinweisen. 1974 waren fast 90 % der Personen im Mandat des ICEM Flüchtlinge.

560 Reduktion von 45 % (1960) auf 33 % (1963) Anteil am operativen Budget (LOE-SCHER, S. 131).

561 Ebd., S. 152 und HOLBORN, International Organizations for Migration, S. 346. Zu Kanadas Gründen für den Austritt vgl. HOLBORN, Canada and the ICEM, S. 211–214: Demnach wollte sich Kanada bei seiner Einwanderungspolitik zunehmend auf bilaterale Abkommen konzentrieren und es erachtete die Organisation als zu kostspielig gemessen an den Dienstleistungen, die sie für Kanada erbrachte.

nur noch bis Ende 1969.[562] Ein Artikel in der Zeitschrift Journal de Genève (heute Le Temps) titelte 1968 sinnbildlich «Le CIME doit-il mourir?». Der Journalist Claude Monnier schreibt darin, dass die Organisation nur so lange überleben würde, wie sie den Staaten, die sie finanzierten, auch wirklich diente: «‹Eh bien qu'elle meure!›, disent certains. Certes, aucune organisation n'a le ‹droit› de vivre simplement parce qu'elle existe: il faut qu'elle réponde à un besoin objectivement vérifiable, dont la satisfaction soit utile à ceux qui en financent les opérations.»[563]

Die Tschechoslowakeikrise nach 1968 war zynischerweise ein Segen für das ICEM, da sie dazu führte, dass es, um Monniers Metapher aufzunehmen, am Leben erhalten wurde. Die Ereignisse in der Tschechoslowakei nach dem Prager Frühling fielen klassischerweise in das Mandat des ICEM. Am 21. August 1968 hatten die Truppen der Staaten des Warschauer Paktes das Land besetzt. Einige verliessen darauf das Land und viele tschechoslowakische Staatsangehörige, die sich zu dieser Zeit als Touristen oder Studentinnen im Ausland aufhielten, konnten nicht zurückkehren. In den folgenden Monaten konnte ein Teil von ihnen in die Tschechoslowakei zurückkehren. Etwa 54'000 blieben vorab im Ausland, um abzuwarten, wie sich die Situation entwickelte.[564] Mit der Grenzschliessung im Oktober 1969 wendete sich die Situation für sie jedoch zum Schlechten: Die Grenzschliessung machte viele von ihnen zu (unfreiwilligen) Flüchtlingen. Dass sie dadurch zwar *de facto*, nicht aber *de iure* Flüchtlinge waren, war für das UNHCR problematisch. Das ICEM half dabei, etwa 16'000 tschechoslowakische Staatsangehörige in Drittstaaten wiederanzusiedeln, v.a. in Australien, Kanada und den USA.[565] Die Tschechoslowakeikrise führte den Mitgliedstaaten vor Augen, dass Europa auch weiterhin mit Personen konfrontiert sein würde, die aus politischen Gründen flohen, was dazu führte, dass das ICEM nicht aufgelöst wurde.

c) Der Kampf um Gelder

Nach der erfolgreichen Zusammenarbeit in Ungarn nach 1956 hatten die Organisationen mehrheitlich in einem guten Verhältnis zueinander

---

562 MONNIER CLAUDE, Le CIME doit-il mourir?, Journal de Genève No. 219, 19. September 1968, <letempsarchives.ch>, S. 5.
563 Ebd., S. 5.
564 CARLIN, Refugee Crises, S. 11.
565 CARLIN, Refugee Connection, S. 85.

gestanden und arbeiteten oft Hand in Hand. Gegen Ende der 1960er-Jahre verschlechterte sich das Verhältnis aber zunehmend. Loescher bezeichnet das ICEM als Hauptrivalen des UNHCR zu dieser Zeit.[566] Beide Organisationen waren in einer schwierigen finanziellen Situation und konkurrierten um die Mittel der Staaten. Insbesondere waren die USA bei der finanziellen Unterstützung des UNHCR zurückhaltend. Zum Vergleich: Im Jahr 1968 zahlten die USA etwa 600'000 USD an das UNHCR, während das ICEM mit etwa 1,3 Millionen USD unterstützt wurde.[567] Die Unterschiede widerspiegelten die Prioritäten der amerikanischen Flüchtlingspolitik. Im Jahr 1965 waren die Änderungen des *immigration act* in Kraft getreten, welche die bisherige Zulassungspolitik der USA ins Recht überführte. Die neuen Bestimmungen sahen eine Priorisierung von Flüchtlingen aus «kommunistischen» bzw. «kommunistisch dominierten» Staaten vor,[568] eine Praxis, welche die USA seit den 1940er-Jahren verfolgten. Es scheint daher naheliegend, dass die USA, vor allem in Zeiten, in denen Personen in Europa vor dem Kommunismus flüchteten, vermehrt das ICEM unterstützten. Der Hochkommissar kritisierte in der Folge den Fokus der amerikanischen Flüchtlingspolitik auf die osteuropäischen Kommunismus-Flüchtlinge und die daraus resultierende Benachteiligung des Hochkommissariats.[569] Nicht nur das Verhältnis zu den USA, sondern auch zum ICEM hatte sich entsprechend abgekühlt. Das ICEM kämpfte seinerseits um seine Existenz, weshalb ein gutes Verhältnis zum UNHCR keine Priorität hatte. Vielmehr musste es seinen eigenen Platz finden, wollte es weiterbestehen.

3. Die 1970er-Jahre: Expansion

a) UNHCR: flüchtlingsähnliche Situationen

Für das UNHCR begann in den 1970er-Jahren ein expansionistischer Kurs. Es orientierte sich vermehrt an den Bedürfnissen der Staaten und begann, sich in einer Vielzahl von flüchtlingsähnlichen Situationen zu

---

566 Loescher, S. 152.
567 Ebd., S. 182.
568 Vereinigte Staaten, Amendments zum Hart-Celler Act 1965, S. 913.
569 Loescher, S. 183 mit Hinweisen.

engagieren.[570] Bis 1975 war es dem UNHCR gelungen, sein Budget im Vergleich zu den 1960er-Jahren auf etwa 69 Millionen USD zu verzwanzigfachen.[571] Gleichzeitig veränderte sich die amerikanische Flüchtlingspolitik unter Präsident Nixon. Während sie vorher vor allem auf Europa fokussiert war, öffnete sie sich nun global.[572] Man war der Ansicht, dass die internationale Katastrophenhilfe wichtig war, um Spannungen zwischen den Staaten abzubauen. Davon konnte das UNHCR mit seinem globalen Mandat profitieren. Auch die Krise des ICEM dürfte dem UNHCR in die Hände gespielt haben. Daneben hatte sich auch die wirtschaftliche Situation in vielen Zielstaaten geändert. Die Weltwirtschaftskrise nach 1973 hatte dazu geführt, dass viele Staaten ihre Einwanderungspolitik anpassten. Da die Arbeitsmärkte, v.a. in Europa, gesättigt waren, endete die aktive Rekrutierung von Arbeitskräften. Die Zulassungsregeln wurden in vielen Staaten restriktiver und auch die Bereitschaft, Flüchtlinge aufzunehmen, sank. Das UNHCR begann daher, sich vermehrt für Binnenvertriebene (*internally displaced persons*, sog. IDP) zu engagieren, erstmals im Südsudan ab 1972, danach unter anderem in Zypern, Guinea-Bissau, Mozambique und Südostasien.[573] Argumentiert wurde, dass sich die Binnenvertriebenen in einer Situation befanden, die analog zur Flüchtlingssituation war: Sie sind von ihrem Herkunftsort abgeschnitten und benötigen internationale Unterstützung.[574] Daneben fand auch eine Verschiebung in Bezug auf die Art und Weise der dauerhaften Lösung statt. Bislang hatten *resettlement* – also die Umsiedlung in Drittstaaten – und die lokale Integration in den Erstasylstaaten im Vordergrund gestanden, in den 1970er-Jahren war das UNHCR hingegen vermehrt bestrebt, Flüchtlinge in ihren Heimatstaaten wieder anzusiedeln (*repatriation*).[575] Das Engagement des UNHCR in

---

570 Vgl. ebd., S. 150 ff. Zu den flüchtlingsähnlichen Situationen gehören etwa die von Binnenvertriebenen oder von Personen, die in ihren Heimatstaat zurückgekehrt sind.

571 Ebd., S. 151.

572 Vgl. dazu Zolberg, S. 668 ff. Die amerikanische Flüchtlingspolitik beruhte lange auf Kontingenten z.B. für spezifische Staaten – nicht auf einem Flüchtlingsbegriff entsprechend der FK; die USA sind dem Zusatzprotokoll 1968 beigetreten.

573 Erstmals ab 1972 im Südsudan: A/RES/2958(XXVII) vom 12. Dezember 1972 sowie A/RES/3453(XXX) vom 9. Dezember 1975.

574 Aga Khan, S. 342 f.

575 Die GV bekräftigte die Bemühungen zur Repatriierung und Rehabilitation jeweils, vor allem im Kontext der Unabhängigkeit der ehemaligen Kolonien in Afrika (vgl. etwa A/RES/3271(XXIX) vom 10. Dezember 1974). So wurden beispielsweise Personen mit UNHCR-Rehabilitationsprogrammen unterstützt, die

flüchtlingsähnlichen Situationen, etwa zugunsten Binnenvertriebener oder zurückgekehrter Personen, ist heute selbstverständlich, beruht aber auf einer zunehmend breiteren Konzeption des Flüchtlingsschutzes, der auch Personen mit ähnlichen Schutzbedürfnissen umfasst.

b) ICEM wird globale Organisation und propagiert sich als Forum

Derweil steckte das ICEM Anfang der 1970er-Jahre weiterhin in der Krise. Obwohl die grundlegende institutionelle Infrastruktur aufrechterhalten worden war, war die Zukunft der Organisation ungewiss. Insbesondere waren die Staaten nicht bereit, ihr einen permanenten Status zu geben. Daneben hatte das Komitee offenbar auch ein Imageproblem: So schreibt Gil Loescher, dass es beschuldigt wurde, in Lateinamerika als Tarnung für CIA-Aktivitäten missbraucht zu werden.[576] Dazu kam die weltweite Wirtschaftskrise Mitte der 1970er-Jahre, die viele Staaten zu einer restriktiveren Einwanderungspolitik veranlasste. Die Einwanderung fand daher neue Wege: Sie erfolgte nun häufiger im Rahmen der Familienzusammenführung, mit Touristenvisa oder auf irregulärem Weg.[577] Für diese Entwicklungen waren viele Organisationen vorerst nicht gut gerüstet. Auch das ICEM passte sich den Bedürfnissen seiner Mitgliedstaaten an und begann in neue Bereiche zu expandieren. Im Bereich der Arbeitsmigration realisierte das ICEM etwa vermehrt Programme im Bereich Rückkehr, weil es die wirtschaftliche Stagnation in vielen Zielstaaten zahlreichen Gastarbeiterinnen und Gastarbeitern zunehmend schwierig machte.[578]

Auch im Bereich Fluchtmigration stellte sich die Frage nach der zukünftigen Ausrichtung der Organisation, da das ursprüngliche Mandat fast gänzlich an Relevanz verloren hatte. Im Laufe der 1970er-Jahre wurden für das ICEM die Krisen ausserhalb Europas immer wichtiger. Da das Mandat

---

nach der Auflösung der portugiesischen Kolonien nach Guinea-Bissau, Mozambique oder Angola zurückkehrten (1974–1976), später unterstützte das UNHCR u.a. auch burmesische Rohingya, Zimbabwerinnen und Zimbabwer sowie Nicaraguanerinnen und Nicaraguaner bei der Rückkehr und Wiedereingliederung in ihre Heimatstaaten.

576 Loescher, S. 152.

577 Vgl. zum Ganzen Georgi, S. 52 f.

578 Vgl. im Ganzen Carlin, Statement Director General, S. 11–13. Als Beispiel sind etwa verschiedene *Return of Talent*-Programme in afrikanischen Staaten während der 1980er-Jahre zu nennen, etwa in Somalia, Uganda oder Ghana (vgl. Ducasse-Rogier, S. 86 f.).

des ICEM aber gemäss Verfassung nur Emigrierende aus Europa umfasste, stellte sich die Frage nach der rechtlichen Grundlage für die Expansion. Juristisch rechtfertigte man die Praxis eine Zeit lang mit dem europäischen Ursprung dieser Personen, etwa im Falle der Nansen-Flüchtlinge, die nach China geflohen und dort nach dem Regimewechsel 1952 in Not geraten waren. Die geografische Reichweite des Mandats wurde also weit interpretiert.[579] Spätestens als das ICEM nach 1962 auch tibetische, südkoreanische und chinesische Flüchtlinge nach Europa und in die USA transportierte, funktionierte der Verweis auf den europäischen Ursprung der Personen nicht mehr. Rat und Exekutivrat des Komitees sahen aber keinen Grund, die Maschinerie für die Emigration europäischer Migranten nach Übersee nicht auch für das *resettlement* von nicht europäischen Flüchtlingen zu nutzen.[580] Im Jahr 1973 deklarierte der Rat die Bestimmung schliesslich als *lettre morte* und formulierte Bedingungen, unter denen die Organisation ausserhalb Europas (das betraf v.a. Flüchtlinge) tätig werden durfte.[581] Die geografische Beschränkung wurde formell erst 1979 per Resolution des Rates aufgehoben, im folgenden Jahr wurde die Bezeichnung der Organisation angepasst: Intergovernmental Committee for Migration (ICM).[582] Das ICEM konnte jeweils dann ausserhalb Europas tätig werden, wenn es von einem Staat, in der Regel einem Mitgliedstaat, ausnahmsweise aber auch von Nicht-Mitgliedstaaten, dazu mandatiert und auch finanziert wurde.[583] Auf dieser Basis war das Komitee in den 1970er-Jahren etwa in das *resettlement* von Flüchtlingen aus Bangladesch, Nepal, Uganda und Südostasien involviert. Erst Ende der 1970er-Jahre, nachdem das ICEM eine prominente Rolle beim *resettlement* der Flüchtlinge aus Indochina übernommen hatte, gelangte die Organisation allmählich zu neuer Stärke.[584]

Darüber hinaus begann das Komitee in den 1970er-Jahren auch vermehrt, sich in nicht operativen Bereichen zu engagieren. Das ICEM hatte

579 Perruchoud, L'Organisation Internationale pour les Migrations, S. 518 mit Hinweisen.
580 Vgl. Haveman, S. 86.
581 Die Bedingungen waren: «présentation d'une demande d'intervention de l'Organisation per un Etat membre ou, dans des cas spéciaux, par un autre Etat intéressé; existence de fonds disponibles en-dehors du budget ordinaire; nonaffaiblissement des programmes existants qui devait toujours avoir la priorité» (Perruchoud, L'Organisation Internationale pour les Migrations, S. 519).
582 Carlin, Refugee Crises, S. 8.
583 Perruchoud, L'Organisation Internationale pour les Migrations, S. 519.
584 Das ICEM hatte gesamthaft fast 500'000 Flüchtlinge in Drittstaaten umgesiedelt (Carlin, Refugee Crises, S. 19).

schon in der Vergangenheit gewisse nicht operative Tätigkeiten wahrgenommen, etwa Forschung in den Bereichen Migrationsursachen, Migrationswege oder zu den Auswirkungen der Migration in den Zielstaaten. Daneben begann es ab 1974 auch, Seminare, Roundtables und Expertentreffen zu organisieren mit dem Ziel, für die Praxis verwertbare Empfehlungen oder Schlussfolgerungen zu generieren.[585] Das ICEM zielte darauf ab, sich neben seiner operativen Rolle in der Zukunft auch als internationales Forum im Bereich Migration zu etablieren.

c) Das ICEM und die UN: Eigenständigkeit gleichsam als Fluch und Segen

Das ICEM befand sich in den 1970er-Jahren nach wie vor in einer schwierigen finanziellen Situation und die Zukunft der Organisation war lange ungewiss. Mit der Obsoleszenz des ursprünglichen Mandats und einer erstarkten UN musste das ICEM seine Rolle im Geflecht der verschiedenen Organisationen erst wiederfinden. Dazu kam, dass das ICEM auf globaler Ebene kaum wahrgenommen wurde. So setzte sich das ICEM unter dem neuen Direktor James A. Carlin Ende der 1970er-Jahre daran, die Tätigkeiten der Organisation besser sichtbar zu machen. Die UN hingegen hatte es derweil durch öffentliche Kampagnen und mit einem breiten Netzwerk an Interessenverbänden geschafft, sich einen gewissen «appeal and apparent glamour»[586] zu verschaffen, den das ICEM nicht hatte. Und speziell das UNHCR hatte sich als «die Flüchtlingsorganisation» zu etablieren vermocht, während das ICEM in diesem Bereich zwar auch massgebende Leistungen erbracht hatte, doch hatte die Organisation sich aufgrund ihres breiteren und eher diffus gewordenen Mandats weniger klar positionieren können.[587] Das ICEM war aufgrund seiner Rolle als Dienstleister für seine Mitglieder in der Regel eher diskret in seinen Tätigkeiten – eine Taktik, die sich angesichts der Krise, in der das ICEM in den 1960er- und 1970er-Jahre steckte, nicht ausbezahlt hatte. So kam in den 1970er-Jahren auch vermehrt die Idee auf, das UNHCR und das ICEM zusammenzuführen respektive das ICEM in das UNHCR zu integrieren.[588]

---

585 Vgl. zum Ganzen: Perruchoud, L'Organisation Internationale pour les Migrations, S. 522.
586 Carlin, Refugee Connection, S. 114.
587 Ebd.
588 Vgl. Elie, S. 355.

Auf der anderen Seite hatte das ICEM auch davon profitiert, dass es als Nicht-UN-Organisation konzipiert war. Diese Freiheit bezeichnete Carlin als grösste Stärke des Komitees.[589] Dadurch, dass das ICEM nicht in das UN-System eingebunden war, war es nicht durch die strengen Kriterien und Definitionen eingeschränkt und in geringerem Masse der lähmenden Politisierung unterworfen. So konnte es in vielen Situationen tätig werden, in denen das UNHCR aufgrund seines Mandats Schwierigkeiten hatte, einzugreifen – etwa zugunsten der Tschechoslowakinnen und Tschechslowaken nach 1968, wo viele Personen formell keine Flüchtlinge gemäss FK waren. Und letztlich sah das ICEM seine ausschlaggebende Stärke auch darin, «that it has remained one of the few multilateral operational agencies in which representative parliamentary democracies have retained a decisive influence».[590] Anders ausgedrückt: Das ICEM war eine der wenigen Organisationen, in denen die «westlichen» Staaten noch das Sagen hatten. Die Idee, das ICEM in das UNHCR zu integrieren, wurde daher verworfen.

4. Die 1980er-Jahre: die Dekade der institutionellen Reformen

a) Externalisierte Migrationssteuerung und Regime-*shifting*

Die 1980er-Jahre markierten stärker als die Dekaden zuvor eine Änderung der Migrationspolitik der «westlichen» Staaten und waren Ausgangspunkt für einen Kurswechsel der Organisationen. Verschiedene Faktoren haben dazu beigetragen. Die wirtschaftliche Rezession hatte viele «westliche» Staaten dazu veranlasst, ihre Einwanderungsregime zu verschärfen, während ihre Anziehungskraft für Migranten gross blieb. Ferner eröffnete der technologische Fortschritt neue Möglichkeiten: Durch neue Kommunikations- und Reisemöglichkeiten wurden Migrierende mobiler. Gleichzeitig veränderte die Technologisierung die Arbeitsmärkte, was sich auf die Anforderungen an die Arbeitskräfte auswirkte. Zudem hatten sich in dieser späten Phase des Kalten Krieges viele (Stellvertreter-)Konflikte in Afrika, Zentralamerika und Asien verschärft, was zu vermehrter Flucht führte. Die Migrationsströme in den 1980er-Jahren waren zudem heterogener als zuvor. Demnach waren die Fluchtmotive früherer Krisen wie der Ungarnkrise in den 1950er-Jahren relativ übersichtlich: Personen

---

589 CARLIN, Refugee Connection, S. 114.
590 Ebd., S. 115.

wurden nach einem Regimewechsel zu politischen Gegnern und fielen damit klassischerweise unter den Flüchtlingsbegriff der FK. Bei den Kriegen der 1980er-Jahre, zumeist Bürgerkriege, wurden die Fluchtursachen als vielschichtiger wahrgenommen. Eine Kombination verschiedener *push*-Faktoren veranlasste den Entschluss zur Ausreise, etwa eine Kombination aus wirtschaftlichen und politischen Faktoren.[591] Dazu kam, dass diese Personen, im Gegensatz etwa zu den Ungarnflüchtlingen, für die «westlichen» Staaten in der Regel seltener von politischem (und wirtschaftlichem) Interesse waren. In den 1980er-Jahren war man daher vermehrt der Ansicht, dass Flüchtlinge prioritär in ihrer Region bleiben und nur in Ausnahmefällen in Drittstaaten umgesiedelt werden sollen.[592] Vor diesem Hintergrund versuchten viele «westliche» Staaten, die Einreise durch verschärfte Einreisebestimmungen einzuschränken, etwa durch Visa-Erfordernisse. Auch viele Massnahmen der internationalen Kooperation zielten darauf ab, Personen in ihren Herkunftsregionen zu halten. So schloss etwa die EU verschiedene Mobilitätspartnerschaften mit Drittstaaten ab und es wurden Institutionen wie die Intergovernmental Consultations on Asylum, Refugees and Migration (IGC), ein trans-gouvernementales *policy*-Netzwerk gegründet.[593] Viele dieser institutionalisierten Kooperationen hatten zum Ziel, die irreguläre Migration zu steuern. Die Steuerungsmassnahmen sollten möglichst früh greifen, also nicht erst an der Grenze der Zielstaaten, sondern bereits in Drittstaaten. Man spricht dabei von extraterritorialer Migrationssteuerung. Der Anspruch vieler «westlicher» Staaten, die Migration ausserhalb des eigenen Staatsgebiets zu lenken, führte zu einer Verschiebung in der Handhabung der Migration. Diese erfolgte zulasten des Flüchtlingsregimes. So wurde das Flüchglingsregime durch Massnahmen der extraterritorialen Migrationssteuerung, etwa Visa-Erfordernisse, teilweise bewusst umgangen. Weil die Garantien der FK in der Regel erst anwendbar sind, wenn sich eine Person auf dem Territorium des betreffenden Staates befindet, führen Mechanismen wie Visa-Erfordernisse dazu, dass Personen davon abgehalten werden, überhaupt auf das Territorium zu gelangen. Damit wird verhindert, dass die FK für einen bestimmten Staat zur Anwendung gelangt. Alexander Betts spricht in diesem Zusammenhang von einem *regime-shifting* der Staaten,

---

591 KENNEDY, International Refugee Protection, S. 6; PERRUCHOUD, From the ICEM to the IOM, S. 509.
592 PERRUCHOUD, From the ICEM to the IOM, S. 510.
593 BETTS, Refugee Regime Complex, S. 14 f.

indem diese die Migration in den 1980er-Jahren zunehmend unter dem *travel*-Regime angingen.[594]

Die Verschiebung hin zur extraterritorialen Migrationssteuerung zwang das UNHCR und das ICEM, sich anzupassen. Für das UNHCR führte sie zu einem Bedeutungsverlust seiner traditionellen Schutzfunktion in den Zielstaaten. Das UNHCR führte daher in den 1980er-Jahren vermehrt Langzeitprogramme in den Herkunftsregionen durch, unterhielt Flüchtlingslager und die Förderung der Rückkehr in den Heimatstaat wurde immer wichtiger. Der Schwerpunkt lag dabei oft auf Nothilfeleistungen – eine Verschiebung zulasten der Schutzfunktion. Auch das ICEM musste sich den neuen Gegebenheiten anpassen. So verlagerte es seinen Fokus von der quantitativen auf die qualitative Migration und versuchte, seine Rolle als Koordinator verschiedener Organisationen zur verbesserten Steuerung der Migration auszubauen. Zudem begann es, einen breiten, von der FK abweichenden Flüchtlingsbegriff, den der *«refugee migrants»*, zu verbreiten.[595] Vom Regime-*shift* der Staaten weg vom Flüchtlingsregime konnte das ICEM in den 1980er-Jahren wesentlich profitieren.

b) IC(E)M positioniert sich: geografische Expansion und Abgrenzung vom UNHCR

Im Jahr 1980 wurde die geografische Beschränkung in der Bezeichnung der Organisation aufgehoben und sie hiess fortan Intergovernmental Committee for Migration (ICM). Mit dreissig vorwiegend europäischen und südamerikanischen Mitgliedstaaten war das ICM angesichts der zahlreichen globalen Flüchtlingskrisen geografisch eingeschränkt.[596] Mit dem

---

594 Ebd., S. 15.

595 ICEM-Direktor James L. Carlin versteht darunter Personen, die legal aus ihrem Heimat-staat ausreisen, die nach der Ausreise aber Unterstützung benötigen: «[A]lthough the definition of a refugee according to the Geneva Convention of 1951 remained valid in a legal sense, in practical terms there was a new phenomenon whereby increasing numbers of would-be refuges, instead of escaping illegally, were being permitted to depart legally from their homeland but, once across the frontier, found themselves in critical need of migration assistance. [...]. [C]onsiderable numbers of the type of persons described above could be and were regarded in practical terms as legitimate refugee migrants for the purposes of migration resettlement under ICEM auspices.» (CARLIN, Refugee Connection, S. 120).

596 Mitgliedstaaten 1980: Argentinien, Belgien, Bolivien, Chile, Costa Rica, Dänemark, Bundesrepublik Deutschland, Dominikanische Republik, Ecuador, El

UNHCR hatte es zudem einen global agierenden Konkurrenten, der als Organ der UN geografisch eine breite Abstützung hatte. Das ICM versuchte daher ab 1980, neue Mitgliedstaaten zu gewinnen. Gleichzeitig versuchte es sich von seinem Konkurrenten UNHCR abzugrenzen. ICM-Direktor James Carlin wies auf die Grenzen des Mandats des UNHCR hin:

> «As a general proposition, UNHCR should retain its primary function of legal and political protection, and, when necessary and useful, provide an umbrella for care and maintenance operations. UNHCR is not an operational body. On the operational side, ICRC and other elements of the vast Red Cross system are well equipped to administer relief. ICM has the experience and expertise in the field of resettlement-processing and transport. [...] Developments in recent years, especially in the developing countries of Africa and East Asia, have prompted UNHCR to try to provide greater material assistance and to seek solutions to refugee problems. In some instances the High Commissioner has clearly intervened to assist people outside his original mandate, but the scope of the High Commissioner's mandate in this respect may need further clarification.»[597]

Das UNHCR sollte sich auf den rechtlichen und politischen Schutz beschränken und die operativen Tätigkeiten anderer Organisationen überlassen, im Bereich *resettlement* und Transport insbesondere dem ICM. Carlin zog Anfang der 1980er-Jahre auch in Erwägung, das Komitee in die UN zu integrieren, um dessen Position als operativer Arm der UN zu stärken.[598] Er wünschte sich für die Koordination der verschiedenen Organisationen

---

Salvador, Griechenland, Honduras, Israel, Italien, Kolumbien, Luxemburg, Malta, Nicaragua, Niederlande, Norwegen, Österreich, Panama, Paraguay, Peru, Portugal, Schweiz, Südafrika, die USA, Venezuela, Zypern.

597 CARLIN, Refugee Crises, S. 21 f. Ebenso konkret in Bezug auf die Situation in Zypern: «Simultaneously, at the urging of the Secretary-General of the United Nations, the Office of the UNHCR continued its assistance program in Cyprus, though aware of the fact (as indicated above) that the task went somewhat beyond its mandate [...].» (CARLIN, Refugee Connection, S. 91).

598 CARLIN, Refugee Crises, S. 22: «[...] ICM's mandate to process and move refugees to and from all areas of the world is clearly spelled out in its constitution, but due to its limited membership the organization is not always called on to act in cases of emergencies in nonmember countries. It is, therefore, seeking to enlarge its membership. Its role would be enhanced if the organization were recognized as the operating arm of the United Nations for movements of people.»

in Krisensituationen eine permanentere und formellere Regelung.[599] Ihm schwebte die Gründung eines *international board* vor, bestehend aus den Direktoren oder Direktorinnen der verschiedenen internationalen Organisationen (v.a. des UNHCR, des ICM und den Rotkreuzgesellschaften), das sich in Krisensituationen beraten würde. An diesen Treffen wären auch Vertreterinnen und Vertreter der Regierungen zugegen. Es dauerte allerdings bis 1992, bis die erste formelle Annäherung an die UN stattfand.

Indessen schaffte es das ICM während der 1980er-Jahre, sein Profil zu schärfen, neue Mitgliedstaaten zu gewinnen und für die Staaten wieder wertvoller zu werden, indem es sich den Bedürfnissen der Staaten zur extraterritorialen Migrationssteuerung und der kontrollierten Immigration anpasste. Das ICM wurde vermehrt als die Organisation angesehen, mit der die Staaten ihre Bemühungen rationalisieren und dadurch Kosten einsparen konnten.[600] So forderte etwa die parlamentarische Versammlung des Europarates seine Mitgliedstaaten explizit dazu auf, Mitglieder vom ICM zu werden, und begrüsste die grosszügige Finanzierung der Organisation.[601] Mit Programmen in den Bereichen «Rückkehr von Talenten», selektive Einwanderung oder zur Rekrutierung von Expertinnen und Experten reagierte das ICM auf das Bedürfnis nach qualifizierten Arbeitskräften. Im Feld lag der Fokus nach wie vor auf der Wiederansiedlung von Flüchtlingen. So war das ICM etwa an einem Programm beteiligt, das die kontrollierte Ausreise und die Umsiedlung in Drittstaaten von vietnamesischen Flüchtlingen durchführte.[602] Durch solche Massnahmen konnte das ICM zwischen 1980 und 1996 seine Mitgliedschaft beinahe verdoppeln.[603]

c) UNHCR orientiert sich vermehrt an den Bedürfnissen der Staaten

Ein regionaler Schwerpunkt des UNHCR lag Ende der 1970er-Jahre auf Südostasien. Vor allem aus Vietnam, später auch aus Kambodscha, flohen unzählige Personen. Die Nachbarländer – vor allem Thailand, Malaysia und Singapur – sahen sich nicht in der Lage, diese Personen aufzunehmen. Das Leid der an der Grenze abgewiesenen Personen liess auch den Westen

---

599 Ebd., S. 22.
600 Europarat, Activities of the ICM 1987, §§ 13, 16 und 17.
601 Ebd., § 15 und § 16.
602 KUMIN, S. 111.
603 Im November 1996 verfügte die IOM über 59 Mitgliedstaaten und 41 Beobachterstaaten (vgl. Vereinte Nationen, Request for the Inclusion 1996, S. 2).

nicht kalt. Die Staaten leisteten daher bald rekordverdächtig hohe Beiträge an das UNHCR.[604] Daraus entstand gar ein finanzieller Überschuss, der wiederum für spezifische operative Projekte eingesetzt wurde.[605] Das trug dazu bei, dass das UNHCR seinen Fokus in den 1980er-Jahren vom Schutz (*protection*) weg und auf die Hilfeleistungen (*assistance*) verlagerte. Später wurden die institutionellen Strukturen angepasst, indem die zentrale Schutzabteilung aufgehoben und den regionalen Büros je ein Schutzbeauftragter oder eine Schutzbeauftragte unterstellt wurde.[606] Die Schwächung der Schutzfunktion stiess auf Widerstand seitens der UNHCR-Mitarbeitenden, NGOs und verschiedener (europäischen) Regierungen.[607]

David Kennedy, der selber drei Monate beim UNHCR angestellt war, spricht im Gegenzug von einer erfolgreichen institutionellen Anpassung:

«In many ways, the U.N.H.C.R.'s response to this changing context has been a model of successful institutional adaption. Structurally, the Office has developed an ‹assistance› division parallel to the protection division and has come to rely more heavily upon an Executive Committee composed of concerned states. A changing of the interpretation of the mandate has facilitated a dramatic increase in the scope of the U.N.H.C.R.'s program. Legal determination of refugee status, once an end in itself, now often seems to be merely a bureaucratic prerequisite to assistance. Advocating signature and ratification of the instruments of international refugee law has become a part of a larger propaganda effort. For the protection of refugees, the Office seems to rely far more heavily upon sophisticated political negotiation and the provision of financial or technical assistance in specific cases than upon uniform legal standards.»[608]

---

604 So waren die jährlichen Beiträge der Regierungen an das UNHCR von 103 Mio. USD im Jahr 1977 auf 500 Mio. USD im Jahr 1980 gestiegen (Zahl bei LOESCHER, S. 202).

605 David Kennedy, der 1984 drei Monate beim UNHCR verbrachte, beschreibt die Interpretation der Schutzfunktion durch die *protection officers* wie folgt: Der Schutz beginnt nicht mit Flucht, sondern mit der Zertifizierung durch das UNHCR und endet nicht mit einer Lösung für die Probleme des Flüchtlings, sondern mit deren rechtlicher «Re-Assimilierung» in der Rechtsordnung des Zielstaates (KENNEDY, International Refugee Protection, S. 5).

606 LOESCHER, S. 250.

607 Ebd., S. 250 ff.

608 KENNEDY, International Refugee Protection, S. 6.

Ferner wurde für das UNHCR die Rückkehr in den Heimatstaat mangels Alternativen zunehmend zur favorisierten dauerhaften Lösung.[609] Das ExCom unterstützte das UNHCR dabei und erteilte ihm ausserordentlich weitreichende Befugnisse in dieser Hinsicht, insbesondere die Rückführung in Konfliktgebiete und die Weiterbetreuung im Heimatstaat.[610] Anschliessend wurden vor allem am Horn von Afrika und in Zentralamerika, später auch nach Sri Lanka, Rückkehrprogramme begonnen, die grosse Kritik ernteten, weil die Sicherheits- und Informationslage in diesen Ländern unzureichend war.[611]

Gegen Ende der 1980er-Jahre befand sich das UNHCR in einer Krise. Wie viele Organisationen war es unter Druck geraten, Kosten zu senken und die Strukturen zu redimensionieren. Dessen Ausgaben waren während der letzten Dekade stets gestiegen. Im Jahr 1989 resultierte daraus ein Defizit im Jahresbudget, was ein Teil der Staaten nutzte, um die finanzielle Kontrolle über das UNHCR auszubauen.[612] Vom UNHCR wurde im Zuge dessen zunehmend erwartet, dass es seine Tätigkeiten auf die Interessen der Geberstaaten abstimmte. Im Jahr 1990 verweigerte das ExCom schliesslich die Verabschiedung des Jahresbudgets des UNHCR und schaffte eine Arbeitsgruppe, die dessen Umgang mit den erhaltenen Geldern beaufsichtigte.[613] In der Folge wurden die Programme des UNHCR in allgemeine und spezielle Programme aufgeteilt: Während das Budget für das allgemeine Programm jeweils jährlich durch das ExCom genehmigt wurde und Nothilfe, Rückkehr, Integration und *resettlement* umfasste, fielen alle neuen Programme faktisch unter die speziellen Programme, für die einzeln bei den Staaten um Finanzierung nachgesucht werden musste.[614] Daneben machten die Staaten Beiträge auch vermehrt von Bedingungen abhängig (Einsatz ihrer Gelder etwa nur für bestimmte Flüchtlingsgruppen oder Programme).[615] Das UNHCR verlor dadurch wieder an Autonomie gegenüber den Geberstaaten und der GV.

---

609 Vgl. zum Paradigmenwechsel beim UNHCR in Bezug auf die dauerhaften Lösungen: TAKAHASHI SAUL, The UNHCR *Handbook on Voluntary Repatriation*: The Emphasis of Return over Protection, International Journal of Refugee Law Vol. 9 No. 4 (1997), S. 593–612.

610 ExCom, Conclusion No. 40 on Voluntary Repatriation (1985), S. 35.

611 LOESCHER, S. 252 ff.

612 Ebd., S. 262.

613 UNHCR, Addendum zum Bericht des Hochkommissars 1990, § 5 und § 6.

614 LOESCHER, S. 265.

615 Ebd., S. 266. Man spricht dabei von sog. *earmarking*.

d) ICEM reformiert sich zur International Organization for Migration

Beim IC(E)M wurde Anfang der 1980er-Jahre eine Anpassung der Verfassung angestossen, die am 14. November 1989 in Kraft trat. Die Organisation hiess fortan International Organization for Migration (IOM) und der temporäre Charakter wurde aufgehoben. Die Verfassungsänderung war vorab eine Anpassung an die Realität der Organisation, indem verschiedene Resolutionen des Rates in die Verfassung integriert wurden, und an die geänderten Gegebenheiten, darüber hinaus sollte die neue Verfassung aber auch Raum für künftige Entwicklungen lassen.[616] Die Verfassung wurde im Jahr 2013 revidiert, dann allerdings nur noch marginal, weshalb die Ausrichtung der Verfassung von 1989 noch heute relevant ist.

Als Hauptziel nennt die Präambel der IOM nicht mehr «increasing the volume of European emigration», sondern «ensure the orderly flow of migration movements throughout the world». Die IOM-Verfassung bezieht sich nun ausdrücklich auch auf «temporary migration, return migration and intra-regional migration», Bereiche, die für die Organisation immer wichtiger geworden waren. Die Präambel nennt weiter ausdrücklich, dass die internationale Migration auch «refugees, displaced persons and other individuals compelled to leave their homelands, and who are in need of migration services» beinhalte. Die neue Präambel widerspiegelt die Wandlung der Organisation während der ersten 35 Jahre. So ist eine Verschiebung des Fokus von einer eher quantitativen Ausrichtung (möglichst viele «überzählige» Personen aus Europa in Drittstaaten wieder anzusiedeln) hin zu einer qualitativen Ausrichtung (Qualifikation der Arbeitskräfte) auszumachen. Das Problem der Überbevölkerung hatte aufgrund des wirtschaftlichen Aufschwungs in Europa über die Jahre hinweg an Bedeutung verloren. Die für das ICEM wichtigen Migrationsströme hatten sich dadurch verschoben. Während es nach dem Zweiten Weltkrieg vor allem Europäerinnen und Europäer gewesen waren, die nach Übersee (v.a. in die USA, nach Kanada, Südamerika oder Australien) auswanderten, waren bis in die 1980er-Jahre die weltweite temporäre Migration, Rückkehrmigration und die intraregionale Migration immer wichtiger geworden. Die Organisation ist ferner von der Überzeugung geprägt, dass Migration und Entwicklung gekoppelt sind. Die Präambel der neuen Verfassung fokussiert daher stärker auf die Entwicklungsländer und deren Bedürfnisse.

---

616 Vgl. PERRUCHOUD, From the ICEM to the IOM, S. 515. Die Änderungen betrafen primär die Präambel sowie Art. 1, in dem die Funktionen umschrieben werden.

Auch die Tatsache, dass in den 1980er-Jahren die Mehrheit der Personen im Mandat der IOM Flüchtlinge und Binnenvertriebene waren, sowie die Verschiebung des Schwerpunkts der Tätigkeiten vom Transport zu Dienstleistungen wurden in der Verfassung abgebildet. Zudem wird der Diversifizierung der vom ICEM bzw. von der IOM angebotenen Dienstleistungen Rechnung getragen – so wird in der Präambel etwa auf die Bedeutung der Forschung und Beratung im Bereich Migration hingewiesen. Ein weiterer Punkt, der Hervorhebung verdient, ist der Fokus auf die Kooperation zwischen den verschiedenen Organisationen: Gemäss dem neuen Artikel 1 Buchstabe e fungiert die IOM als Forum für Staaten und die verschiedenen Organisationen im Bereich Migration. Die Bestimmung reflektiert zwar frühere Initiativen der Organisation, ist aber vor allem als Bestreben der Organisation zu sehen, in diesem Bereich eine führende Rolle zu übernehmen. Weiter ist Artikel 1 Absatz 2 der Verfassung zu nennen, der die Notwendigkeit der Kooperation mit anderen internationalen (und nicht staatlichen) Organisationen stipuliert. Interessant ist der letzte Satz, wonach die Organisationen bei der Zusammenarbeit ihre gegenseitigen Kompetenzen zu respektieren haben.

Trotz dieser Verschiebungen blieb die grundsätzliche Ausrichtung der Organisation die gleiche:[617] Sie sah sich als Dienstleisterin im Interesse ihrer Mitgliedstaaten, wurde nur auf Anfrage und/oder mit Einverständnis des betreffenden Staates tätig und respektierte die Einwanderungspolitiken und -gesetze der Mitgliedstaaten. Die wirtschaftliche Entwicklung sowohl der Herkunfts- wie auch der Zielstaaten durch Migration war und ist eines der Hauptziele der Organisation und sie folgt der Überzeugung, dass diese zusammenhängen.[618] Die Organisation strebt ein System ordentlicher Migration an, darin inbegriffen Flüchtlinge: Ziel ist das Prinzip des *free*

---

617 Perruchoud fasst die Grundwerte der Organisation folgendermassen zusammen: (a) *principle of free movement of persons*, (b) *competence of States in migration matters*, (c) *need for the agreement of States* (PERRUCHOUD, From the ICEM to the IOM, S. 514).

618 Zur Frage des Charakters der IOM schrieb der damalige Rechtsberater der IOM, Richard Perruchoud, dass die IOM-Verfassung von 1989 die zwei (potenziell konfligierenden) Charaktere der Organisation, als *development agency* und als *humanitarian body*, angemessen wiedergebe, indem es auf den gemeinsamen Nenner fokussiere: die Migration von Personen (PERRUCHOUD, From the ICEM to the IOM, S. 515 f.). Allerdings sind humanitäre Aspekte in der Verfassung nicht offensichtlich, während der entwicklungspolitische Charakter in der Präambel ausdrücklich verankert ist.

movement of people, mit regulären Programmen für die Aus- und Einwanderung.[619]

Zusammenfassend lässt sich festhalten: Durch die Verfassungsänderung wurden die grundsätzliche Ausrichtung, Zweck und Struktur der Organisation beibehalten, das Mandat wurde globalisiert und das Bestreben zu mehr Kooperation mit anderen Organisationen bestärkt. Das Mandat wurde so ausgestaltet, dass bestehende und künftige Herausforderungen im Bereich Migration flexibel angegangen werden können und auf die Bedürfnisse der Mitgliedstaaten reagiert werden kann.[620]

---

619 CARLIN, Refugee Crises, S. 23. Vgl. auch PERRUCHOUD, From the ICEM to the IOM, S. 511: «In whatever situation, migration policies should be adopted in order to channel and guide migratory flows in as orderly a manner as possible.»

620 Mandat gemäss Art. 1 der IOM-Verfassung von 1989: «[1.] (a) to make arrangements for the organized transfer of migrants, for whom existing facilities are inadequate or who would not otherwise be able to move without special assistance, to countries offering opportunities for *orderly migration*; (b) to concern itself with the organized transfer of *refugees, displaced persons and other individuals* in need of international migration services for whom arrangements may be made between the Organization and the States concerned, including those States undertaking to receive them; (c) to provide, at the request of and in agreement with the States concerned, *migration services* such as recruitment, selection, processing, language training, orientation activities, medical examination, placement, activities facilitating reception and integration, advisory services on migration questions, and other assistance as is in accord with the aims of the Organization; (d) to provide similar services as requested by States, or in cooperation with other interested international organizations, for *voluntary return migration*, including voluntary repatriation; (e) to *provide a forum* to States as well as international and other organizations for the exchange of views and experiences, and the promotion of co-operation and co-ordination of efforts on international migration issues, including studies on such issues in order to develop practical solutions.
2. In carrying out its functions, the Organization shall *co-operate* closely with international organizations, governmental and nongovernmental, concerned with migration, refugees and human resources in order, inter alia, to facilitate the co-ordination of international activities in these fields. Such co-operation shall be carried out in the *mutual respect of the competences* of the organizations concerned.
3. The Organization shall recognize the fact that control of standards of admission and the number of immigrants to be admitted are *matters within the domestic jurisdiction of States*, and, in carrying out its functions, shall conform to the laws, regulations and policies of the States concerned.» (Hervorh. durch die Verfasserin).

5. Die 1990er-Jahre: institutionelle Annäherung

a) IOM: Diversifizierung und Partikularisierung

Im Anschluss an die Verfassungsänderung wurde vom IOM-Rat 1989 gleichzeitig eine neue Strategie für die kommenden Jahre entwickelt. Die unvorhergesehenen Ereignisse mit dem Fall der Berliner Mauer und den Folgen des Ende des Kalten Krieges erforderten eine Anpassung der Strategie – die «Zukünftigen Aktivitäten von IOM» wurden folglich überarbeitet und erst im Jahr 1995 durch den IOM-Rat verabschiedet.[621] Die Verfassungsänderung und die neue Strategie, die im Laufe der 1990er-Jahre implementiert wurden, vor allem auch die geografische Expansion über alle Kontinente und in die Entwicklungsländer, läuteten die grösste Veränderung der Organisation in ihrer Geschichte ein. Die Strategie der ganzheitlichen Betrachtung der Migration veränderte die Organisation wesentlich in ihrem Charakter. So wandelte sie sich allmählich von einer «westlichen» operativen Organisation hin zu einer globalen Migrationsmanagement-Organisation.[622] Die neue IOM-Strategie lässt sich in zwei Komponenten unterteilen: Migration verstehen und Migration verwalten.[623] Die IOM nahm weiterhin einen Teil ihrer traditionellen Tätigkeiten wahr, etwa den Transfer qualifizierter Arbeitskräfte sowie Flüchtlinge und weiterer Vertriebener oder die Analyse von Migrationstrends. Darüber hinaus expandierte die IOM aber in den 1990er-Jahren massgeblich vor allem im Bereich der Migrationsverwaltung, später als «Migrationsmanagement» bezeichnet, etwa auf dem Gebiet der sog. technischen Zusammenarbeit. Dadurch, dass der Organisation viele neue Staaten, auch zahlreiche afrikanische und asiatische, beitraten, wurde ein ganzheitlicher Managementansatz erst möglich. Es ist klar, dass das Engagement in den neuen Mitgliedstaaten in den Herkunftsregionen auch dazu diente, Flüchtlinge und Migrierende möglichst in diesen Regionen zu halten. So half die IOM etwa Regierungen in Post-Konfliktsituationen, die Situation für Migrierende zu verbessern, namentlich durch die Entwicklung nationaler Strategien im Umgang mit Migrierenden, durch Begleitung entsprechen-

---

621 IOM, Council Resolution No. 923 (LXXI) vom November 1995, IOM Doc. MC/INF/262 vom 13. Oktober 2003.

622 Oder anders ausgedrückt: «We could also summarize this shift by suggesting that the IOM, originially a transport agency, shifted opportunistically to a multi-service agency for states.» (DUPEYRON, S. 239).

623 Kategorisierung gemäss DUCASSE-ROGIER, S. 117 ff.

der Rechtsetzungsprozesse, den Aufbau administrativer Strukturen oder die Ausbildung von Beamtinnen und Beamten.[624]

Die neue umfassende Strategie war von den Mitgliedstaaten allerdings nicht einstimmig angenommen worden, einigen Staaten war sie zu breit. Und so geschah es während der 1990er-Jahren auch, dass sich die Tätigkeiten der IOM zwar diversifizierten, aber auch partikularisierten. So unterstützte sie etwa die Regierung Bangladeschs bei der Implementierung von Massnahmen, welche die Integration von Ausländerinnen und Ausländern in den Arbeitsmarkt erleichterten, bot eine Krankenversicherung für Rückkehrende nach Lateinamerika an oder unterstützte afrikanische Länder bei Kampagnen zur Bekämpfung von AIDS.[625] Eine Mehrzahl der Aktivitäten der IOM war daher (wieder) weitgehend projektbasiert, d.h., die IOM nahm spezifische, partikuläre Projekte wahr, für die sie von einem bestimmten Staat oder mehreren Staaten beauftragt und finanziert wurde.[626]

b) UNHCR: vom Flüchtlingsschutz zur humanitären Hilfsorganisation

Das Ende des Kalten Krieges führte zu einer Neuordnung der internationalen Beziehungen, in der auch das UNHCR seinen Platz finden musste. In den 1990er-Jahren wurden Flüchtlinge vermehrt als sicherheitspolitischer Faktor wahrgenommen: So qualifizierte der UN-Sicherheitsrat grosse Flüchtlingsströme, etwa aus dem Irak, Somalia, Ex-Jugoslawien und Haiti, erstmals als Bedrohung des internationalen Friedens und beschloss in diesem Zusammenhang Massnahmen unter Kapitel VII der UN-Charta.[627] Die 1990er-Jahre können durch einen vermehrt interventionistischen Ansatz der internationalen Gemeinschaft charakterisiert werden, etwa durch

---

624 Ebd., S. 129.
625 Ebd., S. 132, 138 und 139.
626 NEWLAND, S. 8.
627 Massive Flüchtlingsströme als Gefahr für den Frieden und Sicherheit: Vereinte Nationen, Resolutionen des Sicherheitsrates, S/RES/688 vom 5. April 1991: «[...] gravely concerned by the repression of the Iraqi civilian population in many parts of Iraq, including most recently in Kurdish populated areas, which led to a massive flow of refugees towards and across international frontiers and to cross-border incursions, which threaten international peace and security.» Vgl. zur *securitization* von Migrationsfragen: LOHRMANN REINHARD, Migrants, Refugees and Insecurity. Current Threats to Peace?, International Migration Vol. 38 No. 4 (2000), S. 3–22.

peacekeeping operations.[628] Der Grundgedanke, wonach die internationale Gemeinschaft eine Verantwortung zum Schutz der Bevölkerung in Kriegssituationen hat, widerspiegelte sich in den Tätigkeiten des UNHCR. So engagierte es sich in den 1990er-Jahren vermehrt in den Herkunftsstaaten, etwa zugunsten der kriegsbetroffenen Bevölkerung. Ein Beispiel sind die Kurden im Irak oder die Versorgung der Zivilbevölkerung im Jugoslawien-Konflikt, vor allem in Bosnien. Das UNHCR wurde dadurch mehr und mehr zur humanitären Hilfsorganisation, indem es sich mit allen *forcibly displaced people* befasste, d.h. nicht nur mit Flüchtlingen, sondern auch mit Binnenvertriebenen und der vom Krieg betroffenen Bevölkerung.[629] Die Verschiebung weg von der Schutzfunktion hin zur humanitären Hilfsorganisation[630] manifestierte sich schliesslich in einer erneuten Anpassung der Strukturen des UNHCR. So wurde im Rahmen des Projekts Delphi eine Dezentralisierung vorgenommen und den operativ tätigen Personen im Feld mehr Verwantwortung übertragen.[631]

Aufgrund der wirtschaftlichen Rezession bei gleichzeitig zunehmenden Asylgesuchszahlen hatten viele Staaten eine zunehmend ablehnende Haltung gegenüber Ausländern und Flüchtlingen eingenommen. Viele Staaten versuchten daher, die Flüchtlinge durch Grenzschliessungen oder das Abfangen auf hoher See davon abzuhalten, überhaupt ein Asylgesuch zu stellen. Um den Schutz unmittelbar gefährdeter Personen dennoch sicherzustellen, unterstützte das UNHCR das Konzept des temporären Schutzes, wohlwissend, dass dieses den Schutz von Flüchtlingen nicht ersetzen konnte.[632] Das Konzept besagt im Grundsatz, dass es Formen der Schutzbedürftigkeit gibt, die vorübergehend sind. Darunter fallen etwa

---

628 Während es zwischen 1948 und 1988 nur gerade dreizehn *peacekeeping operations* gab, stieg die Zahl zwischen 1988 und 2000 auf über fünfzig solcher Operationen, oft im Zusammenhang mit Bürgerkriegssituationen (Encyclopaedia Britannica, Peacekeeping, Peacemaking and Peace Building, <https://www.brita nnica.com/topic/United-Nations/Peacekeeping-peacemaking-and-peace-build ing>).

629 LOESCHER, S. 15.

630 Das Selbstverständnis des UNHCR als *humanitarian agency* etwa ausdrücklich in: UNHCR, Climate Change 2009, S. 1.

631 Vgl. zum Projekt Delphi: ExCom, Project Delphi: Plan of Action, in: EC/46/SC/CRP.48 vom 4. September 1996.

632 Vgl. dazu FITZPATRICK, S. 280. Für eine kritische Auseinandersetzung mit dem Verhältnis zwischen dem Konzept des temporären Schutzes und dem Flüchtlingsschutz vgl. EDWARDS ALICE, Temporary Protection, Derogation and the *1951 Refugee Convention*, Melbourne Journal of International Law Vol. 13 (2012), S. 595–635.

Personen aus Bürgerkriegsregionen, die für die Zeit des Krieges Schutz im Ausland benötigen, damals etwa im Zusammenhang mit den Kriegen auf dem Balkan. Sobald sich die Situation im Heimatstaat verbessert, wird der Schutzstatus wieder aufgehoben. Das Konzept hatte gemäss dem UNHCR Vorteile. So konnte einerseits der unmittelbare Schutz der Personen gewährleistet werden. Andererseits mussten die Staaten nicht mehr jedes Gesuch einzeln überprüfen. So führte die Hochkommissarin Ogata etwa anlässlich einer Rede im Jahr 1997 aus: «[Temporary protection] is an instrument meant to balance the protection needs of people with the interests of states receiving them.»[633] Die Abwehrmassnahmen zeigten sowohl in Europa als auch in den USA Wirkung. So sank die Zahl der Asylgesuche in den 1990er-Jahren massgebend, während die irreguläre Migration zunahm und sich die Fluchtrouten verschoben.[634]

Die 1990er-Jahre wurden zudem zur Dekade der Rückkehr. Durch die Beendigung vieler Konflikte konnten zahlreiche Personen in ihren Herkunftsstaat zurückkehren, etwa nach Äthiopien, Eritrea, Kambodscha oder Afghanistan. In den 1990er-Jahren lässt sich aber zugleich eine Änderung in der Rückkehrpolitik des UNHCR beobachten. Während lange das Prinzip der freiwilligen Rückkehr gegolten hatte, wurden die Anforderungen an die Freiwilligkeit in den 1990er-Jahren gelockert. Schon in den späten 1980er-Jahren wurde das UNHCR vom ExCom ermuntert, Rückführungen früh durchzuführen, weil Asyl und die Wiederansiedlung in Drittstaaten oft nicht mehr in Betracht kamen und das jahrelange Verharren in Flüchtlingslagern als die schlechtere Alternative betrachtet wurde. In den 1990er-Jahren wurde dieser Ansatz weiter ausgebaut und das UNHCR entwickelte Konzepte wie die Doktrin des «*safe return*». Das Konzept bestand im Wesentlichen darin, dass nicht mehr die Flüchtlinge selber über die Rückkehr entschieden, sondern dass vielmehr das UNHCR bestimmte, ob die Situation eine Rückführung zuliess.[635] Die Sicherheit der Flüchtlinge

---

633   UNHCR, Rede von Hochkommissarin Ogata vom 6. Mai 1997.

634   Z.B. sank in Deutschland die Zahl der Asylgesuche von 438'000 im Jahr 1992 auf etwa 95'000 im Jahr 1999 oder in den USA von 149'000 im Jahr 1995 auf 31'000 im Jahr 1999 (LOESCHER, S. 318 bzw. 320).

635   Vgl. etwa Hochkommissarin Ogata im Jahr 1995: «Just as we no longer wait for refugees to cross the border but are increasingly involved with the internally displaced in order to avert outflow, we can no longer passively wait for conditions to change so that refugees can volunteer to return. *Instead, we must work actively to create the conditions conductive to their safe return.* It is important therefore that the protection debate moves on from interpreting voluntary repatriation solely in terms of the expression of individual will to the creation of conditions

war bei der Beurteilung zwar ein Faktor, der aber gegen andere Faktoren abgewogen werden musste, v.a. sicherheitspolitische Interessen der Staaten im Zusammenhang mit *peacebuilding-* und *conflict resultion-*Zielen.[636]

Ende der 1990er-Jahre fand sich das Hochkommissariat mit vielen neuen Funktionen wieder, allerdings nicht ohne einen Preis dafür zu bezahlen. So schrieb etwa Gil Loescher zur Entwicklung des UNHCR:

> «A radically transformed UNHCR aimed at preventing conditions that generate refugee flows, assisting many of those caught in brutal civil conflicts, and promoting refugee return has also emerged in recent years. [...] What is the appropriate role of an intergovernmental agency in balancing the protection of individual and group rights against the sovereign prerogatives and interests of states? [...] Indeed, many persons within the UNHCR, governments, and the non-governmental community fear for the survival of the Office's traditional mandate, namely the international protection of refugees.»[637]

c) Institutionelle Annäherung der IOM an die UN

Das vermehrte Eingreifen der Staaten(gemeinschaft) in Krisengebieten in den 1990er-Jahren führte zu einer Proliferation verschiedener humanitärer Hilfsorganisationen, sowohl staatlicher als auch nicht staatlicher. So entstanden bisweilen Koordinationsprobleme, sowohl innerhalb der UN als auch mit Hilfsorganisationen ausserhalb des UN-Systems. In den 1990er-Jahren näherten sich die IOM und die UN an und bereits bestehende Beziehungen zwischen Organisationen wurden formalisiert. Die erste formelle Annäherung der IOM an die UN fand im Jahr 1992 statt, indem die UN der IOM den Beobachterstatus gewährte.[638] Auf der Ebene UN wurde ebenfalls im Jahr 1992 die Stelle des Untersekretärs für Humanitäre Angelegenheiten (ERC) geschaffen, dessen Sekretariat, die Abteilung für Humanitäre Angelegenheiten (DHA), die Tätigkeiten der UN-Agenturen im

---

of safety – in the refugee camps, in the reception centres and in the home areas.» (Hervorh. durch die Verfasserin; UNHCR, Rede von Hochkommissarin Ogata vom 16. Oktober 1995).

636 Z.B. im Falle von Irak 1991, als die Rückkehr zu einem sehr frühen Zeitpunkt stattfand, als die Situation noch instabil war (vgl. UNHCR, Rede von Hochkommissarin Ogata vom 21. Oktober 1997).

637 LOESCHER, S. 18.

638 A/RES/47/4 vom 16. Oktober 1992.

humanitären Bereich koordinierte.[639] Das DHA verfügte in der Folge allerdings über wenig Autorität und war schlecht finanziert, weshalb es 1998 im Zuge einer Reorganisation innerhalb der UN durch das Amt für die Koordinierung humanitärer Angelegenheiten (OCHA) ersetzt wurde.[640] Dem DHA wurde zudem ein Ausschuss unterstellt, um die Koordination mit Nicht-UN-Organisationen zu erleichtern.[641] Dieser Ausschuss, der Ständige interinstitutionelle Ausschuss (IASC), bestand aus UN-Agenturen (etwa dem Entwicklungsprogramm der Vereinten Nationen [UNDP], dem UNICEF und dem UNHCR), drei ständig Eingeladenen (das IKRK, der Internationale Verband der Rotkreuz- und Rothalbmondgesellschaften und die IOM), sowie *ad hoc* eingeladenen Nichtregierungsorganisationen. Ein weiteres Werkzeug des DHA war der Consolidated Inter-Agency Appeals Process (CAP). Der CAP ist ein Prozess, mit dem die UN in humanitären Krisen im Namen verschiedener Organisationen für ein gemeinsames Programm zu Spenden aufrufen kann. Das betraf alle in einem sog. *cluster* beteiligten Organisationen, auch solche ausserhalb des UN-Systems. Die IOM war später auch an einigen solchen CAPs beteiligt.[642] Die IOM wurde damit schon im Laufe der 1990er-Jahre punktuell in verschiedene Prozesse der UN eingebunden, die zum Ziel hatten, die verschiedenen Akteure zu koordinieren.

Eine massgebende Formalisierung der Beziehung zwischen der IOM und der UN erfolgte im Jahr 1996: Die Organisationen unterzeichneten eine allgemeine Kooperationsvereinbarung.[643] Eine solche wurde als notwendig erachtet, um die Komplementarität der Organisationen sowohl in den Hauptquartieren als auch im Feld zu sichern.[644] Das legt den Schluss nahe, dass die Komplementarität der Tätigkeiten zuvor nicht immer gewährleistet war, dass sich also Kompetenzkonflikte ereignet haben. Die Vereinbarung liest sich allerdings stellenweise eher wie ein Diktat der UN denn als eine Vereinbarung unter gleichgestellten Partnern. Dazu gehört

---

639 De Siervo, S. 498.

640 Vereinte Nationen, Generalsekretär, Erneuerung der Vereinten Nationen 1997, § 77 und §§ 188 ff.

641 A/RES/46/182 vom 19. Dezember 1991.

642 Z.B. im Falle von Liberia 1998: UN DHA, 1998 United Nations Consolidated Inter-Agency Appeal for Liberia, <https://reliefweb.int/report/liberia/1998-unite d-nations-consolidated-inter-agency-appeal-liberia>.

643 Cooperation Agreement Between the United Nations and the International Organization for Migration vom 25. Juni 1996, in: E/1996/90 vom 18. Juli 1996 (zit. Kooperationsvereinbarung IOM-UN).

644 Art. V Abs. 1 der Kooperationsvereinbarung IOM-UN.

etwa eine Passage, wonach die IOM die Empfehlungen der UN berücksichtigen und die UN anschliessend über die getroffenen Massnahmen informieren soll, oder die Verpflichtung zur Anwendung der UN-Staff Rules and Regulations auf das IOM-Personal.[645] Eine spätere Resolution der GV übertrug dem UN-Generalsekretär zudem die Kontrolle über die Implementierung der Koordinationsmassnahmen zwischen den beiden Sekretariaten.[646] Im Zusammenhang mit der UN-IOM-Kooperationsvereinbarung wurden die UN-Sonderorganisationen zudem aufgefordert, mit der IOM die notwendigen Kooperationsmassnahmen zu treffen.[647]

Basierend auf der allgemeinen Kooperationsvereinbarung zwischen der UN und der IOM schloss das UNHCR, wie viele andere Sonderorganisationen der UN auch, im Jahr 1997 mit der IOM ein Memorandum of Understanding (MoU) ab.[648] Die Bezeichnung als «Memorandum of Understanding» ist allerdings verharmlosend. So sprechen gewisse Formulierungen im MoU eher für rechtliche Verbindlichkeit: Es soll durch die Organisationen implementiert werden, nach Unterzeichnung tritt es in Kraft und es kann von beiden Parteien innert Frist gekündigt werden.[649] Auch in inhaltlicher Hinsicht betrifft das MoU die Substanz: So werden vorab die rechtlichen Grundlagen der Mandate beider Organisationen dargelegt und anschliessend die Kompetenzen der Organisationen in Bezug auf verschiedene Personengruppen (Flüchtlinge, Migranten, Asylsuchende und abgewiesene Asylsuchende, Rückkehrer, Binnenvertriebene und die betroffene lokale Bevölkerung) festgelegt.[650] Der Rechtsnatur nach handelt es sich daher eher um ein Rahmenabkommen bzw. ein Kooperationsab-

---

645 Art. V Abs. 3 und Art. VII Abs. 3 der Kooperationsvereinbarung IOM-UN.

646 A/RES/51/148 vom 4. Februar 1997, § 2 und § 3.

647 Ebd., § 4.

648 Memorandum of Understanding between the United Nations High Commissioner for Refugees and the International Organization for Migration vom 15. Mai 1997, in: Refugee Survey Quarterly Vol. 17 No. 3 (1998), S. 70–78 (zit. MoU UNHCR-IOM).

649 Ebd., §§ 43, 44 und 45. Vgl. für eine Abgrenzung zwischen rechtlich nicht verbindlichen Instrumenten und völkerrechtlichen Verträgen für die Schweiz: EDA Direktion für Völkerrecht, Praxisleitfaden völkerrechtliche Verträge, Rn. 18 ff.

650 Demnach ergibt sich das Mandat des UNHCR aus der UNHCR-Satzung, den internationalen Instrumenten im Bereich Flüchtlingsrecht und den betreffenden Resolutionen der GV sowie aus den Entscheidungen und Schlussfolgerungen des ExCom. Das Mandat der IOM ergibt sich aus der Verfassung von 1989 sowie aus den Entscheidungen und Schlussfolgerungen des Rates (MoU UNHCR-IOM, § 2).

kommen als um eine rechtlich unverbindliche Absichtserklärung.[651] Das Abkommen legt zudem verschiedene Formen der Zusammenarbeit fest, insbesondere die Möglichkeit, situationsspezifische *letters of understanding* abzuschliessen, um den institutionellen Rahmen für Feldeinsätze zu definieren.[652]

Neben diesen generellen Massnahmen trafen das UNHCR und die IOM in den 1990er-Jahren auch situationsspezifische Koordinations- und Kooperationsmassnahmen. So stellte sich etwa nach dem Zerfall der Sowjetunion und den darauffolgenden Konflikten in Ländern der Gemeinschaft Unabhängiger Staaten (GUS-Staaten) die Frage nach dem Verhältnis zwischen den Hilfsorganisationen. Im Mai 1996 fand auf Initiative Russlands hin eine Konferenz zwischen dem UNHCR, der IOM und der Organisation für Sicherheit und Zusammenarbeit in Europa (OSZE) statt, die sich der Frage nach dem Umgang mit den Flüchtlingen, Rückkehrern und Migrierenden in bzw. aus den GUS-Staaten widmete.[653] In der Folge erarbeiteten das UNHCR und die IOM, erstmals in der Geschichte, einen gemeinsamen Aktionsplan für eine spezifische Situation.[654] Die operationelle Strategie definierte die Programme in den GUS-Staaten beider Organisationen in den folgenden Jahren. Ferner beschlossen die Organisationen, durch direkte Zusammenarbeit oder Informationsaustausch eng zu kooperieren.[655] Da der Aufruf zur Finanzierung der Programme aber relativ erfolglos blieb, konnte der Aktionsplan nicht wie vorgesehen umgesetzt werden.[656]

6. Die 2000er-Jahre: Asyl-Migrations-Nexus

a) Die Rahmenbedingungen: Asyl-Migrations-Nexus und normative Erwartungen

Während der 1990er-Jahre und Anfang der 2000er-Jahre fanden viele Konflikte ein Ende und viele Flüchtlinge konnten in ihre Heimat zurückkehren. So sank die Anzahl der Flüchtlinge von 18 Millionen im Jahr 1992

---

651 In diesem Sinne ebenfalls: KLABBERS, Transforming Institutions, S. 115.
652 MoU UNHCR-IOM, § 5.
653 A/RES/48/113 vom 20. Dezember 1993 und A/RES/50/151 vom 21. Dezember 1995.
654 MoU UNHCR-IOM, § 20.
655 ExCom, Report on the CIS Conference 1996, S. 2.
656 LOESCHER, S. 279.

auf neun Millionen im Jahr 2005.[657] Trotzdem wuchs die Abwehrhaltung gegenüber Flüchtlingen und (illegalen) Migrantinnen und Migranten in den «westlichen» Staaten aufgrund verschiedener Faktoren. Nach den Terroranschlägen auf das World Trade Center im Jahr 2001 wurden Flüchtlinge und Migrierende zunehmend als Gefahr für die nationale Sicherheit wahrgenommen: Die Zulassung von Flüchtlingen und Migrierenden wurde restriktiver, neue Visa-Regime wurden eingeführt und die *resettlement*-Möglichkeiten wurden eingeschränkt.[658] Die Beschränkung der legalen Einreise führte dazu, dass neue Migrationskanäle entstanden, um die Grenzkontrollen zu umgehen.[659] Das wiederum führte dazu, dass sowohl Flüchtlinge als auch «Wirtschaftsmigrierende» zunehmend über die gleichen Migrationskanäle (illegal) einreisten, etwa als Asylsuchende, was eine Unterscheidung zwischen den beiden Kategorien erschwerte. Die Staaten reagierten auf diesen Asyl-Migrations-Nexus[660], indem sie die Möglichkeiten einschränkten, Asyl zu beantragen.[661] Das beinhaltete etwa die unbefristete Festhaltung von Asylsuchenden, die Zurückweisung in sogenannt sichere Drittstaaten oder Massnahmen, um Asylanträge in den Herkunftsregionen zu bearbeiten. Es entstanden folglich eine Reihe neuer Institutionen mit dem Ziel, illegale Einreisen zu verhindern, etwa die Europäische Grenzschutzagentur Frontex. Das UNHCR wurde von europäischen Staaten angehalten, Abwehrmassnahmen zu unterstützen.[662] Auch die IOM wurde vermehrt in Massnahmen des extraterritorialen Grenzschutzes europäischer Staaten involviert, etwa in Form von Programmen mit dem Ziel, Asylsuchende aus dem Subsahara-Raum von der Überquerung des

---

657 Zahlen bei BETTS/LOESCHER/MILNER, S. 62.

658 Ebd.

659 Vgl. Saskia Sassen zur Einwanderung als Nullsummenphänomen: «[I]f a government closes one kind of entry category, recent history shows that numbers will increase in another. A variant on this dynamic is that if a government has, for instance, a very liberal policy on asylum, public opinion may turn against all asylum seekers and close up the country totally; this in turn is likely to promote an icrease in irregular entries.» (SASSEN, S. 79).

660 Vgl. zum *asylum-migration nexus*: CRISP JEFF, Beyond the Nexus: UNHCR's Evolving Perspective on Refugee Protection and International Migration, in: UNHCR, New Issues in Refugee Research, Research Paper No. 155, April 2008.

661 Vgl. dazu ausführlich den Beitrag von DIGGELMANN OLIVER/HADORN NINA, Das Refoulement-Verbot als Brandmauer für das Unverhandelbare, in: Anderheiden Michael et al. (Hrsg.), Asylrecht und Asylpolitik der Europäischen Union, Baden-Baden 2018, S. 71–97.

662 NEWLAND, S. 11.

Mittelmeeres abzuhalten.[663] Die Abwehrmassnahmen der nördlichen Staaten zeigten Wirkung: So halbierte sich in den EU-Staaten die Zahl der Asylgesuche zwischen 2001 und 2006.[664] Gleichzeitig nahm die Zahl von Binnenvertriebenen weltweit zu und zunehmend mehr Flüchtlinge sind in sogenannten langwierigen Flüchtlingssituationen (*protracted refugee situations*) gefangen.[665]

Eine andere Entwicklung prägte die Organisationen seit den 1990er-Jahren: Wie viele internationale Organisationen wurden auch das UNHCR und die IOM zunehmend kritisch hinterfragt. Die IOM etwa geriet in den frühen 1990er-Jahren erstmals in den Fokus von Human Rights Watch (HRW). Im Jahr 1993 stand es durch seine Involvierung in das amerikanische Asylverfahren in der Kritik, wo haitianische Flüchtlinge in kürzesten Verfahren abgewiesen wurden.[666] Das UNHCR wurde 1996 von Amnesty International gerügt, Flüchtlinge nach Ruanda zurückgeführt zu haben, ohne die menschenrechtliche Situation dort angemessen berücksichtigt zu haben.[667] Die Tätigkeiten der Organisationen werden seither von NGOs grossflächig dokumentiert und analysiert. Nachdem man gesehen hatte, dass auch internationale Organisationen nicht unfehlbar waren, wurden v.a. in den 2000er-Jahren die Rufe nach Verantwortlichkeit des UNHCR und der IOM laut. So begann sich in der internationalen Gemeinschaft ein Konsens abzuzeichnen, wonach alle im Migrationsbereich tätigen Akteure,

---

663 Vgl. zur Thematik z.B. Dastyari Azadeh/Hirsch Asher, The Ring of Steel: Extraterritorial Migration Controls in Indonesia and Libya and the Complicity of Australia and Italy, Human Rights Law Review Vol. 19 No. 3 (2019), S. 435–465.

664 European Communities, Piotr Juchno, Asylum Applications in the European Union, 30. August 2007, in: European Communities, Eurostat, Statistics in Focus, Population and Social Conditions, 110/2007, <http://ec.europa.eu/eurostat/documents/3433488/ 5285137/KS-SF-07–110-EN.PDF/c95cc2ce-b50c-498e-95fb-cd507ef29e27>.

665 Das ExCom spricht dann von einer langwierigen Flüchtlingssituation, wenn sich eine Gruppe von mehr als 25'000 Flüchtlingen während mindestens fünf Jahren im Exil in Entwicklungsländern befindet (ExCom, Protracted Refugee Situations 2004, § 5). Die durchschnittliche Dauer einer Flüchtlingssituation war zwischen 1993 und 2003 von neun auf siebzehn Jahre gestiegen (vgl. ebd., § 6).

666 HRW, IOM and Human Rights 2003, S. 1 f. (vgl. dazu ausführlicher sogleich unter b).

667 Amnesty International, Rwanda: Human Rights Overlooked in Mass Repatriation 1997, z.B. S. 14.

auch die internationalen Organisationen, einem rechtebasierten Ansatz folgen sollten.[668]

b) IOM: «Managing Migration for the Benefit of All»

Die IOM hatte seit den 1990er-Jahren ein massives Wachstum durchlaufen. Die Anzahl Mitgliedstaaten war von 67 im Jahr 1998 auf 125 im Jahr 2008 angewachsen.[669] Auch das Budget der IOM war ausserordentlich hoch; im Jahr 2005 betrug es 925 Millionen USD.[670] Zum Vergleich: Das UNHCR kalkulierte für das Jahr 2005 mit einem Gesamtbudget von 980 Millionen USD, also in vergleichbarer Höhe.[671] Im Jahr 2008 wurde der Amerikaner William Lacy Swing ins Amt des Generaldirektors der IOM gewählt. In seiner Wahlrede definierte er seinen Kurs: «My vision for IOM is for a collaborative organization of professionals built on trust and one that listens to Member States and which efficently and cost-effecitvely helps them manage migration to the benefit of all.»[672] Es wird damit betont, dass die IOM sich weiterhin in den ausschliesslichen Dienst ihrer Mitgliedstaaten stellt und sie dabei unterstützt, Migration zugunsten aller zu verwalten. Wie ein Mantra taucht die Schlusspassage in abgewandelter Form, «Managing Migration for the Benefit of All», seither regelmässig in IOM-Dokumenten und Reden auf und wird deshalb oft als Leitsatz der IOM bezeichnet.[673] Allerdings wird dieser in der Literatur oft als zynisch aufgefasst.[674] Tatsächlich umfassten die Tätigkeiten der IOM, wie in

---

668 Anfang 2014 verabschiedete die GV schliesslich eine Deklaration des High-Level Dialogue on Migration and Development, die das Bekenntnis der Staaten zur vollen Respektierung der Menschenrechte festhält (A/RES/68/4 vom 21. Januar 2014).

669 Zahlen bei Koh, S. 194.

670 Zahl ebd., S. 196.

671 ExCom, UNHCR Annual Programme Budget 2005, S. 14.

672 Zitat in: IOM, William Lacy Swing Elected Director General of the International Organization for Migration, 17. Juni 2008, <https://www.iom.int/statements/william-lacy-swing-elected-director-general-international-organization-migration>.

673 Z.B. IOM, 15 Years in Armenia Managing Migration for the Benefit of All, elektronische Publikation 2008, <https://publications.iom.int/fr/books/iom-15-years-armenia-managing-migration-benefit-all>.

674 Vgl. etwa Ashutosh Ishan/Mountz Alison, Migration Management for the Benefit of whom? Interrogating the Work of the International Organization for Migration, Citizenship Studies Vol. 15 No. 1 (2011) S. 21–38; Georgi Fabian,

der Strategie nach der Verfassungsänderung von 1989 avisiert, eine breite Palette an Dienstleistungen im Bereich Migrationsmanagement, entsprechend den Bedürfnissen einzelner oder mehrerer Mitgliedstaaten.[675]

Die IOM war schon in den 1990er-Jahren in den Fokus verschiedener NGOs gerückt, vorab wegen ihrer Tätigkeiten im Zusammenhang mit den haitianischen Flüchtlingen. In dem Fall war HRW zum Schluss gekommen, dass das amerikanische Asylverfahren menschen- und flüchtlingsrechtliche Garantien verletzte.[676] Neben anderen Massnahmen des extraterritorialen Grenzschutzes hatten die USA in Haiti lokale Verfahrenszentren geschaffen, in denen Asylgesuche geprüft wurden. Die Zentren standen aus verschiedenen Gründen in der Kritik. So war etwa die Zahl der Gesuche mengenmässig gedeckt, die Zentren boten keinen Schutz vor Verfolgung und die Verfahren wurden von lokalem Personal durchgeführt.[677] Da die IOM eines dieser Verfahrenzentren betrieb, geriet sie selbst in die Kritik. Zwar vollzog die IOM in der Folge einen Kurswechsel sowohl in ihrer Rhetorik als auch in ihren Tätigkeiten.[678] Allerdings stand die Organisation seither immer wieder in der Kritik wegen ihrer menschen- und flüchtlingsrechtlich problematischen Praktiken. Ein weiteres Beispiel ist das Engagement der IOM bei der Rückkehr von irakischen Staatsangehörigen aus dem Libanon im Jahr 2007. Die IOM assistierte 67 Rückkehrende mit der Bezahlung des Transports und mit Reintegrationspaketen.[679] Die IOM wurde in der Folge von HRW angehalten, die Rückkehrhilfe umgehend einzustellen, weil Zweifel an der Freiwilligkeit der Rückkehrentscheidung der betroffenen Personen bestanden. Die geflüchteten Irakerinnen und Iraker waren im Libanon in Haft genommen und dort für unbestimmte Dauer in prekären Verhältnissen festgehalten

---

For the Benefit of Some: The International Organization for Migration and its Global Migration Management, in: Geiger Martin/Pécoud Antoine (Hrsg.), The Politics of International Migration Management, New York 2010, S. 54–72.

675 Dazu gehörten etwa: «technical cooperation on migration, movement management, migrants' rights, labour migration, assisted voluntary return, counter-trafficking, mass information, migration health services, research related to migration management, emergency and post-conflict assistance, and compensation programmes» (IOM, IOM Partnership with NGOs 2002, § 7).

676 HRW, IOM and Human Rights 2003, S. 1 f.

677 HRW, In-Country Refugee Processing in Haiti 1993, S. 19 ff.

678 Etwa in: IOM, Migrants' Rights 2002, S. 2: «IOM recognizes its responsibility to ensure that when providing assistance to migrants, its activities must obtain full respect for the rights of the individual, its activities must be non-discriminatory and must not diminish the human rights of others.»

679 HRW, Statement to the IOM Council 2007.

worden. Faktisch waren sie somit vor die Entscheidung gestellt worden, in den Irak zurückzukehren oder weiterhin im Gefängnis zu bleiben – ohne Aussicht auf Entlassung oder Regularisierung ihres Status. Im Irak andererseits war die allgemeine Lage derart prekär, dass die Betroffenen befürchteten, dort zu sterben. Trotzdem erachteten ein paar Dutzend Geflüchtete diese Alternative als die bessere. HRW appellierte daher an die IOM, ihre Rückkehrtätigkeiten einzustellen, weil die Entscheidung unter diesen Umständen nicht als freiwillig eingestuft werden konnte und die IOM sich damit am *refoulement* der betroffenen Personen beteiligte.[680] Wegen solcher Praktiken wirkt der Leitsatz der IOM, «Managing Migration for the Benefit of All», zuweilen stossend.

Die Kehrseite der Medaille, die völkerrechtlichen Verpflichtungen der Staaten, ist damit ebenfalls tangiert. Die IOM wird nur auf Anfrage oder mit Zustimmung des betreffenden Staates tätig. Den Staaten wird mitunter vorgeworfen, dass sie sich ihren menschen- und flüchtlingsrechtlichen Verpflichtungen entziehen, indem sie kritische Projekte an internationale Organisationen übertragen. So bemerkte HRW anlässlich eines Treffens des IOM-Rates: «In coming to this Council meeting, Member States cannot leave their other obligations at the door.»[681] In einem weiteren, mittlerweile gelöschten Statement zuhanden des IOM-Rates führte HRW weiter aus: «IOM cannot be guided disproportionately by the dictates of individual Member States that are willing to fund projects that promote their particular state interests, but which do not necessarily take fully into account the rights of migrant and refugee populations.»[682] Die IOM musste daher das richtige Mass zwischen Erfüllung der Erwartungen der Mitgliedstaaten, ihre Rolle als Dienstleisterin im Auftrag der Mitgliedstaaten wahrzunehmen, und den externen normativen Erwartungen finden.

---

680 Ebd. Das UNHCR hatte aufgrund der allgemeinen Sicherheitslage in einem Leitfaden davon abgeraten, zu dieser Zeit unfreiwillige Rückführungen in den Zentral- und Südirak durchzuführen. Nach «Diskussionen» mit dem UNHCR beschloss die IOM schliesslich, die Rückführungen vorübergehend einzustellen (ebd.).

681 HRW, IOM and Human Rights 2003, S. 15.

682 HRW, Statement to the IOM Council 2005, S. 7. Das Statement wurde von HRW später widerrufen und von der HRW-Website gelöscht, weil es auf falschen Fakten basierte (ausdrücklich in: HRW, Statement to the IOM Council 2007).

c) Das UNHCR und Migrationsmanagement: Annäherung und
   Abgrenzung

Das UNHCR, das Anfang der 2000er-Jahre unter finanziellen Schwierigkeiten litt,[683] realisierte die Tendenz vieler Staaten, vom Flüchtlingsschutzzum Migrationskontrollregime zu *shiften*. Es sah dadurch den Flüchtlingsschutz in Gefahr. Das UNHCR reagierte darauf mit einer zweischneidigen
Strategie: Auf der einen Seite dehnte es sein Mandat auf eine Vielzahl von
Schutzbedürftigen aus, die nicht unter den Flüchtlingsbegriff der FK fielen
– auf der anderen Seite, v.a. gegenüber anderen Organisationen, pochte
es auf eine strikte Unterscheidung zwischen Flüchtlingen und anderen
Migrierenden.

Auf der operativen Seite wurde der Schutz von Migrierenden und Binnenvertriebenen immer wichtiger, etwa im Zusammenhang mit dem Klimawandel, während der Flüchtlingsschutz abermals in den Hintergrund
rückte.[684] Rhetorisch stellte das UNHCR zunehmend die Schutzbedürftigkeit von Personen in den Vordergrund.[685] So wurden aus *refugees and
asylum seekers*[686] in den 2000er-Jahren *persons of concern to UNHCR*[687]
und ab 2005 schliesslich *people on the move*[688]. Die sprachliche Evolution ist sinnbildlich für den Paradigmenwechsel von einem partikulären
zu einem umfassenderen Ansatz, der an die Verletzlichkeit bzw. an die
Schutzbedürftigkeit von Personen anknüpft. So führte Hochkommissar
Guterres 2008 aus: «The extent of human mobility today is blurring the
traditional distinctions between refugees, internally displaced people, and
international immigrants. Yet attempts by the international community to

---

683 Bis 2006 wurde die Situation offenbar derart desolat, dass es ungewiss war,
     ob das UNHCR noch die Löhne der Mitarbeitenden würde auszahlen können
     (Betts/Loescher/Milner, S. 70). Danach entspannte sich die finanzielle Situation allmählich – das Budget stieg von 1 Mia. USD auf etwa 1,8 Mia. USD
     (Zahlen ebd., S. 78).
684 Vgl. dazu ebd., S. 63.
685 Damit begründete das UNHCR etwa sein Engagement für Binnenvertriebene:
     «UNHCR has an interest in the protection and welfare of persons who have
     been displaced by persecution, situations of general violence, conflict or massive
     violations of human rights, because of their simillarity to refugees in terms
     of the causes and consequences of their displacement and their humanitarian
     needs.» (UNHCR, Role on IDP 2000, S. 1).
686 Z.B. ExCom, Conclusion No. 44 on the Detention of Refugees and Asylum-
     Seekers (1986), S. 31.
687 Z.B. in UNHCR, Refugee Protection and Durable Solutions 2007, § 10.
688 Z.B. in UNHCR, Erika Feller on Migrants and Refugees vom 17. Februar 2005.

devise policies to preempt, govern, or direct these movements in a rational manner have been erratic.»[689] Nach der Jahrtausendwende wurde der Asyl-Migrations-Nexus schliesslich zu einem Schwerpunkt in der Strategie des UNHCR.[690] Gleichsam lässt sich in den 2000er-Jahren auch eine Änderung in der Haltung des Hochkommissariats gegenüber dem Konzept des Migrationsmanagements erkennen.[691] Während es diesem lange kritisch gegenübergestanden hatte, wurde die Haltung in den 2000er-Jahren liberaler. Vordergründig begründete das UNHCR seinen Kurswechsel damit, dass das Migrationsmanagement letztlich auch dem Flüchtlingsschutz diene. Das UNHCR war der Ansicht, dass die unkontrollierte irreguläre Immigration eine Abwehrhaltung gegenüber allen Migrierenden hervorzurufen drohte und der Grenzschutz unterschiedslos für alle Immigrantinnen und Immigranten verstärkt worden war – beides Faktoren, die einen effektiven Flüchtlingsschutz verhinderten.[692] So anerkannte das UNHCR das Migrationsmanagement in den 2000er-Jahren ausdrücklich als unterschiedliche, aber komplementäre Aktivität zum Flüchtlingsschutz.[693] Entsprechend arbeiteten das UNHCR und die IOM in vielerlei Hinsicht, wie im MoU von 1997 vorgesehen, zusammen, etwa für Binnenvertriebene oder abgewiesene Asylsuchende.[694] Hintergründig ist es aber auch klar, dass das UNHCR angesichts des massiven Wachstums und des Bedeutungsgewinns der IOM sowie dem darin reflektierten dringenden Bedürfnis vieler Staaten, die irreguläre Migration zu kontrollieren, in Bedrängnis geraten war.

Gleichzeitig grenzte sich das UNHCR ausdrücklich vom Migrationsmanagement und von der IOM ab. So veröffentlichte das UNHCR im Rah-

---

689 Antonio Guterres, Millions Uprooted: Saving Refugees and the Displaced, Foreign Affairs (September/Oktober 2008), <https://www.foreignaffairs.com/articles/2008-09-01/millions-uprooted>.

690 Eine Reihe von Projekten wurde in diesem Zusammenhang initiiert. Zu nennen sind etwa die Global Consultations on International Protection im Jahr 2000 oder die Convention Plus, also erweiterte Flüchtlingskonvention, ab 2003 (vgl. zu den Global Consultations: ExCom, Global Consultations on International Protection: Report of the Meeting within the Framework of the Standing Committee [Third Track], in: A/AC.96/961 vom 27. Juni 2002; zur Convention Plus etwa: UNHCR, High Commissioner's Forum, Progress Report: Convention Plus, 8. November 2005, UNHCR Doc. FORUM/2005/6).

691 Vgl. dazu Scheel Stephan/Ratfisch Philipp, Refugee Protection Meets Migrations Management: UNHCR as a Global Police of Populations, Journal of Ethnic and Migration Studies Vol. 40 No. 6 (2014), S. 924–941.

692 UNHCR, Refugee Protection and Durable Solutions 2007, § 12.

693 UNHCR, Rede von Erika Feller vom Dezember 2004; UNHCR, High-Level Dialogue 2006.

694 Betts/Loescher/Milner, S. 122.

men eines Diskussionspapiers im Jahr 2007 etwa folgende Passage: «UN-HCR is not a migration organization and does not consider its activites to fall within the function that is commonly described as ‹migration management›, a task which is undertaken by States and other international actors, most notaby the International Organization for Migration (IOM). Moreover, the Office has no interest in seeing migration situations turned into or treated as if they were refugee situations. Indeed, UNHCR considers that such an approach would be detrimental to the integrity of the international refugee protection regime.»[695] Darüber hinaus versuchte das UNHCR (insb. dessen Schutzabteilung), den speziellen Status von Flüchtlingen in Abgrenzung zu anderen Migrierenden aufrechtzuerhalten. So wurde etwa in einer Stellungnahme zuhanden des IOM-Rates ausgeführt: «[...] refugees are not migrants, at least classically defined, and it is detrimental to refugee protection to suggest otherwise.»[696] Insbesondere wehrte sich das UNHCR dagegen, Flüchtlinge als eine blosse Unterkategorie von Migrierenden zu klassifizieren und deren Rechtsstatus in ein breiteres Migrationskontrollregime einzuordnen.[697] Es stellte sich auf den Standpunkt, dass das Flüchtlings- und Migrationsmanagementregime zwei unterschiedliche und strikt zu trennende Regime sind. Je nach Ursache für das Verlassen des Heimatstaates kommt ein unterschiedlicher Rahmen mit unterschiedlichen Rechten und Verantwortlichkeiten zur Anwendung und unterschiedliche Organisationen werden auf den Plan gerufen. Werden Flüchtlinge als Unterkategorie von Migrierenden behandelt, fallen sie vorab unter das Regime zur Migrationskontrolle, wodurch bereits ihre Reise unter die Kontrollmechanismen fällt. Das verhindert die Anwendung des ganzen Schutzrahmens möglicherweise bereits im Ansatz. Flüchtlinge laufen dadurch Gefahr, ihren Rechten aus dem Flüchtlingsschutzregime verlustig zu gehen, es droht etwa *refoulement*.[698] Das UNHCR störte sich daher auch an der Proklamation des Begriffs des «internationalen Migrationsrechts» durch die IOM, ein Rechtsset, das durch die IOM auf die gleiche Stufe wie «das humanitäre Völkerrecht», «die Menschenrechte» oder «das Flüchtlingsrecht» gehoben wurde.[699] In den 2000er-Jahren

---

695 UNHCR, Refugee Protection and Durable Solutions 2007, § 11.
696 UNHCR, Rede von Erika Feller vom Dezember 2004.
697 Ebd.
698 Ebd. Zu Refoulement kann es dann kommen, wenn die Schutzbedürftigkeit einer Person gar nicht geprüft wird.
699 Vgl. etwa ein IOM-Informationspapier: «International Migration Law is an umbrella term for the complex web of legal relationships that together regulate the movements of individuals. Notably, International Migration Law includes both

wehrte sich das UNHCR daher vermehrt und mit aller Vehemenz gegen den (rhetorisch) expansionistischen Kurs der IOM. Das UNHCR grenzte dadurch sein Kernmandat gegenüber demjenigen der IOM ab und betonte die Relevanz des eigenen Flüchtlingsregimes. Denn die Anerkennung eines «internationalen Migrationsrechts», in dem Flüchtlinge bloss eine Kategorie von vielen wären, hätte eine Marginalisierung der Kategorie des «Flüchtlings» und damit eine Marginalisierung des UNHCR bedeutet.[700]

d) Stärkung der Kooperation, Zementierung der Trennung

In den 2000er-Jahren zeigte die Proliferation der Hilfsorganisationen und die jahrelange Mandatsexpansion vieler Organisationen ihre Wirkungen deutlich: Im Migrationsbereich überlappten sich die Aufgabenbereiche vieler Organisationen, teils gab es widersprüchliche Tätigkeiten – in anderen Bereichen zeigten sich Schutzlücken, etwa in Bezug auf Binnenvertriebene, für deren Schutz keine Organisation explizit mandatiert war.[701] Auf institutioneller Ebene entstanden daher zahlreiche Koordinationsinitiativen. Hierzu zählen einerseits eine Reihe von «übergeordneten» bzw. multilateralen Massnahmen, sowohl innerhalb der UN als auch ausserhalb. Zu nennen sind etwa die Gründung der Global Migration Group[702], ein informelles Beratungsgremium der Vorstehenden verschiedener internationaler Organisationen und UN-Agenturen, darunter das UNHCR und

---

the rights and duties of migrants, and those of States.» (IOM, Human Rights of Migrants 2009, § 4).

700 In diesem Sinne auch Betts, Global Compact on Refugees, S. 1.

701 Vgl. dazu ausführlich UNHCR, Role in IASC Initiatives 2005.

702 Die Global Migration Group (GMG) entstand 2006 aus der Geneva Migration Group heraus, die 2003 im Rahmen einer Konferenz in Genf als informelles Beratungsgremium für den *asylum migration-nexus* gegründet wurde. Die Geneva Migration Group ist wiederum aus Konsultationen zwischen dem UNHCR und der IOM entstanden (Martin, S. 41). Die GMG besteht aus den Organisationen ILO, IOM, OHCHR, UNCTAD, UNHCR, UNODC, UNDESA, UNDP, UNFPA und der Weltbank. Die Vorstehenden der Organisationen treffen sich zu regelmässigen *consultations* zur internationalen Migration. Gemäss den *terms of reference* ist es Ziel, einen umfassenden und kohärenten Ansatz zur Migration zu entwickeln, etwa durch gemeinsame Positionspapiere oder das Teilen von Informationen und Daten (vgl. Global Migration Group, Terms of Reference vom 1. September 2006, <https://www.ohchr.org/EN/HRBodies/CMW/Pages/G MG.aspx>).

die IOM, die Schaffung des Amtes des UN-Special Representative of the Secretary-General on Migration, der oder die den Generalsekretär oder die Generalsekretärin in Migrationsfragen berät und Initiativen zur Kooperation ergreift, die Gründung der Global Commission for International Migration (GCIM) im Jahr 2003[703], ein zwischenstaatliches Gremium, oder die Einführung des Cluster Systems in der UN im Falle von humanitären Krisensituationen. Andererseits ergriffen viele Organisationen auch eigene Initiativen, etwa der UNHCR-Dialogue on Protection Challenges oder der IOM-International Dialogue on Migration. Bereits die schiere Anzahl neuer Gremien, Dialoge und Foren mit unterschiedlichen *outputs* wie gemeinsamen Strategiepapieren, Deklarationen oder Kooperationsvereinbarungen, in unterschiedlichen Konstellationen, auf unterschiedlichen Ebenen und mit unterschiedlichem Fokus, macht jedoch deutlich: Das Konfliktpotenzial zwischen den Organisationen bzw. auch zwischen den verschiedenen durch diese neuen Gebilde entwickelten Ansätzen hat dadurch eher zu- als abgenommen.

Eine wichtige Koordinationsmassnahme der humanitären Tätigkeiten im Rahmen der UN war die Einführung des Cluster-Ansatzes im Jahr 2005.[704] Dabei werden im Falle von akuten humanitären Krisen diverse Cluster aktiviert, für die in der Regel eine Hilfsorganisation (UN-Organisationen, aber auch Nicht-UN-Organisationen) die Verantwortung trägt.[705] Derzeit gibt es elf solche Cluster, die jeweils einen Aufgabenbereich abdecken, etwa den Bereich Camp Coordination and Camp Management, Protection, Shelter, Nutrition, Logistics, Health oder Education. Der Cluster-Ansatz soll einerseits klare Verantwortlichkeiten für die einzelnen Aufgabenbereiche schaffen und andererseits die Verantwortung für das Krisenmanagement auf verschiedene Organisationen aufteilen (*accountability sharing*). Die einzelnen Cluster werden durch den Untersekretär für Humanitäre Angelegenheiten aktiviert und werden im Falle einer humanitären Krise durch einen sog. Humanitarian Coordinator auf Länderstufe koordiniert. Das UNHCR hat den *lead* für den Protection-Cluster inne; der Shelter-Cluster wird im Falle eines Konflikts durch das UNHCR und bei Naturkatastrophen von den Internationalen Rotkreuz- und Rothalbmond-

---

703 Vgl. dazu Martin, S. 39 ff.
704 Basierend auf A/RES/46/182 vom 19. Dezember 1991 und im Rahmen der Humanitarian Reform Agenda.
705 Vgl. zum Cluster-Ansatz: UNHCR, Cluster Approach (IASC), in: UNHCR, Emergency Handbook, 4. Aufl., digitale Publikation 2015, <https://emergency.u nhcr.org/entry/ 61190/cluster-approach-iasc>.

gesellschaften (IFRC) geleitet; die Verantwortung für den Camp Coordination and Camp Management-Cluster trägt im Falle von Konflikten das UNHCR, bei Naturkatastrophen die IOM. Das UNHCR hat sich allerdings nach 2005 erfolgreich dafür eingesetzt, zwischen Flüchtlingskrisen und anderen humanitären Krisen zu unterscheiden. Der Cluster-Ansatz kommt daher nur im Falle von *non-refugee humanitarian emergencies* zur Anwendung – in Flüchtlingskrisen greifen separate Mechanismen, bei denen das UNHCR federführend ist.

Die Unterscheidung zwischen verschiedenen Personengruppen, die einen unterschiedlichen rechtlichen Status haben, für die in der Folge unterschiedliche Organisationen zuständig sind, bereitet aber auch Schwierigkeiten. Soziologische Untersuchungen haben ergeben, dass sich die Unterscheidung oft nicht in den realen Umständen der betroffenen Personen widerspiegelt, sondern dass sie vielmehr eine politisch gewollte, in diesem Sinne künstliche, ist.[706] Ausgehend von dieser Problematik schlug Hilary Benn, Staatssekretär für Internationale Entwicklung des Vereinigten Königreichs, im Jahr 2004 eine radikale Anpassung des internationalen Systems der humanitären Hilfe vor.[707] Dieses sollte in Zukunft allein an die Schutzbedürftigkeit von Personen anknüpfen und nicht mehr an die Mandate einzelner Organisationen mit ihrer künstlichen Trennung zwischen verschiedenen Personenkategorien. Hintergrund seines Vorschlags waren die Defizite, die Benn in Darfur miterlebt hatte: Aufgrund des Mandatsystems bestanden gravierende Schutzlücken – so gab es z.B. keine Organisation, die explizit über ein globales Mandat für Binnenvertriebene verfügte. Benns Vorschlag wurde als Paradigmenwechsel von einem *mandate to intervene* der einzelnen Hilfsorganisationen zu einer *responsibility to protect* der Staatengemeinschaft wahrgenommen.[708] Damit war der Vorschlag zwar zeitgemäss, aber nicht realisierbar. Nicht unerwartet begrüssten die Organisationen zwar den am Schutzbedürfnis orientierten Ansatz und anerkannten auch die teils unsachgemässe Trennung zwischen verschiedenen

---

706 Vgl. dazu ausführlich SCALETTARIS GIULIA, Refugee Studies and the International Refugee Regime: A Reflection on a Desirable Separation, Refugee Survey Quarterly Vol. 26 No. 3 (2007), S. 36–50.

707 Reform of the International Humanitarian System, Speech given by Hilary Benn, UK Secretary of State for International Development, addressing the Humanitarian Policy Group of the ODI, Report of the UK Department for International Development, 15. Dezember 2004, <https://reliefweb.int/report/world/reform-international-humanitarian-system-hilary-benn-dfid-uk>.

708 UNHCR, Erika Feller on Migrants and Refugees vom 17. Februar 2005.

Personenkategorien.[709] Gleichzeitig insistierten sie aber auf «ihren» mandatierten Personengruppen.[710] So plädierte etwa Erika Feller, Direktorin der Schutzabteilung des UNHCR, dafür, dass die Flüchtlinge ihr hart erkämpftes Sicherheitsnetz behielten.[711] Im Rahmen des UNHCR-Dialogue on Protection Challenges sprachen sich zudem Staaten, internationale Organisationen, NGOs, UN-Agenturen sowie Expertinnen und Experten gegen Mandatsanpassungen aus. Der Konsens war vielmehr, dass die Kooperationsmechanismen gestärkt werden müssten. Der Vorsitzende Hochkommissar Guterres fasste zusammen:

> «No single agency has the capacity or mandate to address the complex issue of mixed migration alone. However, the solution lies not in redesigning mandates, but in forging more effective partnership mechanisms. There was a strong call for UNHCR to work in close partnership with States and other organizations, notably with IOM, to create synergies and fill the gaps in this area.»[712]

Gleichzeitig wurde das UNHCR aufgerufen, sein Mandat zu respektieren und die Grenzen nicht zu überschreiten: «There were some serious concerns raised about UNHCR's mandate with regard to migration management, the provision of information and assistance to migrants not in need of protection, the return of failed asylum-seekers [...]. These concerns were raised loudly and clearly, and I [Hochkommissar Guterres, Anm. der Verfasserin] heard them.»[713]

Für das UNHCR und die IOM bedeuteten die zahlreichen Koordinations- und Kooperationsmassnahmen auf der einen Seite ein näheres Aneinanderrücken, vor allem in institutioneller Hinsicht. Angestossen durch die Kooperationsvereinbarung zwischen der UN und der IOM im Jahr 1996 hatte die IOM mit zahlreichen UN-Sonderorganisationen, darunter das UNHCR, MoU abgeschlossen und war in verschiedenen UN-Gremien vertreten, etwa im IASC. Zudem hatte die IOM in vielen Bereichen die Re-

---

709 Erika Feller, Direktorin der UNHCR-Schutzabteilung, kommt zum Schluss, dass die Verletzlichkeit der Tsunami-Opfer sehr vergleichbar mit der von Flüchtlingen sei: «Definitions can become quite artifical, even dangerous, if they lead to some being helped and others ignored, regardless of need.» (UNHCR, Erika Feller on Migrants and Refugees vom 17. Februar 2005).
710 Vgl. in Bezug auf UNHCR: ebd.; ebenso: UNHCR, Role in IASC Initiatives 2005.
711 UNHCR, Erika Feller on Migrants and Refugees vom 17. Februar 2005.
712 UNHCR, Dialogue on Protection Challenges 2007, S. 1 f.
713 Ebd., S. 3 f.

geln der UN übernommen, etwa bezüglich des Lohnsystems der Mitarbeitenden.[714] Dadurch hatte eine schrittweise Integration in das UN-System begonnen, indem die IOM in gewissen Bereichen eine ähnliche Position und Rolle wie die UN-Sonderorgane einnahm, etwa im UN-Cluster-System. Die institutionelle Integration führte dazu, dass gewisse bestehende Konflikte entschärft werden konnten. Die Verantwortung für Binnenvertriebene war Anfang des neuen Millenniums eines der grössten Konfliktfelder zwischen den beiden Organisationen. Sowohl das UNHCR als auch die IOM hatten eine Führungsrolle für sich beansprucht.[715] Dass keine der Organisationen ein klares Mandat für IDP hatte, liess einen gewissen Spielraum und veranlasste die Organisationen, ihr jeweiliges Territorium

---

714 Vgl. dazu ein Interview mit IOM-Generaldirektor William Lacy Swing aus dem Jahr 2016: «[...] we are probably more than 50 % in the UN system already: we use the UN grading and salary structure; we are in the security system and the retirement system; we're in the cluster system – we run the shelter cluster in natural disasters; I'm the champion of the UN humanitarian system for preventing sexual exploitation and abuse for example.» (Interview mit William Lacy Swing, UN News, «It is important to let the positive side of migration be told» – IOM Director-General, 20. Dezember 2016, <https://news.un.org/en/stor y/2016/12/548202-interview-it-important-let-positive-side-migration-be-told-iom -director-general>.

715 Vgl. dazu: MATTAR/WHITE, § 116 mit Hinweisen: «A letter from the High Commissioner to IOM, dated 22 September 2003, suggested that UNHCR should be designated the ‹main agency›. IOM responded that in its eyes and in the eyes of its partner governments, IOM was the ‹main agency› for assisted voluntary returns. Further IOM stated ‹no agency has an unambiguous mandate for IDPs. ... The IASC will again address this question of IDPs at our meeting in December. That discussion will perhaps allow us to make some progress in defining IDP roles, although the continuing lack of consensus among the international organizations and governments is an obstacle. ... I remain intrigued by Gene Dewey's idea that UNHCR might be given a protection role for IDPs while IOM is designated as the international organization of first resort for assistance.›.» Vgl. ebenso bereits im Jahr 2000, als das UNHCR erklärte, es habe ein «interest in the protection and welfare» von Binnenvertriebenen, weshalb es zuständig sei, «to take the lead to protect and assist them in certain situations» (UNHCR, Role on IDP 2000, S. 1). Bezüglich der IOM: «To ensure the orderly migration of persons in need of migration assistance, IOM fulfils several functions, in particular ‹the organized transfer of refugees, displaced persons and other individuals in need of migration services› (Article 1, para 1 (b), IOM Constitution). The Constitution of IOM appears to be the only treaty providing a specific mandate for ‹displaced persons› to an international governmental organization.» (IOM, Internally Displaced Persons 2002, S. 2).

abzustecken.[716] Mit der Einführung des Cluster-Ansatzes im Jahr 2006 hat das UNHCR den *lead* im Bereich Protection übernommen und teilt sich den *lead* im Camp Coordination und Camp Management-Cluster mit der IOM. Die Verantwortung für Binnenvertriebene scheint seither klarer verteilt und zu weniger Konflikten zu führen. Auch auf dem Feld arbeiten das UNHCR und die IOM oft Hand in Hand.[717] Gleichzeitig scheinen sich Konflikte zwischen den beiden Organisationen auf konzeptueller Ebene eher zugespitzt zu haben. Der wohl grösste (und andauernde) Konflikt der 2000er-Jahre betrifft die Genealogie der Begriffe «Flüchtlinge» und «Migrierende».[718]

Weiterhin galt es für die IOM in den 2000er-Jahren, ihre Rolle im System der verschiedenen im Migrationsbereich tätigen Organisationen zu finden. Insbesondere stellte sich die Frage nach dem Verhältnis zur UN. Die IOM-Mitgliedstaaten sprachen sich im Jahr 2003 gegen eine Integration in die UN als *specialized agency* aus, weil sie befürchteten, die Organisation würde dadurch an Unabhängigkeit und Flexibilität verlieren.[719] Allerdings brachte die UN zum Ausdruck, dass eine über die Kooperationsvereinbarung von 1996 hinausgehende institutionelle Annäherung ohne eine Integration als Sonderorganisation grundsätzlich nicht infrage kam.[720] Das betraf nicht nur die IOM: Die UN drängte ab Mitte der 2000er-Jahre vermehrt darauf, dass die Koordination und Kooperation mit anderen Organisationen via formelle Integration in die UN erfolgte. Da die IOM ohne solche zunehmend vom UN-System ausgeschlossen zu

---

716 Das Mandat des UNHCR bezieht sich nur auf Flüchtlinge. Die Flüchtlingseigenschaft liegt definitionsgemäss erst dann vor, wenn eine Person sich ausserhalb ihres Heimatstaates befindet. Binnenvertriebene erfüllen dieses Kriterium nicht und fallen folglich im Prinzip nicht unter das Mandat des UNHCR. Da Binnenvertriebene aber unter Umständen auch verfolgt werden und gleichermassen Schutz benötigen wie Flüchtlinge, wirkt das Kriterium der Überquerung einer Grenze in der Praxis derweil willkürlich. Das UNHCR will sich darum v.a. dann um Binnenvertriebene kümmern, wenn diese unter dessen Mandat fallen würden, hätten sie die Grenze überquert. Das Mandat der IOM umfasst *ratione personae* zwar alle Migrierenden, sie ist aber nicht zur Schutzgewährung mandatiert.

717 Vgl. etwa zur als vorbildlich bezeichneten Zusammenarbeit in Libyen nach 2011: MARTIN, S. 147 f.

718 Vgl. dazu vorne III. C. 6. c).

719 IOM, IOM – UN Relationship 2003, §§ 3, 4, 9 und 10. Die Vereinbarungen mit den Sonderorganisationen variieren zwar stark, allerdings unterstehen sie alle dem ECOSOC (Art. 58 und 63 UNCh) und büssen damit in bestimmten Bereichen an Autonomie ein.

720 IOM, IOM – UN Relationship 2006, § 8 und § 9.

werden drohte, wurden die Optionen ab 2006 neu geprüft. Wohl weil sich der UN-Generalsekretär bewusst war, dass die IOM-Mitgliedstaaten eine formelle Integration ablehnen würden, wies er den IOM-Rat darauf hin, dass eine Vereinbarung zur Integration als *specialized agency* direkt zwischen dem ECOSOC, der GV und dem IOM-Rat abgeschlossen werden konnte, ohne dass eine Ratifikation durch die jeweiligen Mitgliedstaaten notwendig werden würde. Die IOM machte aber klar, dass der Rat ohne das Einverständnis der Mitgliedstaaten keine solchen Entscheidungen traf.[721] Im Jahr 2007 kamen nebst dem Status als *specialized agency* auch zwei neue Optionen auf den Tisch: die Assoziierung als *related agency* einerseits oder die Auflösung der Organisation und Neugründung als *fund* oder *programme* der UN andererseits, wobei Letzteres schon *a priori* als nicht gangbar betrachtet wurde.[722]

7. Die Organisationen heute

a) IOM: Assoziierung an die UN und «*Lead Agency on Migration*»

Unter der Ägide des Generaldirektors William Lacy Swing, einem amerikanischen Berufsdiplomaten, hat die IOM seit 2008 eine bemerkenswerte Transformation durchlaufen. Von einer der breiten Öffentlichkeit immer noch kaum bekannten, von NGOs und der Wissenschaft oft als zwiespältig wahrgenommenen Organisation Mitte der 2000er-Jahre hat sich die IOM in den letzten Jahren zu einer zentralen Akteurin entwickelt. Neben einer Verschlankung der Struktur und der Erneuerung der Verfassung 2013 ist die Assoziierung an die UN als *related agency* im Jahr 2016 die prägendste Entwicklung.[723] Die IOM-Leitung hatte ihren Mitgliedstaaten eine Integration in die UN zwar schon früher nahegelegt, allerdings waren die politischen Konstellationen dafür damals nicht günstig. Vor allem die Tatsache, dass die IOM keinen *seat at the table* bei der UN hatte, war

---

721 IOM, IOM – UN Relationship 2007, § 3.

722 Ebd., §§ 8 ff. und §§ 12 ff.

723 Vgl. zur Rolle der IOM im UN-System: Bradley Megan, Joining the UN Family?: Explaining the Evolution of IOM-UN Relations, in Global Governance: A Review of Multilateralism and International Organizations Vol. 27 No. 2 (2021), S. 251–274; Cullen Miriam, The IOM as a «UN-Related» Organisation, and the Potential Consequences for People Displaced by Climate Change, in: Behrman Simon/Kent Avidan (Hrsg.), Climate Refugees: Global, Local and Critical Approaches, Cambridge 2022, S. 338–356).

der IOM-Leitung ein Dorn im Auge; nicht zuletzt war es demütigend, an den UN-Sitzungen zur Randfigur degradiert zu werden.[724] Die Tendenz, Migrationsangelegenheiten in der UN zu zentralisieren und koordinieren, resultierte für die IOM zunehmend in der Isolation. Im Jahr 2015 wurden in der UN eine Reihe neuer Abkommen ausgehandelt, die den künftigen Rahmen, in dem die Migration international gehandhabt wird, mitprägen werden – darunter der Sendai Framework for Disaster Reduction[725], die Addis Abeba Action Agenda[726], die Ziele für nachhaltige Entwicklung (Agenda 2030)[727] und nicht zuletzt das Pariser Klimaübereinkommen[728]. Ohne Integration in die UN war die IOM vom Zugang zu Informationen betreffend Projekte und Finanzierung ausgeschlossen.[729] Zudem war die Aushandlung der beiden UN-Pakte zur Migration und zu Flüchtlingen und ein allfällig damit verbundener Paradigmenwechsel in der internationalen Herangehensweise im Bereich Migration absehbar, einhergehend wohl auch mit einer Neuordnung des institutionellen Gefüges, von dem die IOM allenfalls würde profitieren können.[730]

---

724 «What it means for migrants is that they will now, through us, have a seat at the table and a voice in the decision making. For example, in the high-level dialogue in 2013, I was removed from the plenary and given a much more restricted role because I wasn't *U.N.* The *IOM* was speaker number 103. That sort of thing is less likely to happen when you're part of the *U.N.*, so we can do a better job of representing the migrants and letting them speak through us.» (Daniel Howden, Interview mit IOM-Generaldirektor William Lacy Swing, «Very Little Courage or Leadership in Refugee Crisis» – Migration Chief, 21. September 2016, <https://www.newsdeeply.com/refugees/articles/2016/09/21/very-little-cou rage-or-leadership-in-refugee-crisis-migration-chief>).

725 Sendai Framework for Disaster Risk Reduction 2015–2030 vom 18. März 2015, in: A/CONF.224/CRP.1.

726 Addis Abeba Action Agenda of the Third International Conference on Financing for Development, in: A/RES/69/313 vom 27. Juli 2015.

727 Sustainable Development Goals (SDGs), in: A/RES/70/1 vom 21. Oktober 2015.

728 Paris Agreement vom 13. Dezember 2015, in: UN Doc. FCCC/CP/2015/10Add.1 vom 29. Januar 2016.

729 Daniel Howden, Interview mit IOM-Generaldirektor William Lacy Swing, «Very Little Courage or Leadership in Refugee Crisis» – Migration Chief, 21. September 2016, <https://www.newsdeeply.com/refugees/articles/2016/0 9/21/very-little-courage-or-leadership-in-refugee-crisis-migration-chief>.

730 Kathleen Newland, Interview mit IOM-Generaldirektor William Lacy Swing, «The Missing Piece in the Globalization Mosaic»: A Conversation with IOM Director General William Lacy Swing, 16. Mai 2018, <https://www.migrationpo licy.org/article/missing-piece-globalization-mosaic-conversation-iom-director-ge neral-william-lacy-swing>.

Unter Generaldirektor Swing öffnete sich schliesslich ein kurzes Opportunitätsfenster, um die Annäherung an die UN zu realisieren. Barack Obama war einer Integration der IOM in die UN gegenüber, anders als seine Vorgänger, positiv eingestellt. Zudem pflegte die IOM-Leitung ein gutes Verhältnis zum amtierenden UN-Generalsekretär Ban Ki-moon und dessen Stellvertreter Jan Eliasson, die ebenfalls eine engere Anbindung an die UN anstrebten. Für das Jahr 2017 waren eine Reihe personeller Wechsel absehbar, die eine Assoziierung zumindest infrage gestellt hätten, etwa die Amtsübernahme Donald Trumps in den USA, aber auch die Amtsübernahme des neuen UN-Generalsekretärs Antonio Guterres, zuvor UN-Hochkommissar für Flüchtlinge.[731] So nutzten die IOM- und die UN-Leitung den günstigen Zeitpunkt, um die Assoziierung in die Wege zu leiten. Die IOM-Mitgliedstaaten pochten dabei auf die Anerkennung und Beibehaltung verschiedener Spezifika der IOM, man könnte auch von Bedingungen sprechen.[732] Drei Punkte sind dazu hervorzuheben. So deklariert sich die IOM selber als die führende Akteurin im Bereich Migration: «IOM is the global lead agency on migration.»[733] Die UN-Mitgliedstaaten anerkannten die IOM anschliessend nur als «an organization with

---

731 So zumindest implizit IOM-Generaldirektor William Lacy Swing: «We also had a constellation of personalities who we knew would be no longer in office in January 2017. So, this was of course President Barack Obama, because Washington had always been opposed to our going into the UN. We had the Secretary General, Ban Ki-moon, who knew us well and respected us and liked us, thought we were doing good work, and we had Jan Eliasson, the Deputy Secretary-General who was very favorable toward us and who was our negotiating partner, so we said now is probably the time to go in.» (Ebd.).

732 «(a) IOM is the global lead agency on migration and is an intergovernmental, non-normative organization with its own constitution and governance system, featuring a predominantly projectized budgetary model and a decentralized organizational structure. The Organization must, in addition to these features, also retain the following attributes to which its Member States attach importance: responsiveness, efficiency, cost-effectiveness and independence;
(b) IOM is an essential contributor in the field of migration and human mobility, in the protection of migrants' rights, and in operational activities related to migrants, displaced people and migration-affected communities, including in the areas of resettlement and returns. It has, over time, accumulated a wide and unique range of real world experiences. IOM must be in a position to continue to play this essential and experience-based role.» (IOM, Council Resolution No. 1309 vom 24. November 2015, IOM Doc. C/106/RES/1309 vom 4. Dezember 2015, § 2).

733 Ebd.

a global leading role in the field of migration».[734] Sie nahmen lediglich
zur Kenntnis, dass die IOM-Mitgliedstaaten selber die Organisation als
die global führende Organisation einstufen, und hielten gleichzeitig fest,
dass die Selbstdeklaration als *lead agency* die Mandate der UN und ihrer
Sonderorganisationen und Organe nicht tangiert.[735] Ein weiterer Punkt ist
die Selbstbezeichnung als «non-normative» Organisation – ein auslegungs-
bedürftiger Begriff. Und ein letzter Punkt ist der Verweis auf den Beitrag
der IOM im Bereich «protection of migrants' rights», für den diese kein
formelles Mandat hat. In der Folge wurde eine Vereinbarung zwischen
der IOM und der UN ausgearbeitet, diese wurde anschliessend von der
GV angenommen und Ende 2016 durch den UN-Generalsekretär und
den IOM-Generaldirektor unterzeichnet. Die Vereinbarung enthält den
Begriff *related agency* nicht, er wird in der UN als Sammelbegriff für diejenigen Organisationen verwendet, die zwar eine ähnliche Kooperationsvereinbarung mit der UN haben wie die Sonderorganisationen, die sich
aber nicht dem ECOSOC unterwerfen.[736] Die Vereinbarung enthält keine spektakulären Verpflichtungen der beiden Organisationen, ermöglicht
dem IOM-Generaldirektor und dem UN-Generalsekretär aber etwa die
gegenseitige Repräsentation in Sitzungen relevanter Gremien, allerdings

---

734 Agreement concerning the Relationship between the United Nations and the
International Organization for Migration, in: A/RES/70/296 vom 5. August
2016, Annex (zit. Vereinbarung IOM-UN 2016), § 1: «The United Nations recognizes the International Organization for Migration as an organization with a
global leading role in the field of migration. The United Nations recognizes that
the Member States of the International Organization for Migration regard it, as
per the International Organization for Migration Council Resolution No. 1309,
as the global lead agency on migration. The foregoing shall be without preju-
dice to the mandates and activities of the United Nations, its Offices, Funds and
Programmes in the field of migration.»

735 Ebd.

736 Die Bestimmungen zu den Sonderorganisationen finden sich in Art. 63 i.V.m.
Art. 57 UNCh. Das UNHCR bezeichnet die IOM als «Schwesterorganisati-
on» der UN (UNHCR, UN Sister Organisations, <https://www.unhcr.org/un-si
ster-organizations.html>. Dort wird die IOM ausserdem bemerkenswerterweise
als «the leading inter-governmental organization in the field of migration» bezeichnet.). Für eine Übersicht über die Unterschiede zwischen *related* und
specialized agencies der UN vgl. Cullen Miriam, The IOM's New Status and
its Role under the Global Compact for Safe, Orderly and Regulart Migration:
Pause for Thought, EJIL:Talk!, Blog of the European Journal of International
Law, 29. März 2019, <www.ejiltalk.org>.

ohne Stimmrecht,[737] ein Vorschlagsrecht sowie gegenseitigen Zugang zu Informationen. Ferner bekommt das IOM-Personal mit der Vereinbarung Zugang zum Reisedokument *laissez-passer* der UN.

IOM-Generaldirektor William Lacy Swing äusserte sich auf die Frage, ob sich die IOM mit der Assoziierung an die UN verändern werde: «We're preserving our business model.»[738] Längerfristig ist aber klar, dass die IOM in der UN nur dann mehr Verantwortung im Sinne der Führungsrolle in Migrationssachen übernehmen kann, wenn sie bereit ist, sich gleichzeitig in die Pflicht nehmen zu lassen. Vorab gehört dazu die Unterwerfung unter den ECOSOC. Die Idee, dass die IOM in Zukunft eine UN-Sonderorganisation, und damit dem ECOSOC unterstellt wird, liegt demnach jetzt schon auf dem Tisch.

Der UN-Generalsekretär formulierte es recht deutlich:

> «While Member States work on defining the global compact, I will work to strengthen the way we work on the migration issue. This could include designating IOM as the agency with responsibility for coordinating and leading the Organization's overall engagement on the issue. In my view, this will be best achieved if, in time, IOM is brought more fully into the United Nations system as a specialized agency, properly equipped for that role. Although this change would be subject to a decision by the Member States, I believe it deserves their serious consideration.»[739]

b) Die neuen Schwerpunkte der beiden Organisationen

Die Schwerpunkte beider Organisationen haben sich in den letzten Jahren verändert. Die IOM legt heute einen Schwerpunkt auf Tätigkeiten in Krisen- und Post-Konfliktsituationen sowie in zunehmendem Masse auf

---

737 Vgl. Art. 5 der Vereinbarung IOM-UN 2016. Der IOM-Generaldirektor kann etwa an den Plenarversammlungen der GV teilnehmen sowie die Sitzungen der Komittees der GV und des ECOSOC sowie unter Umständen diejenigen der UN-Nebenorgane besuchen. Auf Einladung kann er auch an Treffen des Sicherheitsrates teilnehmen. Der UN-Generalsekretär kann die Sitzungen des Rates sowie weitere Sitzungen von IOM-Gremien besuchen.

738 Daniel Howden, Interview mit IOM-Generaldirektor William Lacy Swing, «Verly Little Courage or Leadership in Refugee Crisis» – Migration Chief, 21. September 2016, <https://www.newsdeeply.com/refugees/articles/2016/0 9/21/very-little-courage-or-leadership-in-refugee-crisis-migration-chief>.

739 Vereinte Nationen, Bericht des Generalsekretärs 2017, § 73.

Tätigkeiten im Bereich der Regulierung der Migration. Sie budgetierte in den letzten Jahren jeweils rund einen Drittel ihres operativen Budgets für den Bereich *regulating migration*.[740] Die Regulierung der Migration zielt gemäss der IOM darauf ab, ein System ordentlicher Migration zu schaffen, wie es bereits die Gründungsresolution des ICEM sowie auch die Vorgängerorganisation Intergovernmental Committee vorgesehen hatten. Unter dem Titel der «technischen Zusammenarbeit» realisiert die IOM in diesem Bereich verschiedene Projekte, die bezwecken, die diesbezüglichen Kapazitäten der Staaten auszubauen. Dazu gehören vor allem Massnahmen in Bezug auf den Grenzschutz – die IOM spricht von *border management*. So trainierte sie etwa im Jahr 2019 im Rahmen eines Programms in Libyen Grenzschutzbeamte und führte Spezialausrüstungen ein, um die Grenzkontrolle effektiver zu gestalten.[741] Die IOM arbeitet aber auch mit anderen nationalen Behörden zusammen und berät und schult sie in Bezug auf die Ausgestaltung und Umsetzung einer nationalen Migrationspolitik.[742] Weil die IOM in den 2000er-Jahren in massive Kritik geraten war, dass ihre Tätigkeiten Menschenrechten und dem Flüchtlingsrecht zuwiderlaufen, betont sie heute ihren rechtebasierten Ansatz. Dieser besagt, dass sich die Organisation selber in all ihren Tätigkeiten an die relevanten internationalen Normen hält und sie die Staaten dabei unterstützt, sich in ihren Praktiken ebenfalls an diese zu halten.[743] Die Zukunft wird weisen, ob der Kurswechsel rhetorischer Natur ist oder ob er sich in der Praxis manifestieren wird. Als *related agency* ist die IOM jedenfalls nicht an den Menschenrechtsrahmen der UN gebunden, was sich allerdings durch eine Integration in die UN als Sonderorganisation ändern würde. Es bleibt damit offen, ob die Staaten eine Organisation ausserhalb dieses Systems mit der nötigen «Flexibilität» bevorzugen oder ob eine volle Integration mit Unterwerfung auch unter die entsprechenden menschenrechtlichen Standards erfolgen wird.[744]

---

740 Im Jahr 2020 betrug der Anteil *regulating migration* am operativen Budget rund 37 %, im Jahr 2021 betrug er rund 30 %, im Jahr 2022 waren nur noch rund 18 % des operativen Budgets für diesen Bereich eingeplant (IOM, Programme and Budget 2021, S. 11; IOM, Programme and Budget 2022, S. 11).

741 IOM, Programme and Budget 2019, S. 130.

742 Z.B. in Chile: ebd., S. 132.

743 So hat die IOM 2016 gar ein Handbuch zum rechtebasierten Ansatz publiziert: IOM, Rights-Based Approach to Programming, 2016, <https://publications.iom. int/books/rights-based-approach-programming>.

744 Allerdings ist die Integration in die UN allein noch kein Garant dafür, dass sich die Sonderorganisationen tatsächlich an Menschenrechte halten. So stehen

Ein weiterer Schwerpunkt der IOM ist seit dem Ende der 2000er-Jahre die Schutzfunktion. Dabei interpretiert sie diese anders als das UNHCR. Die IOM betont, dass die Staaten für die Schutzgewährung zuständig sind. Das Konzept, wonach internationale Organisationen international als Substitute Schutz gewähren, qualifiziert die IOM als nicht mehr zeitgemäss. Die IOM anerkennt zwar, dass sie *de iure* nicht mandatiert ist, internationalen substitutiven Schutz zu gewähren, stellt sich aber auf den Standpunkt, dass der Schutz von Migrierenden faktisch letztlich das Ziel all ihrer Aktivitäten ist.[745] Diese Interpretation des Schutzes ist Ausdruck des Souveränitätsprinzips, dem die IOM folgt. Demnach liegt die Zuständigkeit für die Schutzgewährung bei den einzelnen Staaten, die im Rahmen ihrer Hoheit über eigene Staatsangehörige oder Personen, die sich auf ihrem Staatsgebiet befinden, Verpflichtungen aus den entsprechenden internationalen und nationalen Rechtsinstrumenten unterliegen.[746] Die IOM sieht es als ihre Aufgabe an, partnerschaftlich mit den Staaten zusammenzuarbeiten, um diese dazu zu bringen, dass sie Personen unter ihrer Gewalt entsprechend dieser Prinzipien behandeln. Interessant ist dabei, dass die IOM nicht nur geltend macht, sie sei selbst für die Schutzgewährung zuständig. Gleichzeitig stellt sie sich auch auf den Standpunkt, das internationale Konzept der Schutzgewährung habe sich seit dem Ende des Zweiten Weltkriegs grundsätzlich in diesem Sinne verändert, und beruft sich dabei auf grössere Entwicklungen innerhalb der UN. Demnach sei der internationale Schutz im Sinne eines internationalen Substituts für fehlenden nationalstaatlichen Schutz heute obsolet: «There is no ‹substitution› by international organizations for the primary responsibilites of States in effecting the necessary respect for and protection of the rights of individuals. Instead, international organizations support States in ensuring that the relevant law and standards are respected, resulting in their effective impelementation and the protection of individuals; thus the organizations have a supportive protection mandate.»[747] Die IOM gräbt dem

---

z.B. *UN peacekeepers* immer wieder in der Kritik, Menschenrechte zu verletzen. Immerhin ist es heute weitgehend anerkannt, dass die UN-Organisationen dem UN-Menschenrechtsrahmen unterworfen sind.

745 IOM, Policy on Protection 2015, § 3. Vgl. dazu auch: Perruchoud, Persons Falling under the Mandate of IOM, S. 211 f.

746 «The relevant international legal framework for the protection of migrants is international migration law, which is derived, inter alia, from relevant instruments of human rights law, labour law, refugee law, humanitarian law, maritime law and consular law.» (Ebd., § 4).

747 Ebd., § 10.

UNHCR insofern das Wasser ab, als sie geltend macht, das internationale Schutzmandat, über welches das UNHCR verfügt, sei heute allgemein nicht mehr anerkannt. Demnach würde die IOM gewisse Funktionen wie etwa die Abklärung der Flüchtlingseigenschaft durch das UNHCR und die Ausstellung eines entsprechenden Ausweisdokumentes wohl grundsätzlich ablehnen. Dazu würden aber auch weitere Aktivitäten gehören, in denen das UNHCR als Quasisubstitut für nationale Behörden handelt, etwa im Rahmen des Betriebs von Flüchtlingslagern.[748] Die IOM ihrerseits geht davon aus, dass ein Grossteil dieser so verstandenen Schutzfunktion von internationalen Organisationen, vorab der IOM, darin besteht, die Staaten bei ihrer Verpflichtung zu unterstützen, die entsprechende Gesetzgebung zu erlassen und diese umzusetzen. Damit dringt die IOM in einen Kernbereich des UNHCR vor, indem sie einerseits ihre internationale Schutzfunktion als Quasisubstitut verneint und andererseits geltend macht, selbst eine führende Rolle im Bereich Schutzgewährung einnehmen zu müssen.[749]

Auch die Schwerpunkte des UNHCR haben sich in den letzten Jahren verändert. Obwohl es schon früher sein Mandat in personeller Hinsicht erweitert hatte, begann es seit den 2000er-Jahren verstärkt, sich für verschiedene Gruppen von Vertriebenen zu engagieren. Dazu gehören etwa Klima- und Bürgerkriegsvertriebene.[750] Heute sieht sich das UNHCR zuständig für die ganze Bandbreite vertriebener Personen: Flüchtlinge (inkl. Personen in flüchtlingsähnlichen Situationen), Rückkehrende, Staatenlose, Binnenvertriebene (inkl. Personen in IDP-ähnlichen Situationen), Asylsuchende (inkl. abgewiesene Asylsuchende) sowie weitere Personen. Heute gelten die Hälfte aller Personen im Mandat des UNHCR als Binnenvertriebene.[751] Regionale Schwerpunkte liegen vor allem in verschiedenen Ländern Afrikas sowie dem Mittleren Osten, davon zahlreiche in Konfliktregionen; drei Viertel des regionalen Budgets werden für Projekte in Afrika und dem Mittleren Osten verwendet.[752] Die anhaltenden Konflikte etwa im Irak, Jemen oder Libyen haben dazu geführt, dass viele Personen in anderen

---

748 Vgl. zur Thematik: KAGAN MICHAEL, «We Live in a Country of UNHCR»: The UN Surrogate State and Refugee Policy in the Middle East, in: UNHCR, New Issues in Refugee Research, Research Paper No. 201, Februar 2011.

749 IOM, Policy on Protection 2015, § 7.

750 Die Aktivitäten wurden jeweils vom ECOSOC und der GV abgesegnet, schon früh etwa bezüglich Opfer von Naturkatastrophen: E/RES/2011(LXI) vom 2. August 1976; A/RES/31/35 vom 30. November 1976; A/RES/48/118 vom 20. Dezember 1993.

751 UNHCR, Biennial Programme Budget 2020–2021, S. 7.

752 Ebd., S. 10.

Landesteilen oder in den Nachbarstaaten Zuflucht suchen – ein Grossteil des Budgets des UNHCR wird daher für die Grundbedürfnisse dieser Personen aufgewendet. Daneben ist das UNHCR vermehrt auch zugunsten von Personen tätig, die ihre Heimatstaaten infolge des Klimawandels verlassen haben oder vor Ort auf humanitäre Hilfe angewiesen sind. So hat sich das UNHCR in Haiti, Sri Lanka und Bangladesch nach Naturkatastrophen engagiert. Zusätzlich avisiert das UNHCR für sich auch eine Rolle im breiteren Kontext des Klimawandels. So geht es davon aus, dass der Klimawandel verschiedene für das UNHCR relevante Folgen haben wird.[753] Dazu gehört etwa das Szenario der Ressourcenknappheit, z.B. Wassermangel nach grösseren Dürreperioden, wobei Menschen aufgrund ihrer Religion, des Geschlechts oder der politischen Gesinnung beim Zugang benachteiligt werden könnten. Das UNHCR geht zudem davon aus, dass Ressourcenknappheit potenziell auch neue Konflikte auslöst bzw. schwelende Konflikte neu entfacht. Andererseits ist aber auch an Situationen zu denken, in denen ganze Bevölkerungsgruppen faktisch staatenlos werden oder innerhalb des Heimatstaates umgesiedelt werden müssen, etwa wenn Inseln dem steigenden Meeresspiegel zum Opfer fallen.

c) IOM und UNHCR als *law-maker*

Die IOM ist keine Organisation, die klassischerweise als *law-maker* eingeordnet würde. Die Organisation übt keinen (direkten) Zwang auf die Mitgliedstaaten aus, indem sie etwa Richtlinien oder Deklarationen erlässt, die den Staaten autoritär vorgeben, wie gewisse völkerrechtliche Bestimmungen anzuwenden sind. Die IOM verfügt etwa im Gegensatz zum UNHCR über kein Mandat, eine bestimmte Konvention zu überwachen. Sie zeichnet sich gerade dadurch aus, dass sie keinen öffentlichen und direkten Druck auf die Mitgliedstaaten ausübt. Dies ist einer der Gründe, weshalb die IOM in der Wissenschaft lange wenig beachtet wurde. Die Rolle der IOM im völkerrechtlichen Rechtsetzungsprozess wird damit allerdings verharmlost. Die IOM nimmt auf eher indirekte Art und Weise wesentlichen Einfluss auf das Verhalten der Staaten.[754] Dies geschieht durch verschiede-

---

753 Vgl. dazu UNHCR, Climate Change 2009, S. 1 ff.
754 Beiträge dazu: Andrijasevic Rutvica/Walters William, The International Organization for Migration and the International Government of Borders, Environment and Planning D: Society and Space Vol. 28 (2010), S. 977–999; Ashutosh Ishan/Mountz Alison, Migration Management for the Benefit of

ne Mechanismen. Auffallend sind bei der IOM die Tätigkeiten im Bereich der Wissensorganisation und -klassifizierung. Die Organisation hat in den letzten Dekaden darin investiert, Klassifizierungen verschiedener Phänomene prominent zu platzieren. So betont sie seit Anfang des neuen Millenniums unermüdlich die Existenz eines «internationalen Migrationsrechts»: «[...] international migration law [...] includes norms and standards of human rights law, refugee law, labour law, humanitarian law, maritime law, law of the sea, transnational riminal law, nationality law and consular law at the international, regional and national levels.»[755] Darin werden Flüchtlinge und Asylsuchende als eine (kleine) Untergruppe von Migrierenden klassifiziert. Ein weiteres Beispiel für die Wissensorganisation durch die IOM ist das Glossary on Migration, eine IOM-Publikation, die verschiedene Begriffe und Konzepte im Bereich der Migration in Form eines Leitfadens definiert.[756] Das Glossar ist öffentlich im Internet zugänglich und vermittelt den Eindruck, verschiedene allgemein anerkannte Begriffe und Konzepte neutral und objektiv zu beschreiben. Das Glossar kann aber auch als Bestreben gelesen werden, die Anwendung verschiedener Begriffe und Konzepte durch Behörden und andere Organisationen zu formen. Das wird etwa bei der Beschreibung des Begriffs der *managed migration* deutlich: «A term used to encompass numerous governmental functions within a national system for the orderly and humane management for cross-border migration, particularly managing the entry and presence of foreigners within the borders of the State and the protection of refugees and others in need of protection. It refers to a planned approach to the

---

whom? Interrogating the Work of the International Organization for Migration, Citizenship Studies Vol. 15 No. 1 (2011) S. 21–38; Bartels Inken, «We must do it gently.»: The Contested Implementation of the IOM's Migration Management in Morocco, Migration Studies Vol. 5 No. 3 (2017), S. 315–336; Bradley Megan, The International Organization for Migration (IOM): Gaining Power in the Forced Migration Regime, Refuge Vol. 33 No. 1 (2017), S. 91–106; Campillo Carrete Beatriz/Gasper Des, Managing Migration in the IOM's World Migration Report 2008, in: Truong Than-Dam/Gasper Des (Hrsg.), Transnational Migration and Human Security: The Migration-Development-Security Nexus, Berlin/Heidelberg 2011, S. 117–132; Dupeyron Bruno, Secluding North America's Labor Migrants: Notes on the International Organization for Migration's Compassionate Mercenary Business, in: Zainotti Ruben (Hrsg.), Remote Control: The Externalisation of Migration Management in Europe and North America, New York 2016, S. 238–258; Fine Shoshana, Liasons, Labelling and Laws: International Organization for Migration Bordercratic Interventions in Turkey, Journal of Ethnic and Migration Studies (2017).

755 IOM, Policy on Protection 2015, Annex, § 13.
756 IOM, Glossary on Migration, <https://www.iom.int/key-migration-terms>.

development of policy, legislative and administrative responses to key migration issues.» Dabei ist es keineswegs unumstritten, dass Flüchtlinge unter das Konzept der Migrationsverwaltung – sollte es ein solches überhaupt geben – fallen.[757] Ein weiteres Beispiel, wie die IOM durch Expertise und Know-how Autorität auszuüben sucht, ist die neue IOM-*policy on protection*, wobei die IOM davon ausgeht, dass das Institut des internationalen Schutzes als Substitut für den nationalen Schutz nicht mehr zeitgemäss ist. Eine weitere Art, die Staaten indirekt zu einer Verhaltensänderung zu bewegen, sind Massnahmen unter dem Titel der «technischen Zusammenarbeit», wobei die IOM Regierungen und andere Akteure als Partnerin bei der Implementierung verschiedener Projekte unterstützt: «Through its technical cooperation on migration (TCM) activities, IOM supports and assists in the development and implementation of projects and programmes focusing on strengthening the capacity of governments, and at times NGOs and other actors, to more effectively manage migration.»[758] Ein Beispiel ist die Gründung und Festigung sog. *communities of practice*. Dabei arbeitet die IOM partnerschaftlich mit verschiedenen im Migrationsbereich tätigen Akteuren zusammen, etwa nationalen Grenzschutzbehörden. Sie tritt dabei als neutrale, technokratische Organisation mit dem erforderlichen Know-how auf, bietet etwa Schulungen, Beratungen oder Workshops an. Die IOM entwickelt dadurch ein Netzwerk aus verschiedenen Akteuren, die über die Zeit zu einer Gemeinschaft zusammenwachsen, die gemeinsame Ziele verfolgt und (bildlich) eine gemeinsame Sprache verwendet. Dadurch erfolgt auch eine Identifikation der in der Gemeinschaft vertretenen Akteure mit der Problematisierung bestimmter Bereiche. Die IOM hat dadurch die Möglichkeit, bestimmte Rationalitäten in diese Gemeinschaften zu übertragen. So war die IOM, wie auch das UNHCR, etwa in der Türkei bei der Implementierung des neuen Asylgesetzes beteiligt, indem sie dabei half, ein neues Korps von Beamtinnen und Beamten auszubilden.[759] Das neue türkische Asylgesetz sowie das durch Unterstützung von internationalen Organisationen aufgebaute Beamtenkorps waren eine Grundlage dafür, dass die EU die Türkei später im Zuge der syrischen Flüchtlingskrise als sicheres Land qualifizieren konnte. Insofern konnte die IOM, aber auch andere Organisationen, europäische Interessen in die

---

757 Vgl. etwa UNHCR, High-Level Dialogue 2006.
758 IOM, Programme and Budget 2002, § 149.
759 Vgl. dazu den Beitrag von FINE SHOSHANA, Liasons, Labelling and Laws: International Organization for Migration Bordercratic Interventions in Turkey, Journal of Ethnic and Migration Studies (2017).

Ausgestaltung des türkischen Asylwesens einbringen. Die Organisationen wirken insofern als *transmission belts*, als sie die Interessen der (bezahlenden) Mitgliedstaaten in anderen Staaten umsetzen. Die Aktivitäten in der Türkei dienen damit wesentlich dem Interesse der europäischen Staaten, die Migration extern zu kontrollieren. Durch solche Massnahmen nimmt die IOM indirekt Einfluss auf die nationalen Gesetzgebungs- und politischen Prozesse. So führte IOM-Generaldirektor Bastiaan Wouter Haveman schon 1967 aus: «I am convinced that this Council's regular discussions of basic migration problems not only influenced the thinking of the United States legislators but had also an impact on the attitude towards migration in many other countries. Undoubtedly, this Council has acted as a catalyst in the process of policy making in the field of international migration.»[760]

Auch das UNHCR ist in verschiedenster Art und Weise in die Entstehung und Weiterentwicklung des Rechts eingebunden.[761] Wie die IOM ist auch das UNHCR als Wissensträger und Wissensschaffer tätig. Ein Beispiel sind Lageeinschätzungen im Herkunftsland: So stützt sich das Schweizer Bundesverwaltungsgericht in seinen Urteilen regelmässig auf Lageeinschätzungen des UNHCR.[762] Darüber hinaus ist das UNHCR aber auch in viel unmittelbarerer Art und Weise als *law-maker* tätig. Dadurch, dass es mit der Überwachung der Umsetzung der FK beauftragt ist, trägt es wesentlich zur Art der Umsetzung in den Staaten bei. Sehr direkten Einfluss auf die nationale Gesetzgebung nimmt das UNHCR etwa dadurch, dass es Regierungen beim Erlass neuer Gesetze berät.[763] Diese Beratungsfunktion nimmt es bisweilen auch in Staaten wahr, welche die FK nicht ratifiziert haben – etwa Pakistan oder Vanuatu.[764] Ferner interveniert das UNHCR in nationalen Gerichtsverfahren. In den USA hat das UNHCR in einem Verfahren vor der Beschwerdeinstanz via *Amicus Curiae* Brief unter anderem eingebracht, die Vorinstanz wende in Bezug auf das Kriterium, ob

---

760 HAVEMAN, S. 82.

761 Vgl. etwa STAVROPOULOU MARIA, Influencing State Behaviour for Refugee Protection: UNHCR and the Design of the Refugee Protection Regime, in: UNHCR, New Issues in Refugee Research, Research Paper No. 154, April 2008; SCHEEL STEPHAN/RATFISCH PHILIPP, Refugee Protection Meets Migrations Management: UNHCR as a Global Police of Populations, Journal of Ethnic and Migration Studies Vol. 40 No. 6 (2014), S. 924–941; SCALETTARIS GIULIA, Refugee Studies and the International Refugee Regime: A Reflection on a Desirable Separation, Refugee Survey Quarterly Vol. 26 No. 3 (2007), S. 36–50.

762 Vgl. etwa BVGer, Urteil E-4908/2016 vom 26. März 2019.

763 UNHCR, Progress Report 2017, S. 8.

764 Ebd.

der Herkunftsstaat nicht willens oder nicht fähig ist, Schutz zu gewähren (*unwilling and unable*-Test), einen zu engen Standard an.[765] Das UNHCR nimmt zudem zu nationalen Gesetzgebungsentwürfen Stellung.[766] Ferner erarbeitet es verschiedene Instrumente, die den Inhalt bestimmter in der FK enthaltener Pflichten konkretisieren.[767] So hat das UNHCR etwa ein Handbuch sowie ein Set von Richtlinien zum Verfahren und den Kriterien zur Bestimmung der Flüchtlingseigenschaft erlassen.[768] Dabei geht es in seiner Interpretation der FK teils sehr weit. Gewisse Ausführungen lassen sich als Ausweitung der in der FK enthaltenen Pflichten interpretieren. Ein Beispiel ist Artikel 31 FK. Dieser enthält ein Verbot von Strafmassnahmen wegen illegaler Einreise. Gemäss Wortlaut bezieht sich die Bestimmung nur auf «Flüchtlinge, die unmittelbar aus einem Gebiet kommen, wo ihr Leben oder ihre Freiheit im Sinne von Artikel 1 bedroht war» (Art. 31 Abs. 1 FK). Das UNHCR präzisierte bzw. änderte die Verpflichtung in einer an die Staaten gerichteten Richtlinie dahin gehend, dass auch weitere Personen, die nicht unmittelbar aus dem Land kommen, wo sie Flüchtlinge wurden, unter den Artikel fallen.[769] Das Handbuch und die Richtlinien dienen vielen Staaten als Grundlage für die Auslegung der FK. So beruft sich etwa auch das Schweizer Bundesverwaltungsgericht in seinen Urteilen auf das UNHCR-Handbuch.[770] Ein weiteres Beispiel sind Handlungsanleitungen. Das UNHCR hat im Jahr 2006 einen 10-Point Plan of Action on Refugee Protection and Mixed Migration erarbeitet, der eigentlich eine Handlungsanleitung zuhanden des UNHCR im Rahmen von gemischten Migrationsbewegungen ist, um die Flüchtlingsbelange vom Migrationsmanagement abzugrenzen bzw. diese darin einzubetten.[771] Die Handlungsan-

---

765 Vgl. UNHCR, UNHCR Intervention before the United States Court of Appeals for the First Circuit in the Case of Dimbil Noor Hassan v. Jefferson B. Sessions, III, Attorney General, 20. November 2018, No. 17–1894 (A209–706–181).

766 UNHCR, Submission by the United Nations High Commissioner for Refugees: For the Office of the High Commissioner for Human Rights' Compilation Report Universal Periodic Review: Switzerland, April 2012, <https://www.refwo rld.org/docid/4f9662cc2.html>.

767 Venzke spricht in diesem Zusammenhang von «kommunikativer Rechtsetzung»: VENZKE, S. 74.

768 UNHCR, Handbook and Guidelines on Procedures and Criteria for Determining Refugee Status under the 1951 Convention and the 1967 Protocol Relating to the Status of Refugees, UNHCR Doc. HCR/1P/ENG/Rev.3 vom Dezember 2011.

769 UNHCR, Detention Guidelines 1999, § 4.

770 BVGer, Urteil D-6295/2010 vom 19. Oktober 2010.

771 UNHCR, 10-Point Plan of Action 2007.

leitung wurde in der Folge von anderen Akteuren, darunter nationale Behörden, als Grundlage für die Ausarbeitung verschiedener Verfahren benutzt und hat damit auch Drittwirkung entfaltet, indem sie in neues (nationales) Recht umgewandelt wurde.[772] Das UNHCR wirkt ziemlich direkt als Rechtsetzer, indem die verschiedenen Richtlinien, Handbücher und Handlungsanleitungen von nationalen Behörden in Form von Verfahren oder in den nationalen Gesetzgebungsprozess integriert werden oder indem sie als Auslegungsparameter in der Rechtsprechung zur Konkretisierung bzw. Änderung verschiedener Rechtsnormen verwendet werden.

d) UNHCR und IOM als Anker des UN-Flüchtlings- und Migrationssystems

Im Jahr 2016 trafen sich die Staaten in New York, um die Frage nach der zukünftigen Ausrichtung der UN in Flüchtlings- und Migrationsbelangen zu diskutieren. Resultat war die New York Declaration vom 19. September 2016, die von der GV einstimmig verabschiedet wurde.[773] Die Staaten waren sich einig, dass im Bereich Flüchtlinge und Migration internationale Zusammenarbeit erforderlich ist und dass die Verantwortung geteilt werden muss. Die Deklaration unterscheidet dabei zwischen Flüchtlingen und Migrierenden, auf die je unterschiedliche Standards zur Anwendung kommen, die aber auch gemeinsamen Standards (v.a. den Menschenrechten) unterliegen.[774] Entsprechend dieser Trennung zwischen Flüchtlingen und Migrierenden sah die Deklaration vor, dass zwei verschiedene Pakte ausgearbeitet werden sollen, die je in ihrem Bereich eine gemeinsame Herangehensweise der Staaten zum Ziel haben. Das Resultat waren zwei Pakte, die von der GV im Dezember 2018 in Marrakesch verabschiedet wurden: der UN-Migationspakt[775] und der UN-Flüchtlingspakt[776]. Die Pakte

---

772 «Tanzania, for example, has developed an interesting set of approaches based on the Plan. They include standard operating procedures on border management, profiling and referral for responses, implementation of information campaigns and proposals designed to reduce resort to detention.» (UNHCR, Rede von Erika Feller vom 6. September 2010, S. 3).

773 New York Declaration for Refugees and Migrants, in: A/RES/71/1 vom 1. September 2016 (zit. New York Declaration).

774 Ebd., § 6.

775 Global Compact for Safe, Regular and Orderly Migration (GCM), in: A/RES/73/195 vom 19. Dezember 2018, Annex.

776 Global Compact on Refugees (GCR), in: A/73/12(II) vom 13. September 2018.

sind rechtlich nicht bindend, sondern als gemeinsame Zielerklärung der Unterzeichnerstaaten zu verstehen. Dennoch lässt sich der medienwirksame Widerstand einiger Staaten, v.a. gegenüber dem UN-Migrationspakt, als Zeichen deuten, dass die Staaten davon ausgehen, die Pakte könnten über die Zeit zumindest rechtsähnliche Wirkung entfalten. So haben etwa die USA den Migrationspakt nicht unterzeichnet, weil sie ihn als nicht vereinbar mit ihrer Souveränität erachteten – obwohl sie diesen in der Ära Obama unterstützt hatten.[777] Auch die Schweiz verzichtete zunächst auf die Ratifikation, solange das Parlament den Pakt nicht beraten hat. Die Schweiz qualifiziert den Pakt als *soft law*.[778]

Die beiden Pakte wurden in einem unterschiedlichen Verfahren erarbeitet und sind unterschiedlich ausgestaltet. Während das UNHCR mit der Ausarbeitung des Flüchtlingspaktes betraut wurde, wurde der Migrationspakt unter der Leitung des UN-Generalsekretärs und der IOM in einem zwischenstaatlichen Verfahren erarbeitet. Die Pakte sind zudem unterschiedlich ausgestaltet, weil sie einen anderen Ausgangspunkt hatten. Während der Migrationspakt auf normativer Ebene zum ersten Mal gemeinsame Prinzipien und Ziele der verschiedenen Staaten formuliert und damit eher die Grundlagen betrifft, adressiert der Flüchtlingspakt spezifischere Punkte, die nicht bereits durch das Flüchtlingsrecht geregelt sind.[779] Das betrifft vor allem die Teilung der Verantwortung zwischen den Staaten. Beide Pakte dienen nicht der Einführung neuer Rechte von Individuen oder Pflichten der Staaten, sondern sie sollen die Kooperation zwischen den Staaten in den Bereichen Flüchtlinge und Migration erleichtern und verbessern. Allerdings soll die Kooperation verbessert werden, indem ein gemeinsames Vokabular verwendet wird und indem längerfristig gemeinsame Standards angewendet werden. Beide Pakte dienen letztlich der Harmonisierung der Migrationspolitiken der Staaten. Mit den beiden

---

777 Europäische Union, Europaparlament, European Parliamentary Research Service, A Global Compact on Migration: Placing Human Rights at the Heart of Migration Management, Briefing vom Dezember 2017, Update Januar 2019, <http://www.europarl.europa.eu/RegData/etudes/BRIE/2017/614638/EPRS_BRI(2017)614638_EN.pdf>, S. 3.

778 Schweizerische Eidgenossenschaft, Botschaft des Bundesrates zum UNO-Migrationspakt vom 3. Februar 2021, BBl 2021 359, S. 15.

779 UNHCR, Volker Tuerk Explains the Global Compact on Refugees, 30. August 2018, <https://www.unhcr.org/news/stories/2018/7/5aa15d60c/volker-turk-explains-thinking-behind-plans-global-refugee-compact.html?utm_campaign=HQ_E N_post_Global_Core%2520Social%2520Media%2520Outreach&utm_source=l inkedin&utm_medium= social>). Vgl. zum UN-Flüchtlingspakt: BETTS, Global Compact on Refugees, S. 1 f.

Pakten liegt eine normative Grundlage für die zukünftige Ausgestaltung der internationalen Politik in den Bereichen Migration und Flüchtlinge vor. Obwohl klar ist, dass Flüchtlinge und Migrierende in gewissen Bereichen unter den gleichen Rahmen fallen, etwa in Bezug auf die Menschenrechte, wird mit den beiden Pakten gleichwohl eine Dichotomie, sowohl bezüglich des anwendbaren rechtlichen Rahmens als auch bezüglich der Verfahren, zwischen den Kategorien Migrierende und Flüchtlinge etabliert bzw. gefestigt. So wird im Migrationspakt festgehalten:

> «Refugees and migrants are entitled to the same universal human rights and fundamental freedoms, which must be respected, protected and fulfilled at all times. However, migrants and refugees are distinct groups governed by separate legal frameworks. Only refugees are entitled to the specific international proteciton defined by international refugee law. This Global Compact refers to migrants and presents a cooperative framework addressing migration in all its dimensions.»[780]

Das UNHCR und die IOM werden in diesem Rahmen die zentralen Akteure werden. Weil beide Pakte als (rechtlich nicht bindende) Rahmenabkommen zur zwischenstaatlichen Zusammenarbeit konzipiert sind, betreffen sie vor allem die Staaten. Die Organisationen nehmen in diesem Prozess, zumindest konzeptionell, eine untergeordnete Rolle ein. So ist dem UNHCR beim Flüchtlingspakt eine «Unterstützer- und Katalysatorenrolle» zugedacht.[781] Es verfügt diesbezüglich also über weit weniger Befugnisse als in Bezug auf die FK, deren Implementierung es zu überwachen mandatiert ist. Die IOM kann, dank ihrer Integration in die UN, zunächst als *related agency* eine wichtige Rolle im Bereich Migration und für den Migrationspakt einnehmen. Sie wird in Bezug auf den Migrationspakt das Sekretariat stellen und als Koordinatorin fungieren und somit wichtiger Dreh- und Angelpunkt in diesem Bereich werden.

Das UNHCR und die IOM werden damit die neuen Anker im UN-Flüchtlings- und Migrationssystem. So führte der Sondergesandte des UN-Generalsekretärs für internationale Migration aus:

---

780 UN-Migrationspakt, § 4.
781 UN-Flüchtlingspakt, § 33: «While recognizing the primary responsibility and sovereignty of States, a multi- stakeholder and partnership approach will be pursued, in line with relevant legal frameworks and in close coordination with national institutions. In addition to the exercise of its mandate responsibilities, UNHCR will play a supportive and catalytic role.»

«With IOM now formally part of the United Nations system, I see a real opportunity to spell out what leadership will require in this field: drawing on the expertise of the system's parts, but also establishing clearer lines of authority to the Secretary-General. There is no question that IOM, whose mandate covers migration writ-large, and UNHCR, which is more narrowly focused on refugees and stateless persons, will be the natural anchors of the Organization's strategy and institutional architecture on international migration (in all its forms) going forward. Both have vastly more resources, expertise and accumulated experience on these issues than any other entity within the system and should thus be the ‹centre of gravity› around which consultation and coordination are organized.»[782]

Auch er macht deutlich, dass die IOM, sollte sie hier die Führungsrolle einnehmen wollen, stärker in die UN integriert werden muss. Die Konturen dieser Integration unter dem *status quo* sehen vor, dass die IOM ihre Arbeit vor allem auf die UN-Charta, die Ziele für nachhaltige Entwicklung (Agenda 2030) und den Migrationspakt stützen wird.[783] Zudem ist beabsichtigt, dass die IOM eine erweiterte Mitgliedschaft (namentlich die der UN) haben wird.[784] Weiterhin offen bleibt das Verhältnis zwischen dem UNHCR und der IOM. Weil sich die UN anstelle eines Migrationssystems mit einer *lead agency* für ein zweigeteiltes, aber zusammenhängendes System mit zwei institutionellen *Leadern* entschieden hat, wird die Frage nach der Koordination in Zukunft wohl noch gewichtiger als bisher. So führte der Sondergesandte des UN-Generalsekretärs für Migration, Peter Sutherland, im Jahr 2017 aus: «A strong IOM-UNHCR team is indispensable, especially to steer the United Nations response to mixed migration flows and large, crisis-related movements (for example, through a joint programme on migrants in vulnerable situations, based on the guiding principles to be developed) and to co-lead the coordination of the work of the United Nations system on migration issues, with the support of the Global Migration Group.»[785] Ob blosse Koordinationsmassnahmen ausreichen werden oder

---

782 Vereinte Nationen, Bericht des Sondergesandten Sutherland 2017, § 79.
783 Vgl. Statement by Louise Arbour: Special Representative of the Secretary-General for International Migration, Rede anlässich des International Dialogue on Migration vom 8. Oktober 2018, <https://refugeesmigrants.un.org/sites/default/f iles/8_oct_-_inernational_dialogue_on_migration.pdf>, S. 2 f.
784 Ebd., S. 3.
785 Vereinte Nationen, Bericht des Sondergesandten Sutherland 2017, § 81.

ob die UN eine Integrationsstrategie mit institutionellen Veränderungen einleiten wird, wird sich weisen.

8. Zwischenfazit

a) Transformationsfaktoren

Während der Grundstein für Kompetenzkonflikte zwischen den beiden Organisationen schon in deren Gründungsinstrumenten nach dem Zweiten Weltkrieg gelegt wurde, indem sich die Mandate in gewissen Bereichen (bewussterweise) überlappten, prägte sich die Konkurrenz durch die Expansion der beiden aus. Beide Organisationen haben seit der Gründung in massgebender Art und Weise expandiert: Die IOM wurde von der Transportorganisation der europäischen *surplus population* zur globalen Migrationsmanagement-Organisation. Das UNHCR wurde von der Organisation für den rechtlichen Schutz der europäischen Flüchtlinge vor 1951 zur globalen humanitären Hilfsorganisation. Beide Organisationen hatten zu Beginn ein Budget im einstelligen Millionenbereich, heute betragen die Budgets mehrere Milliarden USD. Sowohl das UNHCR wie auch die IOM haben heute je fast 20'000 Mitarbeitende.

Als formelle Quellen der Transformation lassen sich die Gründungsinstrumente, deren formelle Weiterentwicklungen und Revisionen bezeichnen. Die Satzung des UNHCR wurde seit 1950 nie angepasst. Auch die FK blieb seither unverändert, einzig die zeitliche und geografische Beschränkung wurde mit dem Zusatzprotokoll von 1967 aufgehoben. In formeller Hinsicht fand die Expansion zu Beginn vor allem durch situationsspezifische vorgängige Ermächtigungen der GV statt, später erfolgte die Autorisierung jeweils rückwirkend durch Genehmigung des Jahresberichts des Hochkommissars. Die Entwicklung des UNHCR gliedert sich in das grosse Bild der Entwicklung der meisten internationalen Organisationen ein: Es herrschte lange ein äusserst liberales Verständnis davon, was eine Organisation tun kann und soll – nämlich alles, was der Verwirklichung ihrer Funktion dient. Vor allem § 9 der UNHCR-Satzung, wonach es zusätzliche Aufgaben wahrnehmen kann, wurde als Generalklausel dazu verwendet, jegliche Aktivitäten wahrzunehmen, die das UNHCR als dem Flüchtlingsschutz dienlich erachtete. Die IOM hat demgegenüber ihre Verfassung seit 1953 formell zweimal angepasst, einmal im Jahr 1989 und erneut 2013, wobei Letztere im Vergleich zur Revision 1989 keine grösseren Änderungen mit sich brachte. Die formelle Expansion der IOM erfolgte zudem jeweils durch Resolutionen des IOM-Rates.

Die formellen Mechanismen allein erklären aber die Transformation der Organisationen nicht: «Transformation is not merely a matter of successive treaty arrangements – although it is that too. It is also a matter of the cumulative effects of everyday developments, which arrange and re-arrange power.»[786] Insofern sind auch die Resolutionen des IOM-Rates sowie der GV oft nur eine retrospektive Bestätigung des informellen Kurses, den die Organisationen zuvor selber eingeschlagen haben. Die Transformation äussert sich daher nicht nur in formeller Hinsicht, sondern auch im Verhalten der Organisationen und verschiedenen informellen Instrumenten, wie etwa interne strategische Richtlinien. Dadurch interpretieren die Organisationen die an sie gerichteten Prinzipien und Normen auch selber und transformieren sie in weiteres Recht, das einerseits an die Organisation selbst gerichtet ist, sich aber auch in Recht übetragen kann, das an die Staaten gerichtet ist.[787]

Die Fallstudie hat gezeigt, dass bei der Transformation der Organisationen verschiedene Faktoren einspielen, in der Regel mehrere gemeinsam. So konnten sowohl das UNHCR als auch die IOM von der wirtschaftlichen Prosperität nach dem Zweiten Weltkrieg profitieren und expandierten in den 1950er-Jahren massgebend. Ende der 1960er- und während der 1970er-Jahre gestaltete sich die Situation für beide Organisationen aufgrund der sich verschlechternden wirtschaftlichen Lage in vielen «westlichen» Staaten schwieriger. Sie zwang die IOM zur Neuorientierung; diese Transformation dauerte bis Ende der 1980er-Jahre an.

Auch der Kalte Krieg hatte einen massgebenden Einfluss auf die Organisationen. Bei deren Gründung hatte die geopolitische Komponente eine wichtige Rolle gespielt. Die IOM war lange Zeit eine durch die USA dominierte Organisation, die in deren Kampf gegen den Kommunismus von Bedeutung war. Mit dem Ende des Kalten Krieges und dem Ende des Antagonismus zwischen Ost und West änderte sich die Ausgangslage. Die geografische Expansion der IOM führte dazu, dass viele Staaten nun Mitglieder beider Organisationen waren, was die Bedeutung der geopolitischen Komponente reduzierte. Dadurch fand in den 1990er-Jahren bei beiden Organisationen vor allem eine Ausdifferenzierung der Aktivitäten statt, um unterschiedlichen Interessen der (gleichen) Staaten gerecht zu werden.

---

786 Klabbers, Transforming Institutions, S. 107.
787 Vgl. dazu hinten IV. A. 3.

Eine sehr prägende Rolle kam zudem den Mitgliedstaaten zu. Zu denken ist vorab an die Beschlussfassung. Bei der IOM sind die Mitgliedstaaten im IOM-Rat mit je einer Stimme vertreten. Beim UNHCR sind die Staaten in der GV vertreten. Zentraler Akteur ist neben dem ECOSOC aber auch das ExCom, das wiederum ebenfalls ein aus Staaten zusammengesetztes Organ ist und teilweise wegweisenden Einfluss auf die Aktivitäten des UNHCR hat. Eine weitere Kontroll- und Steuerungsmöglichkeit ist die Finanzierung. Beide Organisationen werden heute weitgehend projektbasiert finanziert. Durch die Finanzierung spezifischer Projekte bzw. die Nicht-Finanzierung anderer Projekte bestimmen die Staaten wesentlich, welche Vorhaben realisiert werden. Auch beim UNHCR lässt sich eine Verschiebung hin zu immer mehr zweckgebundenen Beiträgen beobachten, was die Steuerungsmacht der Mitgliedstaaten verstärkt.

Des Weiteren prägte auch die Wahl der Person des oder der Vorstehenden die Entwicklung der Organisationen.[788] So waren die Generaldirektoren der IOM bislang fast ausschliesslich Amerikaner. Die Wahl des Generaldirektors bedeutete eine Form der Kontrolle über die Organisation.[789] Gleichzeitig sind die Vorstehenden Individuen mit eigenen Werten und prägen die Organisationen als endogene Faktoren massgebend.[790] Gleiches gilt für die Mitarbeitenden der Organisationen. Auch die Struktur und das Selbstverständnis der Organisation haben einen Einfluss auf die Aktivitäten. So hat z.B. die Schutzabteilung des UNHCR massgebend zur (nach wie vor) prestigeträchtigen Stellung der Schutzfunktion beigetragen.

Es wirkte sich aber auch das Verhalten anderer Akteure wesentlich auf die Entwicklung von Organisationen aus. So haben die Dokumentation und Anprangerung verschiedener problematischer Praktiken der Organisationen durch NGOs dazu beigetragen, dass die beiden Organisationen heu-

---

788 Loeschers Buch periodisiert die Entwicklung des UNHCR gar nach einzelnen Hochkommissaren bzw. Hochkommissarinnen und beleuchtet deren Einfluss auf die Organisation anschaulich.

789 «In the event any member government raises the question of an alternate candidate, it should be pointed out that the United States Government, as the principal contributor to ICEM's budget, considers it extremely important that the position of Director be held by an American national.» (Telegramm des US-Secretary of State an die ICEM-Mitglieder nach John F. Thomas Rücktritt 1978, abgedruckt in: CARLIN, Refugee Connection, S. 112).

790 So wird etwa der erste Hochkommissar für Flüchtlinge im Völkerbund, Fridtjof Nansen, als eine charismatische Person beschrieben, die es verstand, bei den Staaten einen Konsens zu schwierigen Themen zu erwirken.

te mehr Wert auf normative Gesichtspunkte legen.[791] Die Organisationen reagierten aber auch auf das Verhalten anderer Organisationen, indem sie in Bereiche expandierten, in denen bereits eine andere Organisation tätig war, um ihre Einflussphären zu erweitern, oder indem sie Aktivitäten in gewissen Bereichen aufgaben, um Doppelspurigkeiten zu vermeiden. Als Beispiel kann der Konflikt zwischen dem UNHCR und der IOM bezüglich des Flüchtlingsbegriffs genannt werden: Während die IOM bestrebt ist, ein Migrationsregime zu schaffen, in dem Flüchtlinge ein Teil sind, und dadurch gezielt versucht, ihre Einflussphäre zu erweitern, reagiert das UNHCR darauf mit einer stärkeren Betonung seiner Flüchtlingsschutzfunktion und fortifiziert seine Rolle im Bereich Flüchtlinge.

b) Überlappungen infolge Regimeexpansion

Die Mandate des UNHCR und der IOM überlappen sich heute infolge der Expansion beider Organisationen deutlich, einerseits in Bezug auf die Hoheit über bestimmte Personengruppen und andererseits in Bezug auf die sachliche Zuständigkeit.

Heute sehen sich beide für Flüchtlinge, Binnenvertriebene, Klimavertriebene und die kriegsbetroffene Bevölkerung zuständig. Während die IOM schon seit ihrer Gründung im Jahr 1951 mandatiert ist, sich mit allen Migrierenden – unabhängig spezifischer Personenkategorien – zu befassen, ist das UNHCR gemäss Satzung nur für Flüchtlinge[792] mandatiert, nicht aber für Binnen- oder für Klimavertriebene. Binnenvertriebene fallen deshalb nicht unter das Mandat, weil der Flüchtlingsbegriff dort voraussetzt, dass sich die betreffenden Personen ausserhalb ihres Heimatoder Herkunftsstaates befinden, Klimavertriebene erfüllen zumindest auf den ersten Blick keinen der genannten Fluchtgründe (Rasse, Religion, Nationalität oder politische Gesinnung). Das UNHCR hat diese Personenkategorien jeweils unter die Generalklausel von § 9 der UNHCR-Satzung

---

791 Vor allem die IOM betont regelmässig ihren rechtebasierten Ansatz (IOM, Policy on Protection 2015, § 13).

792 Flüchtlinge generell definiert als: «Any other person who is outside the country of his nationality, or if he has no nationality, the country of his former habitual residence, because he has or had well-founded fear of persecution by reason of his race, religion, nationality or political opinion and is unable or, because of such fear, is unwilling to avail himself of the protection of the government of the country of his nationality, or, if he has no nationality, to return to the country of his former habitual residence.» (§ 6 B. der UNHCR-Satzung).

subsumiert, wonach es zusätzliche Tätigkeiten wahrnehmen kann. Dabei ist aufgrund des Wortlautes der Satzung davon auszugehen, dass sich der Paragraf nur auf Flüchtlinge bezieht.[793] Es sieht diese Situationen aber als vergleichbar mit der Flüchtlingssituation an und argumentiert, dass die Arbeit mit IDP, Klimavertriebenen und der kriegsbetroffenen Bevölkerung dem Flüchtlingsschutz und der Suche nach dauerhaften Lösungen dient. In Bezug auf Flüchtlinge, IDP, Klimavertriebene und die kriegsbetroffene Bevölkerung überlappen sich also heute die Mandate.

Mittlerweile beanspruchen beide Organisationen für sich, in Bezug auf die genannten Personengruppen sowohl operative Aufgaben als auch eine Schutzfunktion wahrzunehmen. Die IOM bzw. das ICEM wurde ursprünglich mandatiert, den Transport durchzuführen sowie verschiedene Dienstleistungen wahrzunehmen. Heute führt die Organisation eine diversifizierte Palette von Projekten unterschiedlicher Ausrichtung durch. Das UNHCR war primär für den rechtlichen Schutz mandatiert, allerdings wurden operative Aufgaben wie humanitäre Hilfeleistungen bewusst nicht ausgeschlossen, weil es bei der Gründung absehbar war, dass das UNHCR vor allem für die verbleibenden IRO-Flüchtlinge weiterhin Hilfeleistungen erbringen würde müssen. Das UNHCR nahm über die Jahre hinweg immer mehr operative Tätigkeiten wahr, bekannt sind etwa die UNHCR-Flüchtlingslager, während die Schutzfunktion zeitweise in den Hintergrund rückte. Neu ist bei der IOM, dass sie sich auch für den Schutz zuständig sieht. Seit Mitte der 2000er-Jahre verfolgt sie, als Reaktion auf die Kritik von NGOs, eine eigene *policy on protection*. «Schutz» wird dabei allerdings anders interpretiert als die Schutzfunktion, wie sie dem UNHCR übertragen wurde. Demnach wurde das UNHCR mandatiert, subsidiär internationalen Schutz zu gewähren, wenn Personen über keinen Schutz durch einen Heimat- oder Herkunftsstaat verfügen. Das UNHCR nimmt diesem Verständnis nach auf der internationalen Ebene eine staatliche Aufgabe wahr. Die IOM geht hingegen davon aus, dass diese Aufgabe allein den Staaten zukommt. Sie sieht es demnach als ihre Aufgabe an, selber einen *rights-based approach* anzuwenden und in den Mitgliedstaaten darauf hinzuwirken, oder in IOM-Sprache formuliert: Staaten dabei zu unterstützen, ihre Schutzfunktion wahrzunehmen.[794] Indem die IOM postuliert, die Schutzfunktion des UNHCR sei obsolet bzw. der falsche Ansatz, um Personen effektiv zu schützen, dringt sie in dessen Kernmandat vor.

---

793 § 9 in Verbindung mit § 8 der UNHCR-Satzung.
794 IOM, Policy on Protection 2015, § 4.

c) Werte und Ziele: zwischen Kongruenz und Konflikt

In allen Bereichen, in denen die Mandate sich überlappen, kann es zwischen den Organisationen zu Konflikten kommen, sofern unterschiedliche Ziele verwirklicht werden sollen oder unterschiedliche Rationalitäten angewendet werden. Die Migrationsmanagement-Rationalität der IOM wird heute vor allem mit Abwehrmassnahmen konnotiert. Zu Beginn war die Organisation darauf ausgerichtet, die erwünschte Migration zu fördern. So führte sie vor allem Projekte in den Zielstaaten durch, um diese auf die Aufnahme von Personen vorzubereiten, oder realisierte Projekte in den Heimatstaaten, um die Ausgangslage für die Emigration zu verbessern, etwa durch Sprachkurse. Heute ist die IOM mehrheitlich in den Herkunfts- oder sog. Transitländern tätig, wobei viele Massnahmen der Kontrolle der Migration dienen, etwa durch entsprechendes Grenzmanagement oder die Einführung von Visa-Bestimmungen. Es lässt sich nicht von der Hand weisen, dass die IOM heute auch ein Forum ist, in dem sich das Interesse vieler «westlicher» Staaten verwirklichen lässt, die unerwünschte Migration bereits extern abzuwehren, also durch verschiedene Hindernisse zu erreichen, dass unerwünschte Migrierende nicht auf das eigene Territorium gelangen. Gleichzeitig gilt es aber auch zu berücksichtigen, dass die IOM beachtliche humanitäre Leistungen erbringt. Ihren Grundprinzipien ist die IOM treu geblieben: Sie ist eine flexible und effiziente Organisation, die im Interesse ihrer Mitgliedstaaten Dienstleistungen im Bereich Migration erbringt, die stark auf dem Prinzip der staatlichen Souveränität über die Kontrolle der Einreise und des Aufenthalts basiert und die Migration vor allem in den Kontext der wirtschaftlichen Entwicklung einordnet.

Auch das UNHCR bleibt vom Zeitgeist nicht verschont. Eine Vielzahl der Tätigkeiten des UNHCR ist heute im Grundsatz ebenfalls auf Abwehr unerwünschter Migration ausgerichtet. Konzepte wie die *protection in the region*, das Engagement zugunsten Binnenvertriebener oder verschiedene Rückkehrprogramme haben stark an Bedeutung gewonnen. Gleichzeitig versucht das UNHCR den Spagat zwischen den staatlichen Interessen an der Abwehr und der individualrechtlichen Komponente seines Mandats, was nicht immer gleich gut gelingt. In Bereichen, in denen das UNHCR Ziele verfolgt, die mit denjenigen der IOM kohärent sind, also v.a. auf Abwehr ausgerichtete Tätigkeiten, aber auch im humanitären Bereich, etwa nach Naturkatastrophen oder in Krisengebieten, lassen sich zwischen den Organisationen Synergien beobachten und sie arbeiten oft Hand in Hand. In Bereichen aber, in denen die Organisationen anderen Zielen folgen, ist das Konfliktpotenzial auf der institutionellen Ebene nach wie vor beträchtlich. Das betrifft vor allem das Kernmandat des UNHCR mit dem individualrechtlichen Schutz der Flüchtlinge. Ausdruck davon ist etwa die langjährige Auseinandersetzung der Organisationen über die Genealogie der Begriffe «Flüchtlinge» und «Migrierende» sowie die damit zusammenhängende Frage nach der Einordnung dieser Personenkategorien in den breiteren Kontext des «Migrationsmanagements».

IV. Auswertung Fallstudie und Bedeutung für das Völkerrecht

A. *Auswertung Fallstudie UNHCR – IOM*

Der vorgehenden Untersuchung der Entwicklung des UNHCR und der IOM wurden folgende Fragestellungen zugrunde gelegt: (1) Welche Ursachen liegen Konflikten zwischen internationalen Organisationen zugrunde? (2) Wie äussern sich Konflikte zwischen internationalen Organisationen? (3) Sind diese Konflikte rechtlich relevant? Diese Fragen sollen in den nachfolgenden Abschnitten beantwortet werden.

1. Institutionelle Ursachen für Konflikte

a) Institutionalisierung führt zu Trennung

Die Fallstudie hat ergeben, dass heute eine Dichotomie zwischen den Personenkategorien «Flüchtlinge» und «Migrierende» besteht. Je nachdem, ob eine Person als (potenzieller) Flüchtling betrachtet wird oder «nur» als Migrantin oder Migrant, fällt sie unter das Mandat einer anderen Organisation. Sie fällt unter einen anderen rechtlichen Rahmen und andere Verfahren kommen zur Anwendung. Kurz gesagt: Es existieren zwei unterschiedliche Regime. Ausdruck davon ist nicht zuletzt die Erarbeitung zweier Pakte, einer für Flüchtlinge und einer für Migrierende, mit der entsprechenden institutionellen Dichotomie zwischen dem UNHCR und der IOM.

Die Analyse der Entwicklung des UNHCR und der IOM hat ergeben, dass die institutionelle Trennung zwischen diesen Personenkategorien bereits vom Ende des Ersten Weltkriegs stammt.[795] Demnach war für diejenigen Personen, die vor der russischen Revolution geflohen waren, eine eigene Institution geschaffen worden: ein Amt des Hochkommissars, das darauf hinwirken sollte, dass diese Personen Identitätspapiere und einen gewissen Mindest-Rechtsstandard in den Staaten erhielten, in denen

---

795 Vgl. dazu vorne III. A., insb. 4. a) und b).

sie sich aufhielten. Diesen Personen fehlte, weil sie durch die Flucht *de facto* staatenlos geworden waren, im Gegensatz zu anderen Personen der Schutz durch den Heimatstaat und dadurch die Möglichkeit, nach Hause zurückzukehren. Diese Institution schaffte später wiederum einen rechtlichen Rahmen, der für diese Personengruppe zur Anwendung kam. Dieser Grundgedanke liegt auch der FK von 1951 zugrunde, die im Jahr 1967 universalisiert wurde und fortan auf alle Personen anwendbar war, denen der Schutz durch den Herkunftsstaat fehlte. Die Institutionalisierung der Flüchtlingsbelange hat demnach dazu geführt, dass diese Personenkategorie auch auf substanzieller Ebene fortan als eine spezielle, sich von anderen Migrierenden abgrenzende, Personenkategorie betrachtet wurde. Dieser spezielle Status ist bis heute erhalten geblieben und prägt die internationale Architektur in diesem Bereich.

Auf der anderen Seite war kurz vor dem Ausbruch des Zweiten Weltkriegs eine weitere Institution gegründet worden, deren Ziel die Umsiedlung europäischer, vor allem deutscher «Emigrierender» in Drittstaaten war. Im Gegensatz zum Hochkommissariat hatte sie nicht zum Ziel, die Staaten dazu zu bewegen, diesen Personen einen gewissen Mindeststandard zu gewähren. Die Organisation war vielmehr eine Dienstleisterin im Bereich Migration. Sie unterschied nicht zwischen verschiedenen Personenkategorien, sondern befasste sich mit allen Personen, sofern ein Staat bereit war, sie aufzunehmen.

Die Dichotomie übertrug sich in die Mandate des UNHCR und des PICMME bzw. des ICEM, als diese nach dem Ende des Zweiten Weltkriegs gegründet wurden: Das UNHCR institutionalisierte, in Kombination mit dem Mandat zur Überwachung der FK, den Schutz der Flüchtlinge – das ICEM die Interessen der Staaten in Bezug auf verschiedene Personenkategorien, darunter auch Flüchtlinge. Diese Dichotomie zwischen der enger gefassten Kategorie der Flüchtlinge und der Kategorie der Migrierenden hält bis heute an,[796] wobei bei Letzteren nach wie vor unklar ist, ob diese breiter gefasst ist und auch Flüchtlinge umfasst oder ob es sich um eine separate Kategorie handelt. Im Falle des UNHCR hat die Institutionalisierung durch eine internationale Organisation dazu geführt, dass auch auf substanzieller Ebene ein Rahmen entstanden ist, der diese Kategorie rechtlich einbettet. Im Falle der IOM sind keine konkreten rechtsverbindlichen Normen an die Adresse der Staaten entstanden. Dennoch lässt sich sagen, dass sich durch eine Reihe von Verfahren, die sich allenfalls durch den UN-Migrationspakt konkretisieren und festigen werden, im

---

796 Vgl. für ein Beispiel dazu die Ausführungen unter III. C. 6. d).

Bereich Migration ebenfalls eine gewisse Festigung und Harmonisierung staatlicher Praktiken ergeben hat und weiterhin ergeben wird.

b) Überlappung und Expansion als Strategie

Im Rahmen der Fallstudie hat sich gezeigt, dass die Organisationen nicht «ohne Rücksicht» auf andere Organisationen gegründet wurden und sie oft nicht «ohne Rücksicht» auf andere Organisationen expandierten. So wurde das PICMME bewusst als Gegenentwurf zum UNHCR geschaffen. Der Hochkommissar – das UNHCR war 1950 gegründet worden – hatte schon an der Gründungskonferenz des PICMME in Brüssel 1951 die Gründung und Ausrichtung der neuen Organisation kritisiert. Die Gründerstaaten des PICMME (später ICEM, heute IOM) waren mit dem Mandat des UNHCR vertraut und sie waren sich der Mandatsüberlappungen und deren Gefahren bewusst, die der Hochkommissar in seiner Rede an diese Staaten thematisiert hatte. Vielmehr ist seit der Freigabe von früher unter Verschluss gehaltenen Dokumenten bekannt, dass das ICEM auch ein geopolitischer Gegenentwurf zum Hochkommissariat war, um die antikommunistische Doktrin der USA durchzusetzen. So diente das ICEM der Förderung der erwünschten Migration, etwa weil ein wirtschaftliches Interesse daran bestand oder eben auch ein (sicherheits-)politisches Interesse an den Kommunismus-Fliehenden. Schon die Gründung des ICEM ist daher als ein strategischer Zug zu verstehen, Interessen von Staaten zu institutionalisieren, die im Rahmen der UN nicht realisierbar waren. Auch die Expansion beider Organisationen war oftmals nicht «rücksichtslos». Vielmehr erfolgte sie oft entweder in Bereiche, in denen die jeweils andere Organisation nicht tätig war oder tätig werden konnte, sie erfolgte aber auch bewusst in Bereiche, für welche die jeweils andere Organisation mandatiert ist. So dringt etwa der neue Fokus der IOM auf *protection* bewusst in einen Bereich vor, für den das UNHCR mandatiert ist – die IOM macht aber geltend, dass das (substitutive) Schutzmandat des UNHCR nicht mehr zeitgemäss sei. Insofern ist auch die Expansion der Organisationen oft strategisch, um den eigenen Einflussbereich zu erweitern oder/und gleichzeitig den Einflussbereich der anderen Organisation einzuschränken.

c) Fortifizierung des eigenen Regimes: das Beispiel des UNHCR im Bereich IDP

Über die Jahre haben die Organisationen zudem durch verschiedene Mechanismen ihr eigenes Regime gefestigt. Exemplarisch ist der Ansatz des UNHCR im Bereich der Binnenvertriebenen. Das Mandat gemäss der UNHCR-Satzung umfasst Personen grundsätzlich erst dann, wenn diese eine internationale Grenze überquert haben. Trotzdem sah das UNHCR mit der Zeit eine Notwendigkeit, sich auch zugunsten von Binnenvertriebenen zu engagieren. Hier widerspiegeln sich die zwei Grundziele des UNHCR: der Individualrechtsschutz einerseits und die Vermeidung von zwischenstaatlichen Konflikten andererseits. In Bezug auf den Individualrechtsschutz argumentiert das UNHCR, dass sich die Schutzbedürfnisse von Flüchtlingen und Binnenvertriebenen oft nicht unterscheiden und dass die Aktivitäten zugunsten von Flüchtlingen in der Praxis oft mit der Situation von Binnenvertriebenen gekoppelt sind.[797] So war es für das UNHCR etwa schwierig, Flüchtlinge nach dem Ende des Krieges im Irak zu reintegrieren, ohne gleichzeitig eine Lösung für diejenigen Personen zu finden, die zwar aus demselben Grund geflohen waren, das Land aber nicht verlassen hatten. Andererseits engagiert sich das UNHCR zugunsten Binnenvertriebener auch mit dem Ziel, grosse Flüchtlingsströme ins Ausland zu verhindern. So wirkt es letztlich auf die internationale Friedenssicherung hin, nicht zuletzt seit der UN-Sicherheitsrat grosse Flüchtlingsströme als Gefahr für den internationalen Frieden eingestuft hat.[798] Das UNHCR nahm seit den 1970er-Jahren Aktivitäten für Binnenvertriebene wahr, vorab in der Regel im Zusammenhang mit Rückführungsaktionen von Flüchtlingen. Die Tätigkeiten wurden jeweils von der GV oder ECOSOC vorgängig autorisiert oder nachträglich abgesegnet. In den 1990er-Jahren wurde die Involvierung des UNHCR mit Binnenvertriebenen formalisiert: In einer Resolution nannte die GV die Rahmenbedingungen, unter denen das UNHCR zugunsten Binnenvertriebener aktiv werden konnte.[799] Das ExCom wiederum bestätigte 1994 ein

---

797 Vgl. dazu UNHCR, Role on IDP 2000, S. 1 ff.
798 Ebd., S. 5.
799 A/RES/48/116 vom 20. Dezember 1993, § 12: «Reaffirms its support for the High Commissioner's efforts, on the basis of specific requests from the Secretary-General or the competent principal organs of the United Nations and with the consent of the concerned State, and taking into account the complementarities of the mandates and expertise of other relevant organizations, to provide humanitarian assistance and protection to persons displaced within their own

UNHCR-Dokument, das interne Richtlinien für Tätigkeiten des UNHCR in diesem Bereich enthielt.[800] In der Folge stützte sich das UNHCR im Bereich Binnenvertriebene weniger auf sein Mandat und entsprechende wiederholte Resolutionen der GV, sondern vielmehr auf die Zustimmung der betreffenden Staaten, dort tätig zu werden.[801] Es differenzierte seine Tätigkeiten aufgrund der gemachten Erfahrungen weiter aus. Im Jahr 2000 publizierte das UNHCR ein umfassendes Strategiepapier zu seiner Rolle im Umgang mit Binnenvertriebenen, in dem ohne Spezifikation der rechtlichen Grundlage festgehalten wurde, dass das UNHCR ein Interesse an Binnenvertriebenen habe.[802] Im Jahr 2005 wurde die Rolle des UNHCR im Umgang mit Binnenvertriebenen formalisiert und gestärkt, indem es die Führung im UN-Protection-Cluster sowie eine wichtige Rolle in anderen Clustern übernahm. Im Jahr 2007 überarbeitete das UNHCR seinen Ansatz in diesem Bereich, um seiner neuen prominenten Rolle im Cluster-System gerecht zu werden.[803] Das ExCom bestätigte in der Folge diese Strategie.[804] Das UNHCR stützt sich in seinen Aktivitäten im Bereich Binnenvertriebene mittlerweile auf seine eigenen Strategiepapiere: «The legal and operational rationale for UNHCR's engagement in situations of internal displacement is set out in policy documents by the Office between 2000 and 2007; the most comprehensive of which are two papers prepared for the 39th session of UNHCR's Standing Committee in June 2007.»[805] Im Jahr 2016 entstanden daraus Operational Guidelines und eine Internal Note on Protection Leadership in Complex Emergencies.[806] Zusätzlich beschloss das UNHCR im selben Jahr eine Umstrukturierung, um die Belange von Binnenvertriebenen in Zukunft systematischer und effizienter

---

country in specific situations calling for the Office's particular expertise, especially where such efforts could contribute to the prevention or solution of refugee problems.»

800 ExCom, Conclusion No. 75 on Internally Displaced Persons (1994), S. 14, Bst. (k): «*Encourages* the High Commissioner to continue the efforts of her Office to put into action its internal criteria and guidelines for UNHCR involvement in situations of internal displacement, as an important contribution towards a more concerted response by the international community to the needs of the internally displaced.»

801 Goodwin-Gill/McAdam, S. 7.

802 UNHCR, Role on IDP 2000, S. 1 ff.

803 Vgl. dazu: UNHCR, Situations of Internal Displacement 2007.

804 ExCom, UNHCR and Internal Displacement 2007.

805 UNHCR, Operational Guidelines IDP 2016.

806 Ebd.; UNHCR, Internal Note on Protection Leadership in Complex Emergencies vom Februar 2016 (zit. nach UNHCR, Operational Review IDP 2017, S. 2).

in seine Tätigkeiten zu integrieren.[807] Die Implementierung dieser Massnahmen wird durch das neu geschaffene Amt des Special Adviser on Internal Displacement begleitet. Eine Reihe von institutionellen Massnahmen verstärkt die Integration der IDP-Belange in die Tätigkeiten des UNHCR. So ist etwa vorgesehen, dass das UNHCR vermehrt Daten über Binnenvertriebene sammelt und aufbereitet, um über bessere informationelle Grundlagen zu verfügen. Darüber hinaus soll es mehr in das *fund-raising* zugunsten von IDP investieren.[808] Weiter soll das UNHCR seine *strategic staffing capacity* verbessern, um schneller auf geeignetes Personal zurückgreifen zu können.[809] Ferner soll es Massnahmen ergreifen, um zu verhindern, dass Flüchtlingsbelange gegenüber IDP-Belangen institutionell priorisiert werden, etwa indem umfassendere Strategien angewendet werden.[810]

Das Beispiel zeigt, wie das UNHCR seine Tätigkeiten zugunsten von Binnenvertriebenen seit den 1970er-Jahren institutionalisiert hat. Nachdem es von der GV im Jahr 1993 ermächtigt worden war, unter bestimmten Bedingungen – primär der Autorisierung durch die GV oder mit Zustimmung des betreffenden Staates, wobei sich in der Praxis Letzteres durchgesetzt hat – tätig zu werden, hat das UNHCR seine Tätigkeiten in der Folge in Wechselwirkung mit der Anleitung durch das ExCom und die grösseren Koordinationsmassnahmen der UN weiterentwickelt, ausdifferenziert und in verschiedenen Instrumenten formalisiert. Die Institutionalisierung wirkt sich auch auf die Ausgestaltung der Organisation aus, indem IDP-Belange durch verschiedene institutionelle Massnahmen systematischer in die UNHCR-Aktivitäten und die Organisation als solches integriert werden. Dadurch wird das Regime des UNHCR im Bereich Binnenvertriebene sowohl in struktureller Hinsicht, durch regelmässige Praktiken im Feld, als auch durch die Anerkennung dieser Rolle durch andere Organisationen, Staaten und Organe der UN weiter gefestigt.

---

807 Vgl. den Schlussbericht: UNHCR, Operational Review IDP 2017, S. 1 ff.
808 Ebd., S. 14 f.
809 Ebd., S. 13.
810 Ebd., S. 7 f.

2. Identifikation von Konflikten

a) Absenz von klassischen Normkonflikten als Charakteristikum

Die Schwierigkeit bei der Erfassung von Konflikten zwischen dem UNHCR und der IOM ist, dass auf den ersten Blick vor allem ein ambivalentes Verhältnis herrscht.[811] Im Gegensatz zu anderen Bereichen, etwa im WTO-Recht oder in verschiedenen Bereichen der Menschenrechte, wo internationale Streitbeilegungsmechanismen existieren, fehlt dergleichen im Bereich Migration und Flüchtlinge. Weil das Völkerrecht dezentral organisiert ist, gibt es zudem keine übergeordnete zentrale internationale Institution, die Kompetenzkonflikte zwischen internationalen Organisationen grundsätzlich beurteilen könnte.[812] Zudem gibt es auf substanzieller Ebene in Bezug auf Flüchtlinge zwar die FK, deren Einhaltung durch das UNHCR überwacht wird und die den Staaten verschiedene Pflichten auferlegt. Die IOM erlässt hingegen keine verbindlichen Normen, welche die Staaten verpflichten würden, und es gibt keine entsprechende Konvention im Rahmen des Mandats der IOM. Daher kommt es nie zu klassischen Normkonflikten auf der Ebene Staat, wobei die Staaten sich gegenseitig ausschliessenden Pflichten unterliegen würden, wie sie etwa in Konstellationen wie den *Kadi-* und *Nada-* bzw. *Al Dulimi-Fällen* aufgetreten sind.[813] Es gibt also kein Gericht, das urteilt, und keine Staaten, die in ein Dilemma geraten. Damit ist es auf den ersten Blick nicht offensichtlich, dass die Frage nach dem Verhältnis zwischen dem UNHCR und der IOM aus völkerrechtlicher Sicht überhaupt relevant ist. Weil das Völkerrecht aber ein Gesamtsystem ist, in dem das UNHCR und die IOM (mitsamt ihren Prinzipien, Normen und Verfahren) «nur» einzelne Teilrechtsordnungen darstellen, wirken sich Interaktionen zwischen diesen Ordnungen und Konsequenzen dieser Interaktionen auf die Ausgestaltung des Gesamtsystems Völkerrecht aus. So verstanden sind Normkonflikte auf der Ebene Staat nur Symptom und eine mögliche Ausdrucksform von Konflikten zwischen verschiedenen Teilrechtsordnungen.

---

811 Vgl. dazu auch vorne II. B. 3. c).

812 Der IGH ist kein Weltgerichtshof, sondern der Gerichtshof der UN und damit eng mit dieser verknüpft. Nur Staaten können Parteien in Verfahren vor dem IGH sein (Art. 34 IGH-Statut). Für Organe und Sonderorganisationen der UN gibt es allerdings grundsätzlich die Möglichkeit, vom IGH ein Gutachten über Rechtsfragen in ihrem Tätigkeitsbereich zu verlangen (Art. 96 Abs. 2 UNCh).

813 Zu *Kadi*, *Nada* und *Al Dulimi* siehe vorne I. C. 3. b).

b) Institutionenkonflikte: überlappende Funktionen und kollidierende Prinzipien

Wird eine Organisation als ein Regime verstanden, das im Rahmen seiner Funktion bestimmte Prinzipien (Grundannahmen, Werte und Ziele) verwirklicht, sind Konflikte zwischen internationalen Organisationen nicht bloss funktionelle Konflikte. Institutionenkonflikte ergeben sich vielmehr dort, wo bei sich überlappenden Funktionen Konflikte zwischen verschiedenen Werten und Zielen bestehen. Die Organisationen fungieren in diesem Sinne als Foren, um unterschiedliche Interessen zu artikulieren, zu festigen und durchzusetzen. Insofern dienen Organisationen den Staaten, bestimmte Interessen durch verschiedene Mechanismen zu verwirklichen, etwa indem Programme einer Organisation finanziert werden, andere nicht. Gleichzeitig kennzeichnen sich die Organisationen als Akteurinnen auch dadurch, dass sich ihre Mitarbeitenden mit den ihnen zugrunde liegenden Prinzipien identifizieren, was wiederum die Identität der Organisation als solche stärkt. So bestehen zwischen dem UNHCR und der IOM heute Konflikte vor allem dort, wo es um das Kernmandat des UNHCR, den Flüchtlingsschutz, geht. Die Schutzabteilung des UNHCR pocht regelmässig darauf, dass Flüchtlinge eine spezielle Personenkategorie darstellen und nicht mit anderen Migrantinnen und Migranten gleichgesetzt werden dürfen. Die IOM auf der anderen Seite plädiert für ein umfassendes Migrationssystem, in dem Flüchtlinge eine Unterkategorie von Migrantinnen und Migranten darstellen. Der Managementansatz der IOM soll insofern auch Flüchtlinge umfassen, als auch diese Migration durch verschiedene Mechanismen, etwa den Grenzschutz, kontrolliert werden sollen. Demnach lässt sich verallgemeinernd und den grössten Konflikt zwischen dem UNHCR und der IOM zusammenfassend sagen: Das Prinzip des (individualrechtlich geprägten) Flüchtlingsschutzes des UNHCR kollidiert mit dem Prinzip der Migrationskontrolle der IOM.

Allerdings hat die Fallstudie auch ergeben, dass die Organisationen selbst keine einheitlichen, kohärenten Gebilde sind. Vielmehr hat sich ergeben, dass auch innerhalb einer Organisation unterschiedliche Ziele verwirklicht werden sollen, die nicht immer leicht miteinander zu vereinbaren sind. Dieser Zwiespalt ist beim UNHCR unmittelbar zu beobachten. Auf Druck der Staaten wurde die Organisation immer wieder in Bereichen tätig, die nicht ihr Kernmandat betraf, nämlich den rechtlichen Schutz der Flüchtlinge. Ausdruck davon ist bereits die Struktur des UNHCR: Diese ist zweigeteilt in eine Schutzabteilung und eine *operations*-Abteilung, wobei die Schutzabteilung in der Vergangenheit immer wieder in Bedrängnis geraten ist. Die Mitarbeitenden der Abteilung haben sich aber erfolgreich für deren Weiterbestand und deren zentrale Bedeutung eingesetzt. Trotzdem besteht ein unweigerliches Spannungsfeld innerhalb der Organisation. Sie versucht einerseits, den Interessen der Staaten an der Abwehr unerwünschter Migration nachzukommen, etwa durch einen aktiven Ansatz bei der Rückführung von Personen. Andererseits bemüht sie sich, ihr Kernmandat, den Schutz der Flüchtlinge, zu wahren. Auch die IOM ist nicht frei von Widersprüchen, sie ist vielleicht sogar in höherem Masse als das UNHCR davon betroffen. Die Projekte der IOM sind derart diversifiziert, dass eine allen Projekten gemeinsame Ratio als beinahe unmöglich erscheint. So ist sie in Projekte involviert, die klar der Abwehr unerwünschter Migration dienen, etwa im Bereich Grenzschutz oder der Einführung von Visa-Bestimmungen, andererseits realisiert sie auch Projekte, die auf den Schutz verschiedener Personen abzielen.

c) Koordination als Ausdruck von Institutionenkonflikten

Weil sich die Mandate des UNHCR und der IOM in funktioneller Hinsicht beträchtlich überlappen, unternehmen die Organisationen zahlreiche Anstrengungen, ihre Aktivitäten zu koordinieren. Hier kann zwischen unilateralen, bilateralen und multilateralen Koordinationsmassnahmen unterschieden werden. Im Rahmen der bilateralen Koordination haben die Organisationen unterschiedliche Massnahmen entwickelt – teils situationsspezifisch, teils generell. So wurden etwa gemeinsame Institutionen für spezifische Situationen gegründet, zu nennen ist etwa die Schaffung eines Joint Special Representative in Hongkong im Jahr 1952 oder kürzlich die Schaffung eines Joint Special Representative der beiden Organisationen im Zuge der Venezuelakrise. In spezifischen Situationen schliessen die Organisationen oft Kooperationsvereinbarungen ab, etwa in Bezug auf die GUS-Staaten in den 1990er-Jahren. Diese legen den Rahmen für die Zusammenarbeit in spezifischen Kontexten fest. Ebenfalls treffen sich Vertreterinnen und Vertreter der beiden Organisationen regelmässig, etwa jährlich zum High-Level-Meeting der Vorstehenden. Daneben gibt es aber auch generelle Koordinationsmassnahmen. Dazu gehört etwa das MoU zwischen dem UNHCR und der IOM aus dem Jahr 1997, das als Rahmenvertrag mit Darlegung der jeweiligen Kompetenzen zu verstehen ist. Die Organisationen versuchen aber auch, unilateral die Kompetenzen abzugrenzen. In diesem Sinne ist etwa das «gemeinsame» IOM/UNHCR-Papier bezüglich Refugee Protection and Migration Control zu interpretieren, in dem die Organisationen unilateral ihre Sichtweise auf die Problematik darlegen. Ebenfalls zählen dazu einseitige *policy statements*, etwa Reden an die Adresse der jeweils anderen Organisation. So hat das UNHCR im Jahr 2004 anlässlich der Sitzung des IOM-Rates stark für eine Abgrenzung von Flüchtlingen und Migrantinnen und Migranten plädiert. Auch eine Reihe von Strategiepapieren haben jeweils unilateral zum Ziel, die eigenen Kompetenzen darzulegen und sie somit von anderen Organisationen abzugrenzen, etwa die IOM-*policy on protection*, die auch Aussagen zum Mandat des UNHCR macht. Darüber hinaus sind die Organisationen seit den 1990er-Jahren verstärkt in multilaterale Koordinationsmechanismen involviert. Dazu gehören etwa die Global Migration Group, ein Gremium von verschiedenen im Migrationsbereich tätigen Organisationen, oder die Koordination im Rahmen des Ständigen interinstitutionellen Ausschusses der UN.

Aus diesen Koordinationsmassnahmen, vor allem aus den uni- und bilateralen, lassen sich viele Hinweise auf die zugrunde liegenden Konflikte ablesen. Das MoU zwischen dem UNHCR und der IOM von 1997 ist exemplarisch. Es nennt mehrere Punkte in persönlicher und sachlicher Hinsicht, in denen Koordinations- und Kooperationsbedarf besteht. In persönlicher Hinsicht nennt das MoU etwa mehrere Kategorien, darunter Flüchtlinge, Migrierende, Rückkehrende und Binnenvertriebene, und legt jeweils das diesbezügliche Mandat der beiden Organisationen dar – oft ohne konkrete Vorschläge, wo die Grenzen der Kompetenzen der jeweiligen Organisation verlaufen. So wird etwa in Bezug auf Rückkehrende abschliessend festgehalten: «UNHCR and IOM will coordinate with each other to ensure complementarity of activities for returnees.»[814] Dem lässt sich entnehmen, dass die Mandate der Organisationen in Bezug auf Rückkehrende sich so weit überlappen, dass eine Koordination der Aktivitäten im Einzelfall unabdingbar ist. Ein weiteres Beispiel ist die sachliche Zuständigkeit für die Verbesserung der institutionellen Kapazitäten der Staaten. Im MoU wird festgelegt:

> «IOM and UNHCR have a shared interest in States having sufficient institutional capacity to enable them to fulfil international legal commitments and be in a position to manage movements of people. Cooperation and coordination therefore are and will continue to be paramount. UNHCR and IOM will continue to work closely in legal

---

814 MoU UNHCR-IOM, § 15.

and other areas relevant to capacity building so as to improve the ability of Governments to respond to crises.»[815]

Daraus lässt sich ablesen, dass beide Organisationen für die Verbesserung der institutionellen Kapazitäten der Staaten mandatiert sind. Weil sich aus den Mandaten keine Abgrenzungshinweise entnehmen lassen, sind die Organisationen darauf angewiesen, zusammenzuarbeiten und ihre Aktivitäten zu koordinieren. Insofern resultieren Koordinationsmassnahmen in der Regel nicht in einer Harmonisierung der Mandate bzw. der Abgrenzung der Kompetenzen der Organisationen, sondern sie sind Ausdruck von Konflikten zwischen den Organisationen und dienen damit lediglich der unmittelbaren Abwendung der negativen Konsequenzen dieser Überlappungen. Ebenfalls ergibt sich daraus, dass keine Organisation der anderen in bestimmten Bereichen *per se* übergeordnet wäre. Vielmehr ist die Notwendigkeit zu kooperieren Ausdruck davon, dass die Organisationen als grundsätzlich gleichwertig angesehen werden und ihr Verhältnis zueinander als horizontal eingestuft wird. Die Lösung von Konflikten musste sich bislang also grundsätzlich aus der Interaktion zwischen den Organisationen ergeben. Es ist zu erwarten, dass Koordination und Kooperation dann gelingen werden, wenn bei sich überlappenden Funktionen gleichzeitig eine Zielkohärenz besteht.

Wie sich diese Ausgangslage durch die Assoziierung der IOM an die UN ändern wird, bleibt abzuwarten. Mit dem heutigen Status als *related agency* bleibt die IOM weitgehend unabhängig von den Steuerungsmechanismen der UN. Die UN hat aber bereits angedeutet, dass die IOM längerfristig enger an die UN gekoppelt werden muss, etwa als Sonderorganisation, womit sie dem ECOSOC unterstehen würde. Auch ist bereits heute vorgesehen, dass das UNHCR und die IOM als jeweilige *leader* im Bereich Flüchtlinge und Migration eng(er) zusammenarbeiten werden müssen. Bislang hat die UN allerdings keine Schritte unternommen, diejenigen Bereiche zu identifizieren, in denen Kooperationsbedarf besteht bzw. in denen die jeweiligen Mandate abzugrenzen sind. Dass blosse Koordinationsmassnahmen ausreichen würden, um Konflikte und Unproduktivitäten zwischen den Organisationen zu vermeiden, scheint allerdings mit Blick auf die historische Entwicklung der beiden Organisationen immerhin zweifelhaft. Würde die IOM als Sonderorganisation in die UN integriert, würden sich allerdings Möglichkeiten bieten, die Organisationen miteinander abzuglei-

---

815 Ebd., § 24.

chen.[816] Dies könnte allenfalls mit Mechanismen zur klareren Trennung der Mandate einhergehen.

3. Rechtliche Relevanz von institutionellen Konflikten

a) Übertragung auf die substanzielle Ebene: Normkonflikte als mögliches Symptom

Die Fallstudie hat gezeigt, dass das UNHCR und die IOM in unterschiedlicher Art und Weise in die Entstehung und Weiterentwicklung des Rechts involviert sind. Das UNHCR erlässt etwa Richtlinien, die den Inhalt verschiedener Regeln der FK konkretisieren. Solche Richtlinien finden wiederum durch die Auslegung nationaler Gerichte Eingang in deren Rechtsprechung. Auch die IOM ist in mannigfaltiger Weise daran beteiligt, wenn neues Recht geschaffen oder bestehendes Recht interpretiert wird. So berät sie Staaten bei der Ausarbeitung neuer Immigrationsgesetze oder bildet Behörden bei der Anwendung von Gesetzen aus. Durch diese Mechanismen finden die Rationalitäten, welche die Organisationen verkörpern, Eingang sowohl in das internationale als auch in das nationale Recht. Allerdings ist keine der Organisationen mandatiert, direkt verbindliche völkerrechtliche Regeln zu erlassen. Das UNHCR ist immerhin mandatiert, die Umsetzung der Verpflichtungen der FK zu überwachen – die IOM hingegen verfügt über keine entsprechende normative Grundlage.[817] Daher kommt es auf substanzieller Ebene nie zu einem Normkonflikt im klassischen Sinne, bei dem ein Staat zwei völkerrechtlichen Verpflichtungen unterliegen würde, die vom UNHCR und von der IOM stammen und sich gegenseitig ausschliessen. Weil die Fallstudie aber gezeigt hat, dass sich durch die ver-

---

816 Vgl. zur Koordination innerhalb der UN: Boisson de Chazournes Laurence, Relations with Other International Organizations, in: Katz Cogan Jakob/Hurd Ian/Johnstone Ian (Hrsg.), The Oxford Handbook of International Organizations, Oxford 2016, S. 691–711.

817 Allerdings ist die IOM seit 2014 dabei, einen sog. Migation Governance Framework (MiGOF) zu entwickeln. Dieser enthält zwar ausdrücklich keine neuen *standards and norms*. Aber: «The IOM Migration Governance Framework sets out the essential elements to support planned and well managed migration. IOM is well placed to provide this advice: as the global lead agency on migration, IOM's purpose includes providing advice on migration questions and providing a forum for exchanges of views and experiences on migration and mobility issues.» (IOM, Migration Governance Framework 2015, § 3).

schiedenen Formen des *law-making* der Organisationen die institutionelle Ebene auf die substanzielle Ebene überträgt, ist klar, dass es zu Normkonflikten auf der Ebene Staat kommen könnte, würden die Organisationen verbindliche völkerrechtliche Verpflichtungen schaffen. So verstanden sind Normkonflikte ein mögliches Symptom von Institutionenkonflikten.

Allerdings zeigt die Fallstudie auch, dass auf der substanziellen Ebene, auf subtilere Art und Weise, trotzdem Schwierigkeiten entstehen können. Ein Beispiel sind etwa unterschiedliche Standards, die im Falle von Rückkehrenden angewendet werden. Grundsätzlich gilt, dass Flüchtlinge aufgrund des *refoulement*-Verbots in Artikel 33 FK nur auf freiwilliger Basis in den Heimatstaat zurückgebracht werden dürfen.[818] Ebenfalls ist es grundsätzlich anerkannt, dass abgewiesene Asylsuchende, die ein der FK entsprechendes Verfahren durchlaufen haben, letztlich unter Zwang in den Heimatstaat zurückgeführt werden können.[819] Ein Graubereich besteht bei Personen, die sich im Asylverfahren befinden. Da sie potenziell Flüchtlinge sind, kann eine unfreiwillige Rückführung in den Heimatstaat zu einer Verletzung des *non-refoulement*-Gebots führen. Auch die IOM anerkennt grundsätzlich das Erfordernis der Freiwilligkeit bei der Rückkehr von (potenziellen) Flüchtlingen. Allerdings hat sie in Bezug auf die Anforderungen an das Kriterium der Freiwilligkeit eigene Standards aufgestellt. Neben der freiwilligen und der zwangsweisen Rückführung kannte die IOM eine Zeit lang auch eine dritte Kategorie, die freiwillige Rückkehr unter Zwang *(under compulsion)*, «when persons are…unable to stay, and choose to return at their own volition».[820] Das Konzept der freiwilligen Rückkehr unter Zwang wurde kritisiert, weil die IOM offenbar Rückkehrprogramme auf dieser Basis durchführte, in denen die Freiwilligkeit aufgrund der faktischen Voraussetzungen nicht als gegeben erachtet werden konnte.[821] So hatten etwa Asylsuchende (und Flüchtlinge) in Indonesien selbst dann keine Aussicht auf ein Bleiberecht oder Asyl, wenn die Flüchtlingseigenschaft anerkannt wurde – ebenfalls hatten

---

818 Vgl. etwa ExCom, Conclusion No. 101 on Voluntary Repatriation (2004), § 23: «Freiwillig» wird hier als «the individual making a free and informed choice through, inter alia, the availability of complete, accurate and objective information on the situation in the country of origin» definiert.

819 «Individuals who do not have the right to stay are provided with an opportunity to comply with a removal order of their own accord. Forced return is a measure of last resort, proportional and consistent with international human rights law.» (UNHCR, Protection Policy Paper 2010, S. 5).

820 Zitat nach: HIRSCH/DOIG, S. 692.

821 Vgl. dazu etwa KOCH, S. 911 ff.

sie keine Aussicht auf Umsiedlung in einen Drittstaat.[822] Die Verfahren dauerten zudem lange und viele Personen lebten in prekären Verhältnissen. Unter diesen Umständen musste die Freiwilligkeit der Entscheidung zur Rückkehr in den Heimatstaat ernsthaft bezweifelt werden. Es konnte nicht ausgeschlossen werden, dass das Rückkehrprogramm der IOM zu einer Verletzung des *non-refoulement*-Gebots führte. Die IOM übernimmt in diesen Rückkehrprogrammen bestimmte Dienstleistungen für Staaten. Letztlich sind aber ganz unterschiedliche Akteure involviert, nicht zuletzt der Aufenthaltsstaat, der Herkunftsstaat sowie diejenigen Staaten, die das Programm finanzieren – im Falle von Indonesien war das etwa grossmehrheitlich Australien. Indem die IOM in Bezug auf das Kriterium der Freiwilligkeit eigene Standards setzt und damit eigentlich internationale Instrumente (v.a. die FK, aber auch verschiedene Menschenrechtsnormen) konkretisiert, übertragen sich diese Standards auch in die Staaten, die an den Rückführungsprogrammen unter diesen Bedingungen beteiligt sind bzw. die diese wie Australien in Auftrag geben und finanzieren. Die IOM hat das Konzept der freiwilligen Rückkehr *under compulsion* wohl auf die Kritik hin mittlerweile aufgegeben. Zumindest ist der Begriff auf der IOM-Homepage nicht mehr aufzufinden. Das Beispiel zeigt aber, dass das *standardsetting* von internationalen Organisationen auf der substanziellen Ebene dazu führen kann, dass Staaten Standards anwenden, die den Normen der FK oder den diesbezüglich aufgestellten Standards des UNHCR widersprechen.

b) Auf der Makroebene: Identifikation und Interpretation des Völkerrechts

Auf einem Makrolevel lässt sich festhalten, dass das UNHCR und die IOM einen wesentlichen Einfluss darauf haben, was Staaten und Individuen in den Bereichen Flüchtlinge und Migration als «das anwendbare Völkerrecht» und als «die richtige Interpretation» dieses Rechts qualifizieren. Beide Organisationen werden in ihren Bereichen als Autoritäten anerkannt, die legitimiert sind, sich dazu zu äussern, was das anwendbare Recht ist und wie es zu interpretieren ist. Bei beiden Organisationen ergibt sich diese *authority* einerseits aus den Mandaten, stärker vielleicht noch aus deren Erfahrung und Expertise im jeweiligen Bereich. Das UNHCR ist ferner zusätzlich stark über die Mandatierung zur Überwachung der

---

822 Vgl. zum Rückkehrprogramm der IOM in Indonesien: Hirsch/Doig, S. 691 ff.

Einhaltung der FK legitimiert. Die Anerkennung der Legitimität dieser *authority* äussert sich unterschiedlich. Zu denken ist etwa an die Berücksichtigung von Richtlinien und Handlungsanleitungen in der Auslegung nationaler und internationaler Normen durch die nationalen Gerichte, im Gesetzgebungsverfahren oder durch die Exekutive. Andererseits kann die Anerkennung aber auch daraus abgelesen werden, dass das UNHCR und die IOM mit ihrer Expertise bei der Beratung von Behörden oder im Gesetzgebungsprozess beigezogen werden. Ein Beispiel, das zeigt, wie Prinzipien und Richtlinien der Organisationen Eingang in das nationale Recht finden, ist etwa ein Aufruf des UN-Generalsekretärs an die UN-Mitgliedstaaten, ihr Grenzmanagement an die Vorgaben des UNHCR und der IOM anzupassen:

> «I call upon Member States in this regard to review their border management policies in the light of the recommended principles and guidelines on human rights at international borders developed by the Office of the United Nations High Commissioner for Human Rights (OHCHR), the IOM Migration Crisis Operational Framework and the UNHCR 10-point plan of action for refugee protection and mixed migration. I further call upon Member States to move away from the increasing trend of securitization and closure of borders, and to move towards creating more opportunities for safe, regular and orderly migration.»[823]

Die Organisationen definieren damit die Rahmenbedingungen, die auf einen bestimmten Sachverhalt zur Anwendung kommen. Demnach wirkt sich die Art und Weise, wie die Organisationen einen bestimmten Sachverhalt rechtlich einordnen, wie sie das anwendbare Recht definieren und wie sie dieses interpretieren, wesentlich auf die Wahrnehmung des Völker- und nationalen Rechts im Bereich Flüchtlinge und Migration aus.

Ein Beispiel ist der Bereich des Klimawandels und Umweltvertriebener. Sowohl das UNHCR als auch die IOM gehen davon aus, dass der Klimawandel und das Phänomen der Umweltvertriebenen einer der Megatrends der nächsten Jahrzehnte werden wird. Sie betrachten den Klimawandel dabei – entsprechend ihrer Rationalitäten – durch eine unterschiedliche Linse. Während das UNHCR einen Zusammenhang zwischen dem Klimawandel und Konflikten herstellt, fokussiert die IOM auf den Konnex zwischen Klimawandel und Entwicklung. Das UNHCR geht davon aus, dass die Folgen des Klimawandels zu neuen Konflikten führen können

---

823 Vereinte Nationen, Bericht des Generalsekretärs 2016, § 55.

oder dass bestehende Konflikte dadurch verstärkt werden. So qualifiziert das UNHCR etwa Hungersnöte im Zusammenhang mit Konflikten unter Umständen als Flüchtlingsproblem.[824] Diesfalls geht das UNHCR davon aus, dass die FK und die OAU-Konvention[825] anwendbar sind, und, wenn Personen keine Flüchtlinge im Sinne der Konventionen sind, allenfalls subsidiäre Schutzformen zur Anwendung kommen. Das Phänomen der Hungersnöte wird demnach in den Kontext des flüchtlingsrechtlichen Rahmens eingeordnet.[826] Die IOM auf der anderen Seite ordnet Phänomene im Zusammenhang mit dem Klimawandel in den Kontext der Migrations*governance* ein. So qualifiziert sie Migration im Zusammenhang mit dem Klimawandel als eine mögliche Strategie, sich dem Klimawandel anzupassen: «Migration when a planned and voluntary coping mechanism can serve as a social safety net for loss of income for example through the sending of remittances, and could potentially serve to alleviate pressure on already degraded lands. Therefore, bringing together migration, development, climate change and the environment policy perspectives is a priority and challenge for policy makers if the issue is to be addressed holistically.»[827] So realisiert die IOM im Zusammenhang mit Naturkatastrophen etwa Projekte, die es betroffenen Personen ermöglichen, temporär im Ausland zu arbeiten.[828] Sie spricht in diesem Zusammenhang von *environmental migrants*, definiert als «persons or groups of persons who, for compelling reasons of sudden or progressive change in the environment that adversely affects their lives or living conditions, are obliged to leave their habitual homes, or choose to do so, either temporarily or permanently, and who move either within their country or abroad».[829] Dabei ist es unerheblich, ob die Migration freiwillig oder erzwungen ist. Die IOM definiert in diesem Zusammenhang den anwendbaren rechtlichen Rahmen. Dies sind namentlich die Menschenrechte, das Umweltrecht, das humanitäre Völkerrecht, das Recht der internationalen Katastrophenhilfe, das

---

824 UNHCR, Conflict and Famine Affected Countries 2017.

825 Convention Governing the Specific Aspects of Refugee Problems in Africa vom 10. September 1969, in: 1001 UNTS 45.

826 Vgl. in Bezug auf *protection* im Zusammenhang mit Klimawandel und Umweltvertriebenen generell etwa: UNHCR, Climate Change and Disaster Displacement 2019. Vgl. zum Ganzen ausführlicher: GOODWIN-GILL GUY S./MCADAM JANE, UNHCR and Climate Change, Disasters, and Displacement, 2017.

827 IOM, Migration as Adaptation, S. 16. Vgl. zur Migration als Anpassungsstrategie etwa auch: IOM, Climate Change and Rights to Health, S. 3.

828 IOM, Migration as Adaption, S. 16.

829 Ebd., S. 19.

Staatsangehörigkeitsrecht sowie regionale und nationale Instrumente.[830] Bezüglich der bestehenden Unsicherheiten und Lücken empfiehlt die IOM, auf der Grundlage bestehender Gesetzgebung und *policies* einen umfassenderen *soft law*-Rahmen zu entwickeln.[831] In einer Eingabe zuhanden des UN-Hochkommissariats für Menschenrechte (OHCHR) identifizierte die IOM zudem verschiedene völkerrechtliche Pflichten der Staaten in diesem Zusammenhang, etwa die Verpflichtung «to protect people from the adverse effects of climate change on their rights and thus prevent any forced movement of people, except when strictly necessary to protect their life or safety»,[832] wobei sie sich auf unterschiedliche Instrumente beruft.[833] Die Organisationen entscheiden dadurch, wie unter Umständen ein und dasselbe Phänomen eingeordnet wird, welcher rechtliche Rahmen zur Anwendung kommt und wie die identifizierten Rechtsnormen zu interpretieren und anzuwenden sind. Je nachdem, ob eine flüchtlings- oder eine migrationsrechtliche Linse angewendet wird, kann dies zu unterschiedlichen Ergebnissen führen.

c) Auf der Mikroebene: Wahl des Regimes wirkt sich auf Individuen aus

Institutionelle Konflikte zwischen den Organisationen können sich konkret auf Individuen auswirken, indem ein bestimmtes Regime auf sie zur Anwendung kommt. Die Institutionalisierung der Flüchtlings- und Migrationsbelange durch zwei unterschiedliche Organisationen hat heute dazu geführt, dass sich im Bereich Migration auf internationaler Ebene zwei Regime entwickelt haben: ein Flüchtlingsregime, in dem das UNHCR den *lead* hat, und ein Migrationsregime, in dem die IOM den *lead* hat. Ausdruck davon ist nicht zuletzt die New York Declaration der GV, in der die Dichotomie beibehalten bzw. weiter ausgeprägt wurde und die sich in Form zweier unterschiedlicher Pakte manifestierte. Die Zweiteilung besteht sowohl auf institutioneller als auch auf substanzieller Ebene. Dabei

---

830 IOM, Migration, Environment and Climate Change 2014, S. 31 f.
831 Ebd., S. 32.
832 IOM, Human Rights and Climate Change, S. 2 f.
833 Dazu gehören etwa die UN Guiding Principles on Internal Displacement (United Nations Guiding Principles on Internal Displacement, in: E/CN.4/1998/53/ Add.2 vom 11. Februar 1998), der UNFCC (United Nations Framework Convention on Climate Change vom 9. Mai 1992, in: 1771 UNTS 107), das Pariser Übereinkommen, der Sendai Framework for Disaster Risk Reduction und der UN-Migrationspakt (ebd., S. 2 f.).

liegt die Unterscheidung nicht unbedingt in der Natur der Sache. So wäre zum Beispiel auch ein einziges Migrationsregime denkbar, das einzelne Personenkategorien anhand ihrer Schutzbedürftigkeit unterscheidet, wobei etwa die heutigen Kategorien Flüchtlinge und Klimavertriebene ähnliche Schutzbedürfnisse aufweisen würden.[834] Die Unterscheidung zwischen Flüchtlingen und anderen Migrierenden ist vielmehr historisch bedingt. Für Flüchtlinge, als Personen ohne Schutz durch den Heimatstaat verstanden, wurde eine eigene Institution geschaffen, die wiederum auf der substanziellen Ebene eigene Regeln für diese Personen schaffte. Auch die IOM hat später durch verschiedene Mechanismen dazu beigetragen, dass sich um die Organisation herum so etwas wie ein Migrationsregime entwickelte. Heute werden die Bereiche «Flüchtlinge» und «Migration» als zwei unterschiedliche politische und rechtliche Bereiche betrachtet. Diese Einordnung führt dazu, dass je nach Situation unterschiedliche Mechanismen getriggert werden, Personen fallen unter das Mandat einer bestimmten Organisation und ein unterschiedlicher rechtlicher Rahmen kommt zur Anwendung. Ein Beispiel sind humanitäre Krisensituationen. Hier kommt im Falle von *non-refugee humanitarian emergencies* der IASC Cluster-Approach zur Anwendung, unter Federführung verschiedener Organisationen; im Falle von *refugee operations* kommt das Refugee Coordination Model unter Federführung des UNHCR zur Anwendung. Je nachdem, ob eine humanitäre Krisensituation als Flüchtlingssituation qualifiziert wird oder nicht, kommen daher unterschiedliche Mechanismen zur Anwendung. Konkret kann die Wahl des anwendbaren Regimes, auch ausserhalb von Krisensituationen, dazu führen, dass Personen allfälligen Vorteilen, die ihnen aus dem anderen Regime erwachsen würden, verlustig gehen.

So kann es etwa vorkommen, dass Massnahmen der externalisierten Migrationssteuerung dazu führen, dass das Flüchtlingsregime gar nicht zur Anwendung kommt, obwohl es anwendbar wäre. Ein Beispiel sind die europäischen Staaten. Viele europäische Staaten sind traditionell Staaten, die Asyl gewähren, wenn Flüchtlinge spontan auf ihrem Territorium ankommen. Die USA, Australien und Kanada auf der anderen Seite sind traditionell eher Staaten, die Flüchtlingen vor allem im Rahmen des *resettlement* Asyl gewähren. Das hängt einerseits damit zusammen, dass viele eu-

---

834 Vgl. zur Idee eines am Schutzbedürfnis orientierten, umfassenden Migrationsregimes: GHOSH BIMAL, A Snapshot of Reflections on Migration Management. Is Migration Management a Dirty Word?, in: Geiger Martin/Pécoud Antoine (Hrsg.), The New Politics of International Mobility: Migration Management and its Discontents, IMIS-Sonderausgabe Heft 40 (2012), S. 25–30.

ropäische Staaten traditionell Auswanderungsländer sind und dadurch im Vergleich zu den traditionellen Einwanderungsländern eher liberale Einwanderungsgesetze kennen, bezüglich des Verbleibs und Aufenthalts aber im Grundsatz eher restriktiver sind. Andererseits haben aber auch die geografischen Gegebenheiten traditionell dazu geführt, dass Personen spontan auf das Territorium gelangen konnten. Weil viele europäische Staaten daher traditionell wenig *resettlement*-Möglichkeiten anbieten, hat eine Verschiebung zur externalisierten Migrationssteuerung, etwa durch die IOM, zur Folge, dass Personen keine Möglichkeit mehr haben, in diesen Staaten um Asyl nachzusuchen. Die Staaten können sich daher ihren Verpflichtungen unter dem flüchtlings- und menschenrechtlichen *refoulement*-Verbot entziehen, indem das Flüchtlingsregime gar nicht zur Anwendung kommt. Zu denken ist etwa an Situationen wie auf dem Mittelmeer bzw. in Libyen. Der EGMR hat das Zurückbringen von auf dem Mittelmeer abgefangenen Migranten nach Libyen durch italienische Behörden als Verstoss gegen das *refoulement*-Verbot gewertet, weil einerseits die Situation in Libyen als desolat qualifiziert wurde und andererseits die Gefahr bestand, dass diese Personen von Libyen unter Verletzung des *refoulement*-Verbots in ihre Heimatstaaten zurückgebracht würden.[835] Dementsprechend ging der EGMR davon aus, dass das Flüchtlings- und Menschenrechtsregime anwendbar war, sobald Italien sich aktiv mit den Personen befasste. Die europäischen Staaten reagierten, indem sie vermehrt Mechanismen unterstützten, die Personen bereits davon abhielten, sich auf die Reise über das Mittelmeer zu begeben. So war etwa die IOM in eine Reihe von Projekten involviert, welche die Verstärkung des Grenzschutzes vieler auf der Transitroute liegender afrikanischer Staaten zum Ziel hatten. Auch sind sowohl das UNHCR als auch die IOM in Projekte in Libyen involviert, die einen besseren Schutz von Flüchtlingen und Migrierenden zum Ziel haben. Dadurch, dass potenzielle Flüchtlinge davon abgehalten werden, auf das Territorium oder unter die Hoheitsgewalt europäischer Staaten zu gelangen, wird bereits im Kern verhindert, dass die FK zur Anwendung kommt. Insofern hat das Regime-*shifting* der europäischen Staaten zum Migrationsmanagementregime zur Folge, dass Personen von Garantien des Flüchtlingsregimes und der Möglichkeit, dass ihnen europäische Staaten Asyl gewähren würden, ausgeschlossen werden.

Auf der anderen Seite ist es aber auch denkbar, dass die Anwendung des Flüchtlingsregimes dazu führen kann, dass Personen von Vorteilen

---

835 EGMR, *Hirsi Jamaa u.a./Italien*, Application No. 27765/09, Urteil vom 23. Februar 2012, §§ 125 ff.

ausgeschlossen werden, die ihnen aus dem (wirtschaftlich orientierten) Migrationsverwaltungsregime erwachsen würden. So bietet die IOM etwa nach Naturkatastrophen Projekte an, die es betroffenen Personen ermöglichen, während einer gewissen Zeit im Ausland zu arbeiten. Wird eine Situation hingegen als Flüchtlingssituation qualifiziert, kann dies dazu führen, dass Personen keine solche Möglichkeiten erhalten. In der Vergangenheit haben viele Projekte des UNHCR zwar dazu beigetragen, dass Personen durch Nothilfeleistungen, wie etwa die Errichtung von Flüchtlingslagern, vor einer unmittelbaren Gefährdung geschützt werden konnten. Allerdings führte dies auch oft dazu, dass sehr langwierige Flüchtlingssituationen entstanden, in denen Flüchtlinge während Jahrzehnten in Flüchtlingslagern verweilen mussten, weil Alternativen, insbesondere *resettlement*-Möglichkeiten, fehlten. Es ist immerhin denkbar, dass, würden diese Personen nicht als Flüchtlinge, sondern als potenzielle Arbeitskräfte betrachtet, sich im Rahmen von IOM-Programmen Vorteile für sie ergeben würden. Insofern wirken sich die Wahl des anwendbaren Regimes und die anschliessend getriggerten institutionellen und substanziellen Mechanismen wesentlich auf die faktische und rechtliche Situation von Individuen aus.

4. Zwischenfazit

Die Eingangs gestellten Fragen zur Fallstudie werden demnach wie folgt beantwortet:

(1) Welche Ursachen liegen Konflikten zwischen internationalen Organisationen zugrunde? Die Fallstudie hat ergeben, dass der Grundstein für Konflikte zwischen dem UNHCR und der IOM schon bei der Gründung ihrer Vorgängerorganisationen gelegt wurde. So überlappten sich die Mandate des Hochkommissariats für Flüchtlinge des Völkerbundes und des Intergovenmental Committee (on Refugees) in funktionaler Hinsicht – die Organisationen waren indes geopolitische und teleologische Gegenentwürfe. Deren Grundideen übertrugen sich in die spätere Gründung des UNHCR im Jahr 1950 und des PICMME (bzw. des ICEM) im Jahr 1951. Auch sie sind als geopolitische und teleologische Gegenentwürfe bei sich gleichzeitig überlappenden Mandaten zu verstehen. Dabei wurden die Mandate der Organisationen vorliegend auf Kompetenzkonflikte im Sinne der gleichen Ermächtigung überprüft. Die Analyse hat ergeben, dass es schwierig ist, Kompetenzkonflikte zu identifizieren. Dies liegt daran, dass beide Gründungsdokumente Generalklauseln enthalten, welche die Organisationen

ermächtigen, neben den namentlich in den Mandaten genannten Tätigkeiten zusätzliche Aufgaben wahrzunehmen. Zudem haben beide Organisationen ihre Mandate durch Interpretation über die Zeit stark erweitert. In diesem Sinne ist es zutreffender, von sich überlappenden Mandaten als von Kompetenzkonflikten zu sprechen. Vor diesem Hintergrund kann als Ursache für Konflikte zwischen dem UNHCR und der IOM die Tatsache genannt werden, dass sie über sich überlappende Mandate verfügen, gleichzeitig aber andere Ziele verfolgen. Es handelt sich also um einen teleogischen Konflikt bei gleichzeitiger funktionaler Überlappung. Die Untersuchung hat zudem ergeben, dass die Überlappung der Mandate nicht zufällig entstanden ist, sondern strategisch kreiert wurde. So wurde mit dem PICMME bzw. dem ICEM bewusst eine Organisation erschaffen, die auch die Ziele der antikommunistischen Doktrin der USA im Bereich Migration verwirklichen sollte. Im Rahmen der UN war dies nicht möglich. Auch die Expansion beider Organisationen erfolgte oft strategisch in einen Bereich, in dem die andere Organisation bereits tätig war. Auch das trägt als Ursache zu Konflikten zwischen den Organisationen bei. Zusätzlich hat die Fallstudie ergeben, wie beide Organisationen ihr Regime über die Zeit durch verschiedene Mechanismen fortifiziert haben. Die Fortifizierung kann dabei als ein Mittel betrachtet werden, anderen Organisationen die Zuständigkeit für eine bestimmte Personengruppe oder einen bestimmten Bereich langfristig zu entziehen.

(2) Wie äussern sich Konflikte zwischen internationalen Organisationen? Die Fallstudie hat ergeben, dass sich die Konflikte zwischen dem UNHCR und der IOM in der Regel nicht als Normkonflikte manifestieren. Das liegt vor allem daran, dass zumindest die IOM nicht in einem engen Sinn rechtsetzend tätig ist. Aus diesem Grund haben sich in der Fallstudie keine Hinweise auf Normkonflikte auf der Ebene Staat im Sinne sich gegenseitig ausschliessender Pflichten ergeben, die sich aus den sich überlappenden Mandaten ergeben hätten. Vielmehr äusserten sich die sich überlappenden Mandate der Organisationen vor allem auf der institutionellen Ebene. Einerseits ist aus verschiedenen Dokumenten der Organisationen abzulesen, in welchen Bereichen die Organisationen konkurrieren. Andererseits sind die sich überlappenden Mandate in der Praxis vor allem dann erkennbar, wenn die Organisationen ihre Tätigkeiten koordinieren und so versuchen, die Tätigkeiten voneinander abzugrenzen und aufeinander abzustimmen. Weil die Organisationen zudem als *transmission belts* ihre eigenen Rationalitäten wiederum in weiteres Recht übertragen,

äussern sich Institutionenkonflikte auch auf der Ebene Staat und Individuum.[836]

(3) Sind diese Konflikte rechtlich relevant? Die Fallstudie hat ergeben, dass die Konflikte zwischen dem UNHCR und der IOM in verschiedener Hinsicht völkerrechtlich relevant sind. Zwar kommt es selten bis nie zu Normkonflikten auf der Ebene Staat, weil beide Organisationen nicht in einem engen Sinn rechtsetzend tätig sind. Trotzdem widerspiegeln sich die Zielkonflikte zwischen dem UNHCR und der IOM in der Ausgestaltung der Völkerrechtsordnung. So wenden die Organisationen etwa bei der Interpretation völkerrechtlicher Normen unterschiedliche Massstäbe an, die sich im Rahmen verschiedener Instrumente der Organisationen, etwa in Form von Richtlinien oder Standards, manifestieren. Diese werden von den Staaten durch verschiedene Mechanismen in die nationale Rechtsetzung und Rechtsprechung übernommen. Ferner wirkt sich die Art und Weise, wie das UNHCR und die IOM einen bestimmten Sachverhalt rechtlich einordnen, wesentlich auf die Wahrnehmung des Völker- und nationalen Rechts aus. Die Organisationen entscheiden dadurch, wie unter Umständen ein und dasselbe Phänomen eingeordnet wird, welcher rechtliche Rahmen zur Anwendung kommt und wie die identifizierten Rechtsnormen zu interpretieren und anzuwenden sind. Je nachdem, ob eine flüchtlings- oder eine migrationsrechtliche Linse angewendet wird, kann dies zu unterschiedlichen Ergebnissen führen. Die Wahl des anwendbaren Rechtsrahmens hat zudem Auswirkungen auf Individuen. Konkret kann die Wahl des anwendbaren Regimes dazu führen, dass Personen allfälligen Vorteilen, die ihnen aus dem anderen Regime erwachsen würden, verlustig gehen. Weil das UNHCR und die IOM das Völkerrecht wie auch das nationale Recht durch verschiedene Mechanismen formen, übertragen sich daher die Zielkonflikte auf der institutionellen Ebene wiederum in weiteres Recht. Konflikte zwischen internationalen Organisationen sind daher rechtlich relevant.

---

836 Siehe dazu sogleich.

B. Bedeutung für das Völkerrecht

1. Internationale Organisationen in der Völkerrechtsordnung

a) Entwicklung einer internationalen Verwaltung «von unten»

Die im 19. Jahrhundert gegründeten ersten internationalen Organisationen weckten die Hoffnung einer wahrlich internationalen Verwaltung. Die dezentrale Organisation der internationalen Verwaltung durch verschiedene Organisationen, die in ihrem Bereich eigenen Regeln folgen und eigene Regeln schaffen, die wiederum durch die regelmässige Anwendung der Staaten über die Zeit in Gewohnheitsrecht transformiert würden, wurde als geeigneter Mechanismus zur Entwicklung einer kohärenten überstaatlichen Verwaltung erachtet. Theoretisch, so die Hoffnung Ende des 19. Jahrhunderts, könnte sich aus dieser dezentralen Gründung von Organisationen mit je eigenem Funktionsbereich von unten herauf eine kohärente Völkerrechtsordnung entwickeln. Die euphorischen, fortschrittsorientierten Autoren des 19. Jahrhunderts lagen nicht falsch in ihrer Prophezeiung, wonach internationale Organisationen eine prägende Rolle in der überstaatlichen Verwaltung internationaler Phänomene einnehmen würden. Heute ist kaum ein Lebensbereich von den Handlungen internationaler Organisationen unbeeinflusst. Wer sein Kind impft, folgt einem Impfplan, der auf den Empfehlungen der WHO beruht; wer im europäischen Ausland arbeiten will, kann dies dank der Personenfreizügigkeit mit der EU relativ unkompliziert tun; die Einführung des Stimm- und Wahlrechts von Frauen in der Schweiz hängt wesentlich mit dem Beitritt der Schweiz zur EMRK zusammen. In diesem Sinne hat sich tatsächlich von unten herauf eine internationale Verwaltung entwickelt, wobei die Organisationen jeweils in ihrem spezifischen Tätigkeitsbereich eigenen Regeln folgen und gemäss ihrer Logik wiederum eigene Regeln erlassen. Diese werden durch verschiedene Mechanismen durch die Staaten rezipiert. So haben sich auch das UNHCR und die IOM im Rahmen ihrer Funktion zu Teilrechtsordnungen entwickelt, die ihrer eigenen Ratio folgen und im Rahmen dessen wiederum eigene Regeln erlassen. Sowohl das UNHCR als auch die IOM tragen in wesentlichem Masse zur «Verwaltung» der Migration als internationales und globales Phänomen bei. Anders als Ende des 19. Jahrhunderts prophezeit, beschränken sich internationale Organisationen aber nicht auf die passive Verwaltung über- und zwischenstaatlicher Phänomene. Sie sind heute auch wesentlich daran beteiligt, die Wahrnehmung und Handhabung globaler Probleme zu formen. Sie sind daher nicht nur apolitische Verwalterinnen, sondern auch aktive politische Gestalterinnen unserer Weltordnung. Sie sind damit zu einem Teil des Prozesses geworden, der sich heute nicht mehr als «von oben» oder «von unten» bezeichnen lässt, sondern am treffendsten als Wechselwirkung zwischen Normen und Akteuren, zwischen institutioneller und substanzieller Ebene.

b) Eine polyzentrische Rechtsordnung

Damit verbunden ist die Grundfrage, ob dieser fragmentierten Entwicklung – jede Organisation entwickelt im Rahmen ihrer Funktion eigene Prinzipien, die dann über die Zeit zu einem Ganzen zusammenwachsen – eine kohärente Rechtsordnung entwächst. Die frühen internationalen Organisationen des 19. Jahrhunderts hatten eine eng definierte Funktion, die heute existierenden internationalen Organisationen interpretieren ihre Funktion sehr breit. Dadurch gibt es heute unzählige Überlappungen zwischen den Mandaten der verschiedenen Organisationen. Weil das Völkerrecht dezentral organisiert ist und Organisationen oft unabhängig voneinander gegründet wurden, durch ein unterschiedliches staatliches Kollektiv, stehen sie *a priori* in keinem (hierarchischen) Verhältnis zueinander, das es rechtfertigen würde, die Kompetenzen der einen Organisation über diejenigen der anderen zu stellen. Sie stehen grundsätzlich in einem horizontalen bzw. heterarchischen Verhältnis zueinander, sofern sie nicht in irgendeiner Art und Weise institutionell miteinander verknüpft sind, etwa durch die UN. Dabei bedeutet auch eine institutionelle Verknüpfung allein noch nicht, dass eine Hierarchie bestehen würde, allerdings bestehen etwa im Rahmen der UN ausgeprägtere Steuerungsmechanismen. Dieses horizontale bzw. heterarchische Verhältnis bedeutet, dass sich das Konfliktmanagement primär aus den Interaktionen zwischen den verschiedenen Organisationen selbst ergibt. Im Falle des UNHCR und der IOM hat das Wachstum der Organisationen und die entsprechend grössere Regelungsdichte im Bereich Flüchtlinge und Migration zwar zu institutioneller Annäherung und verdichteter Koordination geführt. Die schon länger stattfindende Zentralisierung von Flüchtlings- und Migrationsbelangen in der UN fand mit der Assoziierung der IOM an die UN im Jahr 2016 ihren vorläufigen Höhepunkt. Trotzdem gibt es derzeit wenig Anhaltspunkte dafür, dass die Zentralisierung auch zu einer inhaltlichen Harmonisierung führen würde. Auch wenn man davon ausgeht, dass sich innerhalb der UN eine Art Flüchtlings- und Migrationsregime entwickeln könnte, hat dieses nach wie vor verschiedene Zentren, die eine historisch gewachsene und politisch gewollte Zweiteilung widerspiegeln: den Flüchtlingsschutz und das Migrationsmanagement. Insofern passt das Bild einer polyzentrischen Rechtsordnung, wobei die verschiedenen Zentren in steter Interaktion stehen, weiterhin gut – auch mit der Assoziierung der IOM an die UN.

c) Teilweise Kohärenz durch Interaktion

In einem dezentralen System mit unterschiedlichen Zentren, in dem keine *a priori* Hierarchien von Normen und Institutionen bestehen, ist zu erwarten, dass sich Kohärenz primär aus der Interaktion zwischen den verschiedenen Teilrechtsordnungen ergibt. Was aber ist mit Kohärenz eigentlich gemeint? Die Fallstudie hat ergeben, dass zwischen verschiedenen Ebenen unterschieden werden muss. So kann zwischen Zielen und den entsprechenden Massnahmen unterschieden werden. Eine Koordination von Massnahmen ist auch möglich, wenn keine Einigkeit hinsichtlich der Ziele besteht. So gelingt es dem UNHCR und der IOM im Feld oft gut, ihre Tätigkeiten aufeinander abzustimmen und Doppelspurigkeiten zu vermeiden. Auch haben sich die Ziele beider Organisationen über die Jahre verändert und in gewissen Bereichen angenähert. Ein Beispiel ist die grundsätzliche Anerkennung durch das UNHCR, dass eine gute Migrationsverwaltung letztlich auch dem Flüchtlingsschutz dient. Umgekehrt legt die IOM mittlerweile Wert auf besondere Massnahmen für Schutzbedürftige und betrachtet *protection* als integralen Bestandteil der internationalen Migrationsverwaltung. Insofern gibt es Bereiche, in denen zwischen den Zielen der Organisationen infolge der Interaktion zwischen ihnen Kohärenz entstanden ist. Trotzdem bleibt ein Spannungsverhältnis bestehen zwischen dem Ziel des Flüchtlingsschutzes und des Migrationsmanagements.

2. Konfliktmanagement «von aussen»

a) Designation einer *lead agency* in humanitären Krisensituationen

Die Fallstudie hat ergeben, dass sich in der Praxis verschiedene Mechanismen entwickelt haben, mit sich überlappenden Mandaten umzugehen bzw. Konflikte zwischen den Organisationen zu verhindern. Ein Beispiel ist der Fall, in dem für eine spezifische Situation eine Organisation bestimmt wird, welche die Federführung übernimmt. Die Frage stellt sich vor allem im Kontext von humanitären Notlagen, in denen schnelles Handeln und Koordination der verschiedenen Hilfsorganisationen gefragt ist. Ein frühes Beispiel ist die Ungarnkrise in den 1950er-Jahren, in der das UNHCR die Koordination der verschiedenen involvierten Organisationen übernahm, was anschliessend durch die GV bestätigt wurde.[837] Das UNHCR übernahm in der Folge in verschiedenen humanitären Krisensituationen, jeweils auf Anfrage des UN-Generalsekretärs, die Rolle der *lead agency*, etwa in der Bangladeschkrise 1971 oder in der Sudankrise 1972 unter dem Titel des *«focal point»*.[838] Auch die IOM wurde derweil durch UN-Organe mit der Koordination der verschiedenen Hilfsorganisationen betraut. So übernahm sie etwa in der Golfkrise in den 1990er-Jahren im Auftrag der Organisation der Vereinten Nationen für Katastrophenhilfe (UNDRO) die Verantwortung im Bereich Transport und Rückkehrdienstleistungen.[839] Bis in die 2000er-Jahre wurde so jeweils *ad hoc* eine Organisation situationsspezifisch (allenfalls auch bereichsspezifisch) zur federführenden Organisation, in der Regel durch Designation eines UN-Organs oder durch die Regierung der betroffenen Länder. Teils ergab sich die Rolle möglicherweise auch aus den Interaktionen zwischen den Organisationen selbst. Die Verteilung der Rollen wurde in den 2000er-Jahren durch die UN im Rahmen des Cluster Approach formalisiert. Damit hat sich im Bereich der humanitären Krisen über die Jahre eine (zunächst eher uneinheitliche) Praxis etabliert, die anschliessend im Rahmen der UN, also «von aussen», formalisiert wurde.

b) Koordination durch die UN

Auch ausserhalb humanitärer Krisensituationen haben sich im Rahmen der UN verschiedene Mechanismen entwickelt, die Organisationen zu koordinieren. So sind das UNHCR und die IOM in diversen Koordinationsgremien und Arbeitsgruppen vertreten, die darauf abzielen, Aktivitäten

---

837 Vgl. dazu vorne III. C. 1. c).

838 Vgl. dazu UNHCR, Statement by Prince Sadruddin Aga Khan, United Nations High Commissioner for Refugees, to the Third Committee of the United Nations General Assembly, 20. November 1972, <https://www.unhcr.org/admin/h cspeeches/3ae68f d1c/statement-prince-sadruddin-aga-khan-united-nations-high-commissioner-refuge es.html>. Rolle von UNHCR bestätigt in: E/RES/1655(LII) vom 1. Juni 1972 und E/RES/1705(LIII) vom 27. Juli 1972.

839 Vgl. dazu DUCASSE-ROGIER, S. 149.

besser aufeinander abzustimmen. Dazu gehören etwa die GCIM oder das IASC. Ein weiterer Koordinationsmechanismus ist die Gewährung des Beobachterstatus zwischen der IOM und der UN seit den 1990er-Jahren. Dadurch sind die Organisationen jeweils über die groben Züge der Aktivitäten der anderen Organisation informiert und können ihre Tätigkeiten aufeinander abstimmen. Des Weiteren ist die UN seit den 1990er-Jahren auch wieder vermehrt bestrebt, bestehende internationale Organisationen, wie es bei der Gründung der UN vorgesehen wurde, in die UN zu integrieren – nicht zuletzt, um sie den Koordinationsmechanismen der UN, etwa durch den ECOSOC, auch formell zu unterwerfen. Im Zuge dessen schloss die UN bereits in den 1990er-Jahren mit der IOM eine Kooperationsvereinbarung ab, in der die UN-Organe und Sonderorganisationen aufgefordert wurden, ebenfalls solche mit der IOM abzuschliessen. Die IOM hat in der Folge mit einer Reihe UN-Organen und -Sonderorganisationen MoU abgeschlossen, darunter auch das UNHCR. Das MoU mit dem UNHCR kann als Rahmenabkommen zwischen den beiden Organisationen gelesen werden und identifiziert verschiedene Bereiche, in denen Kooperationsbedarf besteht. Ebenfalls hat die IOM ihre Prozesse in gewissen Bereichen mit denjenigen der UN harmonisiert, so wendet es etwa die Personalregeln der UN an. Im Jahr 2016 wurde die IOM schliesslich mit der UN als *related agency* verbunden. Längerfristig ist aber eine Assoziierung als Sonderorganisation mit Unterwerfung unter den ECOSOC vorgesehen – jedenfalls vonseiten der UN. Je enger die IOM mit der UN verbunden ist, umso mehr Mechanismen hat die UN, die Organisationen «von oben» zu koordinieren. Die Frage, ob diese Koordinationsmassnahmen ohne eine strukturelle Veränderung der UN einhergehend mit einer Anpassung der Mandate der verschiedenen Organe und Organisationen zu einer Harmonisierung führen, bleibt allerdings offen. Bislang haben fast ausschliesslich eine Expansion und Ausdifferenzierung der einzelnen Organe und Organisationen stattgefunden, wodurch die Überlappungen immer zahlreicher und die Interdependenzen immer komplexer wurden. Es scheint daher fraglich, ob eine engere Anbindung an die UN allein tatsächlich zu einer Integration führen wird oder ob sich dadurch die Fragmentierung nicht bloss in das UN-System hinein überträgt.

c) Gutachten des IGH?

Eine weitere, kaum diskutierte und in der Praxis auch kaum angewendete Möglichkeit der Konfliktlösung «von aussen» wäre im Prinzip ein Gutachten des IGH. Es ist grundsätzlich denkbar, dass sich der IGH im Rahmen eines Gutachtens zur Kompetenzverteilung zwischen einzelnen Organen und Sonderorganisationen der UN äussern würde. Artikel 96 Buchstabe b der UN-Charta sieht vor, dass Organe der UN und UN-Sonderorganisationen den IGH um ein Gutachten ersuchen können, um rechtliche Fragen im Rahmen ihrer Aktivitäten zu beantworten. Die meisten der bisherigen Gutachten des IGH betreffen die GV, nur wenige Sonderorganisationen haben von diesem Recht Gebrauch gemacht.[840] Keines der bisherigen IGH-Gutachten betrifft die Abgrenzung der Kompetenzen zwischen zwei Organisationen oder Organen. Es gelten zudem einige Einschränkungen: Erstens wäre das UNHCR wohl nicht befugt, den IGH um ein Gutachten zu ersuchen. Das UNHCR fungiert nicht auf der Liste derjenigen Organe und Organisationen, die den IGH anrufen können. Fragen bezüglich des UNHCR müssten demnach durch die GV vorgelegt werden. Die IOM als Organisation ausserhalb des UN-Systems war bislang nicht befugt, den IGH um ein solches Gutachten anzurufen. Durch die Verbindung als UN-*related agency* ist es aber nicht augeschlossen, dass es der IOM in Zukunft möglich sein wird, an den IGH zu gelangen. Immerhin enthält die Liste zugelassener Organe und Organisationen des IGH mit der IAEA auch eine *related agency*.[841] Die letzte und grösste Einschränkung ist die Konzeption von Artikel 96 der UN-Charta selbst. Der Artikel sieht vor, dass Organe und Sonderorganisationen den IGH anrufen können, um Rechtsfragen «die sich in ihrem Tätigkeitsbereich stellen», zu beurteilen (Abs. 2). Der IGH hat damit grundsätzlich keine Kognition, die Kompetenzen einzelner Organe oder Sonderorganisationen der UN voneinander abzugrenzen. Seine Kognition bezieht sich lediglich auf die Beantwortung einer konkreten rechtlichen Frage im Rahmen des Mandats eines einzelnen Organs oder einer einzelnen Sonderorganisation. Der IGH soll daher keine «Aussenperspektive» einnehmen und über die Kompetenzordnung entscheiden. Vielmehr widerspiegelt auch diese Konzeption das tief verankerte funktionalistische Paradigma, wonach internationale Organisationen, auch Organe von solchen, anhand ihrer eigenen Regeln beurteilt werden, also aus einer «Binnenperspektive» heraus.

---

840 Namentlich die UNESCO, die WHO, der Internationale Fonds für landwirtschaftliche Entwicklung (IFAD) und die Internationale Seeschifffahrts-Organisation (IMO).

841 Liste abrufbar unter: <https://www.icj-cij.org/en/organs-agencies-authorized>.

3. Hindernisse bei der Harmonisierung im horizontalen Verhältnis

a) Überlappungen sind keine «Fehler»

Die Auswertung der Fallstudie zum UNHCR und zur IOM hat ergeben, dass es im heterarchischen Verhältnis zwischen internationalen Organisationen verschiedene Hindernisse gibt, die einer Harmonisierung im Weg stehen. Ein erstes Hindernis ist die Tatsache, dass Staaten bewusst Organisationen kreieren, deren Mandate sich in funktioneller Hinsicht überlappen. Durch die Schaffung verschiedener Organisationen, die im gleichen funktionellen Bereich tätig sind, dabei aber unterschiedliche Ziele verfolgen, können Staaten wählen, welches Ziel sie fördern bzw. priorisieren. So wurde die IOM (damals das PICMME) im Jahr 1951 gezielt als Gegenentwurf zum UNHCR gegründet, mit einem Mandat, das dasjenige des UNHCR immerhin insoweit überlappte, als Kompetenzkonflikte zumindest in Kauf genommen wurden. Die IOM war zu Beginn einerseits ein geopolitischer Gegenentwurf zum UNHCR, indem sie der Bekämpfung des Kommunismus diente – andererseits war sie ein teleologischer Gegenentwurf zum UNHCR, indem sie die wirtschaftliche Entwicklung der «freien Welt» fördern wollte. Insofern war die funktionelle Überlappung der Mandate der Organisationen eine politisch gewollte. Überlappungen, die von den Staaten bewusst aus strategischen Überlegungen kreiert werden, sind nicht leicht zu überwinden, da sie keine «Fehler» im System sind, an deren «Behebung» ein Interesse bestünde.

In diesem Sinne sind internationale Organisationen Ausdruck der Fragmentierung des Völkerrechts, allerdings nicht primär Ausdruck einer funktionellen Fragmentierung, sondern vielmehr einer teleologischen Fragmentierung der Gesellschaft bzw. der Staaten. Sie dienen so der Artikulierung und Festigung unterschiedlicher gesellschaftlicher Rationalitäten, wobei diese nicht zwingend widersprüchlich sind, wohl aber in einem Spannungsverhältnis zueinander stehen können. Nun ist die Fragmentierung selbst aber nicht *per se* etwas Schlechtes. Sie ist vor allem Ausdruck davon, dass es in der globalen Gesellschaft unterschiedliche Ziele gibt, die je nach wirtschaftlicher, politischer und sozialer Grosswetterlage unterschiedlich priorisiert werden. Insofern sind internationale Organisationen wirkungsvolle Mechanismen, um diese Prioritäten global umzusetzen. Konflikte zwischen internationalen Organisationen und Veränderungen von internationalen Organisationen widerspiegeln damit das stetige Aushandeln des Verhältnisses zwischen und der Gewichtung von unterschiedlichen Zielen und Werten der Gesellschaft. So ist das Tauziehen zwischen dem UNHCR und der IOM auch als Ausdruck einer Gewichtung zwischen humanitären Zielen und gleichzeitigem Interesse an der Abwehr der Migration zu lesen, als Spannungsfeld zwischen altruistischen und eigennützigen Zielen der Staaten, wobei beide Organisationen in unterschiedlichem Masse auch beide Ziele inkorporieren. Werden diese Prioritäten allerdings durch Organisationen umgesetzt, indem sie die ihnen zugrunde liegenden Rationalitäten durch verschiedene Mechanismen in weiteres Recht transformieren, kann dies zu Unvereinbarkeiten führen, etwa auf der Ebene Staat. Vor diesem Hintergrund ist es schwer vorstellbar, dass eine normative Einheit des globalen Rechts erreicht werden kann, solange keine normative Kohärenz der zugrunde liegenden Interessen besteht. Insofern sind sowohl Konflikte zwischen internationalen Organisationen auf institutioneller Ebene als auch sich daraus ergebende Normkonflikte auf der Ebene Staat Ausdruck von Regimekonflikten als Verkörperung unterschiedlicher Ziele und bleiben damit in gewissem Masse unvermeidbar.

b) Internationale Organisationen als Selbstzweck

Ein weiteres Hindernis ist die Akteurinnenqualität internationaler Organisationen. Internationale Organisationen sind nicht nur passive Strukturen. Sie sind letztlich durch Menschen geprägt und entwickeln sich über die Zeit zu eigenständigen Akteurinnen. In Organisationen entwickelt sich eine eigene Kultur und Mitarbeitende beginnen, sich mit bestimmten Werten zu identifizieren. Dadurch entsteht aus der blossen Existenz einer Organisation über die Zeit ein Selbstzweck, indem die Organisation versucht, zumindest weiterzubestehen – besser noch: zu expandieren, an globaler Wichtigkeit und Prestige zu gewinnen. Beide Organisationen haben über die Jahre beachtlich expandiert: die IOM von der Transportagentur der überschüssigen Bevölkerung in Europa zur selbsternannten *global lead agency on migration* – das UNHCR vom rechtlichen Schutz der europäischen Weltkriegsflüchtlinge zur global agierenden humanitären Hilfsorganisation. In dieser Eigendynamik haben viele Organisationen wenig Interesse daran, ihre eigenen Tätigkeiten zugunsten anderer Organisationen einzuschränken. Auch das steht einer Harmonisierung massgebend entgegen.

c) Fortifizierung des eigenen Regimes

Erschwerend kommt hinzu, dass internationale Organisationen dadurch, dass sie auch Akteurinnen sind, ihre eigenen Regime durch verschiedene Mechanismen fortifizieren. Dazu gehören etwa regelmässige Praktiken von internationalen Organisationen, die durch unterschiedliche Mechanismen institutionalisiert werden. Zu denken ist etwa an regelmässiges Verhalten, das mit der Zeit organisationsintern in einer Handlungsanleitung oder in einem Verhaltenskodex kodifiziert wird, aber etwa auch an wiederholte Resolutionen der GV, die bestimmte Handlungen absegnen. Ferner ist an verschiedene Formen des *law-making* von internationalen Organisation zu denken, das dazu führt, dass Staaten die Rationalität der entsprechenden Organisation in ihren nationalen Gesetzgebungs- und Rechtsprechungsprozess integrieren. Weiter gehören dazu auch die Spezialisierung und Ausdifferenzierung vieler Organisationen in ihrem Tätigkeitsbereich. Diese tragen in gewisser Weise zu einer Autonomisierung gegenüber ihrem *principal*, den Staaten, bei, indem die Organisationen über einen Wissensvorsprung verfügen. Wegen solcher Festigungsprozesse bleibt der Einfluss der (Mitglied-)Staaten auf die Organisation, selbst wenn sie das wollten, in gewissem Masse beschränkt. Angesichts dessen ist es fraglich, ob sich auf diese Art und Weise der Interaktion zwischen den Organisationen quasi auf freiwilliger Basis eine Abgleichung der Kompetenzen ergeben wird, solange die Überlappung sowohl von den Mitgliedstaaten und den Organisationen gewollt ist und zusätzlich verschiedene Festigungsprozesse eine Harmonisierung strukturell erschweren.

C. Erkenntnisse Fallstudie

In einer Würdigung der Ausführungen zur Fallstudie lassen sich folgende Erkenntnisse festhalten:

(1) Die Institutionalisierung gewisser Sachbereiche und Ziele durch internationale Organisationen wirkt sich langfristig sowohl auf das institutionelle als auch auf das substanzielle Gefüge des Völkerrechts aus. Die Fallstudie hat ergeben, dass das UNHCR und die IOM, trotz der Expansion und des Wandels, weiterhin massgebend von den Grundideen ihrer Vorgängerorganisationen geprägt sind: Das UNHCR widmet sich dem Flüchtlingsschutz; die IOM widmet sich der Verwaltung der internationalen Migration. Mittlerweile gehören beide Organisationen zum System der UN; das UNHCR als Nebenorgan und die IOM seit 2016 als *related agency*.

Die Organisationen werden die neuen Anker im Flüchtlings- und Migrationssystem der UN: das UNHCR für Flüchtlinge und die IOM im Bereich Migration. Auch auf normativer Ebene besteht heute eine Dichotomie. Während der Bereich Migration lange Zeit kaum international geregelt war, besteht im Bereich Flüchtlinge u.a. mit der FK, die das UNHCR zu überwachen mandatiert ist, ein etablierter Rechtsrahmen. Die Zweiteilung hat sich im Rahmen der UN mit der Ausarbeitung zweier Pakte (ein Flüchtlings- und ein Migrationspakt) und der jeweiligen Führungsrolle dabei durch das UNHCR und die IOM erneut manifestiert bzw. weiter ausgeprägt, obwohl sich die Situation von Flüchtlingen aus soziologischer Sicht kaum von derjenigen anderer schutzbedürftiger Personen unterscheidet. Die Zweiteilung auf der substanziellen Ebene war zudem in der Fallstudie eine Folge der Institutionalisierung durch zwei verschiedene Organisationen, indem das UNHCR nur die Flüchtlingsbelange institutionalisiert hat. Die Institutionalisierung an sich hat in der Fallstudie UNHCR – IOM zu einer Zementierung dieser Zweiteilung geführt, weil beide Organisationen ihr Regime über die Zeit durch verschiedene Mechanismen fortifiziert haben.

(2) Kompetenzkonflikte zwischen dem UNHCR und der IOM sind nicht leicht zu identifizieren. Das liegt vor allem daran, dass die Gründungs- bzw. Grunddokumente beider Organisationen Generalklauseln enthalten, die neben den namentlich genannten Aufgaben zusätzliche Tätigkeiten erlauben. Zudem haben beide Organisationen ihre Mandate durch Interpretation massgebend erweitert; besonders deutlich wird dies beim UNHCR, dessen Satzung seit 1950 nie angepasst wurde. Basierend auf den formellen Instrumenten liessen sich Kompetenzkonflikte im Sinne der gleichen Ermächtigung an zwei unterschiedliche Subjekte kaum identifizieren. Es ist daher passender, von sich überlappenden Mandaten zu sprechen, wenn diese so ausgestaltet sind, dass beide Organisationen später die Hoheit über die gleiche Personengruppe oder die Zuständigkeit für die Wahrnehmung der gleichen Tätigkeit beanspruchen.

(3) Die Konflikte zwischen dem UNHCR und der IOM sind ein Spiegel der Interessenkonflikte der Gesellschaft. Heute unterstützen viele Staaten sowohl das UNHCR als auch die IOM finanziell. Die Ziele der unterschiedlichen Projekte lassen sich dabei nicht immer leicht vereinen. So können strengere Einwanderungsgesetze und die faktische Kontrolle von Grenzen den Zugang zu internationalem Schutz erschweren. Gleichzeitig kann eine rudimentäre Schutzgewährung in den Heimatregionen aber auch dazu führen, dass andere Möglichkeiten für einen legalen Aufenthalt in einem Drittstaat nicht genutzt werden können. Die verschiedenen geförderten

Projekte des UNHCR und der IOM widerspiegeln insofern die Interessen der Staaten, als beide Organisationen heute weitgehend projektbasiert finanziert werden. Letztlich widerspiegeln Konflikte zwischen internationalen Organisationen damit Ambivalenzen zwischen verschiedenen Interessen, die innerhalb eines Staates oder einer Gesellschaft bestehen können.

(4) Gleichzeitig gestalten das UNHCR und die IOM aber auch die Rechtsordnung, an die sich die Staaten halten. Sowohl das UNHCR als auch die IOM sind massgebend daran beteiligt, das Völkerrecht im Bereich Flüchtlinge und Migration auszulegen und weiterzuentwickeln, etwa durch Standards und Richtlinien. Das UNHCR interveniert in nationalen Gesetzgebungs- und Gerichtsverfahren. Vor allem die IOM ist zudem beratend in Staaten tätig, wenn es darum geht, neue Einwanderungsgesetze zu schaffen. Beide Organisationen tragen dazu bei, neues Wissen zu schaffen und dieses zu klassifizieren. Vieles davon findet Eingang in die nationale Gesetzgebung und Rechtsprechung. Die unterschiedlichen Rationalitäten der Organisationen übertragen sich dadurch wieder in die Staaten, sei es durch die Auslegung des Völkerrechts, aber auch durch die Schaffung neuen nationalen Rechts.

(5) Die Konfliktlösung zwischen dem UNHCR und der IOM erfolgte in der Regel durch die Organisationen selbst. Dies entspricht dem grundsätzlich horizontalen Verhältnis zwischen den Organisationen ohne übergeordneten Steuerungsmechanismus. So koordinierten das UNHCR und die IOM ihre Tätigkeiten jeweils entweder *ad hoc*, etwa durch ein gemeinsames Büro für eine bestimmte Situation, oder in institutionalisierter Form, etwa durch das MoU von 1997. Mit der Assoziierung der IOM an die UN, aus der allenfalls ein Status als Sonderorganisation resultieren könnte, ergeben sich neue Steuerungsmöglichkeiten der UN. Es wird sich weisen, ob die engere Anbindung der IOM an die UN zu einer Harmonisierung der Mandate führen wird oder ob sich dadurch die Fragmentierung nicht bloss in das UN-System hinein überträgt. Vor dem Hintergrund der Fallstudie lässt sich an einer wahrhaftigen Integration immerhin zweifeln: Bislang haben fast ausschliesslich eine Expansion und Ausdifferenzierung der einzelnen Organe und Organisationen stattgefunden, wodurch die Überlappungen immer zahlreicher und die Interdependenzen immer komplexer wurden. Gleichzeitig verhindern einige Faktoren die Harmonisierung im horizontalen Verhältnis. So hat die Fallstudie etwa gezeigt, dass die Überlappungen oft strategisch kreiert wurden, um ein ähnliches Problem über ein alternatives Forum anzugehen. Auch die Ausdifferenzierung und Festigung nach innen erschweren eine Harmonisierung der Mandate zwischen dem UNHCR und der IOM.

V. Schlussbetrachtung

In der vorliegenden Arbeit wird das Verhältnis zwischen internationalen Organisationen und folglich die institutionelle Dimension der Fragmentierung des Völkerrechts untersucht. Der Regimeforschung im Völkerrecht bzw. der Auseinandersetzung mit der sogenannten Fragmentierung des Völkerrechts liegt im Wesentlichen die Frage nach der Beziehung zwischen verschiedenen kleineren Einheiten innerhalb des grösseren Systems Völkerrecht zugrunde. Während sich ein Teil der Forschung mit der Frage nach der Lösung von Normkonflikten zwischen funktional definierten Teilrechtsordnungen und dem «allgemeinen Völkerrecht» auseinandersetzt, beschäftigt sich ein anderer Teil der Forschung mit der Entwicklung und den Interaktionen der einzelnen Teilrechtsordnungen. Angeleitet wird die Forschung von der Prämisse, dass eine völkerrechtliche Rechtsordnung existiert, obwohl diese dezentral aufgebaut und fragmentiert ist. Die Vorstellung der Fragmentierung bzw. von Regimen, die in einen Konflikt geraten können, ist vorab ein Bild, sich diesen globalen rechtlichen Raum vorzustellen. Regime sind darin einzelne Teilrechtsordnungen, die, je nach Definition, auf einem bestimmten Themengebiet existieren. Die Forschung der Internationalen Beziehungen präzisiert dies dahin gehend, dass ein Regime nicht nur anhand seiner Funktion definiert wird, sondern auch auf gemeinsamen Prinzipien beruht. Da viele dieser Teilrechtsordnungen expandiert haben, bestehen zwischen ihnen zahlreiche Überlappungen. In diesen Bereichen interagieren die Teilrechtsordnungen, im schlechtesten Fall kommt es zu Konflikten.

Internationale Organisationen fügen sich in dieses Bild ein. Die meisten von ihnen haben über die Zeit ihr Mandat erweitert und sie agieren in einem bestimmten Themenbereich. Viele haben sich zu Teilrechtsordnungen entwickelt, die eigenen Prinzipien, Normen und Verfahren folgen. Die Mandate vieler Organisationen überlappen sich. Das ermöglicht Synergien und Interaktionen, führt aber auch zu Konflikten. Die vorliegende Arbeit hat dabei gezeigt, wie eng Institutionen und Normen miteinander verknüpft sind: Prinzipien und Normen formen die Organisationen. Sie ergeben sich vorab aus dem Gründungs- bzw. Grunddokument der Organisation. Diese Grunddokumente übertragen den Organisationen gewisse Aufgaben und zugleich die Kompetenz, die notwendigen Massnahmen zu treffen, um diese Aufgaben wahrzunehmen. Dank eines ideengeschichtlich liberalen Verständnisses von internationalen Organisationen ist es weithin akzeptiert, dass internationale Organisationen ihre Mandate grosszügig auslegen und in Bereiche expandieren, die dem Zweck der Organisation entsprechen, selbst wenn dies im Gründungsdokument nicht vorgesehen ist. Viele Organisationen haben sich zudem immer weiter spezialisiert und ihre Tätigkeiten ausdifferenziert, was zu einem Wissens- und Kompetenzvorsprung gegenüber den Mitgliedstaaten geführt hat. Daher verfügen heute viele Organisationen über eine gewisse Unabhängigkeit von ihren Mitgliedstaaten. Gleichzeitig sind internationale Organisationen als *agents* aber auch in beträchtlichem Masse von den Bedürfnissen ihrer Mitgliedstaaten geprägt. In diesem Sinne institutionalisieren internationale Organisationen gewisse Interessen sowohl der Mitgliedstaaten als auch der Organisation. Gestützt auf ihre Kompetenzen können Organisationen wiederum Normen generieren. Dadurch transformieren sie bestimmte Prinzipien in Normen, an die sich die Staaten halten. So verstanden sind Normkonflikte im Verhältnis zwischen internationalen Organisationen oft lediglich ein Symptom von Zielkonflikten, die bei sich gleichzeitig überlappenden Mandaten bestehen. Für das Verständnis der Fragmentierung des Völkerrechts sind Konflikte zwischen Institutionen daher ebenso relevant wie Konflikte zwischen Normen verschiedener Teilrechtsordnungen.

Im Beispiel UNHCR – IOM scheint das Bild der fragmentierten Ordnung, in der mehr Lücken als Überlappungen bestehen, bis lange nach dem Zweiten Weltkrieg passend. Seither haben aber beide Organisationen massgebend expandiert und ihre Tätigkeiten wie auch ihre Mandate immer weiter ausdifferenziert. Wo Lücken bestanden, beispielsweise im Bereich Binnenvertriebene, wurden diese durch die Organisationen geschlossen. Zudem entstand eine Reihe neuer Institutionen, die sich der Koordination zwischen den verschiedenen Akteuren oder spezifischer Themen annahmen. Heute scheint daher im Bereich Flucht und Migration auf der internationalen Ebene das Bild eines dichten Netzwerks aus verschiedenen Organisationen und Normen passender als das Bild einzelner Fragmente im Raum. Diese Ordnung ist durch eine hohe Interaktion zwischen den verschiedenen Gebilden gekennzeichnet. Deren Interaktionen tragen wesentlich zur Gestaltung der völkerrechtlichen Ordnung bei, wie die Fallstudie UNHCR – IOM gezeigt hat. Weil internationale Organisationen aus soziologischer Sicht immer auch gesellschaftliche Werte und Ziele verkörpern, sind Konflikte um die Zuständigkeiten auch ein Abbild gesellschaftlicher Zielkonflikte. Nach der Gründung widerspiegelten die IOM und das UNHCR primär Interessenkonflikte zwischen den USA und der neu gegründeten UN als Kollektiv mit den entsprechenden Mehrheitsverhältnissen in der GV und demnach vor allem eine territoriale Fragmentierung. Später, vor allem in den 1990er- und 2000er-Jahren, nachdem der Kalte Krieg ein Ende gefunden hatte, rückte die teleologische Fragmentierung stärker in den Vordergrund. Viele Staaten unterstützten nun sowohl die IOM wie auch das UNHCR. So wurde die IOM in dieser Zeit eher als eine Organisation wahrgenommen, die dem Interesse der Staaten an der Abwehr unerwünschter Migration diente. Eine solche Abwehr war im Rahmen des Mandats des UNHCR nicht durchsetzbar. Heute sind die beiden Organisationen, nicht zuletzt auch durch die Assoziierung der IOM an die UN, miteinander verzahnter und deren Verhältnis zueinander ist zugleich komplexer geworden. So widerspiegeln mittlerweile beide Organisationen bis zu einem gewissen Grad das Interesse am Schutz von schutzbedürftigen Personen bei einem gleichzeitigen Interesse an der Abwehr der unerwünschten Migration. Dass das UNHCR heute die Migrationsverwaltung als eine Aufgabe versteht, die dem Flüchtlingsschutz letztlich dient, ist vor allem auf die Interaktion mit der IOM zurückzuführen. Das Bestreben der IOM, in ihren Tätigkeiten dem Individualrechtsschutz grösseres Gewicht zuzumessen, lässt sich ebenfalls in diesem Sinne interpretieren. Insofern haben die Interaktionen in der Fallstudie auch zu einer Übertragung der unterschiedlichen Prinzipien von der einen zur anderen Organisation geführt. Trotz oder gerade wegen der immer engeren Verzahnung liessen sich in der Fallstudie aber auch zunehmend Streitigkeiten über die Hoheit über bestimmte Themen oder die Zuständigkeit für bestimmte Tätigkeiten beobachten.

Die Konflikte zwischen den Organisationen generierten jeweils Reibung und stiessen oftmals interne Veränderungen an. Hierarchische Konfliktlösungen (etwa unter dem Dach der UN[842]) waren hingegen selten. Die These des überwiegend horizontalen Verhältnisses zwischen dem UNHCR und der IOM mit der Konsequenz, dass Konflikte entweder durch Koordination oder durch Selbstregulierung gelöst werden, hat sich in der Fallstudie bestätigt. Ob sich an der horizontalen Art der Konfliktlösung, die primär auf Selbstregulierung der jeweiligen Organisation basiert, durch die engere Anbindung der IOM an die UN etwas ändern wird, bleibt weiterzuverfolgen. Die Selbstregulierung zwischen dem UNHCR und der IOM hat sich dabei in der Vergangenheit durchaus als ein probates Mittel

---

842 Als hierarchische Konfliktlösung liesse sich etwa die Einführung des Cluster-Ansatzes in der UN im Jahr 2005 bezeichnen, in der die UN die Zuständigkeiten für die einzelnen Cluster festgelegt hat. Vgl. zum Cluster-Ansatz vorne III. C. 6. d).

erwiesen, in gewissen Bereichen Konflikte zu entschärfen. Vor dem Hintergrund, dass die Mandatsüberlappungen in der Fallstudie bewusst kreiert worden sind, um unterschiedliche Ziele zu verwirklichen, sind Koordination und Selbstregulierung der Organisationen deshalb auch als Strategien zu verstehen, um verschiedene Interessen der globalen Gesellschaft auszutarieren und damit zum Funktionieren eines heterarchisch organisierten Rechtssystems beizutragen.

Literaturverzeichnis

ABBOTT KENNETH W., «Trust But Verify»: The Production of Information in Arms Control Treaties and Other International Agreements, Cornell International Law Journal Vol. 26 No. 1 (1993), S. 1–58

ABI-SAAB GEORGES, Fragmentation or Unification: Some Concluding Remarks, New York University Journal of International Law and Politics Vol. 31 (1998–1999), S. 919–933

ADENAS MADS/CHIUSSI LUDOVICA, Cohesion, Convergence and Coherence of International Law, in: Adenas Mads/Fitzmaurice Malgosia/Tanzi Attila/Wouters Jan (Hrsg.), General Principles and the Coherence of International Law, Leiden/Boston 2019, S. 9–34

AGA KHAN SADRUDDIN, Legal Problems Relating to Refugees and Displaced Persons, in: Collected Courses of the Hague Academy of International Law Vol. 149, Leiden/Boston 1976, S. 287–352

AGAMBEN GIORGIO, We Refugees, Symposium: A Quarterly Journal in Modern Literatures Vol. 49 No. 2 (1995), S. 114–119

AKANDE DAPO, The Competence of International Organizations and the Advisory Jurisdiction of the International Court of Justice, European Journal of International Law Vol. 9 (1998), S. 437–467

ALVAREZ JOSÉ E., International Organizations: Then and Now, The Amercian Journal of International Law Vol. 100 No. 2 (2006), S. 324–347 (zit. International Organizations: Then and Now)

DERS., International Organizations as Law-Makers, Oxford 2006 (online-Ressource) (zit. International Organizations as Law-Makers)

AMERASINGHE CHITTHARANJAN F., Principles of the Institutional Law of International Organizations, 2. Aufl., New York 2005

ANDRIJASEVIC RUTVICA/WALTERS WILLIAM, The International Organization for Migration and the International Government of Borders, Environment and Planning D: Society and Space Vol. 28 (2010), S. 977–999

ASHUTOSH ISHAN/MOUNTZ ALISON, Migration Management for the Benefit of whom? Interrogating the Work of the International Organization for Migration, Citizenship Studies Vol. 15 No. 1 (2011) S. 21–38

BARNETT MICHAEL N./FINNEMORE MARTHA, The Politics, Power, and Pathologies of International Organizations, International Organization Vol. 53 No. 4 (1999), S. 699–732

BARTELS INKEN, «We must do it gently.»: The Contested Implementation of the IOM's Migration Management in Morocco, Migration Studies Vol. 5 No. 3 (2017), S. 315–336

BEN-NUN GILAD, From *Ad Hoc* to Universal: The International Refugee Regime from Fragmentation to Unity 1922–1954, Refugee Survey Quarterly Vol. 34 (2015), S. 23–44

BENTWICH NORMAN, The League of Nations and Refugees, British Yearbook of International Law Vol. 16 (1935), 114–129 (zit. League of Nations and Refugees)

DERS., The International Refugee Organization of the United Nations, The Jewish Yearbook of International Law (1948), S. 152–163 (zit. International Refugee Organization)

BETTS ALEXANDER, The Refugee Regime Complex, Refugee Survey Quarterly Vol. 29 No. 1 (2010), S. 12–37 (zit. Refugee Regime Complex)

DERS., The United Nations High Commissioner for Refugees: Autonomy and Mandate Change, in: Oestreich Joel E. (Hrsg.), International Organizations as Self-Directed Actors: A Framework for Analysis, London 2012, S. 118–140 (zit. UNHCR Autonomy and Mandate Change)

DERS., The Global Compact on Refugees: Towards a Theory of Change?, International Journal of Refugee Law Vol. 20 No. 20 (2018), S. 1–4 (zit. Global Compact on Refugees)

BETTS ALEXANDER/LOESCHER GIL/MILNER JAMES, The United Nations High Commissioner for Refugees (UNHCR): The Politics and Practice of Refugee Protection, 2. Aufl., London 2012

BLOME KERSTIN/MARKARD NORA, «Contested Collisions»: Conditions for a Successful Collision Management – The Example of Article 16 of the Rome Statute, Leiden Journal of International Law Vol. 29 No. 2 (2016), S. 551–575

BOÉRESCO M., Exposé des Motifs du Projet de Loi pour L'Abolition de la Peine de Mort dans les Principautés-Unies, Revue Critique de Législation et de Jurisprudence Vol. 17 (1860), S. 441–449

BOISSON DE CHAZOURNES LAURENCE, Relations with Other International Organizations, in: Katz Cogan Jakob/Hurd Ian/Johnstone Ian (Hrsg.), The Oxford Handbook of International Organizations, Oxford 2016, S. 691–711

BRADLEY MEGAN, The International Organization for Migration (IOM): Gaining Power in the Forced Migration Regime, Refuge Vol. 33 No. 1 (2017), S. 91–106

DIES., Joining the UN Family?: Explaining the Evolution of IOM-UN Relations, in: Global Governance: A Review of Multilateralism and International Organizations Vol. 27 No. 2 (2021), S. 251–274

BROUDE TOMER, Keep Calm and Carry On: Martti Koskenniemi and the Fragmentation of International Law, Temple International and Comparative Law Journal Vol. 27 No. 2 (2013), S. 279–292

BURCHILL SCOTT/LINKLATER ANDREW (Hrsg.), Theories of International Relations, 5. Aufl., Basingstoke 2013

CAMPILLO CARRETE BEATRIZ/GASPER DES, Managing Migration in the IOM's World Migration Report 2008, in: Truong Than-Dam/Gasper Des (Hrsg.), Transnational Migration and Human Security: The Migration-Development-Security Nexus, Berlin/Heidelberg 2011, S. 117–132

CARLIN JAMES, Significant Refugee Crises Since World War II and the Response of the International Community, Michigan Yearbook of International Legal Studies Vol. 3 (1982), S. 3–26 (zit. Refugee Crises)

DERS., Statement by the ICM Director General, International Migration Vol. 24 No. 1 (1986), S. 11–13 (zit. Statement Director General)

DERS., Refugee Connection: Lifetime of a Running Lifeline, Basingstoke 1989 (zit. Refugee Connection)

COLLINS RICHARD/WHITE NIGEL D. (Hrsg.), International Organizations and the Idea of Autonomy, London 2011

CRAWFORD JAMES (Hrsg.)/BROWNLIE IAN, Brownlie's Principles of Public International Law, 8. Aufl., Oxford 2012

CRISP JEFF, Beyond the Nexus: UNHCR's Evolving Perspective on Refugee Protection and International Migration, in: UNHCR, New Issues in Refugee Research, Research Paper No. 155, April 2008, <http://www.refworld.org/pdfid/ 4c232564 6.pdf>

CULLEN MIRIAM, The IOM's New Status and its Role under the Global Compact for Safe, Orderly and Regular Migration: Pause for Thought, EJIL:Talk!, Blog of the European Journal of International Law, 29. März 2019, www.ejiltalk.org

DIES., The IOM as a «UN-Related» Organisation, and the Potential Consequences for People Displaced by Climate Change, in: Behrman Simon/Kent Avidan (Hrsg.), Climate Refugees: Global, Local and Critical Approaches, Cambridge 2022, S. 338–356

D'ASPREMONT JEAN, Formalism and the Sources of International Law: A Theory of the Ascertainment of Legal Rules, Oxford 2011

DASTYARI AZADEH/HIRSCH ASHER, The Ring of Steel: Extraterritorial Migration Controls in Indonesia and Libya and the Complicity of Australia and Italy, Human Rights Law Review Vol. 19 No. 3 (2019), S. 435–465

DAVIES MICHAEL/WOODWARD RICHARD, International Organizations: A Companion, Cheltenham 2014

DE SIERVO GIOVANNI, Actors, Activities, and Coordination in Emergencies, in: de Guttry Andrea/Gestri Marco/Venturini Gabriella (Hrsg.), International Disaster Response Law, Den Haag 2012, S. 485–516

DIGGELMANN OLIVER, *Targeted Sanctions* und Menschenrechte: Reflexionen zu einem ungeklärten Verhältnis, Schweizerische Zeitschrift für Internationales und Europäisches Recht 3/2009, S. 301–335 (zit. *Targeted Sanctions* und Menschenrechte)

DERS., Die Entstehung des modernen Völkerrechts in der frühen Neuzeit, in: Altwicker Tilmann/Cheneval Francis/Diggelmann Oliver (Hrsg.), Völkerrechtsphilosophie der Frühaufklärung, Tübingen 2015, S. 1–26

DERS., Anmerkungen zu den Unschärfen des völkerrechtlichen Rechtsbegriffs, Swiss Review of International and European Law, Vol. 26 No. 3 (2016), S. 381–390 (zit. Unschärfen)

DIGGELMANN OLIVER/HADORN NINA, Das Refoulement-Verbot als Brandmauer für das Unverhandelbare, in: Anderheiden Michael et al. (Hrsg.), Asylrecht und Asylpolitik der Europäischen Union, Baden-Baden 2018, S. 71–97

DIJKSTRA HYLKE, Who gets to live forever? An Institutional Theory on the Life and Death of International Organizations (8. April 2019), Paper prepared for the ECPR Joint Sessions, Mons, 8–12 April 2019, <https://ssrn.com/abstract=3358 352>

DUCASSE-ROGIER MARIANNE, L'Organisation Internationale pour les Migrations 1951–2001, IOM-Publikation, Genf 2002

DUNOFF JEFFREY, A New Approach to Regime Interaction, in: Young Margaret A. (Hrsg.), Regime Interaction in International Law Facing Fragmentation, Cambridge 2012, S. 136–147

DUPEYRON BRUNO, Secluding North America's Labor Migrants: Notes on the International Organization for Migration's Compassionate Mercenary Business, in: Zainotti Ruben (Hrsg.), Remote Control: The Externalisation of Migration Management in Europe and North America, New York 2016, S. 238–258

DUPUY PIERRE-MARIE, The Danger of Fragmentation or Unification of the International Legal System and the International Court of Justice, NYU Journal of International Law and Politics Vol. 31 (1999), S. 791–807 (zit. Fragmentation or Unification)

DUPUY RENÉ-JEAN, Le Droit des Relations Entre les Organisations Internationales, in: Collected Courses of the Hague Academy of International Law Vol. 100, Leiden/Boston 1960, S. 457–589

DWORKIN RONALD, The Model of Rules, The University of Chicago Law Review Vol. 35 No. 1 (1976), S. 14–46

EDWARDS ALICE, Temporary Protection, Derogation and the *1951 Refugee Convention*, Melbourne Journal of International Law Vol. 13 (2012), S. 595–635

ELIE JÉRÔME, The Historical Roots of Cooperation Between the High Commissioner for Refugees and the International Organization for Migration, Global Governance Vol. 16 (2010), S. 345–360

EMERSON HERBERT, Postwar Problems of Refugees, Foreign Affairs Vol. 21 (1943), S. 211–220

FASSBENDER BARDO, The United Nations Charter As Constitution of the International Community, Columbia Journal of Transnational Law Vol. 36 No. 3 (1998), S. 529–619

FINE SHOSHANA, Liaisons, Labelling and Laws: International Organization for Migration Bordercratic Interventions in Turkey, Journal of Ethnic and Migration Studies (2017) (DOI: 10.1080/1369183X.2017.1354073)

FINNEMORE MARTHA/TOOPE STEPHEN J., Alternatives to «Legalization»: Richer Views of Law and Politics, International Organization Vol. 55 No. 3 (2001), S. 743–758

FISCHER-LESCANO ANDREAS/TEUBNER GUNTHER, Regime-Collisions: The Vain Search for Legal Unity in the Fragmentation of Global Law, Michigan Journal of International Law Vol. 25 No. 4 (2004), S. 999–1046 (zit. Regime-Collisions 2004)

DIES., Regime-Kollisionen: Zur Fragmentierung des globalen Rechts, Frankfurt am Main 2006 (zit. Regime-Kollisionen 2006)

FITZPATRICK JOAN, Temporary Protection of Refugees: Elements of a Formalized Regime, American Journal of International Law Vol. 94 No. 2 (2000), S. 279–306

GEIGER MARTIN/PÉCOUD ANTOINE, International Organisations and the Politics of Migration, Journal of Ethnic and Migration Studies Vol. 40 No. 6 (2014), S. 865–887

GEORGI FABIAN, For the Benefit of Some: The International Organization for Migration and its Global Migration Management, in: Geiger Martin/Pécoud Antoine (Hrsg.), The Politics of International Migration Management, New York 2010, S. 54–72

GEORGI FABIAN/SCHATRAL SUSANNE, Towards a Critical Theory of Migration Control: The Case of the International Organization for Migration (IOM), in: Geiger Martin/Pécoud Antoine (Hrsg.), The New Politics of International Mobility: Migration and its Discontents, IMIS-Sonderausgabe Heft 40 (2012), S. 193–211

GHOSH BIMAL, A Snapshot of Reflections on Migration Management. Is Migration Management a Dirty Word?, in: Geiger Martin/Pécoud Antoine (Hrsg.), The New Politics of International Mobility: Migration Management and its Discontents, IMIS-Sonderausgabe Heft 40 (2012), S. 25–30

GOLDSMITH JACK L./POSNER ERIC A., The Limits of International Law, New York 2005

GOODRICH LELAND M., From League of Nations to United Nations, International Organization Vol. 1 No. 1 (1947), S. 3–21

GOODWIN-GILL GUY S./McADAM JANE, UNHCR and Climate Change, Disasters, and Displacement, 2017, <https://www.refworld.org/pdfid/59413c7115.pdf>

GOURGOURINIS ANASTASIOS, General/Particular International Law and Primary/Secondary Rules: Unitary Terminology of a Fragmented System, European Journal of International Law Vol. 22 No. 4 (2011), S. 993–1026

GREENWOOD CHRISTOPHER, Sources of International Law: An Introduction, in: United Nations Treaty Collection (2008), <http://legal.un.org/avl/pdf/ls/g reenwood_outline.pdf> (zit. Sources of International Law)

DERS., Unity and Diversity in International Law, in: Adenas Mads/Bjorge Eirik (Hrsg.), A Farewell to Fragmentation: Reassertion and Convergence in International Law, Cambridge 2015, S. 37–55 (zit. Unity and Diversity)

HASENCLEVER ANDREAS/MAYER PETER/RITTBERGER VOLKER, Theories of International Relations, Cambridge 1997

HAVEMAN BASTIAAN WOUTER, ICEM: The very Essence of its Existence, International Migration Vol. 5 No. 2 (1967), S. 81–89

HELFER LAURENCE R., Understanding Change in International Organizations: Globalization and Innovation in the ILO, Vanderbilt Law Review Vol. 59 No. 3 (2006), S. 649–726

HELTON ARTHUR, Political Asylum Under the 1980 Refugee Act: An Unfulfilled Promise, University of Michigan Journal of Law Reform Vol. 17 (1984), S. 243–264

HIGGINS ROSALYN, International Trade Law and the Avoidance, Containment and Resolution of Disputes: General Course on Public International Law, Collected Courses of the Hague Academy of International Law Vol. 230, Leiden/Boston 1991

HIRSCH ASHER LAZARUS/DOIG CAMERON, Outsourcing Control: the International Organization for Migration in Indonesia, The International Journal of Human Rights Vol. 22 No. 5 (2018), S. 681–708

HOLBORN LOUISE, The League of Nations and the Refugee Problem, The Annals of the American Academy of Political and Social Science Vol. 203 (1939), S. 124–135 (zit. League of Nations Refugees)

DIES., The International Refugee Organization: A Specialized Agency of the United Nations: Its History and Work 1946–1952, London/New York/Toronto 1956 (zit. International Refugee Organization)

DIES., International Organizations for Migration of European Nationals and Refugees, International Journal Vol. 20 No. 3 (1965), S. 331–349 (zit. International Organizations for Migration)

DIES., Canada and the ICEM, International Journal Vol. 18 No. 2 (1963), S. 211–214 (zit. Canada and the ICEM)

HOLBORN LOUISE/CHARTRAND PHILIPP/CHARTRAND RITA, Refugees: A Problem of Our Time: The Work of The United Nations High Commissioner for Refugees, 1951–1972, Metuchen (NJ) 1975

JENKS C. WILFRED, The Conflict of Law-Making Treaties, British Yearbook of International Law Vol. 30 (1953), S. 401–453

JENNINGS ROBERT, Some International Law Aspects of the Refugee Question, British Yearbook of International Law Vol. 20 (1939), S. 98–114

JOSEPH SARAH, Blame it on the WTO?: A Human Rights Critique, Oxford 2011

KAGAN MICHAEL, «We Live in a Country of UNHCR»: The UN Surrogate State and Refugee Policy in the Middle East, in: UNHCR, New Issues in Refugee Research, Research Paper No. 201, Februar 2011, <https://www.unhcr.org/4d5a8 cde9.pdf>

KARATANI RIEKO, How History Separated Refugee and Migrant Regimes: In Search of Their Institutional Origins, International Journal of Refugee Law Vol. 17 No. 3 (2005), S. 517–541

KEARNEY RICHARD D./DALTON ROBERT E., The Treaty on Treaties, American Journal of International Law Vol. 64 No. 3 (1970), S. 495–561

KELSEN HANS, Théorie du Droit International Public, in: Collected Courses of the Hague Academy of International Law Vol. 84, Leiden/Boston 1953, S. 1–203 (zit. Théorie du Droit International Public)

DERS., General Theory of Norms, Oxford 1991 (zit. General Theory of Norms)

KENNEDY DAVID, International Refugee Protection, Human Rights Quarterly Vol. 8 No. 1 (1986), S. 1–69 (zit. International Refugee Protection)

DERS., The Move to Institutions, Cardozo Law Review Vol. 8 No. 2 (1987), S. 841–988 (zit. Move to Institutions)

KEOHANE ROBERT O., Neoliberal Institutionlism: A Perspective on World Politics, in: Keohane Robert O. (Hrsg.), International Institutions and State Power: Essays in International Relations Theory, Boulder 1989, S. 1–20

KEOHANE ROBERT O./NYE JOSEPH S., Power and Interdependence: World Politics in Transition, Boston 1977

KLABBERS JAN, The Redundancy of Soft Law, Nordic Journal of International Law Vol. 65 (1996), S. 167–182 (zit. Redundancy of Soft Law)

DERS., Two Concepts of International Organisation, International Organizations Law Review Vol. 2 No. 2 (2005), S. 277–293 (zit. Two Concepts of International Organisation)

DERS., Law-making and Constitutionalism, in: Klabbers Jan/Peters Anne/Ulfstein Geir (Hrsg.), The Constitutionalization of International Law, Oxford 2009, S. 81–125 (zit. Law-making and Constitutionalism)

DERS., Towards a Culture of Formalism? Martti Koskenniemi and the Virtues, Temple International and Comparative Law Journal Vol. 27 No. 2 (2013), S. 417–436

DERS., The Emergence of Functionalism in International Institutional Law: Colonial Inspirations, European Journal of International Law Vol. 25 No. 3 (2014), S. 645–675 (zit. Emergence of Functionalism)

DERS., The EJIL Foreword: The Transformation of International Organizations Law, European Journal of International Law Vol. 26 No. 1 (2015), S. 9–82 (zit. Transformation of International Organizations Law)

DERS., An Introduction to International Organizations Law, 3. Aufl., Cambridge 2015 (zit. Introduction to International Organizations Law)

DERS., Transforming Institutions: Autonomous International Organisations in Institutional Theory, Cambridge International Law Journal Vol. 6 No 2 (2017), S. 105–121 (zit. Transforming Institutions)

KOCH ANNE, The Politics and Discourse of Migrant Return: The Role of UNHCR and IOM in the Governance of Return, Journal of Ethnic and Migration Studies Vol. 40 No. 6 (2014), S. 905–923

KOH KEVIN IN-CHUEN, International Organization for Migration, in: Tietje Christian/Brouder Alan (Hrsg.), Handbook of Transnational Economic Governance Regimes, Leiden 2009, S. 191–200

KOSKENNIEMI MARTTI, The Gentle Civilizer of Nations: the Rise and Fall of International Law 1870–1960, Cambridge 2002 (zit. Civilizer)

DERS., Global Legal Pluralism: Multiple Regimes and Multiple Modes of Thought, Paper Presented at Harvard Law School, 5. März 2005, <http://www.helsinki.fi/eci/Publications/Koskenniemi/MKPluralism-Harvard-05d[1].pdf> (zit. Global Legal Pluralism)

DERS., The Fate of Public International Law: Between Techniques and Politics, The Modern Law Review Vol. 70 No. 1 (2007), S. 1–30 (zit. Fate of Public International Law)

DERS., Hegemonic Regimes, in: Young Margaret A. (Hrsg.), Regime Interaction in International Law Facing Fragmentation, Cambridge 2012, S. 305–324 (zit. Hegemonic Regimes)

KRASNER STEPHEN D., Structural Causes and Regime Consequences: Regimes as Intervening Variables, International Organization Vol. 36 No. 2 (1982), S. 185–205 (zit. Intervening Variables)

DERS., Regimes and the Limits of Realism: Regimes as Autonomous Variables, International Organization Vol. 36 No. 2 (1982), S. 497–510 (zit. Regimes and the Limits of Realism)

KRATOCHWIL FRIEDRICH/RUGGIE JOHN GERARD, International Organization: A State of the Art on an Art of the State, International Organization Vol. 40 No. 4 (1986), S. 753–775

KREHBIEL EDWARD, The European Commission of the Danube: An Experiment in International Administration, Political Science Quarterly Vol. 33 No. 1 (1918), S. 38–55

KUMIN JUDITH, Orderly Departure from Vietnam: Cold War Anomaly or Humanitarian Innovation?, Refugee Survey Quarterly Vol. 27 No. 1 (2008), S. 104–118

KUNZ JOSEPH L., Experience and Techniques in International Administration, Iowa Law Review Vol. 31 (1945), S. 40–57

LANG JR. ANTHONY F./WIENER ANTJE (Hrsg.), Handbook on Global Constitutionalism, Cheltenham und Northampton (MA) 2017

LEATHLEY CHRISTIAN, An Institutional Hierarchy to Combat the Fragmentation of Internatioanl Law: Has the ILC Missed an Opportunity?, International Law and Politics Vol. 40 (2007), S. 259–306

LEVY MARC A./YOUNG ORAN R./ZÜRN MICHAEL, The Study of International Regimes, European Journal of International Relations Vol. 1 No. 3 (1995), S. 267–330

LINDERFALK ULF, Normative Conflict and the Fuzziness of the International *ius cogens* Regime, Zeitschrift für ausländisches öffentliches Recht und Völkerrecht 2009 Heft 4, S. 961–977

LOESCHER GIL, The UNHCR and World Politics: A Perilous Path, Oxford 2001

LOGES BASTIAN, Schutz als neue Norm in den internationalen Beziehungen: Der UN-Sicherheitsrat und die Etablierung der Responsiblity to Protect, Wiesbaden 2013

LOHRMANN REINHARD, Migrants, Refugees and Insecurity. Current Threats to Peace?, International Migration Vol. 38 No. 4 (2000), S. 3–22

LUHMANN NIKLAS, Die Wirtschaft der Gesellschaft, Frankfurt am Main 1994 (zit. Wirtschaft der Gesellschaft)

DERS., Die Weltgesellschaft, Archiv für Rechts- und Sozialphilosophie Vol. 57 No. 1 (1971), S. 1–35 (zit. Die Weltgesellschaft)

MARKS EDWARD, Internationally Assisted Migration: ICEM Rounds Out Five Years of Resettlement, International Organization Vol. 11 No. 3 (1957), S. 481–494

MARTIN SUSAN F., International Cooperation on Migration and the UN System, in: Koslowski Rey (Hrsg.), Global Mobility Regimes, New York 2011, S. 29–49

MATTAR VANESSA/WHITE PAUL, Consistent and Predictable Responses to IDPs: A Review of UNHCR's Decision-Making Processes, in: United Nations High Commissioner for Refugees Evaluation and Policy Analysis Unit, UNHCR Doc. EPAU/2005/2, März 2005, <http://www.unhcr.org/423551522.pdf>

MCBRIDE MIKE, Anatomy of a Resolution: the General Assembly in UNHCR History, in: UNHCR, New Issues in Refugee Research, Research Paper No. 182, Dezember 2009, <http://www.refworld.org/docid/4c23257a0.html>

MCMORRIS TATE TREVOR, Regime-building in the Non-Proliferation System, Journal of Peace Research Vol. 27 No. 4 (1990), S. 399–414

MICHAELS RALF/PAUWELYN JOOST, Conflict of Norms or Conflict of Laws?: Different Techniques in the Fragmentation of International Law, Duke Journal of Comparative & International Law Vol. 22 No. 3 (2012), S. 349–376

MILLER DAVID HUNTER, The International Régime of Ports, Waterways and Railways, American Journal of International Law Vol. 13 (1919), S. 669–686

MOECKLI DANIEL, Internationale Gerichte: Garanten der Stabilität oder undemokratische politische Akteure?, Schweizerisches Zentralblatt für Staats- und Verwaltungsrecht Vol. 119 (2018), S. 74–82

MOECKLI DANIEL/WHITE NIGEL D., Treaties as «Living Instruments», in: Kritsiotis Dino/Bowman Michael (Hrsg.), Conceptual and Contextual Perspectives on the Modern Law of Treaties, Cambridge 2018, S. 136–171

MORGENSTERN FÉLICE, Legal Problems of International Organizations (Hersch Lauterpacht Memorial Lectures), Cambridge 1986

MORGENTHAU HANS J., Politics Among Nations: The Struggle for Power and Peace, 4. Aufl., New York 1967

MÜLLER HARALD, The Nuclear Trade Regime: A Case for Strengthening the Rules, in: Fry Michael P./Keatinge Patrick/Rotblat Joseph (Hrsg.): Nuclear Non-Proliferation: and the Non-Proliferation Treaty, Berlin/Heidelberg/New York 1990, S. 19–30

NETTESHEIM MARTIN, Das kommunitäre Völkerrecht, JuristenZeitung Vol. 57 No. 12 (2002), S. 569–578

NEWLAND KATHLEEN, The Governance of International Migration: Mechanisms, Processes and Institutions, A Paper Prepared for the Policy and Research Programme of the Global Commission on International Migration, September 2005, <https://www.iom.int/jahia/webdav/site/myjahiasite/shared/shared/mainsit e/policy_and_research/gcim/tp/TS8b.pdf>

OBERTHÜR SEBASTIAN/GEHRING THOMAS, Institutional Interaction in Global Environmental Governance: The Case of the Cartagena Protocol and the World Trade Organization, Global Environmental Politics Vol. 6 No. 2 (2006), S. 1–31

OELLERS-FRAHM KARIN, Multiplication of International Courts and Tribunals and Conflicting Jurisdiction – Problems and Possible Solutions, Max Planck Yearbook of United Nations Law Vol. 5 (2001), S. 67–104

PAPADOPOULOS YANNIS/PARSANOGLU DIMITRIS, Operationalizing the Regulation of Human Mobility in the 1940s, in: Venturas Lina (Hrsg.), International «Migration Management» in the Early Cold War: The Intergovernmental Committee for European Migration, Published in 2015 (PDF e-book), S. 33–52

PARSANOGLU DIMITRIS, Organizing an International Migration Machinery: The Intergovernmental Committee for European Migration, in: Venturas Lina (Hrsg.), International «Migration Management» in the Early Cold War: The Intergovernmental Committee for European Migration, Published in 2015 (PDF e-book), S. 55–85

PAUWELYN JOOST, Conflict of Norms in Public International Law: How WTO Law Relates to other Rules of International Law, Cambridge 2003

PECK SARAH, The Campaign for an American Response to the Nazi Holocaust, 1943–1945, Journal of Contemporary History Vol. 15 (1980), S. 367–400

PÉCOUD ANTOINE, What do we know about the International Organization for Migration?, Journal of Ethnic and Migration Studies Vol. 44 No. 10 (2017), S. 1621–1638

PERRUCHOUD RICHARD, L'Organisation Internationale pour les Migrations, Annuaire Français de Droit International Vol. 33 (1987), S. 513–539 (zit. L'Organisation Internationale pour les Migrations)

DERS., From the Intergovernmental Committee for European Migration to the International Organization for Migration, International Journals of Refugee Law Vol. 1 No. 4 (1989), S. 501–517 (zit. From the ICEM to the IOM)

DERS., Persons Falling under the Mandate of International Organization for Migration (IOM) and to Whom the Organization May Provide Migration Services, International Journal of Refugee Law, Vol. 4 No. 2 (1992), S. 205–215 (zit. Persons Falling under the Mandate of IOM)

PETERS ANNE, The Refinement of International Law: From Fragmentation to Regime Interaction and Politicization, International Journal of Constitutional Law Vol. 15 No. 3 (2017), S. 671–704

PETERSON GLEN, The Uneven Development of the International Refugee Regime in Postwar Asia: Evidence from China, Hong Kong and Indonesia, Journal of Refugee Studies Vol. 25 No. 3 (September 2012), S. 326–343

PILLINGER MARA/HURD IAN/BARNETT MICHAEL N., How to Get Away with Cholera: The UN, Haiti, and International Law, Perspectives on Politics Vol. 14 No. 1 (2016), S. 70–86

PULKOWSKI DIRK, The Law and Politics of International Regime Conflict, Oxford 2014

RAMA-MONTALDO MANUEL, International Legal Personality and Implied Powers of International Organizations, British Yearbook of International Law Vol. 44 (1970), S. 111–155

REINSCH PAUL, International Unions and their Administration, American Journal of International Law Vol. 1 (1907), S. 579–623 (zit. International Unions and their Administration)

DERS., International Administrative Law and National Sovereignty, American Journal of International Law Vol. 3 (1909), S. 1–45 (zit. International Administrative Law and National Sovereignty)

DERS., Public International Unions, Their Work and Organization: A Study in International Administrative Law, Boston 1911 (zit. Public International Unions)

RISTELHUEBER RENÉ, The International Refugee Organization, International Conciliation Vol. 29 (1951–1952), S. 167–228

RUCKER SIR ARTHUR, The Work of the International Refugee Organization, International Affairs Vol. 25 No. 1 (1949), S. 66–73

RUFFERT MATTHIAS/WALTER CHRISTIAN, Institutionalisiertes Völkerrecht, 2. Aufl., München 2015

SAROOSHI DANESH, The United Nations and the Development of Collective Security: The Delegation by the UN Security Council of its Chapter 7 Powers, Oxford 1999

SASSEN SASKIA, Losing Control?: Sovereignty in the Age of Globalization, New York 1996

SCALETTARIS GIULIA, Refugee Studies and the International Refugee Regime: A Reflection on a Desirable Separation, Refugee Survey Quarterly Vol. 26 No. 3 (2007), S. 36–50

SCHEEL STEPHAN/RATFISCH PHILIPP, Refugee Protection Meets Migrations Management: UNHCR as a Global Police of Populations, Journal of Ethnic and Migration Studies Vol. 40 No. 6 (2014), S. 924–941

SCHERMERS HENRY G./BLOKKER NIELS M., International Institutional Law: Unity within Diversity, 5. Aufl., Leiden/Boston 2011

SEIDL-HOHENVELDERN IGNAZ, Piercing the Corporate Veil of International Organizations: The International Tin Council Case in the English Court of Appeals, German Yearbook of International Law Vol. 32 (1989), S. 43–54

SIMMA BRUNO/PULKOWSKI DIRK, Of Planets and the Universe: Self-contained Regimes in International Law, European Journal of International Law Vol. 17 No. 3 (2006), S. 483–529

SINCHOLLE M., Régime Dotal – Fausse Présomption, Revue Critique de Législation et de Jurisprudence Vol. 24 (1864), S. 134–156

SINGH NAGENDRA, India and International Law, Revista Espanola de Derecho Internacional Vol. 21 No. 3 (1968), S. 600–615 (zit. India and International Law)

SINGH SAHIB, The Potential of International Law: Fragmentation and Ethics, Leiden Journal of International Law Vol. 24 No. 1 (2011), S. 23–43 (zit. The Potential of International Law)

SJÖBERG TOMMIE, The Powers and the Persecuted: The Refugee Problem and the Intergovernmental Committee on Refugees (IGCR), 1938–1947, Lund 1991

SLAUGHTER MARIE-ANNE, Liberal International Relations Theory and International Economic Law, American University International Law Review Vol. 10 No. 2 (1995), S. 717–743 (zit. Liberal International Relations Theory)

DIES., The Chessboard and the Web: Strategies of Connection in a Networked World, New Haven/London 2017 (zit. The Chessboard and the Web)

STRANGE SUSAN, Cave! Hic Dragones: A Critique of Regime Analysis, International Organization Vol. 36 No. 2 (1982), S. 479–496

STAVROPOULOU MARIA, Influencing State Behaviour for Refugee Protection: UN-HCR and the Design of the Refugee Protection Regime, in: UNHCR, New Issues in Refugee Research, Research Paper No. 154, April 2008, <https://www.u nhcr.org/481721302.pdf>

SZASZ PAUL C., The Complexification of the United Nations System, Max Planck Yearbook of United Nations Law Vol. 3 (1999), S. 1–57

TAKAHASHI SAUL, The UNHCR *Handbook on Voluntary Repatriation*: The Emphasis of Return over Protection, International Journal of Refugee Law Vol. 9 No. 4 (1997), S. 593–612

TALMON STEFAN, The Security Council as World Legislature, The American Jounal of International Law Vol. 99 No. 1 (2005), S. 175–193

TEUBNER GUNTHER, Constitutional Fragments: Societal Constitutionalism and Globalization, Oxford 2012

TOMUSCHAT CHRISTIAN, Die internationale Gemeinschaft, Archiv des Völkerrechts Vol. 33 (1995), S. 1–20 (zit. Die internationale Gemeinschaft)

DERS., International Law as a Coherent System, in: Arsanjani Mahnoush H./Katz Cogan Jacob/Sloane Robert D./Wiessner Siegfried (Hrsg.), Looking to the Future: Essays on International Law in Honour of W. Michael Reisman, Leiden 2011, S. 323–354 (zit. International Law as a Coherent System)

VAN HEUVEN GOEDHART GERRIT JAN, The Problem of Refugees, Lecture V, in: Collected Courses of the Hague Academy of International Law, Vol. 82, Leiden/Boston 1953, S. 347–366 (zit. The Problem of Refugees)

VENZKE INGO, How Interpretation Makes International Law: On Semantic Change and Normative Twists, Oxford 2012

VIRALLY MICHEL, La Notion de Fonction dans la Théorie de l'Organisation Internationale, in: Virally Michel, Le Droit International en Devenir: Essais Ecrits au Fil des Ans, Graduate Institute Publications, Genf 1990 (online-Publikation, <http://books.openedition.org/iheid/4398>; erstmals erschienen in: Mélanges Offerts à Charles Rousseau – La Communauté Internationale, Paris 1974, S. 277–300), S. 271–288

VRANES ERICH, The Definition of «Norm Conflict» in International Law and Legal Theory, European Journal of International Law Vol. 17 No. 2 (2006), S. 395–418

WALKER NEIL, Beyond Boundary Disputes and Basic Grids, International Journal of Constitutional Law Vol. 6 (2008), S. 373–396 (zit. Beyond Boundary Disputes)

DERS., The EU and the WTO: Constitutionalism in a New Key, in: de Burca Grainne/Scott Joanne (Hrsg.), The EU and the WTO: Legal and Constitutional Issues, London 2001, S. 31–58 (zit. EU and the WTO)

WALLACE MICHAEL/SINGER J. DAVID, Intergovernmental Organization in the Global System, 1815–1964: A Quantitative Description, International Organization Vol. 24 No. 2 (1970), S. 239–278

WALTZ KENNETH, Theory of International Relations, New York 1979

WARREN GEORGE, The Development of Intergovernmental Collaboration in Migration, Catholic Lawyer Vol. 4 (1958), S. 112–117 (zit. Collaboration on Migration)

WEIS PAUL, The International Protection of Refugees, American Journal of International Law Vol. 48 (1954), S. 193–221

WESSEL RAMSES A., Institutional Lawmaking: The Emergence of a Global Normative Web, in: Brölmann Catherine/Radi Yannick (Hrsg.), Research Handbook on the Theory and Practice of International Lawmaking, Cheltenham 2016, S. 179–199

WHITE NIGEL D., The Law of International Organisations, 2. Aufl., Manchester 2005

YOUNG MARGARET A., Introduction: The Productive Friction between Regimes, in: Young Margaret A. (Hrsg.), Regime Interaction in International Law: Facing Fragmentation, Cambridge 2012, S. 1–20 (zit. Productive Friction between Regimes)

DIES., Regime Interaction in Creating, Implementing and Enforcing International Law, in: Young Margaret A. (Hrsg.), Regime Interaction in International Law: Facing Fragmentation, Cambridge 2012, S. 85–110 (zit. Regime Interaction)

YOUNG ORAN R., Regime Effectiveness: Taking Stock, in: Young Oran R. (Hrsg.), The Effectiveness of International Environmental Regimes: Causal Connections and Behavioral Mechanisms, Cambridge (MA)/London (UK) 1999, S. 249–280 (zit. Regime Effectiveness)

DERS., Regime Theory Thirty Years On: Taking Stock, Moving Forward, E-International Relations, 18. September 2012, <http://www.e-ir.info/2012/09/18/regime-theory-thirty-years-on-taking-stock-moving-forward/> (zit. Regime Theory Thirty Years On)

ZOLBERG ARISTIDE R., The Roots of American Refugee Policy, Social Research Vol. 55 No. 4 (1988), S. 649–678

Dokumentenverzeichnis

Addis Abeba Action Agenda	Addis Abeba Action Agenda of the Third International Conference on Financing for Development, in: A/RES/69/313 vom 27. Juli 2015
AEUV	Vertrag über die Arbeitsweise der Europäischen Union (Konsolidierte Fassung) vom 26. Oktober 2012, in: Amtsblatt der Europäischen Union, C 326
AMRK	Amerikanische Menschenrechtskonvention; American Convention on Human Rights vom 22. November 1969, in: 1144 UNTS 123
DARS	Staatenverantwortlichkeitsartikel; ILC-Draft Articles on Responsibility of States for Internationally Wrongful Acts, in: A/RES/56/83 vom 12. Dezember 2001, Annex und A/565/49/Vol.I)/Corr.4
EMRK	Europäische Menschenrechtskonvention; Konvention zum Schutze der Menschenrechte und Grundfreiheiten vom 4. November 1950, in: 231 UNTS 221 und SR 0.101
FK	Flüchtlingskonvention; Abkommen vom 28. Juli 1951 über die Rechtsstellung der Flüchtlinge, in: 189 UNTS 137 und SR 0.142.30
FK von 1933	Flüchtlingskonvention von 1933; Convention Relating to the International Status of Refugees vom 28. Oktober 1933, in: LNTS Vol. CLIX No. 3663, S. 199 ff.
IAEA-Satzung	Statute of the International Atomic Energy Agency (as amended) vom 26. Oktober 1956, in: 276 UNTS 3
ICEM-Verfassung	Constitution vom 19. Oktober 1953, abgedruckt in: United States House of Representatives, Intergovernmental Committee for European Migration and Immigration to the United States: Report, Union Calendar No. 524, 84th Congress 1st Session, House Report No. 1570, United States Government Printing Office, Washington 1955, S. 5 ff.

IGCR-Finanz-regelement	Financial Regulation of the Intergovernmental Committee on Refugees vom 17. August 1944, in: Intergovernmental Committee on Refugees, Report of the Fourth Plenary Session, August 15–11, 1944, London (Washington, Intergovernmental Committee on Refugees, Office of American Resident Representatives, 1944), S. 50 ff.
IGCR-Verfassung	Rules for the Constitution and Procedure of the Intergovernmental Committee on Refugees vom 17. August 1944, in: Intergovernmental Committee on Refugees, Report of the Fourth Plenary Session, August 15–11, 1944, London (Washington, Intergovernmental Committee on Refugees, Office of American Resident Representatives, 1944), S. 42 ff.
IGH-Statut	Statut des Internationalen Gerichtshofs vom 26. Juni 1946, in: 33 UNTS 933 und SR 0.193.501
ILO-Verfassung	Constitution of the International Labour Organisation vom 1. April 1919 (die Verfassung wurde Teil des Friedensvertrags von Versailles, Part XIII of the Treaty of Versailles vom 28. Juni 1919)
Intergovernmental Committee, Gründungsresolution	Resolution Adopted by the Intergovernmental Committe (Evian) on July 14th, 1938, in: LNOJ Vol. 19 (1938), S. 676–677
IOM-Verfassung 1989	Constitution of the International Organization for Migration vom 14. November 1989, abgedruckt in: International Journal of Refugee Law Vol. 1 (1989), S. 597–607
IOM-Verfassung 2013	Constitution of the International Organization for Migration vom 24. November 1998 (Inkrafttreten 21. November 2013), in: International Organization for Migration (IOM) (Hrsg.), Constitution and Basic Texts, 2. Aufl., Genf 2017
IRO-Verfassung	Constitution of the International Refugee Organization vom 15. Dezember 1946, in: 18 UNTS 3
Kooperationsvereinbarung IOM – UN	Cooperation Agreement Between the United Nations and the International Organization for Migration vom 25. Juni 1996, in: E/1996/90 vom 18. Juli 1996

MoU UNHCR – IOM	Memorandum of Understanding between the United Nations High Commissioner for Refugees and the International Organization for Migration vom 15. Mai 1997, in: Refugee Survey Quarterly Vol. 17 No. 3 (1998), S. 70–78
New York Declaration	New York Declaration for Refugees and Migrants, in: A/RES/71/1 vom 1. September 2016
NPT	Vertrag über die Nichtverbreitung von Kernwaffen, Treaty on the Non-Proliferation of Nuclear Weapons vom 12. Juni 1968, in: 729 UNTS 161
OAU-Konvention	Convention Governing the Specific Aspects of Refugee Problems in Africa vom 10. September 1969, in: 1001 UNTS 45
OSPAR-Übereinkommen	Oslo-Paris-Konvention; Übereinkommen zum Schutz der Meeresumwelt des Nordost-Atlantiks vom 22. September 1992, in: 2354 UNTS 67
Pariser Übereinkommen	Paris Agreement vom 13. Dezember 2015, in: UN Doc. FCCC/CP/2015/10Add.1 vom 29. Januar 2016
Partial Test Ban Treaty	Treaty Banning Nuclear Weapon Tests in the Atmosphere, in Outer Space and Under Water vom 5. August 1963, in: 480 UNTS 43
PICMME, Gründungsresolution	Resolution to establish a Provisional Intergovernmental Committee for the Movement of Migrants from Europe vom 5. Dezember 1951, abgedruckt in: US House of Representatives, «Intergovernmental Committee for European Migration and Immigration to the United States: Report», Union Calendar No. 524, 84th Congress 1st Session, House Report No. 1570, United States Government Printing Office, Washington 1955, S. 3–4
Rarotonga-Vertrag	South Pacific Nuclear Free Zone Treaty vom 6. August 1985, in: IAEA Doc. INFCIRC/311
Sendai Framework	Sendai Framework for Disaster Risk Reduction 2015–2030 vom 18. März 2015, in: A/CONF.224/CRP.1
StIGH-Statut	Statut des Ständigen Internationalen Gerichtshofes vom 16. Dezember 1920, in: LNTS Vol. VI No. 170, S. 390 ff.

Tlateloco-Vertrag	Treaty for the Prohibition of Nuclear Weapons in Latin American and the Caribbean vom 14. Februar 1967, in: IAEA Doc. INFCIRC/428
TPNW	Atomwaffenverbotsvertrag; Treaty on the Prohibition of Nuclear Weapons vom 7. Juli 2017, in: A/CONF.228/2017/8
UN-Charta	Charta der Vereinten Nationen vom 26. Juni 1945, in: 1 UNTS XVI und SR 0.120
UNCLOS	Seerechtsübereinkommen der Vereinten Nationen vom 10. Dezember 1982, in: 1833 UNTS 3 und SR 0.747.305.15
UNFCCC	United Nations Framework Convention on Climate Change vom 9. Mai 1992, in: 1771 UNTS 107
UN-Flüchtlingspakt	Global Compact on Refugees, in: A/73/12(II) vom 13. September 2018
UN-Guiding Principles on Internal Displaecement	United Nations Guiding Principles on Internal Displacement, in: E/CN.4/1998/53/Add.2 vom 11. Februar 1998
UNHCR-Satzung	Statute of the Office of the United Nations High Commissioner for Refugees, in: A/RES/428(V) vom 14. Dezember 1950, Annex, S. 46–48
UN-Migrationspakt	Global Compact for Safe, Regular and Orderly Migration, in: A/RES/73/195 vom 19. Dezember 2018, Annex
UN-Pakt I	Internationaler Pakt über wirtschaftliche, soziale und kulturelle Rechte vom 16. Dezember 1966, in: 993 UNTS 3 und SR 0.103.1
UN-Pakt II	Internationaler Pakt über bürgerliche und politische Rechte vom 16. Dezember 1966, in: 999 UNTS 171 und SR 0.103.2
UNRRA, Gründungsvereinbarung	Agreement for the United Nations Relief and Rehablitation Administration vom 9. November 1943, in: American Journal of International Law, Supplement Vol. 38 (1944), S. 33–40

Vereinbarung IOM – UN	Agreement concerning the Relationship between the United Nations and the International Organization for Migration, in: A/RES/70/296 vom 5. August 2016, Annex
Völkerbund	Additional Protocol to the Provisional Arrangement and to the Convention Concerning the Status of Refugees Coming from Germany vom 14. September 1939, LNTS Vol. CXCVIII No. 4634, S. 141 ff.
Völkerbund	Arrangement of 12th May 1926 Relating to the Issue of Identity Certificates to Russian and Armenian Refugees, in: LNTS Vol. LXXXIX No. 2004, S. 47 ff.
Völkerbund	Convention Concerning the Status of Refugees Coming From Germany vom 10. Februar 1938, in: LNTS Vol. CXCII No. 4461, S. 59 ff.
Völkerbund	Refugees from Territories Ceded by Czecho-Slovakia to Germany vom 24. Februar 1939, in: LNOJ Vol. 20 (1939), S. 230–231
Völkerbund	Refugees from the Saar: Extension of the Nansen Passport System to these Refugees vom 30. Juli 1935, in: LNOJ Vol. 16 (1935), S. 1681–1689
Völkerbundssatzung	Covenant of the League of Nations vom 28. April 1919
WVK	Wiener Vertragsrechtskonvention; Wiener Übereinkommen über das Recht der Verträge vom 23. Mai 1969, in: 1155 UNTS 331 und SR 0.111
Ziele für nachhaltige Entwicklung	Sustainable Development Goals, in: A/RES/70/1 vom 21. Oktober 2015
Zusatzprotokoll FK	Protokoll vom 31. Januar 1967 über die Rechtsstellung der Flüchtlinge, in: 606 UNTS 267 und SR 0.142.301

Materialienverzeichnis

Amnesty International, Rwanda: Human Rights Overlooked in Mass Repatriation, AI Doc. AFR 47/02/97, 14. Januar 1997 (zit. Rwanda: Human Rights Overlooked in Mass Repatriation 1997)

Europäische Union, Europaparlament, European Parliamentary Research Service, A Global Compact on Migration: Placing Human Rights at the Heart of Migration Management, Briefing vom Dezember 2017, Update Januar 2019, <http://www.europarl.europa.eu/RegData/etudes/BRIE/2017/614638/EPRS_BRI(2017)614638_EN.pdf>

Europarat, Parlamentarische Versammlung, Activities of the Intergovernmental Committee for Migration (ICM) (1 January 1984 – 31 December 1985), Recommentation 1045 (1987), <http://www.assembly.coe.int/nw/xml/XRef/Xref-XML2HTML-en.asp?fileid=15088&lang=en> (zit. Activities of the ICM 1987)

European Communities, PIOTR JUCHNO, Asylum Applications in the European Union, 30. August 2007, in: European Communities, Eurostat, Statistics in Focus, Population and Social Conditions, 110/2007, <http://ec.europa.eu/eurostat/documents/3433488/5285137/KS-SF-07-110-EN.PDF/c95cc2ce-b50c-498e-95fb-cd507ef29e27>

ExCom, Conclusion No. 40 (XXXVI): Voluntary Repatriation, 18. Oktober 1985, in: A/40/12/Add.1 vom 10. Januar 1986 (zit. Conclusion No. 40 on Voluntary Repatriation [1985])

–, Conclusion No. 44 (XXXVII): Detention of Refugees and Asylum-Seekers, 13. Oktober 1986, in: A/41/12/Add.1 vom 13. Januar 1987 (zit. Conclusion No. 44 on Detention of Refugees and Asylum-Seekers [1986])

–, Conclusion No. 75 (XLV): Internally Displaced Persons, 7. Oktober 1994, in: A/49/12/Add.1 vom 20. Oktober 1994 (zit. Conclusion No. 75 on Internally Displaced Persons [1994])

–, Report on the Outcome of and Follow-Up to the CIS Conference, in: A/AC.96/867 vom 8. August 1996 (zit. Report on the CIS Conference 1996)

–, Project Delphi: Plan of Action, in: EC/46/SC/CRP.48 vom 4. September 1996

–, Global Consultations on International Protection: Report of the Meeting within the Framework of the Standing Committee (Third Track), in: A/AC.96/961 vom 27. Juni 2002

–, Conclusion No. 101 (LV): Conclusion on Legal Safety Issues in the Context of Voluntary Repatriation of Refugees, 8. Oktober 2004, in: A/AC.96/1003 vom 12. Oktober 2004 (zit. Conclusion No. 1010 on Voluntary Repatriation [2004])

–, Protracted Refugee Situations, in: EC/45/SC/CRP.14 vom 10. Juni 2004 (zit. Protracted Refugee Situations 2004)

–, UNHCR Annual Programme Budget 2005, in: A/AC.96/992 vom 2. September 2004 (zit. UNHCR Annual Programme Budget 2005)

–, UNHCR's Role in Support of an Enhanced Humanitarian Response to Situations of Internal Displacement: Policy Framwork and Implementation Strategy, in: EC/58/SC/CRP.18 vom 4. Juni 2007 (zit. UNHCR and Internal Displacement 2007)

Grossbritannien, The British Embassy to the Department of State, Aide-Mémoir: Refugees from Nazi-Occupied Territory, in: Foreign Relations of the United States: Diplomatic Papers, 1943, General, Vol. 1, S. 134–137 (zit. Aide-Mémoir from the British Embassy to the Department of State 1943)

Human Rights Watch, No Port in the Storm: The Misguided Use of In-Country Refugee Processing in Haiti, September 1993, <https://www.hrw.org/legacy/repo rts/pdfs/h/haiti/haiti939.pdf> (zit. In-Country Refugee Processing in Haiti 1993)

–, The International Organization for Migration (IOM) and Human Rights Protection in the Field: Current Concerns: Submitted by Human Right Watch, IOM Governing Council Meeting, 86th Session, November 18–21, 2003, Geneva, 18. November 2003, <https://www.hrw.org/legacy/backgrounder/migrants/iom -submission-1103.pdf> (zit. IOM and Human Rights 2003)

–, Human Rights Watch's Statement to the IOM Governing Council: 29 Nov – 2 Dec 2005 (90th Session), <https://governingbodies.iom.int/system/files/jahia/w ebdav/shared/shared/mainsite/about_iom/en/council/90/Human%20Rights %20 Watch.pdf> (zit. Statement to the IOM Council 2005)

–, Human Rights Watch Statement to the IOM Council: 27–30 November 2007 (94th Session)», 28. November 2007, <https://www.hrw.org/print/232231> (zit. Statement to the IOM Council 2007)

IAEA, The Structure and Content of Agreements between the Agency and States Required in Connection with the Treaty on the Non-Proliferation of Nuclear Weapons, korrigierter Reprint vom Juni 1972, in: IAEA Doc. INFCIRC/153

ILC, Fourth Report on State Responsibility, by Mr. Gaetano Arangio-Ruiz, Special Rapporteur, in: A/CN.4/444 and Add.1 – 3 vom 12. und 25. Mai und 1. und 7. Juni 1992

–, Fragmentation of International Law: Difficulties Arising from the Diversification and Expansion of International Law, Report of the Study Group of the International Law Commission, Finalized by Martti Koskenniemi, in: A/CN.4/ L.682 and Add.1 and Corr. 1. vom 13. April 2006 (zit. Fragmentierungsbericht 2006)

–, Fragmentation of International Law: Difficulties Arising from the Diversification and Expansion of International Law: Report of the Study Group of the International Law Commission, in: A/CN.4/L.702 vom 18. Juli 2006 (zit. Fragmentierungsbericht 2006: Schlussfolgerungen)

ILO, International Labour Office, Minutes of the Second Session of the Governing Body of the International Labour Office: Held in Paris, January 26–28, 1920, ILO Doc. 09601(1920–2) (zit. Minutes of the Second Session 1920)

–, Migration: The Inter-Governmental Committee on Refugees, in: International Labour Review Vol. 49 (1944), S. 97–100 (zit. The Inter-Governmental Committee on Refugees 1)

–, Migration: The Inter-Governmental Committee on Refugees, in: International Labour Review Vol. 50 (1944), S. 656–659 (zit. The Inter-Governmental Committee on Refugees 2)

–, Migration Conference (Naples, 2–16 October 1951), in: Official Bulletin, Vol. XXXIV No. 3 (1951), S. 181–203

IOM, Programme and Budget for 2002, IOM Doc. MC/2049 vom 5. Oktober 2001 (zit. Programme and Budget 2002)

–, IOM Partnership with Non-Governmental Organizations (NGOs) in Managing Migration, IOM Doc. MC/INF/253 vom 1. November 2002 (zit. Partnership with NGOs 2002)

–, Migrants' Rights, IOM Policy and Activities, Eighty-Fourth Session, IOM Doc. MC/INF/259 vom 13. November 2002 (zit. Migrants' Rights 2002)

–, Internally Displaced Persons: IOM Policy and Activities, IOM Doc. MC/INF/258 vom 28. November 2002 (zit. Internally Displaced Persons 2002)

–, IOM – UN Relationship: Summary Report of the Working Group on Institutional Arrangements, IOM Doc. MC/INF/263 vom 10. November 2003 (zit. IOM – UN Relationship 2003)

–, IOM – UN Relationship, IOM Doc. MC/INF/285 vom 14. November 2006 (zit. IOM – UN Relationship 2006)

–, Options for the IOM-UN Relationship: Additional Analysis of Costs and Benefits, IOM Doc. MC/INF/290 vom 9. November 2007 (zit. IOM – UN Relationship 2007)

–, The Human Rights of Migrants, IOM Policy and Activities, IOM Doc. MC/INF/298 vom 12. November 2009 (zit. Human Rights of Migrants 2009)

–, IOM Outlook on Migration, Environment and Climate Change, 2014, http://publications.iom.int/system/files/pdf/mecc_outlook.pdf (zit. Migration, Environment and Climate Change 2014)

–, Migration Governance Framework: The Essential Elements for Facilitating Orderly, Safe, Regular and Responsible Migration and Mobility of People through Planned and Well-Managed Migration Policies, IOM Doc. C/106/40 vom 4. November 2015 (zit. Migration Governance Framework 2015)

–, IOM Policy on Protection, IOM Doc. C/106/INF/9 vom 7. September 2015 (zit. Policy on Protection 2015)

–, Migration as Adaptation?: A Comparative Analysis of Policy Frameworks on the Environment and Development in MECLEP Countries, in: IOM, Migration, Environment and Climate Change: Policy Brief Series Vol. 1 No. 5 (November 2015) (zit. Migration as Adaption)

–, Programme and Budget for 2021, IOM Doc. C/111/6 vom 12. Oktober 2020 (zit. Programme and Budget 2021)

–, Programme and Budget for 2022, IOM Doc. C/112/6 vom 15. Oktober 2021 (zit. Programme and Budget 2022)

–, Submission for OHCHR's Study on the Relationship between Climate Change and the Enjoyment of the Rights to Health, (ohne Datum), https://www.ohchr.o rg/Documents/Issues/ClimateChange/Impact/IOM.pdf (zit. Climate Change and Rights to Health)

–, Submission for OHCHR's Research in Relation to Human Rights Council Resolution A/HRC/35/20 on Human Rights and Climate Change, (ohne Datum), <https://www.ohchr.org/Documents/Issues/ClimateChange/Protection/IOM. pdf> (zit. Human Rights and Climate Change)

NSG, Guidelines for Nuclear Transfers, in: IAEA Doc. INFCIRC/254, Part 1 von 1978, <https://www.iaea.org/sites/default/files/publications/documents/infcircs/1 978/infcirc254r13p1.pdf>

–, Guidelines for Transfers of Nuclear-related Dual-use Equipment, Materials, Software, and Related Technology, in: IAEA Doc. INFCIRC/254, Part 2) von 1992, <https://www.iaea.org/sites/default/files/publications/documents/infcircs/1978/i nfcirc254r10p2c.pdf>

Schweizerische Eidgenossenschaft, EDA Direktion für Völkerrecht, Praxisleitfaden völkerrechtliche Verträge, Ausgabe 2015, <https://www.eda.admin.ch/dam/eda/ de/documents/publications/Voelkerrecht/Praxisleitfaden-Voelkerrechtliche-Vert raege_de.pdf>

–, Botschaft des Bundesrates zum UNO-Migrationspakt vom 3. Februar 2021, BBl 2021 359, S. 1 ff.

UNHCR, Speech by Dr. Gerrit Jan van Heuven Goedhart, United Nations High Commissioner for Refugees, before the Third Committee of the United Nations General Assembly, 2. Januar 1952, <http://www.unhcr.org/uk/admin/hcspeech es/3ae68fbb14/speech-dr-gerrit-jan-van-heuven-goedhart-united-nations-high-co mmissioner.html?query=gerrit%20van%20heuven%20goedhart%20general%20 assembly> (zit. Rede des Hochkommissars van Heuven Goedhart vom 2. Januar 1952)

–, Statement by Dr. Gerrit Jan van Heuven Goedhart, United Nations High Commissioner for Refugees, at the Meeting of the Third Committee of the United Nations General Assembly, 13. Oktober 1953, <http://www.unhcr.org/uk/admi n/hcspeeches/3ae68fd7e/statement-dr-gerrit-jan-van-heuven-goedhart-united-n ations-high-commissioner.html> (zit. Rede des Hochkommissars van Heuven Goedhart vom 13. Oktober 1953)

–, Report of the United Nations High Commissioner for Refugees, in: A/2902 and Add.1 vom 1. Januar 1956 (zit. Bericht des Hochkommissars von 1956)

–, Report of the United Nations High Commissioner for Refugees, in: A/3585/ Rev.1 vom 1. Januar 1958 (zit. Bericht des Hochkommissars von 1958)

–, Report of the United Nations High Commissioner for Refugees, in: A/4104/ Rev.1 vom 1. Januar 1960 (zit. Bericht des Hochkommissars von 1960)

–, Statement by Prince Sadruddin Aga Khan, United Nations High Commissioner for Refugees, to the Third Committee of the United Nations General Assembly, 20. November 1972, <https://www.unhcr.org/admin/hcspeeches/3ae68fd1c/stat ement-prince-sadruddin-aga-khan-united-nations-high-commissioner-refugees.h tml>

–, Addendum to the Report of the United Nations High Commissioner for Refugees, 1990, in: A/45/12/Add.1 vom 25. Oktober 1990 (zit. Addendum zum Bericht des Hochkommissars 1990)

–, Opening Statement by Mrs. Sadako Ogata, United Nations High Commissioner for Refugees, at the Forty-sixth Session of the Executive Committee of the High Commissioner's Programme (ExCom), Genf, 16. Oktober 1995, <http://www.un hcr.org/admin/hcspeeches/3ae68fd60/opening-statement-mrs-sadako-ogata-unit ed-nations-high-commissioner-refugees.html> (zit. Rede von Hochkommissarin Ogata vom 16. Oktober 1995)

–, Sadako Ogata, Statement at the Inter-Governmental Consultations on Asylum, Refugee and Migration Policies in Europe, North America and Australia (IGC), Washington, 6. Mai 1997, <https://www.unhcr.org/admin/hcspeeches/3ae68fba4 4/statement-mrs-sadako-ogata-united-nations-high-commissioner-refugees-inter. html> (zit. Rede von Hochkommissarin Ogata vom 6. Mai 1997)

–, «Humanitarian Action: Charity or Realpolitik?» – Statement by Mrs. Sadako Ogata, United Nations High Commissioner for Refugees, at the Nobel Institute, Oslo, 21. Oktober 1997, <http://www.unhcr.org/uk/admin/hcspeeches/3ae68fd3 2c/humanitarian-action-charity-realpolitik-statement-mrs-sadako-ogata-united.h tml> (zit. Rede von Hochkommissarin Ogata vom 21. Oktober 1997)

–, UNHCR's Guidelines on Applicable Criteria and Standards relating to the Detention of Asylum-Seekers, Februar 1999, <https://www.refworld.org/docid/3c2b 3f844.html> (zit. Detention Guidelines 1999)

–, Internally Displaced Persons: The Role of the United Nations High Commissioner for Refugees, 6. März 2000, in: EC/50/SC/INF.2 vom 20. Juni 2000 (zit. Role on IDP 2000)

–, Statement by Ms. Erika Feller, Director, Department of International Protection, UNHCR, to the 88th Session of IOM Council, Geneva, 2. Dezember 2004 <https://www.unhcr.org/admin/dipstatements/42b17c362/statement-ms-erika-f eller-director-department-international-protection.html> (zit. Rede von Erika Feller vom Dezember 2004)

–, Presentation by Erika Feller, Director, Department of International Protection, UNHCR, to the 10th Annual Humanitarian Conference of Webster University, Geneva, 17–18 February 2005: Migrants and Refugees: The Challenge of Identity and Integration, 17. Februar 2005, <http://www.unhcr.org/admin/dipstatem ents/42b96a3d2/presentation-erika-feller-director-department-international-prote ction.html> (zit. Erika Feller on Migrants and Refugees 2005)

–, UNHCR's Role in IASC Humanitarian Reform Initiatives and in the Strengthening of the Inter-Agency Collaborative Response to Internally Displaced Persons Situations, Discussion Paper vom 20. September 2005, <http://www.unhcr. org/4321a92c2.pdf> (zit. Role in IASC Initiatives 2005)

–, High Commissioner's Forum, Progress Report: Convention Plus, 8. November 2005, UNHCR Doc. FORUM/2005/6

–, The High-Level Dialogue on International Migration and Development: UNHCR's Observations and Recommentations, 28. Juni 2006, <http://www.unhcr. org/48848b854.html> (zit. High-Level Dialogue 2006)

–, Colville Rupert, Fiftieth Anniversary of the Hungarian Uprising and Refugee Crisis, Refugees No. 144 Issue 3 (2006)

–, Refugee Protection and Mixed Migration: A 10-Point Plan of Action, Rev. 1, Januar 2007, <http://www.unhcr.org/protect/PROTECTION/4742a30b4.pdf> (zit. 10-Point Plan of Action 2007)

–, UNHCR's Role in Support of an Enhanced Humanitarian Response to Situations of Internal Displacement: Update on UNHCR's Leadership Role Within the Cluster Approach and IDP Operational Workplans, 25. Mai 2007, <https://www.refworld.org/docid/47039ac32.html> (zit. Situations of Internal Displacement 2007)

–, Refugee Protection and Durable Solutions in the Context of International Migration, Discussion Paper, UNHCR Doc. UNHCR/DPC/2007/Doc. 02 vom 19. November 2007 (zit. Refugee Protection and Durable Solutions 2007)

–, High Commissioner's Dialogue on Protection Challenges (11–12 December 2007): Chairman's Summary, 12. Dezember 2007, UNHCR Doc. PDES/2007/156 vom April 2008 (zit. Dialogue on Protection Challenges 2007)

–, Climate Change, Natural Disasters and Human Displacement: A UNHCR Perspective, 14. August 2009, <http://www.refworld.org/docid/4a8e4f8b2.html>, (zit. Climate Change 2009)

–, Statement by Ms. Erika Feller Assistant High Commissioner for Protection: UNHCR – Regional Conference on Refugee Protection and International Migration: Mixed Movements and Irregular Migration from the East and Horn of Africa and Great Lakes Region to Southern Africa Dar es Salaam, 6. September 2010, <https://www.refworld.org/docid/4cb56f1b2.html> (zit. Rede von Erika Feller vom 6. September 2010)

–, Protection Policy Paper: The Return of Persons found not to be in Need of International Protection to their Countries of Origin: UNHCR's Role, November 2010, <https://www.refworld.org/pdfid/4cea23c62.pdf> (zit. Protection Policy Paper 2010)

–, Handbook and Guidelines on Procedures and Criteria for Determining Refugee Status under the 1951 Convention and the 1967 Protocol Relating to the Status of Refugees, UNHCR Doc. HCR/1P/ENG/Rev.3 vom Dezember 2011

–, Submission by the United Nations High Commissioner for Refugees: For the Office of the High Commissioner for Human Rights' Compilation Report Universal Periodic Review: Switzerland, April 2012, <https://www.refworld.org/docid/4f9662cc2.html>

–, Division of International Protection, Note on the Mandate of the High Commissioner for Refugees and his Office, Oktober 2013, <http://www.refworld.org/docid/5268c9474.html> (zit. Note on the Mandate 2013)

–, Emergency Handbook, 4. Aufl., digitale Publikation 2015, <https://emergency.unhcr.org/>

–, Operational Guidelines for UNHCR's Engagement in Situations of Internal Displacement, Februar 2016, UNHCR Doc. OG/2016/02 (zit. Operational Guidelines IDP)

–, Legal Considerations on Refugee Protection for People Fleeing Conflict and Famine Affected Countries, 5. April 2017, <https://www.refworld.org/docid/590 6e0824.html> (zit. Conflict and Famine Affected Countries 2017)

–, Operational Review of UNHCR's Engagement in Situations of Internal Displacement: Final Report, September 2017, <https://www.unhcr.org/protection/idps/5 a02d6887/operational-review-unhcrs-engagement-situations-internal-displaceme nt.html> (zit. Operational Review IDP 2017)

–, 2017 Global Strategic Priorities: Progress Report, Juni 2018, <http://reporting.un hcr.org/sites/default/files/2017%20Global%20Strategic%20Priorities%20Progress %20Report.pdf> (zit. Progress Report 2017)

–, UNHCR Intervention before the United States Court of Appeals for the First Circuit in the Case of Dimbil Noor Hassan v. Jefferson B. Sessions, III, Attorney General, 20. November 2018, No. 17–1894 (A209–706–181)

–, Climate Change and Disaster Displacement in the Global Compact on Refugees, März 2019, <https://www.unhcr.org/protection/environment/5c9e13297/clim ate-change-disaster-displacement-global-compact-refugees.html> (zit. Climate Change and Disaster Displacement 2019)

–, Biennial Programme Budget 2020–2021 (revised) of the Office of the United Nations High Commissioner for Refugees: Report by the High Commissioner, in: A/AC.96/1202 vom 28. August 2020 (zit. Biennial Programme Budget 2020–2021)

Vereinigte Staaten, The Acting Secretary of State to Certain Diplomatic Offices, 15. November 1951, in: Foreign Relations of the United States, 1951, Europe: Political and Economic Developments, Volume IV, Part 1, S. 190–191 (zit. The Acting Secretary of State 1951)

–, Psychological Strategy Board, Psychological Operations Plan for Soviet Orbit Escapees Phase A [Code Name: Engross], 20. Dezember 1951, in: NARA, National Archives and Declassification, ISCAP, Doc. PSB D-18/a (zit. Psychological Operations Plan for Soviet Orbit Escapees 1951)

–, United States Delegation Position Paper, Superseding Two Earlier Department of State Instructions on Refugee Problems, 2. Januar 1952, in: Foreign Relations of the United States, 1951, The United Nations; The Western Hemisphere, Vol. II, S. 823–830 (zit. Position Paper Refugee Problems 1952)

–, WARREN GEORGE, Report on the Conference on Migration and on the First Session of the Provisional Intergovernmental Committee for the Movement of Migrants From Europe, 17. Januar 1952, in: Foreign Relations of the United States, 1952–1954, General: Economic and Political Matters, Vol. I, Part 2, S. 1572–1577 (zit. Report PICMME First Session)

–, WARREN GEORGE, Report on the Fourth Session of the Provisional Intergovernmental Committee for the Movement of Migrants From Europe, 26. November 1952, in: Foreign Relations of the United States, 1952–1954, General: Economic and Political Matters, Vol. 1 No. 2, S. 1617–1621 (zit. Report ICEM Fourth Session)

–, Repräsentantenhaus, Intergovernmental Committee for European Migration and Immigration to the United States: Report, Union Calendar No. 524, 84th Congress 1st Session, House Report No. 1570, United States Government Printing Office, Washington 1955 (zit. Report on ICEM 1955)

–, Legislative History on the Mutual Security Act of 1957 (Public Law 85–141), Hearings before the Senate Committtee on Foreign Relations on the Mutual Security Program for fiscal year 1958, May 22–24, 27, 28, and Juni 3–5 and 7, 1957 (zit. Legislative History on the Mutual Security Act of 1957)

–, Refugees Part II: The United Nations and the Specialized Agencies: Section I, in: American Foreign Policy: Current Documents (1959), Department of State Publication 7492, S. 150–162 (zit. UN und Sonderorganisationen 1959)

–, Amendments to Section 203 of the Immigration and Nationality Act (66 Stat. 175; U.S.C. 1153) vom 3. Oktober 1965 (sog. Hart-Celler Act), Abs. 7, in: US Government Publishing Office, H.R. 2580, S. 911–922 (zit. Amendments zum Hart-Celler Act 1956)

Vereinte Nationen, Vorbereitungskommission, Report of the Preparatory Commission of the United Nations, UN Doc. PC/20 vom 23. Dezember 1945

–, Völkerbund, Board of Liquidation, Final Report vom 31. Juli 1947, International Assistance to Refugees, in: Archiv der Vereinten Nationen, Dokument No. C.5.M.5.1947 (zit. Schlussbericht Völkerbund 1947)

–, Provisional Summary Record of the Two Hundred and Sixty-first Meeting Held at Lake Success, New York, on Saturday, 12 November 1949, at 10.45 a. m., in: A/C.3/SR 261 vom 14. November 1949 (zit. Summary Record Lake Success 1)

–, Provisional Summary Record of the Two Hundred and Sixty-Second Meeting Held at Lake Success, New York on Monday, 14 November 1949, at 3 p. m., in: A/C.3/SR.262 vom 15. November 1949 (zit. Summary Record Lake Success 2)

–, Request for the Inclusion of an Additional Item in the Agenda of the Fifty-First Session, Letter dated 11 November 1996 from the Permanent Representatives of Bangladesh, Nicaragua, Pakistan and the Philippines to the United Nations addresses to the Secretary-General, in: A/51/232 vom 12. November 1996 (zit. Request for the Inclusion 1996)

–, Generalsekretär, Renewing the United Nations: A Programme for Reform: Report of the Secretary-General, in: A/51/950 vom 14. Juli 1997 (zit. Erneuerung der Vereinten Nationen 1997)

–, Generalsekretär, In Safety and Dignity: Addressing Large Movements of Refugees and Migrants: Report of the Secretary-General, in: A/70/59 vom 21. April 2016 (zit. Bericht des Generalsekretärs 2016)

–, Generalsekretär, Making Migration Work for all: Report of the Secretary-General, in: A/72/643 vom 12. Dezember 2017 (zit. Bericht des Generalsekretärs 2017)

–, Sondergesandter des Generalsekretärs, Report of the Special Representative of the Secretary-General on Migration, in: A/71/728 vom 3. Februar 2017 (zit. Bericht des Sondergesandten Sutherland 2017)

Völkerbund, Letter from the President of the Comité International de la Croix-Rouge und Memorandum from the Comité International de la Croix-Rouge at Geneva to the Council of the League of Nations, beide vom 20. Februar 1921, beide in: LNOJ Vol. 2 (1921), Annex I und II, S. 227–229

–, The Question of the Russian Refugees: Report by M. Hanotaux, Adopted on June 27th, in: LNOJ Vol. 2 (1921), S. 755–758 (zit. The Question of Russian Refugees 1921)

–, International Assistance to Refugees: Report submitted by Sir Herbert Emerson, G.C.I.E., K.C.S.I., C.B.E., High Commissioner for Refugees vom Februar 1942, Archiv der Vereinten Nationen, Dokument No. C.25.M.25.1942.XII (zit. Bericht des Hochkommissars von 1942)

–, Letter from Lord Winterton to Sir Herbert Emerson vom 16. Februar 1939, in: LNOJ Vol. 20 (1939), S. 229–232 (zit. Letter from Lord Winterton to Sir Herbert Emerson vom 16. Februar 1939)

–, Reply from Sir Emerson vom 17. Februar 1939, in: LNOJ Vol. 20 (1939), S. 229–232 (zit. Reply from Sir Emerson vom 17. Februar 1939)

–, Brief von Hochkommissar Emerson an den Generalsekretär des Völkerbundes Lester vom November 1943, in: Reorganization of the Intergovernmental Committee on Refugees, August 1943, Archiv der Vereinten Nationen (1943–1944), Doc. R5616/20A/42219/686

–, Minutes of the First Committee, Fifth Meeting, 16. April 1946, in: LNOJ, Special Supplement No. 194 (1946), S. 90–94 (zit. Minutes of the First Committee 1946)

Gerichtsentscheide und Streitbeilegungsverfahren

BVGer, Urteil E-4908/2016 vom 26. März 2019

–, Urteil D-6295/2010 vom 19. Oktober 2010

EGMR, *Al Dulimi and Montana Management Inc./Switzerland*, Application No. 5809/08, Urteil vom 26. November 2013

–, *Nada/Switzerland*, Application No. 10593/08, Urteil vom 12. September 2012

–, *Hirsi Jamaa u.a./Italien*, Application No. 27765/09, Urteil vom 23. Februar 2012

–, *Stichting Mothers of Srebrenica and Others/the Netherlands*, Application No. 65542/12, Entscheid vom 11. Juni 2013

EuGH, in den verbundenen Rechtssachen C-402/05 P und C-415/05 P, «*Kadi II*», Urteil vom 3. September 2008, ECLI:EU:C:2008:461

–, Rechtssache 26/62, *N.V. Algemene Transport- en Expeditie Onderneming van Gend und Loos gegen Niederländische Finanzverwaltung*, Urteil vom 5. Februar 1963, ECLI:EU:C:1963:1 (zit. Van Gend und Loos gegen Niederländische Finanzverwaltung)

IGH, *Reparation for Injuries Suffered in the Service of the United Nations*, Advisory Opinion vom 11. April 1949, ICJ Reports 1949, S. 174 ff. (zit. Reparation for Injuries)

–, *Case Concerning United States Diplomatic and Consular Staff in Tehran* (United States of America v. Iran), Urteil vom 24. Mai 1980, ICJ Reports 1980, S. 3 ff. (zit. Diplomatic and Consular Staff in Tehran)

–, *Interpretation of the Agreement of 25 March 1951 between the WHO and Egypt*, Advisory Opinion vom 20. Dezember 1980, in: ICJ Reports 1980, S. 73 ff. (zit. WHO and Egypt)

–, *Case Concerning Military and Paramilitary Activities in and against Nicaragua* (Nicaragua v. United States of America), Merits, Urteil vom 27. Juni 1986, ICJ Reports 1986, S. 14 ff. (zit. Military and Paramilitary Activities in and against Nicaragua)

–, *Legality of the Threat or Use of Nuclear Weapons*, Advisory Opinion vom 8. Juli 1996, ICJ Report 1996, S. 226 ff.

StIGH, *Case of the S.S. «Wimbledon»* (United Kingdom, France, Italy & Japan v. Germany), Urteil vom 17. August 1923, PCIJ 1923 Serie A No. 1 (zit. Case of the S.S. «Wimbledon»)

WTO, *Indonesia – Certain Measures Affecting the Automobile Industry*, Report of the Panel vom 2. Juli 1998, WTO Doc. WT/DS54/R, WT/DS55/R, WT/DS59/R, WT/DS64/R

–, *European Communities – Measures Affecting the Approval and Marketing of Biotech Products*, Report of the Panel vom 29. September 2006, WTO Doc. WT/DS291/R, WT/DS292/R, WT/DS293/